Rainer Fromm

Schwarze Geister,
Neue Nazis

Rainer Fromm

Schwarze Geister, Neue Nazis

Jugendliche im Visier totalitärer Bewegungen

OLZOG

Bibliographische Information der Deutschen Nationalbibliothek

Die Deutsche Nationalbibliothek verzeichnet diese Publikation in der
Deutschen Nationalbibliographie; detaillierte bibliographische Daten sind
im Internet über http://dnb.d-nb.de abrufbar.

ISBN 978-3-7892-8207-2

© 2008 Olzog Verlag GmbH, München
Internet: http://www.olzog.de

Umschlagentwurf: Atelier Versen, Bad Aibling
Satz: EDV-Fotosatz Huber / Verlagsservice G. Pfeifer, Germering
Druck- und Bindearbeiten: CPI – Ebner & Spiegel, Ulm
Printed in Germany

Inhalt

Einführung:
Jugendsubkulturen zwischen Faszination und Gewalt

„Avalon Dark Dress Satin" – Modell „Vampiria", der „Lost in Darkness Dress" oder der „Heaven in Hell Dress Lack" – in Katalogen wie „Vampiria Fashions" findet sich alles, was eine romantisch-düstere Atmosphäre wie in mittelalterlichen Vampirlegenden schaffen soll.[1] Dracula ist „in", das erkennen auch zahllose Geschäftsleute, die mit den barocken Gewändern und schwarz-erotischer Latexmode reichlich Kasse machen. Die blutsaugenden Schattenwesen haben es geschafft, zum festen „Bestandteil der amerikanisch-europäischen Populärkultur"[2] zu werden, was sich in einer Vielzahl von Werbespots mit Vampiren, Vampirweinen, Vampirschokoriegeln, Vampir-Glückwunschkarten und auch Vampirsongs wiederspiegelt. Damit wird der Mythos der Unsterblichkeit von Graf Dracula und seinen Kollegen Realität, auch wenn sie dem Zeitgeist Tribut zollen müssen.

Waren die Vampirbestseller von Bram Stoker und Anne Rice über Jahrzehnte die Vorlage für Drehbücher, ziert der morbide Charme ihrer düsteren Gruselegenden heute die Modekataloge. Der Vertrieb *Vampiria Fashions* wirbt mit einem Angebot „von sehr spezieller und einzigartiger Natur". Eine barbusige Vampir-Comicfigur in hohen Latexstiefeln ziert die Darkness-Body-Lotion, zwei grinsende Totenköpfe erfreuen den Käufer der „Lucky Skully"-Eierbecher, brachiale Nieten schmücken sogenannte „Killer-Armbänder". Die angepriesene Mode erinnert in ihrem aufwendigen Flair an Gewandungen edler Burgfeste im Mittelalter. Mit Geschäften in Nürnberg, Regensburg und Berlin ist *Vampiria Fashions* einer der größeren Ausstatter der Schwarzen Szene. Auf spezialisierten Hitlisten im Internet wie „Gothic Top 100", „Gothic Mania Top 100", „Totes Herz Top 100" oder „Winterherz Gothic Top 100" sind die

---

1 www.vampiria.de/Vampiria2.htm, 10.8.2007
2 vgl. Peter Matzke und Tobias Seelinger: Das Gothic- und Dark Wave-Lexikon, Berlin 2003, S. 564

kommerziellen Anbieter allgegenwärtige Wegbegleiter. Zu ihnen zählt
auch der Vertrieb von „Madame Casyophaya" aus Olching. Der *Vampir
und Gothic-Shop* wirbt auf seiner Homepage mit einer Kollektion von
„Sinister Sommer".[3] Inhalt ist ein breites Angebot an Styling-Utensilien,
das sowohl Dark Wave-Anhänger, Vampirfreaks wie auch Lack- und
Leder-Fetischisten anspricht. Schon lange in der Szene sind auch Amir
und Guido aktiv, die Inhaber des Szeneladens *Dark Ages*. Die Auwahl
reicht von einem „Vampires Night Armband" in 925er Sterlingsilber,
einem Lackkleid „Vampirella" – der „Vampirkragen mit Klettverschluss
abnehmbar" bis hin zu einem Ledermantel Modell „Vampirehunter."[4]
Die passenden Kontaktlinsen zum Vampir-Look liefert ein Münchner
Horror-Shop[5], der unter anderem auf „Kostüme", „Zähne" und „Gothic"
spezialisiert ist. Für unter 30 Euro findet sich dazu im Internetkatalog
das Angebot „Grabstein Vlad Dracula". In der Produktbeschreibung
heißt es: „Der kupferbraune und graue Grabstein des Blutsaugers Vlad
Dracula! Sein blutgieriges Antlitz ist selbst auf dem Grabstein verewigt
und verheißt nichts Gutes!". Dazu gibt's im Horror-Shop die angeblich
„besten Vampir-Eckzähne, die auf dem Markt erhältlich sind". Diese
„super Vampirzähne mit US-Patent" seien ein „Klassiker unter den
Fangs". Für die Stunden außer Betrieb gibt es noch einen besonderen
Tipp zur Aufbewahrung: „Die Eckzähne kommen in einer schönen
Sargbox zur Lagerung."

Während derlei Szeneklimbim sowohl von Anhängern der Gothic-Szene wie auch von Gruselfans nachgefragt wird, meint es eine kleinere
Gruppe mit dem Vampirismus ernster. Die Rede ist von den sogenannten „Vampyren". Das „y" im Namen soll den Unterschied zu den Blutsaugern aus der Legenden – und Phantasiewelt markieren und auch als
Abgrenzungsbegriff zu den Rollenspielern dienen.[6] Für Vampyre geht es
um weit mehr als um Styling – Vampyre fühlen sich auch seelisch mit

---

3 vgl. www.madamecasyophaya.com, 11.08.2007
4 www.darkages.de/page/index.htm, 10.08.2007
5 www.horror-shop.de, 10.08.2007
6 www.noctemeron.com/Vampirismus/vampirismus.html, 3.8.2007

den Blutsaugern verbunden, teilweise sogar mit ernstzunehmenden psychischen Dispositionen. Diese können sogar so weit gehen, dass sich einige Vampyre nicht mehr der menschlichen Spezies zugehörig fühlen. Für Hector Landers, Mitglied der Vampyrvereinigung *Aeterni*, ist ein Vampyr eine „menschliche Person, die teilwiese oder ganz Charakteristika eines Vampirs angenommen hat, sei es aus Zwang, oder weil sie Gefallen daran gefunden hat". „Zwang" könne „biologisches oder psychologisches Bedürfnis" sein, „fremdes Blut oder fremde Energien gleich welcher Formen in sich aufzunehmen".[7] Heshthot Sordul, Webmaster der Szenewebseite „Vampybibliothek" definiert:

> „Der Vampyr, das sind wir. Menschen, welche die Dunkelheit nicht fürchten sondern lieben. Die der Gedanke, Blut zu trinken, nicht anekelt, sondern fasziniert."[8]

Die Szene der sogenannten Vampyre steht beispielhaft für die Widersprüchlichkeiten vieler „Schwarzer" Jugendkulturen. Denn die Faszination für romantische Paralleluniversen geht einher mit einem erheblichen Gefahrenpotential. Die große Anhängerschaft der sogenannten „Vampirszene" erklärt sich in erster Linie aus den Romanfiguren selbst, die Geburtshelfer der Subkultur waren. So schreibt Britta Radkowsky zur Leidenschaft des Genres:

> „Durch die Sehnsucht des Menschen nach Unsterblichkeit, verknüpft mit der Faszination an Blut, berührt, erschüttert und begeistert die Figur des Vampirs."[9]

Auf der anderen Seite finden sich sehr manifeste Jugendgefährdungen, die sich aus gesellschaftlichen Entfremdungsprozessen, der Habitualisierung von Grausamkeiten, sowie den sexualisierten und fetischmotivierten sexuellen Gewalterfahrungen ergeben. Insofern kann ein Ausflug in das Vampirgenre mit erheblichen Traumatisierungen ver-

---

7   zit. aus: Britta Radkowsky, Moderne Vampyre, Neusäß 2005, S. 84; vgl. www.hector-landers.de
8   zit. aus: Radkowsky, a.a.O., S. 96
9   Radkowsky, a.a.O., S. 64

bunden sein, zumal über das Innenleben des „Sanguinarium", wie das
Netz aus Haushalten, Individuen, „Coven", Geschäftsleuten, Bars und
Künstlern, die die Vampyr-Bewegung markieren, intern genannt wird,
kaum gesichertes Wissen existiert. Das vorliegende Buch versucht, diese
und andere im Verborgenen agierende Szenen transparent zu machen,
ohne diese jedoch pauschal an den Pranger zu stellen.

Insgesamt markiert das Vampirgenre nur eine kleine Teilmenge der
sogenannten „Schwarzen Jugendkulturen", die heute Zehntausende von
Anhängern in ihren Bann ziehen, darunter auch viele Minderjährige.
Und gerade das morbide und provokant-antichristliche Auftreten pro-
voziert geradezu eine Vielzahl von Vorurteilen der Erwachsenenwelt.
Doch statt Polarisierung tut wie so oft Differenzierung not. Denn Jahr
für Jahr kommen Bands der düsteren Szene wegen ihrer menschenverachtenden Inhalte auf den Index der Bundesprüfstelle für jugendgefährdende Medien (BPjM). Gründe dafür liegen in exzessiven Gewaltszenarien, die immer wieder den Tatbestand der Gewaltverherrlichung
tangieren (§131 Abs. 1 StGB), rassistischen und antisemitischen Inhalten sowie in der Verquickung von Pornographie und Gewalt. In dem
vorliegenden Band geht es dabei nicht um den prüden Versuch, einer
„Heile-Welt-Kultur" das Wort zu reden, sondern um das Aufzeigen von
Straftatbeständen, die in vielen Musiktiteln nicht nur Ausdruck einer
subkulturellen Provokation, sondern schon längst Selbstzweck geworden ist. Exemplarisch hierfür stehen zahlreiche Texte der Band *Cannibal
Corpse*, deren Tonträger auch immer wieder Gegenstand von Indizierungen durch die Bundesprüfstelle für jugendgefährdende Medien
waren. So wird in dem Titel „The Cryptic Stench" (Der rätselhafte
Gestank) aus der CD „Tomb of the Mutilated" eine Mischung aus Vampirismus und Blutfetisch besungen:

> *„Mein Hals verzerrt sich, als ich mit scharfen Zähnen*
> *das Fleisch zerfetzte.*
> *Meine warmblütige Beute hält mich noch einen*
> *weiteren Tag am Leben. (...)*
> *Schwelgen im Blut, Berauscht von dieser Droge.*

Das wärmt meine kalte Seele. (...)
In meiner Umklammerung
Grüßt du mich mit offenen Armen.
Bald werde ich sie dir abreißen
Und das Blut aus der[den?] Stümpfe[n?] trinken (...)"[10]

An anderer Stelle vermischen sich pädophile und nekrophile Inhalte. Im Lied mit dem bezeichnenden Namen „Necropedophile" besingt die Band auf der CD „Tomb of the Mutilated" die Taten eines „Schänder(s) gerade verstorbener Kinder", wie es im Text heißt:

„Sie wird meine tote, verwesende, kindliche Sexsklavin.
Ich hacke ihr den Kopf ab, schneide ihren Rücken auf,
Ich ergieße mich in ihrem Mund. (...)
Ich masturbiere mit ihrem abgetrennten Kopf,
Mein Schmieren, ihre Verwesung.
Ich verbringe mein Leben damit,
tote Kinder zu belästigen."[11]

Die Texte dokumentieren, dass der Gewalt- und Blutfetischismus jenseits der Ränder der Vampirsubkultur in die weitaus prominentere Black- und Death-Metal-Szene übergeht und von hier aus in den gesellschaftlichen Mainstream wirkt. Mit weitreichenden Folgen. Denn die Verbindung aus Brutalität und Sexualität bewerten Psychologen als äußerst verhängnisvoll. Der amerikanische Militärpsychologe Dave Grossman sieht in dem Konsum derart krasser gewalthaltiger Inhalte Mechanismen einer typischen klassischen Konditionierung. Während der Teenager Gewaltmedien konsumiere, deren Inhalt die grausame Folterung oder Tötung von Menschen sei, trinke er gleichzeitig seine Lieblings-Cola oder schmuse mit der Freundin. Intensiver könne „die Verbindung aus Gewalt und schönen Gefühlen kaum sein", fasst Grossman

---

10 zit. aus: Entscheidung Nr. 4907(V)–4909(V), vom 13.11.1995, S. 8 f.
11 zit. aus: Entscheidung Nr. 4907(V)–4909(V), vom 13.11.1995, S. 7 f.

die fatale Auswirkung brutaler Texte auf Jugendliche zusammen.[12] Die steht in Übereinstimmung mit Erkenntnissen der deutschen Wirkungsforschung. In einer Untersuchung, die auch von der Bundesprüfstelle für jugendgefährdende Medien zitiert wird, heißt es:

> „Außerdem ist anzunehmen, dass die ständige Verknüpfung von sexuellen und aggressiven Darstellungen die Gefahr einer Erotisierung von Gewalt in sich birgt. Der fortgesetzte Konsum von Filmen dieses Genres könnte damit zur Entstehung eines äußerst bedenklichen Phänomens beitragen, das in jüngster Zeit experimentell bestätigt wurde. Nicht nur sexuell-aggressive Darstellungen, sondern auch solche, die nicht sexuelle Gewalt zum Ausdruck bringen, wirken auf eine bestimmte Personengruppe der männlichen Normalbevölkerung erotisierend und lösen sexuelle Reaktionen aus."[13]

Die Bandbreite der Musikgruppen mit menschenverachtenden Texten ist unüberschaubar groß. Die negativen Wirkungen auf die psychische Gesundheit Heranwachsender werden oft verstärkt durch den Versuch einer gleichzeitigen Ideologisierung. Beispielhaft hierfür stehen die Inhalte der *Nationalsozialistischen Blackmetal-Bewegung* (NSBM), zu der die Thüringer Band *Absurd* gezählt wird. Die Kombination aus politischem Extremismus und brachialer Gewalt dokumentiert der Titel „Der Sieg ist unser" aus dem Album „Facta Lunquuntur" (1996):

> *„Herr des Krieges, Herr der Nacht*
> *Wenn der Morgen dämmert, es beginnt die Schlacht*
> *Gegen Untermenschen, doch nichts stoppt unsern Lauf*
> *Gott Jahwe, wir schlitzen Deinen Bastard auf*
> *Der Sieg ist unser*
> *Südland wird fallen, wie schon Ostland fiel*
> *Es auszulöschen, das ist unser Ziel*
> *Israel, Juda im Schmutz vernichtet*

---

12 Warum töten wir? Interview mit Dave Grossman in: Die Zeit, 23.09.1999
13 Malamuth, Check & Briere, 1986, in: Henner Ertel: Erotika und Pornographie, München 1990, S. 17 f.

Die Legionen des Schicksals haben sie alle gerichtet
Welch' Massaker, Blut und Nukleare Feuer
Wir sind Nordwinds Wölfe, wahre Ungeheuer
Auf dem Kriegspfad, bewaffnet mit Schwertern aus Stahl
Bringend Verderben, und Tod und ewige Qual."[14]

Satanisten, Okkultisten, Vampiristen und Rechtsextremisten haben trotz ihrer ideologischen und ethischen Unterschiede eines gemeinsam. Dank der großen Zahl von Musikern, die ihre Philosophie zu einem zeitgemäßen Event machen, sind sie längst in der Lage, eigene Erlebniswelten zu präsentieren. Darunter ist die Verbindung aus Lebensgefühl, Freizeitwert und ideologischen Botschaften in dieser Szene zu verstehen.[15] Gerade in Bezug auf die rechtsextremistische Jugendszene beobachtet der Verfassungsschutz:

> „In dem Maße, in dem die Anbindung an die Szene enger wird, ideologische Prämissen zur Überzeugung werden, verdichten sich Unterhaltung und Gruppenzugehörigkeit zum Lebensgefühl. Gemeinsame Kleidung wird zu mehr als einer beliebigen Mode: Sie symbolisiert das Bekenntnis zu einem gemeinsamen ‚way of life', sie ist Teil eines Ehrenkodex."[16]

Die ideologisierten Erlebniswelten sind gekennzeichnet durch Identitätsangebote, wie sie beispielsweise von Szenebands und Musikmagazinen, im Szeneslang „Zines" genannt, transportiert werden. Während es bei Okkultisten eher die Mitgliedschaft in einem elitären Zirkel ist, der sich im Geiste des Sozialdarwinismus über die angeblich dröge Masse der sogenannten „Herdenmenschen" erhebt und in sexuellen und spirituellen Abenteuern seinen Avantgardismus zelebriert, gehen Rechtsextreme im Volksgemeinschaftsdenken auf. Der rechte Skinhead von heute sieht sich selbst als germanischen Krieger – in direkter Traditionslinie zu

14 zit. aus: www.lyricscate.com/a/absurd.htm, 15.8.2007

15 Landesamt für Verfassungsschutz Nordrhein-Westfalen: Menschenverachtung mit Unterhaltungswert, Düsseldorf 2005, S. 18

16 Landesamt für Verfassungsschutz Nordrhein-Westfalen: Menschenverachtung mit Unterhaltungswert, Düsseldorf 2005, S. 18

den Wikingern und den Soldaten der deutschen Wehrmacht oder der Waffen-SS. Auf der anderen Seite grenzen gemeinsame Feindbilder die Erlebniswelten von der Mehrheitsgesellschaft ab. In Bezug auf Rechtsextremismus sind hier vor allem Juden, Ausländer, Schwarze, Homosexuelle, Linke und Demokraten als Antipoden zu nennen. In schroffen Liedtexten von Szenebands werden die Feindbilder markiert und damit zusätzlich ein Gemeinschaftsgefühl unterstrichen. Insofern ist die Musik für die Szene gleichzeitig „Integrations- und Aggressionsfaktor".[17] Beispielhaft hierfür steht das Lied „Kanaken" der Skinheadband *Standarte*:

> *„Ich steh auf der Straße,*
> *hab meine Augen auf.*
> *Ich warte auf ,'nen Türken,*
> *und dem hau ich eine drauf.*
> *Und wenn ich einmal dran bin,*
> *dann tret ich auch noch 'rein,*
> *ist ja nur ein Türke,*
> *ein altes Kümmelschwein."[18]*

Die Bedeutung von Musik für die ideologische Beeinflussung Jugendlicher verdeutlicht ein Zitat des britischen Neonazis Ian Stuart (verstorben 1993), Sänger der britischen Szeneband *Skrewdriver*:

> „[Musik] berührt die jungen Leute, die von den Politikern nicht erreicht werden. Viele finden die Politik, parteipolitisch gesehen, langweilig, was teilweise stimmt. Es ist doch viel angenehmer, mit anderen ein Konzert zu besuchen und Spaß zu haben, als in eine politische Veranstaltung zu gehen."[19]

Für die schwarz-okkulten Jugendkulturen stehen insbesondere Elitedenken, Sozialdarwinismus, ausgeprägte Schwarz-Weiß-Raster – gepaart

---

17 Verfassungsschutzbericht des Landes Nordrhein-Westfalen 2005, Düsseldorf 2006, S. 59

18 Liedtext ist im Besitz des Autoren.

19 zit. aus: Verfassungsschutzbericht des Landes Nordrhein-Westfalen 2005, Düsseldorf 2006, S. 60

mit einem Anspruch auf ein Wahrheitsmonopol, eine teilweise Abwendung demokratisch-humanitärer Weltbilder sowie eine Diffamierung konkurrierender Religionsgemeinschaften wie beispielsweise des Christen- und Judentums im Mittelpunkt der Feindbildmarkierung. Diese ideologischen Extremismen sind bei Okkultisten wie Extremisten eng mit einer mehr oder minder starken Gewaltakzeptanz verknüpft. In einzelnen satanistischen Kleinorganisationen erlaubt dieses Denken Gruppenmitgliedern, auch über die körperliche Unversehrtheit von Mitmenschen zu bestimmen – in Einzelfällen bis hin zur Entscheidung über Leben und Tod. Hierbei geht es jedoch nicht um politisch motivierte Gewalt, sondern um die Idee, bei Gewaltakten bis hin zu Tötungen die Energie des Opfers zu gewinnen. Insofern dienen die teilweise exzessiven Gewalttaten im Satanismus meist mehr einer Ich-Befriedigung als ideologisierten inhaltlichen Zielen. Gewalt- und Mordtaten gegen Christen und Schändungen von Gotteshäusern und Friedhöfen belegen aber, dass jugendzentristische Satanisten ebenso wie Extremisten zu weltanschaulich-zielgerichteten Straftaten neigen.[20] Darüber hinaus sind auch Inhalte vieler Bands der sogenannten „Schwarzen Szene" durchaus ideologisch aufgeladen. Beispielhaft hierfür stehen Lieder der finnischen Black Metal-Gruppe *Impaled Nazarene*. Ihr Frontmann Mika Luttinen zeigt sich bereits „seit seinem 13. Lebensjahr (...) tief beeindruckt von A.S. LaVey und seiner Church of Satan"[21]. In seinen Liedtexten spiegelt sich besonders deutlich die sozialdarwinistische Lehre der Satanskirche wieder. Beleg hierfür ist der Titel „Assault the Weak" der CD „Nihil", die im Januar 2007 indiziert wurde.[22] Aus dem Liedtext:

> *„Deine Existenz ist ein Witz / greife an und vernichte alle Schwachen / zerquetsche sie mit einer eisernen Faust / meine Welt braucht keinen*

---

20 vgl. Rainer Fromm: Rechtsradikalismus in der Esoterik; zit. aus: Brennpunkt Esoterik, Hrsg.: Behörde für Inneres – Landesjugendbehörde Hamburg, 2. Auflage 2006, S. 185

21 vgl. www.rockhard.de, 15.08.2007 (Suchbegriff „Impaled Nazarene")

22 vgl. Entscheidung Nr. 7354, vom 17.01.2007

Abschaum wie dich (...) / du wirst für dein verdammtes Leben bezahlen /
(...) schießen um zu töten, zermalmen um zu vernichten. "[23]

Unumwunden wird hier zur Vernichtung von Schwachen, benachteiligten Menschen aufgerufen. Nach Überzeugung der Bundesprüfstelle für jugendgefährdende Medien sind die Texte der CD geeignet, „bei jugendlichen Zuhörern eine Abstumpfung gegenüber Gewalttaten sowie eine Herabsetzung der Mitleidsfähigkeit zu verursachen."[24] Jenseits schädlicher Wirkungsmechanismen wird Rockmusik hier ganz offensichtlich zum Transport menschenverachtender Ideologiefragmente einer satanischen Loge genutzt.

Und immer wieder ist Gewalt der allgegenwärtigen Wegbegleiter okkulter und extremistischer Erlebniswelten. Für Jugendliche liegt die Faszination der martialischen Kulissen auf der Hand:

„Du gewinnst Bedeutung nicht, weil Du bist wie Du bist, sondern weil Du zu einem machtvollen Kollektiv gehörst."[25]

Damit wird die Identitätssuche vieler Minderjähriger zur gefährlichen Einflugschneise extremistischer und okkulter Angebote. Und mit dem wachsenden Facettenreichtum der verschiedenen Szenen wächst auch deren Breitenwirkung. Das vorliegende Buch will die wichtigsten Stile aufzeigen, mit denen falsche Sinnstifter aus den Bereichen des Okkultismus und des politischen Extremismus von Rechts Minderjährige erreichen. Insbesondere am Beispiel ausgesuchter Bands und deren Liedtexten soll der Leserschaft Einblick in die Lebenswelt vieler Jugendlicher verschafft werden, die ihr nicht ohne weiteres zugänglich ist; erst das Wissen um die Tatsachen kann helfen, den Jugendlichen gegenüber entsprechend sachlich zu argumentieren. Das gilt insbesondere im Hinblick auf die sogenannte „Schwarze Jugendkultur", deren Grenzen zwischen Faszination und Fanatismus, Freiräumen und Angsträumen,

---

23   zit. aus: Entscheidung Nr. 7354, vom 17.01.2007, S. 12
24   zit. aus: Entscheidung Nr. 7354, vom 17.01.2007, S. 12
25   Landesamt für Verfassungsschutz Nordrhein-Westfalen: Menschenverachtung mit
      Unterhaltungswert, Düsseldorf 2005, S. 20

Fetischismus und Faschismus, Toleranz und Gewalt fließend geworden sind. Aber auch in der Auseinandersetzung mit dem jugendzentrierten Auftreten des Rechtsextremismus hilft ein Rückgriff auf bisherige antifaschistische Argumentationsmuster allein kaum weiter. Rechtsextreme Jugendkulturen lehnen sich längst nicht mehr an überkommene HJ-Traditionen an. Marschmusik und schwülstige deutschtümelnde Minnesänger mussten in den späten achtziger Jahren den Skinheads weichen. Doch auch die Bewegung der robusten Glatzenkultur, die ihren Hass gegen Ausländer, Juden und Demokraten zu Punkrythmen ins Mikrophon schrie, ist nicht mehr auf der Höhe der Zeit. Rechtsextremismus im Jahr 2007 ist vor allem Patchwork – ein „Anything goes" am völkischen Rand bestimmt heute das Auftreten der Szene. Nazi-Rock, rassistischer Hatecore, antisemitscher Black Metal und faschistoider Dark Wave markieren nur einige Eckpfeiler des neuen Rechtsextremismus. Der sächsische Verfassungsschutz schrieb 2005 in seinen Jahresbericht, dass sich das „Musikinteresse der Rechtsextremisten" im Laufe der Jahre weiterentwickelt habe und „breiter geworden" sei – mit weitreichenden Folgen:

> „Durch die unterschiedlichen Musikstilrichtungen und die musikalische Qualität einiger Szenebands wird die rechtsextremistische Musik auch für bisher unpolitische Jugendliche und Anhänger anderer Sub- und Jugendkulturen interessant."[26]

Und auch der thüringische Verfassungsschutz beobachtet, dass neben der Skinheadszene in den letzten Jahren „weitere subkulturelle rechtsextremistische Randbereiche an Bedeutung gewonnen" hätten.[27] Dazu bestätigt die Innenbehörde das Vordringen der rechtsextremistischen Szene vom Rand der Gesellschaft in deren Mitte:

> „Das früher häufig anzutreffende szenetypische Outfit, das von kahlrasierten Köpfen (‚Glatzen'), Springerstiefeln (...) und Bomberjacken ge-

---

26 Verfassungsschutzbericht des Freistaates Sachsen 2005, Dresden Dezember 2005, S. 16
27 Verfassungsschutzbericht des Landes Thüringen 2006, Erfurt 2007, S. 23

kennzeichnet war, gehört zum Teil der Vergangenheit an. Stattdessen
werden von der Szene, soweit es um das äußere Erscheinungsbild geht,
Stilelemente des jugendlichen Mainstreams übernommen. Anhänger des
so genannten NSBM tragen oft lange schwarze Haare, dunkle Kleidung
oder schminken sich schwarz."[28]

Und die rasante Entwicklung überrollt selbst viele Mitglieder der Szene
selbst, wie ein Beitrag des Herausgebers des Skinhead-Fanzines „Foier
Frei" verdeutlicht:

> „(...) Jeder kann sich meinetwegen so anziehen wie er lustig ist (...)
> Metaller, Hardcore, Hooligan. (...) Wenn man aber auf Gigs als Sharp be-
> koffert wird (...) oder als Zurückgebliebener betitelt wird, weil man heut-
> zutage noch als Skinhead auftritt, dann ist es schon weit böse. Für die
> nationale Sache ist Skinhead heute sicherlich nicht mehr von so großer
> Bedeutung, für mich persönlich aber schon."[29]

An dieser Stelle versucht das vorliegende Buch Lücken in der bisherigen
Literatur zu schließen und rechtsextreme sowie okkulte Anbieter in ih-
rem aktuellen Gewand aufzuzeigen. Denn nur Eltern, Pädagogen und
Sozialarbeiter, die argumentativ am Puls der Zeit sind, werden von den
Jugendlichen auch ernstgenommen.

---

28 Verfassungsschutzbericht des Landes Thüringen 2006, Erfurt 2007, S. 24
29 zit. aus: Verfassungsschutzbericht des Freistaates Sachsen 2005, Dresden Dezember
    2005, S. 17

1. Grufties und Black Metal

1.1 Wer hat Angst vorm Schwarzen Mann? – Eine düstere Jugendbewegung zwischen Protest und Okkultismus

Nur selten geraten Anhänger der schwarzen Jugendkulturen in den Fokus der Medien. Von der Weltoffenheit, der Toleranz und der kulturellen Experimentierfreudigkeit vieler Protagonisten des Genres bleibt dann nur wenig übrig. Meist ist es im Zusammenhang mit ritualisierten Morden oder Amokläufen – die das Scheitern der Jugendlichen in ihrer mühsam zusammengezimmerten sinistren Traumwelt dokumentieren. Es sind Biographien explosiver Ausbrüche aus psychischen Gefängnissen, deren Maurern aus Misanthropie, privatem Frust, Wahnvorstellungen, politischem Extremismus und der exzessiven Nutzung von Gewaltmedien erbaut wurden. Die Gewaltexzesse gleichen Dammbrüchen zwischen dem verhassten Leben vor der Tat, das meist von monströsen Phantasien und einem allgegenwärtigen Verlangen nach Rache begleitet wird. Die Bluttaten befriedigen letztendlich dieses Bedürfnis. Gemeinsam ist den Lebensläufen auch, dass die Umwelt nicht in der Lage war, die Signale zu erkennen. Denn oft geraten Jugendliche durch persönliche Probleme in die Schwarze Subkultur. Meist dann, wenn ein bestimmtes trauriges oder tristes Lebensgefühl artikuliert werden soll: Einsamkeit, Isolation, fehlende Zuwendung und Kommunikation, Schul- und Identitätsprobleme und Enttäuschung in den ersten Liebesbeziehungen.[30]

„Intensiv gelebt, jung gestorben ..."
September 2006 tötet der 25-jährige Kimveer Gill in Montreal eine Schülerin, 19 weitere verletzt er. Der Täter liebt Gewaltmedien wie das Computerspiel „Super Columbine Massacre". Auf seiner Homepage posiert der Einzelgänger im schwarzen Szeneoutfit – präsentiert sich mar-

---

30 http://hometown.aol.de/vampirladynikita/

tialisch mit Waffen. Vor dem Amoklauf stellt der Todesschütze seinen eigenen Grabstein ins Internet. Die Aufschrift: „Intensiv gelebt, jung gestorben, einen zerfleischten Leichnam zurückgelassen." Im Internet nennt sich Kimveer Gill „Engel des Todes".[31] In seinem Blog schreibt der Waffenfan, dass er die Menschen hasse und „wie Romeo und Julia oder im Kugelhagel sterben" wolle.[32]

Gern postet er auch auf der Gothic-Seite „Vampirefreaks.com". Hier sendet er seine Hilferufe – verbreitet seine verzweifelten Ideen. An einem Tag schreibt er:

„Ärger und Hass schwelen in mir."

Nach der Tat wird der Betreiber der Vampirefreaks-Homepage nicht müde, die Freundlichkeit und Friedlichkeit der Gothic-Szene zu beteuern. Verbindungen der tödlichen Schüsse zur Subkultur der Gothics seien Produkte der Medienmacher, deren Storys so besser über den Ladentisch gingen.[33] Immerhin findet der Homepagebetreiber neben viel Mitleid für seine Subkultur auch Worte des Bedauerns für die Opfer und deren Familien – der Rest ist Propaganda.

Weitaus bekannter als der kanadische Amoklauf war das Schulmassaker der Schüler Dylan Benett Klebold (geb. 9.11.1981) und Eric Davis Harris (geb. 9.4.1981) in Littleton, USA, das Kimveer Gill als Vorlage diente. Am 20.4.1999 gingen die beiden Jugendlichen durch die Räume ihrer Schule und schossen auf alles, was sich bewegte. Sie töten 9 Jungen, 3 Mädchen und einen Lehrer und erschießen sich dann selbst. Darüber hinaus werden 20 weitere Jugendliche zum Teil schwer verletzt. Tatwaffen sind zwei Maschinenpistolen, zwei Schrotflinten und ein halbautomatisches Gewehr. Dazu deponierten die Täter mehr als 30 Granaten, Rohrbomben und andere Sprengkörper im Schulgelände, tagelang mussten Spezialteams die Waffen unschädlich machen, die von den Mördern in die Schule eingeschleppt wurden.[34] Nach Aussagen des ermittelnden Sheriffs

---

31 www.netzzeitung.de/vermischtes/440176.html
32 WAZ, 15.09.2006
33 http://vampirfreaks.com/main.php, 15.9.2006
34 ORF 2: Thema, 26.4.1999, 21:05 Uhr

John Stone war ihre Absicht „das große Töten". In der Schule wollten sie mindestens 500 Schüler und Lehrer umbringen. Anschließend beabsichtigten sie, die Schule niederzubrennen und umliegende Wohngebiete zu zerstören. Als Finale sei geplant gewesen, „ein Flugzeug zu entführen und damit über einer großen Stadt abzustürzen", erklärte der Sheriff weiter.[35]

„Kein Mitleid für die Mehrheit"

Und wie bei Kimveer Gill, dem selbsternannten „Engel des Todes" von Montreal, waren auch Klebold und Harris Fans der Dark-Wave-Szene und exzessive Nutzer von Gewaltmedien. Zu den Lieblingsstreifen zählten Klassiker wie „Natural Born Killers" (NBK) und „Jim Carroll – In den Straßen von New York". In einer Szene des Streifens erschießt der Hauptdarsteller Leonardo DiCaprio, gekleidet in einen langen schwarzen Trenchcoat, sechs seiner Klassenkameraden.[36] In Videofilmchen, die Harris und Klebold produzierten, spielten beide die Szene nach.[37]

Zu dem medialen Gewaltmix gehören auch bei den beiden High-School-Mördern, wie bei vielen anderen Tätern, brutale Computerspiele. Wie groß die Bedeutung des Egoshooters „Doom" für die Tat ist, machte Eric Harris in einem weiteren Video deutlich. Den bevorstehenden Angriff auf die Schule beschreibt er mit Worten:

> „It's going to be like fucking Doom. Tick, tick, tick, tick … Haa! That fucking shotgun is straigt out of Doom."[38]

In ihrer Freizeit spielten sie stundenlang Egoshooter wie Doom. Harris entwarf sogar mehrere Doom- und Doom2-Level. Der Herstellerfirma „ID-Software" bietet er sich als Leveldesigner an.[39]

---

35 Berliner Zeitung, 27.4.2000
36 Carter, Nick: „Linking of ‚Basketball Diaries', Columbine shootings upsets author", Journal Sentinel, 6.5.1999
37 Stern, 18/1999, 29.4.1999, S. 206
38 zit. aus des sehr empfehlenswerten Analyse: http://home.arcor.de/hbredel/Buch/Columbine/columbine.html; vgl. Jefferson County Sheriff's Office (Hrsg.), Juli 2006: Columbine Documents. JC-001-025923 through JC-001-026859
39 vgl. http://home.arcor.de/hbredel/Buch/Columbine/columbine.html

Bei Harris und Klebold bleiben die Gewaltszenarien nicht in der virtuellen Welt. Auch in der wirklichen Welt existieren die tausendfach im Computerspiel gelebten Ideologiefragmente vom Recht des Stärkeren und die Faszination für Waffen. Und ganz wie im Computerspiel sehen sich die Mörder auch in ihrer Weltsicht als Vollstrecker der „natürlichen Auslese". In einem Dokument, das im Zimmer von Harris gefunden wird, heißt es:

„I would love to see all you fuckheads die. NBK. I love it! sometime in April me an V will get revenge and kill kick natural selection up a few notches."[40]

In seinem Tagebuch vermischen sich misanthropisch-sozialdarwinistische Aussagen mit Bewunderung für den Nationalsozialismus. Während jedoch die Nationalsozialisten in ihrem rassistischen Zerstörungswahn gefangen waren und die Welt mit Krieg und Vernichtungslagern arisieren wollten, gilt der Vernichtungsdrang von Harris und Klebold der gesamten Menschheit. In sein Tagebuch notiert Harris: „I hate the fucking world." An anderer Stelle schreibt er:

„If you recall your history the Nazis came up with a ‚final solution' to the Jewish Problem: kill them all. Well, incase you haven't figured it out yet, I say ‚Kill mankind'. No one should survive."[41]

Noch mehr Aufschluss für die rechtsextreme Grundeinstellung der Attentäter liefert eine weitere Passage, die einer Liebeserklärung an das nationalsozialistische Terrorregime gleicht:

„I love the nazis too ... I love their beliefs and who they were, what they did, and what they wanted."

Die rassistische Ideologie beeinflusst auch den Amoklauf. Mitschüler berichten, dass einer der beiden Täter während des Massakers mit den Worten „Ich hasse Nigger" auf Schwarze geschossen hat. Und auch die

---

40 zit. aus: http://home.arcor.de/hbredel/Buch/Columbine/columbine.html
41 zit. aus: http://home.arcor.de/hbredel/Buch/Columbine/columbine.html

Polizei vermutet unter den „bevorzugte(n) Ziel(en) der Schützen"
Schwarze.[42] Für ihre Mitschüler gehören die Amokläufer in „die Nähe"
der „schwarzen Gothic-Popkultur".[43] Beleg hierfür ist unter anderem
das Outfit der Attentäter, bestehend aus langen schwarzen Trenchcoats,
Kampfstiefeln, schwarzen Hemden und Hosen. Dazu hören sie die
dunklen Klangkulissen der Industrial Band *KMFDM* und der Gruppe
Rammstein, die in ihrem Stil eine Kombination aus Metal-, Wave und
Industrial-Elementen eint.[44] In ihrer Schule ist die Clique als sogenann-
te „Trenchcoat Mafia" bekannt, auch wenn Harris und Klebold keine
Mitglieder waren.

Eine eindimensionale Ursachensuche im subkulturellen- oder medialen Kontext erscheint für die Gesamtgenese des Attentats verkürzt.
Vielmehr muss man von einer wechselseitigen Beeinflussung realer De-
mütigungen und Gewalterfahrungen in medialen Gewaltszenarien aus-
gegangen werden. Wie in vielen Schulen herrscht auch an der Columbine High School eine feste Hackordnung – das „Recht der Stärkeren"
erlebten Harris und Klebold am eigenen Leib – allerdings jahrelang als
Opfer. Auf dem Olymp der Macht stand eine Gruppe von Schulsport-
lern mit dem Namen „Jocks". Mitglieder der Trenchcoat-Mafia wie auch
die späteren Attentäter wurden häufig schikaniert. Ein Mitglied der Go-
thic-Clique an der Schule bezeichnet sein Leben an der Highschool als
„pure Hölle". In diesem Klima, begleitet von sozialem Desinteresse des
Elternhauses, dürften die Wurzeln des Hasses zu verorten sein, der sich
irgendwann über die gesamte Menschheit ergießen sollte.

Nicht umsonst wurde der Ort der eigenen Frustration auch der Ort
der Rache. Da Harris und Klebold wussten, dass sie nicht alle Menschen
umbringen konnten, stand fest, dass die Columbine High School zur
Kanalisierung der aufgestauten Hassgefühle werden würde – und gleichzeitig Ort der langersehnten Genugtuung. Auf seiner Homepage hinterlässt Harris die Nachricht:

---

42 Der Tagesspiegel, 21.04.1999

43 Florian Rötzer: Medien und Gewalt bei Schülern, telepolis, 24.4.1999

44 vgl. Peter Matzke und Tobias Seelinger: Das Gothic- und Dark Wave-Lexikon, Berlin
2003, S. 457 f.

„Das Gesetz bin ich, wenn Dir das nicht gefällt, dann stirbst Du. Wenn ich Dich nicht mag oder ich nicht tun möchte, was Du mir sagst, dann stirbst Du."[45]

Schwarze Kleidung und Todesnähe-Insignien werden hier zu Hilferufen einer Szene – einer zur Schau getragenen Resignation vor dem Leben. Während jedoch die meisten Anhänger der Gothic-Bewegung die empfundene Leere der Gesellschaft symbolisch zum Ausdruck bringen, flieht eine kleinere Gruppe in Selbst- oder Fremdverletzungen. Publizisten sehen in dem Columbine High-School-Massaker eine neue Stufe des subkulturellen Protestes:

„Die Revolte der Jugendlichen aus der Mittelschicht gegen die weiße Kultur des Erfolgs scheint sich nicht mehr im symbolischen Widerstand einer Jugendkultur ausleben zu lassen, sondern in Gewalt gegen die verordnete Normalität zu explodieren."[46]

Andere Autoren negieren die „Rebellenthese" um Klebold und Harris. David North verwirft den Ansatz des Gewaltausbruchs als Reaktion auf soziale Ungerechtigkeit. Im Gegenteil:

„Nein, Harris und Klebold rächten sich für etwas, was sie als persönliche Schmach empfanden. Sie handelten nicht für andere, sondern für sich selbst. Sie griffen kein Symbol der Unterdrückung an, sondern wehrlose Kinder und einen hilfsbereiten Lehrer."[47]

Und auch in Deutschland gibt es Signaltaten. Im Mai 2005 greift ein Gothic-Fan in der Münchner Innenstadt einen Schüler an – mit tödlichen Folgen. Nach einem Wortgefecht zwischen einem 17-Jährigen und einem 19-Jährigen fliegen die Fäuste. Als ein Schlag und Tritte den Kopf des Minderjährigen treffen, kommt es zu einer Hirnblutung. Laut Polizeiangaben war der Schläger schwarz gekleidet und hatte das Gesicht weiß geschminkt. Zuvor hatte der Gruftie die asiatisch aussehende

---

45 www.wsws.org/de/1999/apr1999/colu-a2&shtml
46 Florian Rötzer: Medien und Gewalt und Schülern, www.heise.de/tp/r4/artikel/2/
    2776/1.html, 22.4.1999.
47 www.wsws.org/de/1999/apr1999/colu-a28.shtml

Freundin des Schülers als „Frühlingsrolle" beschimpft. Für die Münchner Polizei sind Gewalttätigkeiten der Gothic-Szene nicht neu. März 2005 liefern sich Dark Waver einer Messerstecherei mit Punkern, bei der es mehrere Verletzte gab.[48]

Blutbad in der Münchner Gothic-Szene

Alles Ausnahmen und Einzelfälle? Wer das glaubt, liegt weit daneben. In der Gothic-Szene, der „Gewaltexzesse" angeblich „vollkommen fremd"[49] sind, kommt es zu schaurigen Straftaten. Der Ort einer der bizarrsten Gewalttaten unter Jugendlichen ist erneut München. Die Süddeutsche Zeitung fragt in einem einfühlsamen Beitrag: „Was geht in zwei jungen Menschen vor, die mit einem Brotmesser versuchen, einer 18-Jährigen langsam die Kehle zu durchtrennen? Welche Abgründe der Seele tun sich bei dem Opfer auf, dass um diese Art der Tötung angeblich gebettelt hatte?"[50]

Wie so oft sind es emotional unterkühlte Familienverhältnisse, die auch diese tatbeteiligten Jugendlichen in die schwarze Szene getrieben haben. Der 1983 geborene Lars J. hat seine leiblichen Eltern nie kennengelernt. Das Aufwachsen in einer Adoptivfamilie war nach seinen Angaben von „fehlender Liebe, Zuneigung und Anerkennung" gekennzeichnet. Dazu sei er von den Adoptiveltern „oft geschlagen worden".[51] Seine schulischen Leistungen waren desolat, die zweite Klasse muss er wiederholen, mit 16 verlässt er die Hauptschule ohne Abschluss. Erst vier Jahre später kann er den Hauptschulabschluss nachholen, nicht zuletzt aufgrund erheblicher Alkoholprobleme. Auch wenn Lars J. glaubhaft bekundet, kein Mitglied der Gothic-Community gewesen zu sein, entspricht sein Aussehen dem Szene-Look: Schwarze Kleidung, Schminke, Rock und Kutte. Darüber hinaus verübt er als Jugendlicher eine ganze

---

48 vgl. taz, 08.04.2005
49 www.sekten-sachsen.de/gothic.htm
50 Süddeutsche Zeitung, 26.1.2005
51 Jugendschöffengericht bei dem Amtsgericht München, Geschäftszeichen 1021 Ls 128 Js 12178/03 jug.; Urteil des Jugendschöffengerichtes beim Amtsgericht München, 18.02.2005, S. 4

Reihe von Straftaten: Mal ist es der unerlaubte Erwerb von Betäubungsmitteln, dann gemeinschaftlicher Raub, später eine gemeinschaftliche
Bedrohung. 2003 schließlich erhält er eine achtmonatige Jugendstrafe
wegen gefährlicher Körperverletzung.[52]

Dazu leidet J. an einer emotional instabilen Persönlichkeitsstörung,
was jedoch im Verfahren „weder zur Aufhebung noch zur erheblichen
Verminderung der Schuldfähigkeit" führt.[53]

Seine Mittäterin Patrizia P. wurde 1984 geboren und wächst bei ihren
leiblichen Eltern auf. Als sie 14 Jahre alt ist, trennen sich die Eltern, ein
Ereignis, das die Jugendliche „wohl erheblich aus der Bahn geworfen
hat".[54] Schulisch ist Patrizia P. zunächst erfolgreich. In der fünften Kasse
schafft sie den Sprung von der Hauptschule auf das Gymnasium. Als sie
dort in der neunten Jahrgangsstufe zweimal sitzenbleibt, wechselt sie in
die Realschule – der Grund waren wohl die immensen familiären Span-
nungen. 2003 schafft sie ihre Mittlere Reife und stand zum Zeitpunkt
der Inhaftierung in der zwölften Klasse kurz vor dem Abitur. Emotional
war Patrizia ein echter Gothic, seit dem 14. Lebensjahr spürt sie „eine
gewisse Todessehnsucht", wie das Jugendschöffengericht in seinem Urteil festhält.[55] Mit der emotionalen Todesnähe kommt auch die schwarze Kleidung. Doch die junge Frau möchte nicht nur symbolisch aus dem
Leben scheiden – sie macht ernst. Selbstmordversuche mit Epilepsie-
Tabletten und der Kombination aus Paracetamol mit Alkohol scheitern
jedoch.

Patrizia P. lernt das spätere Opfer der Messerattacke, Shadi S., zirka
fünf bis sechs Jahre vor der Tat im Internet kennen. Es entsteht eine enge
Freundschaft, „die auch dadurch begründet war, dass beide einander
verstanden, was den Gedanken der Selbsttötung betraf"[56]. Beide hatten
mehrere Selbstmordversuche hinter sich und versprachen sich gegensei-
tig zu helfen, wenn eine von ihnen einen weiteren Suizidversuch unter-

---

52 Urteil des Jugendschöffengerichtes beim Amtsgericht München, 18.02.2005, S. 6 f.
53 Urteil des Jugendschöffengerichtes beim Amtsgericht München, 18.02.2005, S. 14
54 Urteil des Jugendschöffengerichtes beim Amtsgericht München, 18.02.2005, S. 9
55 Urteil des Jugendschöffengerichtes beim Amtsgericht München, 18.02.2005, S. 10
56 Urteil des Jugendschöffengerichtes beim Amtsgericht München, 18.02.2005, S. 10

nehmen sollte. Ende Oktober 2003 lernt Shadi in München auch Lars kennen – schnell entsteht eine enge Freundschaft. Shadi S. empfindet Lars und Patrizia „wie Geschwister für sich".[57]

Wie Geschwister ...
Nach den Ermittlungen der Polizei kam es am 4. November 2003 in der Wohnung des Mittäters Lars J. zu sexuellen Handlungen. Danach wollte die Schülerin Shadi I. sterben. Zunächst schluckte das Mädchen Schlaftabletten und Psychopharmaka, die sie wegen ihrer Depressionen verschrieben bekam – ihr Todeswunsch verstärkt sich. Im Laufe des Abends verabschiedet sie sich per SMS und Telefonanrufen bei ihren Freunden und erklärt, dass sie jetzt bei ihrem „Todesengel" sei. Ein Anruf erreicht um ein Uhr nachts auch Patrizia P., die sich sofort auf den Weg macht, um ihrer Freundin beizustehen. Shadi bittet Patrizia, ihr beim Sterben zu helfen. Im Badezimmer der Wohnung von Lars einigten sich die drei Gothics auf die Todesart: Zum Zwecke der Tötung soll Shadi die Kehle durchgeschnitten werden. Als sie in der Badewanne zum Sterben liegt, versetzt ihr zuerst Patrizia tiefe Schnitte in den Hals. Doch der Tod tritt nicht ein. Als Lars ins Bad kommt fleht Shadi den jungen Mann an, wenn er sie liebe, möge er sie umbringen. Der junge Mann setzt mit einem Messer nach – es kommt es zu weiteren Verletzungen. Aber auch die Schnitte von Lars P. drangen nicht tief genug ein. Doch das konnten Patrizia und Lars nicht wissen. Schließlich überlebt Shadi, weil die Täter der Annahme waren, mehr Stiche „seien für den Todeseintritt nicht erforderlich", wie der Staatsanwalt später feststellte.[58] Während die 18-Jährige mit dem Tod kämpft, legt sich Lars im Nachbarzimmer in sein Bett und schläft ein.[59] Patrizia P. hingegen redet noch längere Zeit mit Shadi, die unter anderem eine 6 bis 8 Zentimeter lange stark blutende Wunde am Hals aufweist. Um vier Uhr morgens fährt sie schließlich nach Hause. Das Opfer der Stichverletzungen hingegen verliert zeitwei-

---

57 Urteil des Jugendschöffengerichtes beim Amtsgericht München, 18.02.2005, S. 10
58 Süddeutsche Zeitung, 26.1.2005
59 Süddeutsche Zeitung, 22.1.2005

se in der Badewanne das Bewusstsein. Als sie nach einiger Zeit wieder
aufwacht, zittert ihr ganzer Körper. Geschwächt legt sie sich in das Bett
zu Lars schlafen. Zeitgleich läuft bereits eine Vermisstensuche nach
Shadi bei der Polizei – vorerst ergebnislos. Erst als die Beamten am
nächsten Morgen eine Peilung des Handys organisieren, führt ihr Weg
in die Tatwohnung, wo sie Shadi und Lars antreffen. Vorerst sagt die
18-Jährige aus, sich selbst die Schnitte zugefügt zu haben. Als sich die
Teenagerin später ihrer Therapeutin anvertraut, kommt es zu polizeilichen Ermittlungen und schließlich zur Verhaftung ihrer ehemaligen
Freunde.

Im Januar 2005 wird das Gothic-Pärchen wegen versuchter Tötung
auf Verlagen vom Münchner Jugendschöffengericht verurteilt.[60] Lars B.
erhält eine Jugendstrafe von zwei Jahren und sechs Monaten, Patrizia P.
erhält eine Bewährungsstrafe. Das Gericht bewertet zugunsten der Angeklagten, dass diese von Anfang an schuldeinsichtig und voll geständig
waren. Im Urteil schreibt das Jugendschöffengericht:

> „Festzustellen bleibt, dass die beiden Angeklagten in dieser Nach erheb-
> lich überfordert waren, wie sie selbst erklärt haben. Sie wollten ihrer
> Freundin Shadi I. (....) helfen, aus dem Leben zu scheiden, weil sie die
> Qualen der Geschädigten am Leben kannten bzw. die Geschädigte lieb-
> ten, wie sie selbst, die Angeklagten, erklärt haben, was zu ihren Gunsten
> auch zu unterstellen ist."[61]

Der Gerichtsgutachter verweist auf eine starke Sogwirkung, die der Gedanke der Durchführung eines Selbstmordes auslösen kann. Warum
allerdings eine so brutale Art des Vorgehens gewählt wurde, lässt sich
durch die Ausführungen nicht erklären.

---

60 Urteil des Jugendschöffengerichtes beim Amtsgericht München, 18.02.2005, vgl.
    auch: Abendzeitung, 29./30.01.2005
61 Urteil des Jugendschöffengerichtes beim Amtsgericht München, 18.02.2005, S. 16

Kindstötung in Brandenburg

Am 25. November des Jahres 2002 vertraut sich die damals 18 Jahre alte
Angela L. im Berlin-Zehlendorfer Waldkrankenhaus dem ärztlichen Di-
rektor der Einrichtung, Dr. Siegbert Heck, an. Sie berichtet ihm von ihrer Totgeburt und dass sie ihr Baby im Garten ihres Elternhauses vergraben habe. Der Mediziner verständigt daraufhin die Polizei, die aufgrund
der Hinweise der Kindesmutter tatsächlich den Leichnam eines Neugeborenen finden. Den Beamten bietet sich vor Ort ein grausiger Anblick,
das tote Kleinkind ist völlig entstellt. Im Bericht des Brandenburger
Landesinstituts für Rechtsmedizin vom 24.3.2003 klingt es nüchtern,
bei dem Baby waren die „inneren Organe nahezu vollständig entfernt"
worden. Darüber hinaus wurde „das Kind zerstückelt und verpackt im
Freien abgelegt", wie das Institut ergänzt. Weiter heißt es in dem Bericht:

> „Es gibt Verdachtsmomente, dass eventuell eine satanistische Motivation
> bei der Vorgehensweise eine Rolle spielt."[62]

Zu nachhaltigen Ermittlungen in der Schwarzen Szene Berlins kommt
es nicht. Die 18-jährige Mutter aus Teltow gesteht, den Säugling in einer
persönlichen Notlage alleine getötet zu haben. Aus Angst vor Tierfraß
berichtet sie weiter, hätte sie die Organe entnommen und dann in ein
WC geschüttet. Doch die fehlenden Innenorgane und die Brutalität, mit
der das Baby getötet wurde, werfen auch beim Gutachter des Gerichtes
Fragen auf. Der I. Obduzent Dr. med. Schröpfer schreibt in seinen Ab-
schlussgutachten:

> „Die an den Tag gelegte Vorgehensweise mit den Verbrennungen, der
> hochgradigen Zerstücklung und der ,Ausweidung' des Leichnams ist in
> dieser Form von den langjährig erfahrenen Obduzenten noch nicht be-
> obachtet worden. Die von der Beschuldigten vorgebrachte Motivation zu
> der Vergehensweise ist nicht nachvollziehbar. [...] Der Kopf des Kindes
> wurde sehr wahrscheinlich nach Eröffnung der Kopfhöhle von Hand

---

62 Brandenburger Landesinstitut für Rechtsmedizin, Potsdam, 24.3.2003

aufgebrochen, so daß es zu dem Bruch im Bereich des Hinterhauptbeines, der Entnahme beider Scheitelbeine und möglicherweise auch dem Bruch des Unterkiefers kommen konnte."[63]

In der Polizeivernehmung erklärt die Kindsmutter, sie habe das Baby am 5.11.2002 zuhause zur Welt gebracht. Während der Geburt in der Badewanne sei sie ohnmächtig geworden. Als sie wieder wach wurde, habe das tote Kind bereits im Wasser gelegen, vermutlich erdrosselt, weil die Nabelschnur um den Hals gewickelt war. Also ein Unfall, wie Angela L. berichtet. Die Frage nach dem zerstörten Kindeskörper ist damit nicht beantwortet. In dem Verhör haken die Beamten nach und erfahren, dass es zur Zerstückelung des Kindes gekommen sei, weil L. das tote Kind in ihrem Zimmer aufbewahrt hatte. Sie konnte es „nicht einfach in den Müll schmeißen", erklärt sie. Am 11.11., sechs Tage nach der Geburt, fing der Leichnam an zu stinken. Dann habe sie das Kind in innerer Wut und Trauer zerteilt. Während ein Teil der Organe angeblich in die Toilette gespült wurde, findet die Polizei den restlichen Leichnam in einer Tüte verpackt im Hausgarten.

Auf die Frage, warum das Kind so zugerichtet wurde, antwortet Angela L. in der Vernehmung weiter:

> „Ich hatte nur den Wunsch, dass ich mich selber so zurichten könnte. (...) Ich habe mir gewünscht, dass ich es wäre, die so zerstückelt wird. Genau das war's."[64]

Auf die Nachfrage, wie es mit dem Baby weiterging, erklärt die 18-Jährige:

> „Ich habe gemerkt, dass es falsch ist, was ich mache. Dass ich auf das Baby projiziere, was ich für mich selbst wünsche! Dann habe ich gedacht, dass ich die Seele des Babys freilassen muss. Dann habe ich den Bauch aufgemacht und den Kopf abgemacht. Dann habe ich von oben nach unten den Brustkorb aufgemacht. Und dann freigelassen."[65]

---

63 Sektionsgutachten: Brandenburgisches Landesinstitut für Rechtsmedizin, S. 420/2002, 18.3.2003, S. 14

64 AZ: 486 Js 42211/02, Vernehmung 28.11.2002

65 AZ: 486 Js 42211/02, Vernehmung 28.11.2002

Subkulturell ist Angela L. in der Gothic-Szene zuhause, die sie „mag", zu ihrer Literatur gehört „ORKUS", eines der wichtigsten Magazine der Gothic-Bewegung. Treffpunkte ihrer Clique waren der am 29.07.2007 geschlossene „Lime-Club"[66] am Berliner Alexanderplatz oder der Club „Musichall". Besonders das „Lime" galt in der Hauptstadt als Treffpunkt für „Vampire" und andere Grufties. Dazu chattet sie in den einschlägigen Interneträumen mit dem Pseudonym „Vampi". Der „Gothic-Chat" oder der NETWORK-Channel „dark lands" sind ihr virtuelles Zuhause. Eine Internet-Freundin bestätigt: „Wir sind alle Gothics". Der Szenekitt sei „hauptsächlich die Musik und die Vorliebe zum ‚Schwarzen'".[67] Und es ist auch die virtuelle Welt, in der sich Angela L. zu ihrer Tat äußert. Noch einen Tag vor ihrer Verhaftung schreibt sie in einer Mail an einen Freund:

> „ … du wolltest es ja nicht anders ‚gg' und achso ich wurde dazu nicht gezwungen, ich habs freiwillig getan ‚schäm'."[68]

Der Frage nach der Wechselwirkung zwischen Tat und etwaigen Einflüssen aus der Subkultur wurde nur oberflächlich nachgegangen. Ob die Wahnvorstellungen des Okkultismus, in denen auch Kindstötungen eine Rolle spielen, die Tat mit beeinflusst haben, wurde ebenfalls nicht analysiert. Vielmehr wird die Tat einmal mehr als das Ende einer persönlichen Tragödie einer jungen Frau aus der Schwarzen Subkultur gedeutet – ob hiermit alle Fragen beantwortet sind, ist zweifelhaft. Wenn Angela L. in der Vernehmung erklärt, sie habe die Organe des Kindes in ein WC gespült, weil sie nicht wollte, „dass das Herz in meiner Nähe von Tieren zerfressen wird", klingt das befremdlich. Dazu bleibt fraglich, wie es eine 18-Jährige ohne fremde Hilfe schafft, die Organe eines Neugeborenen herauszutrennen. Immerhin beteuert sie, sie habe zuvor nie gesehen, wie ein Säugling zerstückelt wird.[69] Auch habe sie niemals derartige Handlungen im Internet wahrgenommen.

---

66   www.myspace.com/limeclaub, 28.08.2007
67   AZ: 486 Js 42211/02, Vernehmung 02.12.2002
68   Mail, 24.11.2002, 22:17
69   AZ: 486 Js 42211/02, Vernehmung 28.112002

Im gleichen Jahr, im Juni 2002, schänden zwei junge Männer und eine Frau aus der okkult-schwarzen Szene die Charlottenburger Kaiser-Wilhelm-Gedächtniskirche. Wild schreiend und gestikulierend ritzt sich das Trio tiefe Wunden in die Körper und schmiert das Blut auf eine Infotafel. Dann laufen sie durch die Kirche und lassen das Blut in ein Taufbecken tropfen. Ein Zeuge beschreibt die Eindringlinge:

> „Sie waren schwarz gekleidet, dunkel geschminkt und trugen umgedrehte Kreuze um den Hals."[70]

Und dennoch sollte die Schwarze Szene nicht pauschal verteufelt werden. Im Regelfall sind ihre Anhänger wohl eher Projektionsfläche für die Sehnsüchte und Abgründe ihrer Betrachter. Wenn die schwarz gekleideten und totenbleich geschminkten Teenager durch die Fußgängerzonen ziehen, werden sie meist belächelt oder lösen Kopfschütteln aus. Attribute wie „satanistisch", „okkultistisch", „durchgeknallt", „Rauschgift konsumierend", „in Särgen schlafend", „Blut trinkend", „sadomasochistisch" und neuerdings auch „rechtslastig" werden mit den sinistren Teenagern verknüpft.[71]

Die Szene macht es ihren Beobachtern nicht leicht – verliert sich in immer neuen Gegensätzen. Die Farbe schwarz wird zum Symbol für Zuneigung und Liebe, Kampfstiefel und Kettenhemden sollen einen inneren Pazifismus unterstreichen, dazu kommt eine konsequent ausgelebte Androgynität, in der die Geschlechtergrenzen verschwimmen. Und es ist gerade die Toleranz dieser Subkultur, die sie zum Sammelpunkt für viele Anhänger gesellschaftlich verpönter Lebensweisen wie den unterschiedlichsten Fetischen, werden lässt.[72]

Gemeinhin wird die Gothic-Bewegung als eine „sehr ästhetische, introvertierte und ausgesprochen friedliche Jugendkultur mit sensiblen, wenn auch mitunter etwas wirklichkeitsfremden Protagonisten" dargestellt.[73]

---

70 Berliner Zeitung, 05.06.2002
71 Vgl. Ingolf Christiansen: Satanismus; zit. aus: Brennpunkt Esoterik, Hrsg.: Behörde für Inneres – Landesjugendbehörde Hamburg, 2. Auflage 2006, S. 94
72 http://hometown.aol.de/vampirladynikita/, 17.09.2006
73 www.sekten-sachsen.de/gothic.htm

Diese sehr idealisierte Darstellung korreliert an den Rändern der Subkultur an ganz unterschiedlichen Stellen mit Problemfeldern, die eine kritische Würdigung der Szene im Sinne des Kinder- und Jugendschutzes erforderlich machen.

- Okkultismus/Satanismus (Grauzone Satanismusforen)
- Extremismus
- Sexuelle Deviation (Blutfetischismus, Cutting)
- massiv jugendgefährdende Inhalte in Texten
- Realitätsflucht

Dazu stößt man bei genauerem Hinsehen immer wieder auf Biographien junger Menschen, die von Einsamkeit, Isolation, fehlender Zuwendung sowie Schul- und Identitätsproblemen geprägt sind. Insofern gilt das Hauptaugenmerk nicht der bedrohlichen düsterschwarzen Hülle, sondern primär der psychischen Disposition. Das sinistere Outfit hat hingegen die Funktionon einer Ersatzidentität oder eines Kokons als Schutz vor Widrigkeiten im sozialen Nahbereich. Die Subkultur wird zum Schutz- und Experimentierraum für das unterdrückte Selbst.

1.2 Dark Wave

Ihre Geburtsstunde hatte diese Gruftie-Jugendsubkultur Ende der siebziger Jahre als Abspaltung der Punk-Bewegung. Dark Wave stand für die musikalisch „weniger radikale Seite des Punk"[74]. Hierunter wurde elektronische Pop-Musik, wie sie von *Depeche Mode* gespielt wurde, ebenso subsumiert wie der sogenannte „Psychorock" der Patti Smith. In den neunziger Jahren etablierte sich die Begrifflichkeit „Dark Wave", wobei „dark" für „düster" als Markenzeichen der Musik stand und „wave" für deren Wurzel. Die Anhänger der musikalisch sehr heterogenen Richtung nennen sich unter anderem „Gothics", „New Romantics", „Grufts"

---

74 vgl. Hans Wanders: The wonderful and frightening World of ..., in: Andreas Speit: Ästhetische Mobilmachung, Unrast 2002, S. 24

oder „Grufties". Die Jugendlichen selbst bevorzugen die Bezeichnung
„Schwarze Szene". Die britischen Musikmagazine „New Musical Ex-
press" und „Sounds" etablierten Anfang der achtziger Jahre den Begriff
„Gothic" für „die Anhänger schwermütiger, antichristlicher Rock-Mu-
sik".[75] Musikalisch sind die Bands der Szene längst Mainstream geworden. Alben von *The Cure, Sisters of Mercy* oder *Depeche Mode* wurden
millionenfach verkauft. Und auch Bandnamen wie *Velvet Underground*
oder *Joy Division* sind eng mit den Ursprüngen dieser Subkultur verbunden. Eine ganz wichtige Rolle kommt auch der Gruppe *The Craze*
zu, die sich um den Sänger Peter Murphy formiert hatte. Nach der Um-
benennung 1979 in *Bauhaus* landeten sie 1980 mit ihrer ersten Single
„Nela Lugosi's Dead" einen absoluten Klassiker der Dark Wave Szene.[76]
Peter Matzke und Tobias Seelinger sprechen in ihrem Dark-Wave-Lexikon davon, dass das Stück […] sogar als der „erste" Dark-Wave-Song
betrachtet werden kann.[77]

Während jedoch die Punker mit ihrer Losung „No Future" einen
schrillen Gesellschaftsprotest formulierten, zeichnete sich die Gruftie-
Szene durch eine offen zur Schau getragene Resignation aus. Mit ihrem
Flair von mittelalterlichem Dunkelmännertum und Mystik ist der Protest der Szene emotional. Einer Gesellschaft, der es an allen Stellen an
Empathie mangelt, antwortet diese Subkultur mit Stilisierung von innerer Leere und Hoffnungslosigkeit. Augenscheinlich ist die Kleidung be-
setzt mit Insignien des Todes. Grufties verbindet ein Gefühl von Sinnlosigkeit und Zukunftsangst. Nicht umsonst heißen Szeneläden „Art of
Dark" oder „Trauma Music Store", die in Szeneheften mit „Freitod-Me-
lodien für lebensmüde und depressive Seelen" werben.[78] In einem Beitrag zum Lebensgefühl der Gothic-Bewegung heißt es treffend:

---

75 vgl. Hans Wanders, a.a.O., S. 24 f.
76 Musik-Mode-Markenzeichen, Hrsg.: Innenministerium des Landes Nordrhein-
    Westfalen, 1. Auflage September 2003, S. 76 f.
77 Peter Matzke und Tobias Seelinger: Das Gothic- und Dark-Wave-Lexikon, Berlin
    2003, S. 50
78 vgl. Orkus 3/98

- „Gothic-Dasein ist verloren geglaubte Liebe in einer berauschenden Welt von Gefühlen und Leidenschaften, ist unabhängige Sehnsucht nach Gemeinschaft.
- Gothic-Dasein ist unstillbares Begehren nach Heil und Erlösung.
- Gothic-Dasein erfüllt das als sinnleer empfundene Leben mit neuen Alltagsphantasien.
- Gothic-Dasein bedeutet, den bittersüßen Rausch verletzter Gefühle, schmerzvoll und lustvoll zugleich, auszukosten.
- Gothic-Dasein ist der leidgeprüfte Weg eigenen Martyriums, um sich von seelischen Wunden zu befreien. [...]

Überwältigend ist das große Bedürfnis nach Geborgenheit, Akzeptanz, Toleranz und Verstandensein. Fast übermächtig allerdings auch die seelische Finsternis, die eine nahezu unstillbare Sehnsucht auslöst, dem Tod möglichst nahe zu sein".[79]

Zusammengefasst kennzeichnet die Gruftie-Szene eine intensive Beschäftigung mit dem Ende allen Seins, was auch eine intensive Beschäftigung mit dem Tod (Friedhofsnostalgie) mit sich bringt, eine mystisch verklärte Todesakzeptanz, eine Vorliebe für die Farbe Schwarz sowie eine ständige Präsenz von Okkultismus in der Szene. Diese Merkmale werden bereichert durch die neue Subkultur des „Neo Folk", der sehr eng mit dem Dark Wave korrespondiert. Der Neo-Folk zeichnet sich durch keltische und germanische Anleihen aus, die sehr häufig auch vor der Kulisse mittelalterlicher Märkte zu finden sind. Natürlich gehen beide Subkulturen auch ineinander über und bilden neue Abspaltungen. Den Szenen gemeinsam ist die Faszination und Nachahmung mittelalterlicher Kleidung bis hin zu einem Vampir-Look und das Interesse für okkulte Phänomene und neuheidnische Religionsvorstellungen, was unter anderem in einer Vorliebe für Runen zum Ausdruck kommt. Zur Ideologie vieler Szeneangehöriger gehört oftmals auch eine mehr oder

---

79 Ingo Weidenkaff, „Die Szene der Schwarzen", in: Klaus Farin / Ingo Weidenkaff, Berlin 1999; vgl. auch: www.sekten-sachsen.de/gothic.htm

weniger ausgeprägte Ablehnung des Christentums.[80] Eine weitere Beschreibung der Gefühlswelt vieler Grufties liefert auch der Mainzer
Theologe und Weltanschauungsbeauftragte Eckhard Türk:

> „Ein Gruftie stellt ausdrücklich, für alle sichtbar seine Selbstverweige-
> rung dar, eine Verweigerung gegenüber der Erwachsenenwelt. Provozie-
> ren gegen Mitläufertum, Leichenblässe gegen Sonnenstudiobräune,
> schwarz gegen rosarot, Tod gegen ewige Jugend, umgedrehte Kreuze ge-
> gen christliche Tabus, Teufel gegen Gott."[81]

Keine Frage – genau diese Szene hat Konjunktur und mit der zunehmenden Beliebtheit des Dark Wave entstanden immer neue Musikmagazine des Genres mit riesigen Auflagen. Hefte wie das älteste und größte Gothic-Magazin „Zillo" fehlen heute in keinem gut sortierten
Zeitschriftenladen. Und kommt das Gothic-Magazin „Orkus" auf etwa
50.000 Exemplare, kann das Heft Zillo gar auf eine Auflage von mehr als
70.000 Heften verweisen. Zu nennen sind darüber hinaus noch das „Gothic Magazine" aus Holzgerlingen sowie „Astan" aus Metelen.

Zu den allgegenwärtigen Themen der Gothic-Bewegung zählen eine
„tiefe Skepsis" gegenüber „den glatten Fassaden der modernen Kon-
sumgesellschaft", dem „American Way of Life" und einer „blindwütigen
Technik und Wissenschaftsgläubigkeit".[82] Gerade in Interviewaussagen
von Musikern oder Liedtexten finden sich immer wieder auch Schwerpunkte, die in einer Grauzone zur Ideologie des Rechtsextremismus liegen. Dazu zählt insbesondere die hohe Bedeutung des Mythischen und
Metaphysischen, die mit einer Vielzahl neuheidnischer und esoterischer
Versatzstücke gespickt sind. Dazu kommt in einem Teilsegment der
Subkultur eine hohe Akzeptanz elitärer und antiegalitärer Positionen,
die auf den sozialdarwinistischen Prinzipien beruhen. In diesem Zu-

---

80 vgl. Klaus Farin / Ingo Weidenkaff, 1999, S. 42; Verfassungsschutzbericht des Bundes
    1999, Pressefassung, S. 89
81 Massimo Introvigne / Eckhard Türk: Satanismus – Zwischen Sensation und Wirk-
    lichkeit, Freiburg 1995, S. 75
82 Peter Matzke und Tobias Seelinger: Das Gothic- und Dark Wave-Lexikon, Berlin
    2003, S. 252

sammenhang ist nach Beobachtung der Verfassungsschutzbehörden seit Anfang der neunziger Jahre „ein völkisch-esoterischer Kreis entstanden, zu dem einzelne Bands, Labels und Zeitschriften zählen.[83] Hinsichtlich der ideologischen Brücke zwischen Dark-Wave-Szene und Rechtsextremismus warnen die Autoren Jan Raabe und Andreas Speit vor einem gefährlichen ideologischen Transfer:

> „Über die Auseinandersetzung mit den immanenten Momenten der Schwarzen Szene – Tod, Zerfall, Treue, Liebe, Reinheit und Einfachheit – haben die ersten Akteure des Dark Waves zu dem ‚faschistischen Stil' (Armin Mohler) gefunden. Den individuellen Pessimismus und die kollektive Melancholie der Schwarzen Szene interpretieren sie als den heroischen Realismus und den totalen Antimodernismus der braunen Szene. Aus den Wertvorstellungen und dem Lebensgefühl der Subkultur wird so ein politisches Konzept, eine ästhetische Mobilmachung gegen Humanismus und Emanzipation."[84]

Es wäre aber verfehlt, die rechtsradikale Dark-Wave-Musik mit der klassisch rechtsextremistischen Skinheadmusik oder den Texten der NS Black-Metal-Bewegung zu verwechseln. Während die Skinheds ihren Rassismus und Neonazismus in recht grobschlächtiger Weise präsentieren, sind die politischen Inhalte des Dark Wave weit subtiler.[85] In ihren Texten tauchen vorwiegend Vordenker der antidemokratischen „Konservativen Revolution" sowie ideologische Köpfe des Faschismus wie Julius Evola oder Corneliu Z. Codreanu auf. Dazu werden immer wieder einschlägige Symbole verwendet. Beispielhaft hierfür wird vor allem mit der Schwarzen Sonne gearbeitet, die der Frontmann der Band *Von Thornstahl* Josef Klumb als „DAS Symbol" seiner „Bewegung" bezeich-

---

83 Verfassungsschutz des Landes Nordrhein-Westfalen: Party, Pogo, Propaganda, Düsseldorf Juli 2005, S. 6 f.

84 Jan Raabe / Andreas Speit: L'art du mal – Vom antibürgerlichen Gestus zur faschistischen Ästhetik, in: Andreas Speit: Ästhetische Mobilmachung, Unrast 2002, S. 110

85 vgl. Christian Dornbusch / Jan Raabe: RechtsRock – Made in Thüringen, Erfurt 2006, S. 65

net.[86] Insbesondere die Bands *Blood Axis* (USA), *Death in June* (England), *Forthcomming Fire* (Deutschland), *Von Thronstahl* (Deutschland) oder das Solo-Projekt *Allerseelen* (Österreich) greifen aber auch NS-Symbolik auf und stellen „positive Bezüge zu Leifiguren des Rechtsextremismus her".[87] Immer wieder in der öffentlichen Kritik steht wegen seinem rechtsradikalen Gedankengut Douglas Pearce, der Kopf von *Death in June*. In Interviewaussagen vermischt er Mystik, Irrationalität und Kulturpessimismus mit rechtsextremen Fragmenten:

> „Wir leben schon in den Zeiten der Schwarzen Sonne. Sie schwebt schon über uns allen als wahrer Niedergang Europas, ganz egal, wo auch immer wir uns in der Welt befinden sollten. Sie schaut auf uns herab und wartet. Sie steht als Zeichen für unseren kollektiven Faustischen Pakt. Es ist die Flagge der arischen Nation, die winselt. Es ist Gott."[88]

Auf der 87er LP „Brown Up" kommt es zu Vertonung des Horst-Wessel-Liedes. 1995 entsteht der Song- und Albumtitel „Rose Clouds if Holocaust". Auch das „Gothic- und Dark Wave-Lexikon spricht von einer „Faszination, die Aspekte der deutschen Geschichte zwischen 1933 und 1945 auf Pearce ausüben".[89] Diese Leidenschaft teilt er unter anderem mit dem amerikanischen Musiker Michael Moynihan, der 1995 mit „The Gospel of Inhumanity" die CD seines Musikprojektes *Blood Axis* präsentierte. In die Kritik kam Moynihan wegen seinen radikal-sozialdarwinistischen Einstellungen.[90] Dazu kommen einschlägige Veröffentlichungen wie die Mitarbeit an einem Sampler des rechtsextremistischen

---

86 zit. aus: „Ruf nach Freiheit", Nr. 2, o.J., in: Christian Dornbusch / Jan Raabe: Rechts-Rock – Made in Thüringen, Erfurt 2006, S. 65

87 Musik-Mode-Markenzeichen, Hrsg.: Innenministerium des Landes Nordrhein-Westfalen, 1. Auflage September 2003, S. 77

88 zit. aus: Rainer Fromm: Rechtsradikalismus in der Esoterik, zit. aus: Brennpunkt Esoterik, Hrsg.: Behörde für Inneres – Landesjugendbehörde Hamburg, 2. Auflage 2006, S. 208

89 Peter Matzke und Tobias Seelinger: Das Gothic- und Dark Wave-Lexikon, Berlin 2003, S. 144

90 Peter Matzke und Tobias Seelinger: Das Gothic- und Dark Wave-Lexikon, Berlin 2003, S. 66

VAWS-Verlages. Die CD „Cavalcare La Tigre" wird später bei VAWS als
„eine Tributzollung an Julius Evola" feilgeboten. Der Italiener war
„Mussolinis Hofphilosoph" und Verfasser der „Grundrisse der faschistischen Rassenlehre".[91] Gemeinsam mit *Death in June, Strenght Through
Joy* und *Schwartze Orden* beteiligt sich *Blood Axis* an dem Neofolk-Sam-
pler „The Pact", was ebenfalls das rechtsradikale Umfeld der Band cha-
rakterisiert. Mit Musikern wie Boyd Rice (*NON*), Douglas Pearce (*Death
in June*) oder Tony Wakeford von der Band *Sol Invictus* veröffentlicht er
unter dem Namen „Boyd Rice and Friends".[92] Derlei Musikprojekte dokumentieren auch eine weltweit enge Vernetzung der rechtsradikalen
Dark-Wave-Musikszene. Auf Konzerten wie dem 4. VAWS-Festival
„Heiliges Österreich" vom 23. bis 25. April 2004 in der Nähe von Linz
finden sich internationale Bands wie *Von Thronstahl, Allerseelen, Tyr-
Kreis, Forthcomming Fire* und *NON* zusammen.[93] Bei einem Auftritt im
April 2005 auf dem „Flammenzauber-Festival" in Heldrungen ist neben
Blood Axis auch die Band *Triari* aus Berlin auf der Bühne. In Ihrem Lied
„Der Verwundete" huldigen die Musiker dem Vorzeigebildhauer des
Nationalsozialismus Arno Breker.[94] Nähen zur Rechten Szene weist
Moynihan weit von sich. In einem Brief an die Redaktion der „Jungen
Welt" schreibt er:

> „Blood Axis sieht sich als eine kulturelle, musikalische und geistige Kraft.
> Wir sind nicht, und haben uns nie in den politischen Prozess eingemischt.
> Keines der Mitglieder von Blood Axis ist je Mitglied einer politischen
> Partei oder Gruppierung gewesen, links oder rechts."[95]

Liest man andere Aussagen Moynihans, bekommt sein Dementi Frage-
zeichen. Die rechtsextremistischen Facetten seines Gedankengutes werden beispielsweise deutlich, wenn er sich über das angeblich „fehlge-
schlage Experiment USA" äußert und Rassenseparation einfordert:

---

91 Franziska Hundeseder: Rechte machen Kasse, München 1995, S. 96
92 www.dbilink.de/Boyd-Roce.html; vgl. auch www.netzwelt.de
93 www.darkscene.at/forum.php?thread=1660
94 www.turnitdown.de/483.html
95 www.diss-duisburg.de/Internetbibliothek/Artikel/Heidentum.htm

„Tag für Tag erweisen sich die United States zunehmend als ein fehlgeschlagenes soziales Experiment. Es ist deutlich, dass der ‚Schmelztigel‘ in Wahrheit ein Druckkochtopf auf niedriger Hitze ist (...) Ich erkenne, dass die wünschenswerte Lösung hier eine freiwillige Trennung der wesentlichen Rassen wäre, sowie die Schaffung von gemischten Gebieten für die, die in solchen Gebieten leben wollen."[96]

Im Interview mit dem Magazin „Hagal" lesen sich Aussagen von Michael Moynihan wie ein biologistisches Glaubensbekenntnis:

„Im weitesten Sinne gilt unser Bekenntnis dem indoeuropäischen Raum, und hierin besonders den germanischen und den keltischen Völkern, deren Blut noch immer in unseren Adern strömt. Ich habe vor jedem Respekt, der treu in den Traditionen seiner Ahnen steht, was in diesem Zeitalter der Atomisierung und Anomie selbst schon zunehmend ketzerisch gilt."[97]

Andere Bands bzw. Musiker mit Affinitäten zum Rechtsextremismus sind *Der Blutharsch* des Österreichers Albin Julius oder die personell eng mit *Death in June* verflochtene britische Band *Sol Invictus* um Tony Wakefort.[98] Aber auch die Gruppen *Changes*, *Belborn*, *Waldteufel* oder *Orplid* kokettieren in ihren Texten immer wieder mit der Ideengeschichte der europäischen Rechten.[99] In einer Ausgabe des Szenemagazins „Wolfszeit" aus Hagen findet sich ein Interview mit Uwe Nolte, der gemeinsam mit Frank Machau das Musikprojekt *Orplid* initiierte. Hier bezeichnet sich der Musiker als „naturverwurzelten Mitteleuropäer", der „mit germanischem Besenschwung den zeitgeistigen Schutt etwas beiseite fegte".[100] Die Aussagen des Gedichtes „Heidenherz", das Nolte im Interview der Leserschaft vorstellt, fassen komprimiert die elitär-antichristli

96 Interview mit Michael Moynihan in: Compulsion, Nr. 3, o.J., zit. aus Dornbusch, a.a.O., S. 145
97 zit. aus Hagal Nr. 1/2006, S. 11–14
98 vgl. Musik-Mode-Markenzeichen, Hrsg.: Innenministerium des Landes Nordrhein-Westfalen, 1. Auflage September 2003, S. 78
99 vgl. Christian Dornbusch / Jan Raabe: RechtsRock – Made in Thüringen, Erfurt 2006, S. 66
100 Wolfszeit, 2003, Nr. 4, S. 27

chen, sozialdarwinistischen und antimodernistischen Inhalte des Genres zusammen, wie die folgenden Auszüge belegen:

> *„Runen einer Edelrasse*
> *zieren mein geweißtes Hemd,*
> *strikt verachte ich die Masse,*
> *Alles Schwache ist mir fremd!*
> *Einsam folge ich dem Sterne*
> *Glorreicher Vergangenheit,*
> *Fechte wider die Moderne,*
> *Scheue Tanz und Heiterkeit! (…)*
> *Sei kein einfältiger Pinsel,*
> *Komm, sei endlich mal auf Zack,*
> *Schlag jetzt ohne viel Gewinsel*
> *Zahlreich tot das Christenpack.*
> *Morden sollst du, Mitleid scheue,*
> *Misch die Kreuzanbeter auf!*
> *Hauptsache auf meine neue*
> *Hose kommt kein Spritzer drauf.*
> *Töte sauber, aber fleißig*
> *Mit dem Hammer Tag für Tag*
> *Neunzehnhundertdreiunddreißig*
> *Schwächlinge mit jeden Schlag."*[101]

Publizistisch nimmt das Organ „Hagal" eine Scharnierfunktion zwischen dem nationalrevolutionären Flügel der Neuen Rechten, Esoterik, Dark-Wave-Szene und den verfassungsfeindlich rechten Positionen ein. In einer Ausgabe agitiert der französische Vordenker der Neuen Rechten, Guillaume Faye, gegen die multikulturellen Gesellschaften in Europa und warnt vor einer angeblichen „Kolonialisierung vonseiten der

---

101 Wolfzeit, 2003, Nr. 4, S. 28

Dritten Welt".[102] Auf die Frage, ob die „Kultur Europas" der „islamischen Welt die Stange" halten kann, antwortet Faye:

> „Natürlich, unter der Bedingung, dass das Problem der islamischen Präsenz in Europa gelöst sein wird, denn wir sind das Opfer der dritten Invasion in der Geschichte des Islams in Europa, und unter der Bedingung, dass die Europäer wieder Kinder haben werden und ihre Vitalität wiedererlangen [...]."[103]

Ein anderer Autor stellt „das Inferno des Multi-Kulti-Weltstaates" und die sogenannte „Diktatur der Toleranz und Humanität" der „sittlichen Vervollkommnung der Menschheit" gegenüber.[104] Während also die Gegenwart immer wieder als unheilvoll beschrieben wird, glorifiziert das Heft spirituelle Modelle aus der Vergangenheit und schwärmt von der „Schöpfungsgeschichte und Geburt des Menschen im indoeuropäischen Mythos".[105] Arierkult und Führerwahn prägten auch das Denken der Philosophin und Schriftstellerin Savitri Devi (1905–1982), deren Bücher in aktuelleren Hagal-Ausgaben beworben werden. In den Publikationen der glühenden Adolf-Hitler-Verehrerin mutiert der Jahrtausendverbrecher zu einem göttlichen Avatar und zum „größten Europäer aller Zeiten"[106]. Dazu wird Savitri Devi als Autorin angepriesen, die in Deutschland „ihr Leben lang eine Neugeburt des arisch-heidnischen Geistes für alle Menschen indogermanischer Abstammung ersehnte".[107] Ein anderer beworbener Buchautor ist der antidemokratische Intellektuelle Edgar Julius Jung (1894–1934), der zu den Vordenkern der „Konservativen Revolution" zählte.[108]

---

102   Hagal 2/1999, S. 10
103   Hagal, 1/2002, S. 8
104   Hagal 2/2001, S. 12
105   Hagal, 3/2001
106   Savitri Devi, Gold im Schmelztiegel, Padova 1982, S. 12
107   Hagal, 1/2005, S. 13
108   Innenministerium des Landes Nordrhein-Westfalen: Die Kultur als Machtfrage, Düsseldorf o.J., S. 13

Die national-konservative Wochenzeitschrift „Junge Freiheit" wusste schon früh um die ideologische Andockstelle rechtsextremer Ideologie in der düsteren Jugendsubkultur. 1996 schreibt das Blatt in einem Beitrag über Dark-Wave-Musik:

> „Deutschland ist das Zentrum einer Musikkultur geworden, die ihre Wurzeln im antidemokratischen Gestus der ‚Gothic'- (gemeinhin auch Grufti-) Szene besitzt. Dieses Gemisch birgt eine Sprengkraft, vor der sich alteingesessene Sittenwächter des Musik-Mainstreams in Acht nehmen müssen. Wenn das Mystische und Irrationale, der Wunsch nach antiaufklärerischer Innenschau und gelebter Transzendenz ihre Stimme in der Jugendkultur finden, ist der ästhetische Konsens des Westens gebrochen. Wenn die Bezugspunkte Mittelalter und deutsches Geisteskultur darstellen statt ‚Love and Peace', wenn die Seele gegen den Intellekt ins Feld geführt wird – dann schneidet sich ein Keil in das Establishment oberflächlicher Beliebigkeit."[109]

„Keine Grenzen, keine Tabus, keine Barmherzigkeit"

– Mit dieser Formel begrüßt die Homepage der *Fraternitas Fenrir* (FF) ihre Besucher. Hinter der Seite verbirgt sich eine Mischung aus rechter Gewaltlyrik, Neosatanismus und der klassischen Dark-Wave-Szene. Auf der Startseite werden Bands wie die rechtsradikale Gothic-Band *Der Blutharsch* oder die Gruppe *Death Pact International* vorgestellt. Als ihr Hauptanliegen nennt die Fraternitas den Transport „bestimmter Gefühle und Erfahrungen", man sei aber keine „politische oder religiöse Organisation". Wem sich die Gruppe allerdings verbunden fühlt, dokumentieren die Links „zu Freunden". Bei genauerem Hinsehen verbirgt sich hinter der etwas veralteten Homepage die noch immer wohl bedeutendste Linksammlung rechtsradikaler Gothic-Bands, Black-Metal-Bands und des Rechten Okkultismus im Internet. Vertreten sind beispielsweise *Burzum, Allerseelen, Blood Axis, Death in June, Der Blutharsch* oder kulturellen Web-Seiten wie *Kshatrya* und *Heidnischwerk* sowie die Homepage *Free Varg Vikernes*. Daneben verweist die Seite zu okkult-

---

109 Junge Freiheit 4/1996

magischen Homepages wie *The Asatru Alliance, Internet Satanic Syndicate* und *The Church of Metaphysical Tradition*.[110] Webseiten wie diese dokumentieren das dichte Geflecht aus jugendsubkultureller Lebensart, rechtsradikalen Anbietern und paganistisch-neosatanistischen Gemeinschaften. Der Rechtsextremismus im Dark Wave gibt sich harmlos und wird intellektuell vorgetragen. Die Vordenker der sogenannten „Konservativen Revolution", Edgar Julius Jung und Moeller van der Bruck, sollten dabei ebenso bekannt sein wie Julius Evola, Oswald Mosley oder José Primo de Rivera, der Gründer der *Falange Espanola*, wenn es um die Analyse der Textbotschaften geht. Und was die Kritik an westlichen Demokratien betrifft, kommen statt plumper Hitler-Zitate weit subtilere Begriffe ins Spiel, wie die angebliche gegenwärtige Dekadenz, die das Heroische und Edle des Menschen in Geiselhaft genommen hat. Der schwächelnde Demokrat steht dem Mythos des modernen Kriegers gegenüber, der sich für die amorphe Masse seiner dumpfen Mitbürger im allgegenwärtigen Dschungel Erde aufopfert, um sein Volk zu schützen.

Einzelne Bands der Szene gehen jedoch auch weiter, wie das Beispiel der Gruppe *Von Thronstahl* belegt. In einem Interview mit der nationalkonservativen Wochenzeitschrift „Junge Freiheit" warnt der Musiker vor „ethnischer Gleichmachung" und vor der angeblichen „Liquidierung" des Hitler-Stellvertreters Rudolf Heß.[111] Dazu macht er sich in diversen Interviews die antisemitischen Verschwörungstheorien des rechtsextremistischen Esoterikers Jan van Helsing zu eigen:

> „Ganz im Groben gesagt sind Illuminaten (...) all jene Kräfte, welche die Leuchtkraft des wirklichen Wissens (...) der Welt und Menschheit vorenthalten, um diese zu einer Sklavenrasse mutieren zu lassen. (...) Das Gesicht dieser kommenden Herrschaft drückt sich aus duch die UNO, NATO, Weltbank, Zionismus, durch einige unserer Volksvertreter, Hoch-

---

110   Homepage der Fraternitas Fenrir, 20.08.2007
111   zit. aus: Musik-Mode-Markenzeichen, Hrsg.: Innenministerium des Landes Nordrhein-Westfalen, 1. Auflage September 2003, S. 78

finanz und Weltwirtschaft. Für uns Wissende hat es Gestalt angenommen, bis ins Detail."[112]

Sich selbst sieht Klumb lieber als „radikalen Konservativen"[113] oder „Individualfaschist".[114] Die Wortkreation „Individualfaschist" leite sich daraus ab, dass er bewusst nicht in Organisationen eingebunden sei, „Faschist" aus der Tatsache, dass er Positionen der Konservativen Revolution wie von Benito Mussolini unterstütze. Dieser Geist manifestiert sich auch in seiner Musik, wie die CD „Return your revolt into style" (2002) dokumentiert. In der Literatur gilt das Werk als „Aufruf zu einer ästhetischen Mobilmachung gegen die Werte der französischen Revolution, die Werte von Freiheit, Gleichheit und Emanzipation."[115] Insbesondere wird in dem Album einer neuen totalitären Bewegung das Wort geredet, wie der Song „Return Your Revolt Into Style" belegt:

> *„Der Sonne ist unser Heil*
> *Return your Revolt into style*
> *Follow the Leader*
> *Look at the Leader*
> *We walk in line*
> *We walk in line (…)."*[116]

Der Inhalt seines Liedes „Wider die Masse", das 1996 auf der „Riefenstahl Tribut-Compilation" veröffentlicht wurde, dokumentiert die kompromisslose sozialdarwinistische Demokratiekritik der Band:

---

112 zit. aus: Interview in „Gothic" (23/1995), in: www.ida-nrw/html/Hmusi.htm, erstellt Dez. 2002

113 vgl. Peter Matzke und Tobias Seelinger: Das Gothic- und Dark Wave-Lexikon, Berlin 2003, S. 304

114 vgl. Innenministerium des Landes Nordrhein-Westfalen: Die Kultur als Machtfrage, Düsseldorf o.J., S. 46

115 Christian Dornbusch / Jan Raabe: RechtsRock – Made in Thüringen, Erfurt 2006, S. 66

116 www.sturmzeit.net/vtdisco/vtlyrics/returnyourrevolt.html, 25.08.2007

„Humanisierung – in Wahrheit Bestialisierung.
Solidarisierung – in Wahrheit die entgleiseste,
wesenlose Gleichmacherei.
Und Demokratisierung dann in Wahrheit die Entfesselung
der in sich ungeistigen Masse.
Die Macht der Unzuständigen.
Die Entfesselung der Zahl gegen den Geist.
Das Gottmenschentum – Wider die Masse.
Das Gottmenschentum – Wider die Masse.
Das Gottmenschentum – Wider die Masse.[117]

Auf der 2001 veröffentlichten CD „E Pluribus Unum" wird „in martialischen Gesangs- und Sprechpartien eine Untergangsstimmung insze-
niert und zum heroischen Kampf aufgerufen. Eines der Lieder ist dem
Gedenken an den rumänischen Faschistenführer Corneliu Z. Codreanu
gewidmet".[118] Unübersehbar ist auch das Bemühen von Vertrieben und
Verlagen, wie dem rechtsextremen „Verlag und Agentur Werner Symanek" (VAWS), politisierend in die Dark-Wave-Szene zu wirken.
   Werner Symanek ist in der Publizistik seit langem als Rechtsextremist
bekannt.[119] Den musikalischen Rahmen seinen Verlags setzen seit Jahren rechtsradikale Gothic-Bands (früher *Forthcoming Fire*, aktuell *Von
Thronstahl*) um Josef Klumb alias Jay Kay, der mit aufwendigem Merchandising-Material zur Kultfigur erhoben werden soll. Im Mittelpunkt
der verlagseigenen Produktionen steht immer wieder der Rückgriff auf
die nationalsozialistische Ästhetik. Ein Beispiel ist der Sampler „Riefenstahl", der dem Andenken der Regisseurin mehrerer NS-Propagandafil-
me gewidmet ist. Aus dem rechtsextremistischen Gesamtprogramm des
Verlages ergibt sich, „dass die Würdigung dieser Personen in dieser
Form durch das VAWS nicht als unpolitische Huldigung ihrer Ästhetik
anzusehen ist", bestätigt auch das Bundesamt für Verfassungsschutz.[120]

---

117   www.lyrix.at/de/text_show/5a3c42f17713b2f5c58b6520560cffc6, 25.8.2007
118   Verfassungsschutzbericht des Bundes 2001, S. 131
119   vgl. Verfassungsschutzbericht des Bundes 1999, Pressefassung, S. 90 und S. 135
120   vgl. Verfassungsschutzbericht des Bundes 1999, Pressefassung, S. 90

An dem Riefenstahl-Projekt nahmen unter anderem Dark-Wave-Bands wie *Allerseelen, Swirlings Swastikas, Tombstone, Von Thronstahl, Death in June/Kapo* und *Forthcoming Fire* teil. Ebenfalls im VAWS-Angebot findet sich eine CD der Gruppe *Feindflug*, deren Kunst unter anderem aus Hitler-Reden besteht, die kommentarlos auf Dark-Wave-Klänge gelegt werden. Dass es sich bei der Aktivität Symaneks und Klumbs um eine langfristige Strategie zur Ideologisierung von Jugendlichen handelt, schreibt der Verlagsleiter in einem Rundbrief in geradezu erfrischender Offenheit. Im Beibrief heißt es:

> „Um es noch einmal zu wiederholen. VAWS ist ein sehr politischer Verlag. Nur die Erfolglosigkeit der politischen Parteien hat uns andere Wege gezeigt. Wir wollen die ohnehin schon bescheidenen und unter großem Opfer aufgebrachten finanziellen Mittel nicht in Wahlkämpfen verpulvern, in denen die Flugzettel, Zeitungen und Plakate lediglich die städtischen Müllwagen bereichern. Wir verrichten gezielte Arbeit an der Wurzel, überlegt und gut abgewogen, mit klarem Ziel und einer berechenbaren Erfolgschance. [...] Wir sind angetreten, um die Medien, Jugendzentren und letztlich die politischen Bühnen in Deutschland zurückzuerobern."[121]

Ebenso wie zum Rechtsextremismus bestehen auch Affinitäten zu neosatanistischen Organisationen. Und selbst die Kombination Rechtsradikalismus und Satanismus findet sich im Dark Wave wieder. Beispielhaft hierfür ist der Amerikaner Boyd Rice hervorzuheben, der Ende der siebziger Jahre das Musikprojekt *NON* ins Leben rief. Das Symbol seiner Band ist die Rune „Wolfsangel", die nach Rice die „Balance zwischen Gut und Böse, Leben und Tod, kreativen Kräften und destruktiven Kräften" symbolisiere.[122] In Kooperation mit Douglas Pierce oder Michael Moynihan setzt sich Rice im Album „Martinis & Misanthropy" (1990) mit sozialdarwinistischen Themen auseinander. Im deutschen Szeneheft „Zinnober" präsentiert sich Rice seinen Lesern in schwarzer Phantasie-

---

121 VAWS-Brief an die Leserschaft, S. 2; liegt dem VAWS-Report, Mai 2000 bei

122 zit. aus: Christian Dormbusch: Von Landsertrommeln und Lärmorgien: Death in June und Kollaborateure, in: Andreas Speit: Ästhetische Mobilmachung, Unrast 2002, S. 140

uniform und unterstreicht seine Positionen zur Ungleichheit der Menschen. Hier beschreibt Rice als „ideale Regierungsform" eine Gesellschaft, die denjenigen Menschen „viele Rechte" gibt, „die produktiv und fähig sind". Insgesamt sollten „die Rechte der Menschen das reflektieren (...), was sie tun bzw. leisten".[123] Der Dark-Wave-Musiker ist gleichzeitig „Magister" der *Church of Satan*[124], die ebenfalls für ihre sozialdarwinistischen Inhalte bekannt ist. Nach dem Tod des Oberhaupts der Church of Satan, Anton Szandor LaVey, steigt Rice gar in das Führungsorgan der Gruppe *Council of Nine* auf.[125] In einer Bandbiographie wird Rice als „bekennender Satanist und Freund von Oberguru LaVey, Verfechter einer sozialdarwinistischen Weltsicht, Hitler-Bewunderer und Charles Manson-Verehrer" skizziert.[126] Mit seiner Mischung aus rechtsextremistischen Ausfällen und gesellschaftlicher Provokation versteht es Boyd Rice seit Jahren, mit wenig Aufwand Gesprächsthema weit über die Dark-Wave- und Industrial-Szene hinaus zu bleiben, wie der Künstler unumwunden zugibt:

> „When people believe the media and think I'm a bad guy, thats fine with me."[127]

Ebenfalls in der neosatanistischen Szene beheimatet ist der Musiker Ian Read, Kopf des Bandprojektes *Fire & Ice*. Read wirkte in der Vergangenheit unter anderem als Gastmusiker bei *Death in June* oder *Current 93*. Auf der von Read initiierten Samplerreihe „The Pact" tummeln sich Bands aus dem rechtsradikalen Gothic-Spektrum wie *Allerseelen*, *Blood Axis* oder der amerikanische Celtic-Folkmusiker und Rechtsextremist Eric Owens, der für „rassisch bewusste Musik" und „rassisches Erbe" eintritt.[128] Und wie viele andere Bands des Genres ist auch Ian Read bekannt für sein markantes Elitedenken. Im Interview erklärt er:

---

123 Zinnober, Nr. 4/2004, S. 12
124 www.churchofsatan.com/Pages/Almond.html
125 www.boydrice.com/interviews.dark.html
126 www.aut.de/wortlaut/artist/r/rice_boyd/biographie, 10.05.2004
127 www.boydrice.com/interviews.dark.html
128 zit. aus: www.politische-bildung-brandenburg.de/extrem/graeben3.htm, 26.8.2007

„Sowohl Boyd Rice, vor dem ich großen Respekt habe, als auch ich sind
elitär und haben wenig mit dem ‚kleinen Mann' zu tun, der die Erde
bevölkert."[129]

In einem anderen Interview negiert er den humanistisch-christlichen
Gleichheitsgrundsatz der Menschen noch deutlicher:

„Übermenschen denken für sich selbst ohne Angst (obgleich sie sich
manchmal listig verhalten müssen). Ihre Willen sind stark und unabhängig. (...) Solche Männer werden nicht solchen Trends der political cor-
rectness folgen. (...) Untermenschen mangelt es an diesen Qualitäten."[130]

Ian Read ist auch im Schwarzen Okkultismus kein Unbekannter. In
Großbritannien arbeitete er jahrelang als Ordensleiter der Sektion der
chaosmagischen neosatanistischen Gruppe *Illuminates of Thanateros*
(IOT).[131] Nicht umsonst übt er in Szeneinterviews harsche Kritik am
Christentum:

„Die Menschen brauchen etwas Spirituelles, aber sie wurden vom Christentum enttäuscht, das viel versprach aber darin versagte, etwas Bleiben-
des für die Seele des europäischen Menschen zu liefern. Dieser Fehlschlag
einer eigentlich fremden Religion, völlig unpassend für unsere Wege, war
und ist unvermeidbar."[132]

Boyd Rice, Ian Read und ihre jahrelangen okkult-satanistischen Weggefährten decken allerdings nur ein Teilsegment der Gothic-Subkultur ab.
Insgesamt kann zur spirituellen Fundierung der Szene im Geiste Luzifers zusammengefasst werden, dass sich Okkultismus und Satanismus
in ihrer Symbolik dem Gruftie geradezu als Ideengeber für ihr Outfit
anbieten, doch hat „die selbstkonstruierte Höhlenwelt selten etwas mit
Magie und Satanismus zu tun"[133]. Aussagen wie die von Luise Mandau,

---

129 zit. aus: Peter Matzke und Tobias Seelinger: Das Gothic- und Dark Wave-Lexikon,
     Berlin 2003, S. 216
130 zit. aus „Aeon" (3/97), in: Jungle World, 19.5.1999
131 vgl. Rainer Fromm: Satanismus in Deutschland, München 2003, S. 64 ff.
132 Zinnober Nr. 3/2001, S. 5 ff.
133 Massimo Introvigne / Eckhard Türk: Satanismus, Freiburg im Breisgau 1995, S. 76

dass „Jugendliche häufig über die sogenannte Gruftie-Szene"[134] in den
Satanismus finden, müssen als zu pauschalisierend und überzogen bewertet werden. Mit einer seriösen Einordnung der Szene tun sich besonders die Medien recht schwer. Eine „Gleichsetzung von Schwarzer Szene
und Satanismus ist schlichtweg falsch"[135]. Vielmehr handelt es sich um
eine Bricolage aus christlicher Mystik, Kabbalismus, Heidentum, östli-
chen und naturreligiösen Ideen sowie antichristlichen und neosatanistischen Elementen. Unbestritten sind jedoch Rekrutierungsversuche
thelemitischer und satanistischer Gruppen in den Kontaktanzeigen der
Dark-Wave-Magazine sowie auf den Festivals der Gruftie-Subkultur
wie beispielsweise in Leipzig.

1.3 Black Metal

Satanismus ist nicht nur ein Phänomen okkulter Orden, sondern findet
auch immer wieder Niederschlag in Jugendsubkulturen. Der Teufel hat
schon seit langem Konjunktur in der Rockmusik und nicht wenige
Künstler nehmen inhaltliche Anleihen an den Schriften der wichtigsten
Ideologen des Neosatanismus, wie Aleister Crowley oder Anton Szandor
LaVey. Hier spricht man vom sogenannten „Kultursatanismus", das
heißt „Satanismus in der darstellenden Kunst als Mittel des Protestes
oder Erhöhung des öffentlichen Interesses".[136] Bekannte Bands und
Sänger wie *Alice Cooper, Ozzy Osborne, Judas Priest, AC/DC* oder *Iron
Maiden* thematisieren Satan – ihre Liedtexte beinhalten Blut, Gewalt,
die Hölle, den Teufel höchstpersönlich und die Insignien seiner Anhänger wie die Zahl 666. Zu Recht schreiben Klaus Farin und Ingo Weidenkaff, „die Teufelssymbolik in der Rockmusik ist spätestens seit den
Rolling Stones („Sympathy for the devil") marktgerecht zubereitet"[137]

---

134 vgl. Luise Mandau: Satanismus, Düsseldorf 1997, S. 75
135 zit. aus: Christian Dornbusch / Jan Raabe, November 2002, S. 23
136 Landeskriminalamt Brandenburg: Polizeilicher Jugendschutz, Themenheft 1 Okkul-
     tismus/Satanismus, Basdorf 2000, S. 4
137 Klaus Farin / Ingo Weidenkaff, Jugendkulturen in Thüringen, Erfurt 1999, S. 63

worden. Beispielhaft hierfür steht das Lied „Highway to Hell" von *AC/DC*, in dem die ungezügelte Lust am Leben besungen wird – ohne Gesetze und Schuld. Trotz der positiven Rezeption der Figur Satans ist es unstatthaft, diese Liedtexte zu Wegbereitern neosatanistischer Kulte zu machen. Dennoch spielt die Band mit den traditionellen christlichen Vorstellungen über Himmel und den Teufel. Die Hölle wird bei *AC/DC* zum „Sinnbild für einen Ort, an dem alles erlaubt ist, was gefällt"[138].

Viele berühmte Musiker, die immer wieder auf Luzifer als Ideengeber für Liedtexte zurückgriffen, schielten eher auf den Schockeffekt und weniger auf Indoktrination. Primär dürften Vermarktungsstrategien hinter blutrünstigen Covern und Texten stehen. Die erste Subkultur, die ihre Texte gezielt in den Dienst der schwarz-okkulten antichristlichen Sache stellt, ist *Black Metal*. Nicht umsonst schreibt Bettina Roccor in ihrer Dissertation „Heavy Metal: Kunst, Kommerz, Ketzerei", dass mit dem Black Metal „die Thematisierung des Teufels" eine „völlig neue Dimension" gewann. Er wurde „zum zentralen Darstellungsinhalt von Bands wie *Venom*, den frühen *Slayer*, *Possessed*, *Bathory* und *Celtic Frost*"[139]. Den Qualitätsunterschied verdeutlicht die Autorin treffend:

> „Anders als bei den traditionellen Bands, die den Teufel gelegentlich als Sinnbild für das Böse bzw. für uneingeschränktes Vergnügen verwendeten, beschrieben diese Bands satanistische Rituale, Dämonenbeschwörungen, Hexensabbate und höllische Szenarien."[140]

Damit wurde schwarzer Okkultismus bis hin zum Satanismus zur zentralen künstlerischen Botschaft einer neuen Jugendsubkultur.

138　Bettina Roccor: Heavy Metal: Kunst, Kommerz, Ketzerei, Berlin August 1998, S. 269
139　Bettina Roccor: Heavy Metal: Kunst, Kommerz, Ketzerei, Berlin August 1998, S. 269 f.
140　Bettina Roccor: Heavy Metal: Kunst, Kommerz, Ketzerei, Berlin August 1998, S. 270

1.3.1 Kultursatanismus – Mit Dämonenpower in die Charts

„Der Teufel hat schon immer die besten Lieder gekannt."[141]
(Die Satanische Bibel)

Der Black Metal[142] ist für die meisten seiner Anhänger mehr als Musik
und repräsentiert für die oft jungen Fans ein Lebensgefühl. Immer wieder werden die Schwarz-Metaller mit Satanisten verwechselt, weil sie ihr
gesamtes Styling von einem diffus anti-christlichen Protestverhalten
dominiert wird. Im Rocklexikon wird Black Metal als eine Variante des
Heavy Metal beschrieben, „die sich weniger in der Musik als in der Wahl
ihrer Themen vom anderen Heavy Metal unterscheidet"[143]. Und inhaltlich knüpfen die Schwarz-Metaller immer wieder an Themen „aus dem
Satanskult, aus Okkultismus und Zauberei" [144] an. In der szenenahen
Literatur wie dem Standardwerk des rechtsradikalen amerikanischen
Dark-Wave-Musikers Michael Moynihan, „Lords of Chaos", heißt es zur
inhaltlichen Diktion des düsteren Musikstils: „Black Metal bedient sich
des extremen Heavy Metal und zerreißt ihn zu giftigen, scharfkantigen
Splittern hörbaren Hasses."[145] Zur antichristlichen Diktion der Subkultur ergänzen Moynihan und Søderlind:

> „Seit langem verkörpert Rock'n'Roll eine feindliche Haltung gegenüber
> den christlichen Grundwerten, aber der Heavy-Metal-Underground
> schürte daraus einen nie dagewesenen Hass. Das Christentum sollte nicht
> durch fortschreitende Unmoral erodiert, sondern abrupt entwurzelt und
> einem infernalischen Feuer ausgesetzt werden."[146]

---

141   Die Satanische Bibel, 2. Auflage, Berlin 1999, S. 50
142   vgl. BPjM-Aktuell: Bundesprüfstelle für jugendgefährdende Medien, 4/2003, S. 6 ff.
143   Barry Graves / Siegfried Schmidt-Joos /Bernward Halbscheffel: Rock-Lexikon, Reinbek bei Hamburg, Neuausgabe 1998, S. 1036
144   Graves / Schmidt-Joos /Halbscheffel, a.a.O, S. 1036
145   Michael Moynihan / Didrik Søderlind: Lords of Chaos, 3. Auflage, Zeltingen-Rachtig 2002, S. 10
146   Michael Moynihan / Didrik Søderlind: Lords of Chaos, 3. Auflage, Zeltingen-Rachtig 2002, S. 11

Blickt man hinter die schroffe inhaltliche Kulisse der Subkultur, haben die Schwarz- Metaller in Deutschland recht verschiedene Gesichter und bieten ein auf den ersten Blick differentes Äußeres. Black Metal heißt für seine Anhänger Kommerz und Underground, soziale Gesellschaftsfähigkeit und gleichzeitig Kampf den gesellschaftlichen Normen, gewaltfreier Jugendprotest getragen von menschenverachtenden und brutalen Texten, mit denen sich die Szene vom Mainstream abgrenzen möchte. Eine Subkultur der Widersprüche, die Blut, Gewalt und Stärke glorifiziert und gleichzeitig ihren Frieden mit der oftmals schockierten Umwelt sucht. Dazu wird der Mensch im Black Metal wohl eher als Tier unter Tieren aufgefasst, wobei die animalische Seite die treibende Kraft des menschlichen Handelns sei. Konsumenten der Musik finden sich in darwinistischen Szenarien wieder, in archaischen Kämpfen um Tod und Überleben, in dem stets der Stärkere gewinnt. Die Bedingungslosigkeit dieser Philosophie bringt am treffendsten Gaahl, der Sänger von *Gorgoroth* zum Ausdruck, der einfordert, „dass der Mensch um jeden Preis sich selbst erfüllen muss, selbst wenn dies Mord erfordere"[147]. Zur Attraktivität der sinisteren Bewegung trägt wohl vor allem die Mythenbildung bei, die sich um die düstere Szene rankt. Schwarz-Metaller sein heißt auch: Respekt genießen! Und so mancher Betrachter schließt von der schwarzen Metal-Fassade auf ein adäquates Innenleben.[148] Darüber hinaus vergrößert die Mischung aus gesellschaftlicher Provokation und jugendsubkulturellem Status wohl auch die Fangemeinde des Black Metal. Nicht zuletzt ist Black Metal wahrscheinlich die radikalste Gegenbewegung zu den zahlreichen „Everybodys-Darling-Bands" aus dem Boy-Group-Genre.

Und gerade das Kokettieren mit gesellschaftlichen und religiösen Tabubrüchen macht die Black-Metal-Subkultur für Satanisten wie auch für Rechtsextremisten gleichermaßen interessant, in den Schwarz-Metallern sehen beide Gruppierungen ein Rekrutierungspotential – Black Metal wird zum Instrument für politischen Ideologietransfer. Die bisher größ-

---

147 www.elixic.de/index.php?id=606
148 Klaus Farin / Ingo Weidenkaff, Jugendkulturen in Thüringen, Erfurt 1999, S. 63

tenteils unpolitische Jugendsubkultur durchlebt eine Veränderung. Stand
der Kult jahrelang für eine martialisch zur Schau getragene „antichristliche Rebellion"[149], mischen seit Mitte der neunziger Jahre europaweit immer mehr Schwarz-Metaller ihren jugendzentristischen Satanismus mit
neonazistischer Ideologie. 1998 griff die zunehmende Politisierung der
Szene auch strukturell auf Deutschland über: Sicheres Kennzeichen sind
Black-Metal-Bands, die seit Mitte der neunziger Jahre weltweit immer
freimütiger ihre rechtsradikalen Inhalte vertreten. Begleitet ist dieser
Trend von einer prosperierenden Infrastruktur von Verlagen und Magazinen, die sich insbesondere auf den ideologischen Teil der Black-Metal-Bewegung spezialisiert haben. Im Jahr 2006 warnen die Thüringer
Verfassungsschützer, dass „vor allem" der NS-Black Metal eine weitere
Musikrichtung bilde, „in der rechtsextremistisches Gedankengut bundesweit an Bedeutung gewonnen hat". Dieser rechtsextremistische Rand-
bereich des ansonsten unpolitischen Black Metal habe sich „über die
Scharnierfunktion neuheidnisch-rechtsesoterischen Gedankenguts an
die Vorstellungskraft der rechtsextremen Szene genähert."[150]

Inzwischen dominieren gerade in Osteuropa längst Black-Metal-
Bands den rechtsradikalen Musikmarkt und laufen Skinhead-Gruppen
den Rang ab. Auffälligstes Merkmal der rechten Ideologisierung ist ein
latenter Wechsel von satanistischen zu paganistisch-völkischen und
neuheidnischen Inhalten. Innerhalb dieser wachsenden Zahl neuer
schwarzmetallischer Gruppen bezeichnen einige ihre Musikrichtung
auch als *Pagan Metal*, *Viking Metal* oder *Folk Black Metal*.[151] Hierunter
versteht man Formen des Black Metal, die in ihren Musikinhalten die
nordische und germanische Mythologie pflegen und auch folkloristi-
sche Elemente einbauen. Auch wenn nicht alle Pagan-Metal-Gruppen
zwingend eine verfassungsfeindliche Ideologie vertreten, finden sich
hier eine Vielzahl rechtsextremistischer Einfallstore. In den Liedtexten
vieler Bands wird der Nationalsozialismus als Wiederbelebung der ger-

---

149   Klaus Farin / Ingo Weidenkaff, Jugendkulturen in Thüringen, Erfurt 1999, S. 61
150   Verfassungsschutzbericht des Landes Thüringen 2006, Erfurt 2007, S. 31 f.
151   www.elixic.de/index.php?id=606, 12.09.2006

manischen Werte und Riten verklärt. Das völkische Denken und die Rassenlehre des Nationalsozialismus werden so zum ständigen Wegbegleiter der Ideologie.[152]

Russische Gruppen heißen *Forgot, Fullmoon Rise, Rodovest, Temnozor* oder *Woods of Fallen*. Rechtsradikale polnische Bands haben Namen wie *Dark Fury, Galgenberg, Graveland, Infernum, Iuvenes, Kataxu, Lord Wind, Pagan Fire, Infernum, Selbstmord, Swastyka, Thor's Hammer, Thunderbolt, Veles* und *WA88* und in der Ukraine nennen sich die extremistischen Scharzmetaller *Aryan Terrorism, Astrofaes, Dub Buk, Finist* oder *Nokturnal Mortum*. Aus Bulgarien wiederum kommen die Gruppen *88* und *Paganblut*, aus Ungarn *Humok*.

In den USA werden die Musikgruppen *Aryan Tormentor, Before God, Birkenau, Blutkrieg, Gestapo SS, Herrenvolk, Veil* oder *Veltmacht* der rechtsextremen Szene zugeordnet.[153] Subkulturell wird dieser Teil des Black-Metal-Spektrums auch als „NS Black Metal" (NSBM) bezeichnet.

Inhaltlich lassen sich die Positionen der NSBM-Bewegung in vier Eckpunkten zusammenfassen:

- Die Texte des NSBM sind misanthropisch, das heißt menschenhassend und insbesondere in Frontstellung zur demokratischen Mehrheitsgesellschaft. Hier finden sich die inhaltlichen Sollbruchstellen zu totalitären und faschistischen Gesellschaftsmodellen.
- Die existenzielle Grundlage des NSBM ist die Glorifizierung Odins oder Wotans. Die alten germanischen Gottheiten sind gleichzeitig Identifikationssymbole nach innen und Abgrenzungsmerkmal nach außen. In diesem Zusammenhang wird auch immer wieder die Stärke jener Götter hervorgehoben, die gegen ihre Feinde unerbittlich waren und in einer mystischen Verbindung zur Natur standen. Hier findet sich auch die ideologische Grundlage des szeneimmanenten elitären

---

152 Musik-Mode-Markenzeichen, Hrsg.: Innenministerium des Landes Nordrhein-Westfalen, 1. Auflage September 2003, S. 84

153 Rainer Fromm: Satanismus in Deutschland: Zwischen Kult und Gewalt, München 2003, S. 165; vgl. auch „Gesperrte Künstler. Musik-Sammler.de Wiki, www.musik-sampler.de", 27.08.2007

Sozialdarwinismus, wie die „Macht des Stärkeren" oder vom „Krieg als Mittel, der Natur zu ihrem Recht zu verhelfen".[154]

- Das Christentum wird in zahlreichen Liedtexten und Interviewaussagen immer wieder abfällig als Judäo-Christentum bezeichnet. Dahinter verbirgt sich eine in der rechtsextremistischen Ideologie durchaus gebräuchliche Verschwörungstheorie, nach der ein alter jüdischer Plan existiere, mithilfe des Christentums in Europa den Artglauben und die Arier zu schwächen, zu unterdrücken oder gar zu vernichten. So sind auch Nächstenliebe und Mitleid für viele NSBM-Bands gleichbedeutend mit Schwäche. In diesem Zusammenhang wird das Christentum auch als Waffe betrachtet, die Menschen unter das „Joch der Nächstenliebe" zu zwingen.[155]

- Aus dem Glauben, einer überlegenen Rasse zugehörig zu sein, ist der NSBM extrem rassistisch, aber auch international ausgerichtet. Im Mittelpunkt steht für viele Musiker nicht mehr der Glaube an die Nation, die anderen Nationen überlegen sei. Vielmehr sieht sich die Szene als kulturelle Vollstreckerin der Interessen der „weißen arischen Völker". So lässt sich auch die enge Zusammenarbeit mit Bands aus Polen, Russland, der Tschechischen Republik oder der Ukraine erklären.

Beispielhaft für die „diffuse Mischung germanischer Mythologien mit NS-Symbolik"[156], die heute das Charakteristikum vieler rechtsextremistischer Black-Metal-Bands ist, steht die 1999 erschiene CD „Asgardsrei" der thüringischen Gruppe *Absurd*. Im Titel „Als die Alten jung noch waren" heißt es:

> *„Zeit des Stahls und Zeit des Krieges, Zeit des Blitzsturms und des Sieges,*
> *Zeit des Stolzes und des Ruhms, Zeit des Deutschen Heldentums,*
> *Zeit der hehren Göttersagen, die wir tief im Herzen tragen,*
> *Jeder soll von einst erfahren, als die Alten jung noch waren!*

---

154 vgl. www.ida-nrw.de/html/Hmusi.htm

155 Musik-Mode-Markenzeichen, Hrsg.: Innenministerium des Landes Nordrhein-Westfalen, 1. Auflage September 2003, S. 84

156 vgl. www.ida-nrw.de/html/Hmusi.htm

Runenverse, uralte Weisen klingen auf's neu im Skaldensang,
Was einst war, soll wieder strahlen, stolz, im schönen alten Klang.
Blut und Ehre, Mut und Treue, war'n der Alten höchste Zier,
Solches Ideal soll leiten uns, den Ahnen folgen wir!"[157]

Ein aktuelleres Beispiel ist der liefert die Gruppe *Nordglanz*, die ihre Musik auch als „völkisches Schwarzmetall"[158] bezeichnet. 2005 veröffentlichte die Band beim MolokoPlus-Label die CD „Heldenreich". Ein Auszug aus dem Titel „Germanien wird rein":

„Wenn wir Thor's Hammer halten und
Donar's Blitz die Feinde spaltet
Dann wissen wir, es wird so sein,
und Germanien wird rein.
Germanien wird rein,
wenn wir es befrein.
Germanien wird rein,
wir werden Helden sein.
Und so beginnt die Schlacht."[159]

Der Text offenbart, dass jugendliche Hörer in eine brachiale Welt des Krieges entführt werden sollen, die noch dazu ideologisch rechtsextremistisch aufgeladen ist. Auf die spezifischen Gefährdungsmomente innerhalb der Liedtexte wird im folgenden Kapitel noch genauer eingegangen.

1.3.2 Historie des Black Metal

Black Metal entstand in den achtziger Jahren als eine Strömung des Heavy-Metal und stand wegen der meist antichristlichen und gewalttätigen Texte über Tod und Gewalt von Anfang an in der öffentlichen Kri-

---

157 zit. aus: www.darklyrics.com/lyrics/absurd/asgardsrei.html#5. 27.8.2007
158 www.nordglanz.net/frameset.html, 8.9.2006
159 www.nordglanz.net/frameset.html, 8.9.2006

tik.[160] Namensgeber der Musikrichtung ist eine Langspielplatte der britischen Band *Venom*, die 1982 erschien.

Die Musiker Conrad Laut, Jeff Dunn und Jony Bray gaben sich diabolisch klingende Künstlernamen wie Cronos, Mantas und Abaddon. In ihren Texten interpretierte die Band „den dunklen Mystizismus ihrer Vorfahren und vermischte(n) diesen mit ihrer eigenen jugendlichen Brachialgewalt"[161]. Die Glorifizierung exzessiver Gewaltszenarien und antichristliche Provokation heben *Venom* von anderen bestehenden Heavy-Metal Bands-ab. Blasphemie wird zum Markenzeichen, wie der folgende Ausschnitt aus der LP „Black Metal" dokumentiert:

> *„Wir trinken die Kotze des Priesters*
> *Treiben es mit sterbenden Huren*
> *Wir lecken das Blut des Gehörnten*
> *Und halten den Schlüssel zum Tor des Todes."[162]*

Die Alben der britischen Band aus New Castle verkauften sich hunderttausendfach und eine neue Subkultur war geboren. Idealisierend wird Venom in „Lords of Chaos" zum „verheißungsvollen Ausweg" für Jugendliche emporgehoben, die in einem „erdrückend christlichem Umfeld aufgewachsen waren".[163]

Was oftmals von der schockierten Öffentlichkeit übersehen wird, ist die eigentliche Intention vieler jugendlicher Schwarz-Metaller: Ihnen geht es weniger um den Teufel oder Gewaltorgien, sondern um eine authentische Abgrenzung vom kulturellen Mainstream. Die Texte der Bands sind brutal, besungen wird selbst Triebmord wie beispielsweise von der Gruppe *Slayer* aus den USA:

---

160 vgl. BPjM-Aktuell: Bundesprüfstelle für jugendgefährdende Medien, 4/2003, S. 8 f.
161 Michael Moynihan / Didrik Søderlind: Lords of Chaos, 3. Auflage, Zeltingen-Rachtig 2002, S. 23
162 zit. Aus: Michael Moynihan / Didrik Søderlind: Lords of Chaos, 3. Auflage, Zeltingen-Rachtig 2002, S. 24
163 Michael Moynihan / Didrik Søderlind: Lords of Chaos, 3. Auflage, Zeltingen-Rachtig 2002, S. 24

„Ich lauere im düsteren Nebel, hungrig nach deinem Blut,
suche harmlose Opfer, um meine Bedürfnisse zu befriedigen.
Schizophrener Irrer, unkontrollierbare Gier,
Vergewaltigung und Verwüstung, schöne Dame zum Tode bestimmt."[164]

Ein Beleg für die Tabulosigkeit von *Slayer* sind Splatterszenen mit Kindern, die musikalisch in Szene gesetzt werden:

„Töte den einzigen Sohn des Predigers
Schau zu wie das Baby stirbt
Das Auseinanderreißen der Glieder
Trink das reinste Blut
Erbarmungsloser Drang zu töten
Tod über dich
Der du der nächste bist
Der in der Reihe wartet."[165]

Wurde *Venom* mit dem Album „Black Metal" zur Namensgeberin der Schwarz-Metaller, so avancierte *Slayer* zur Geburtshelferin der Subkultur des „Death Metal".[166] Als „Markenzeichen" des Musikstils fallen die tiefe, „grunzende" Stimme der Sänger und tiefer gestimmte Gitarren auf.[167] Inhaltlich beschäftigten sich Musiker dieser Stilrichtung fast ausschließlich mit „Gewalt, Folter, Verletzungen und meist gewaltsamem Tod"[168]. Inspiriert wurden die Musiker vor allem durch Horror-Filme, Splatter-Movies und harte Pornostreifen.[169] Und wie bereits beim Black Metal haben sich auch die meisten Death-Metal-Bands einer antichrist-

---

164 zit. aus: Ingolf Christiansen: Die Faszination des Bösen, Gütersloh 2000, S. 75
165 zit. aus: Rainer Fromm: Genese der Black-Metal-Subkultur und des Neonazismus in der Rockmusik, BPjM Aktuell 4/2003, S. 8
166 vgl. www.anus.com/metal/slayer.html, 16.08.2007; www.laut.at/lautwerk/death-metal/index.htm, 16.8.2007
167 vgl. Peter Matzke und Tobias Seelinger: Das Gothic- und Dark Wave-Lexikon, Berlin 2003, S. 564
168 vgl. Graves / Schmidt-Joos / Halbscheffel, a.a.O., S. 1043
169 vgl. www.jugendszenen.com/deathmetal/index.php, 16.08.2007

lichen Grundhaltung verschrieben. Prominente Musiker wie Glen Benton, Sänger und Bassist der Death-Metal-Band *Decide* treten sogar offen satanistisch auf. Immer wieder geht es um schwarz-okkulte Beschwörungen und exzessive Gewaltverherrlichung, was Aussagen wie „Ich mag es, zu töten" verdeutlichen.[170] Als Beweis seiner Ernsthaftigkeit brannte er sich ein umgedrehtes Kreuz in die Stirn. Im Interview mit dem Musikmagazin „Rock Hard" erklärt Benton den tieferen Sinn seines Brandings:

> „Für mich ist es ein Symbol des Hasses. Wenn ich das Kreuz umgedreht auf der Stirn trage, symbolisiere ich damit meine Abneigung gegen das Christentum."[171]

Nicht umsonst sehen sich auch viele Black-Metal- und Death-Metal-Fans als „real Underground" des Heavy Metal, der ihnen bereits als zu kommerzialisiert erscheint. Doch selbst die düsteren Bands der ersten Stunde wie *Venom* oder *Slayer* sind wohl bei Licht betrachtet „eher vom Götzen Mammon als vom Bösen besessen"[172], was eine weitere Radikalisierung in den Texten und den Ausdrucksformen der Jugendsubkultur mit sich brachte. Passend sagte der Bandleader von *Venom* auf die Frage, ob er sich selbst als Satanisten sehe:

> „Früher habe ich das. Eine ganze Weile habe ich mich nicht länger mit einzelnen Religionen beschäftigt. Ich kehre wieder ein bisschen dazu zurück, und ich stütze mich dabei auf Leute wie LaVey. Ich glaube fest an alle Religionen. Religion ist heute gleichbedeutend mit Geld, und das ist ein sehr gefährliches Feld, da diese Leute sehr überzeugend sein können. Wir haben immer versucht, Venom so kraftvoll und laut und unüberhörbar wie eben möglich zu machen, wollten dabei aber nicht predigen. Das war uns sehr wichtig."[173]

---

170 zit. aus: www.laut.at
171 Rock Hard, Nr. 63/1992, S. 98 f
172 Informationsdienst Jugendsekten 1/1995
173 Michael Moynihan / Didrik Søderlind: Lords of Chaos, 3. Auflage, Zeltingen-Rachtig
     2002, S. 25

Noch deutlicher äußerte sich das *Venom*-Bandmitglied Cronos 1985 im Interview:

> „Schau, ich verkünde hier nicht den Satanismus, Okkultismus, die Hexerei oder sonst etwas. Rock'n'Roll ist im Grunde genommen Entertainment und sonst gar nichts."[174]

Die Gruppe *Possessed*, die ebenfalls zu den Black-Metal-Bands der ersten Stunde gehört, sagt unverblümt, dass satanistische Gebaren und die krassen Texte nur einem einzigen Zweck dienten: „It's just an image. It sells."[175] Wie klang noch der Inhalt des Liedes „Seven Churches", das zum Bekanntheitsgrad der Band beitrug:

> *„Heilige Hölle*
> *heilige Hölle – Tod für uns*
> *Satansfell unheilige Lust*
> *Teufelswasser beginnt zu fluten*
> *Gott ist geschlachtet trinkt sein Blut."[176]*

Während die erste Black-Metal-Welle auslief, etablierte sich Ende der achtziger Jahre eine neue Richtung von Bands, die der Subkultur einen zweiten Frühling bescherte. Diese sogenannte „zweite Generation" des Black Metal wollte noch härter und extremer sein. Das Motto vieler Musiker war: „Die alten Bands haben nur darüber gesungen – wir tun es!" Für diesen harten, authentischen Stil stehen Gruppen wie *Mayhem, Emperor, Immortal* oder *Burzum*. 1993 veröffentliche die norwegische Gruppe *Immortal* das Album „Pure Holocaust", das Tod und Zerstörung propagiert; die Band *Mayhem* veröffentlichte eine Platte, auf deren Cover Leichenberge aus dem Konzentrationslager Auschwitz zu sehen waren. Die neuen Bands waren extre-

---

174 Michael Moynihan / Didrik Søderlind: Lords of Chaos, 3. Auflage, Zeltingen-Rachtig 2002, S. 25

175 zit. aus: Bettina Roccor: Heavy Metal: Kunst, Kommerz, Ketzerei, Berlin August 1998, S. 271

176 zit. aus: Behörde für Inneres Hamburg: Okkultismus und Satanismus, Dezember 2001, S. 75

mer als alles, was Death und Black Metaller bisher geboten hatten. Um „zu schockieren und der Vermarktung durch die Industrie zu entgehen, griffen die Düster-Bands aus Norwegen und ihre Epigonen zunächst zu Texten, die vor Blut, Gift und Exkrementen nur so trieften"[177].

Johannes Lohmann beschreibt die Geisteshaltung vieler Musiker der zweiten skandinavischen Generation wohl am treffendsten:

> „Mit dem Aufgreifen all dessen, was als evil (böse) definiert wurde, wollte sich die Szene als absoluten Gegenpol zu einer christlich-humanistischen Gesellschaft und ihrem Wertekanon positionieren. Das implizierte die Ablehnung des ‚Guten‘ nach christlicher Definition, vor allem die Ideale der Nächstenliebe, der Gnade und der Vergebung. Mit der Integration satanistischer und nazistischer Elemente wollte man sich kompromisslos gegen die Gesellschaft und in musikalischer Hinsicht abseits des kulturellen Mainstreams stellen."[178]

In Deutschland wird die Szene heute auf ca. 8.000 meist männliche Anhänger geschätzt, die sich aktiv am Szeneleben beteiligen. Die Zahl der Mitläufer wird erheblich höher eingeschätzt.[179]

„Lasst die Feuer der Hölle brennen!"[180]

Gerade die Abgrenzung von der ersten, eher kommerziell ausgerichteten Black-Metal-Generation ließ den Begriff des „Real Underground" entstehen – damit war eine neue Eskalationsstufe erreicht. Überdeutlich wird die Radikalität im Denken vieler Schwarz-Metaller der neuen Generation in der Sprache. Gewalt ist zu einem ständigen Wegbegleiter der Szene geworden und findet den Weg von abstrakten dämonischen Show-Versatzstücken in die Realität. Beispiehaft hierfür steht der Text in dem renommierten Szeneorgan „ABLAZE", der sich mit der Gruppe *ANDRAS* aus Schneeberg beschäftigt. Das Black-Metal-Magazin sieht im sogenannten „Dark Warrior Black Metal" der Band „eine vernichten-

---

177   Liane von Billerbeck / Frank Nordhausen: Satanskinder, Berlin 2001, 3. Auflage, S. 271
178   Johannes Lohmann: Are the kids all right?, Journal der Jugendkulturen, Berlin November 2002, S. 10
179   vgl. www.elixic.de/index,php?id=606
180   Vincent Crowley, in: Deo Occidi, 3/1995

de Schlacht gegen das Dogma der Kirche, was als eine Art Revanche für ihre Ahnen gedacht ist".[181] Insbesondere in älteren Texten von *ANDRAS,* wie dem Lied „Diabolical Christening", versprühten die Musiker „Hass gegen die Wiedergeburt des Bastards Jesus Christ". Das Lied handele „von einer Taufe, von einem kleinen Kind, das auf dem Altar liegt und vom Teufel besessen ist. Als die Zeremonie beginnt und das heilige Wasser die Stirn des Kleinen benetzt, quillt aus dessen Augen dämonisches Blut"[182].

Nicht wenige Musiker dieser Strömung engagieren sich in satanistischen Organisationen wie beispielsweise in der *Church of Satan* oder predigen offen Hass- und Gewaltaufrufe gegen Christen. Eine wichtige Band in diesem Zusammenhang ist die amerikanische Gruppe *Acheron.* Ihr Sänger Vincent Crowley ist nach eigenen Angaben „Priester der *Church of Satan",* ein initiierter Priester des *Temple of the Vampire* und Teil der *Wolfen Brood.*[183] Im Szeneinterview in dem Heft „Deo Occidi" ruft er seinen Fans zu:

> „Lasst die Feuer der Hölle brennen und bleibt stolz auf das, was Du glaubst. Wir müssen unseren Glauben nicht verteidigen, denn wir sind die Herren dieses Planeten."[184]

Das französische Fanzine „Deo Occidi" wird zu einer der ersten relevanten Propagandaflächen der rechtsextremen Schwarz-Metaller. Herausgeber waren Cyril Dieupart und Ronald Robin, die beide später in der neonazistischen Black-Metal-Szene von sich reden machten. Dieupart war Schlagzeuger der Band *Osculum Infame* und spielte später in den Bands *Kristallnacht* und *Chemin de Haine,* zu deutsch „Weg des Hasses".[185] Die 1994 gegründete Gruppe verarbeitet satanistische und okkulte The-

---

181 zit. aus: Rainer Fromm: Genese der Black-Metal-Subkultur und des Neonazismus in der Rockmusik, BPjM Aktuell 4/2003, S. 9

182 zit. aus: Rainer Fromm: Genese der Black-Metal-Subkultur und des Neonazismus in der Rockmusik, BPjM Aktuell 4/2003, S. 9

183 vgl. Interview mit Vincent Crowley, in: Deo Occidi, 3/1995

184 vgl. Deo Occidi, 3/1995

185 vgl. www.turinitdown.de/223.html, 16.8.2007

men[186] – dementsprechend ist auch das Interview des Band-Mitgliedes „Malkira" im „Trashing Rage Magazine" zur Musik seiner Band:

> „Die Atmosphäre, die durch die Aufnahme hervorgerufen wird, steht für Hass in seiner reinsten Form, aber auch Einsamkeit, Depression und Rache. Das sind so viele Kontraste, die mich Tag für Tag verfolgen und mich noch näher an die Grenzen des Extremen bringen."[187]

Erheblich politischer als *Chemin de Haine* war die 1994–2002 aktive Band *Kristallnacht*. Ihre Lieder propagierten offenen Hass gegen Juden. Auf dem 1999 veröffentlichten Album „Warspirit"[188] heißt es in dem Titel „Kristallnacht", der auch dem Bandnamen entspricht:

> *„Jews have perverted our bodies and spirits*
> *for too long enslavement led us to decadence (....)*
> *Death is calling the name of Aryan Rebirth*
> *Jewish Oppressors will fall as victims thus hierarchy rest."[189]*

In „Deo Occidi" outeten sich zahlreiche Schwarze Bands als rechtsextremistisch. So erklärte ein Mitglied der bayerischen Black-Metal-Band *Silence* auf die Frage, warum er seinem Antwortbrief an den Herausgeber ein Hakenkreuz angefügt hatte:

> „Ich benutze dieses Symbol, um die Leute wissen zu lassen, dass ich stolz darauf bin, Arier und Deutscher zu sein. Es repräsentiert ebenfalls meinen Hass gegen Moslems, Juden."[190]

Die Gruppe *Mayhemic Truth* aus Großbettlingen in Baden-Württemberg bezeichnet im selben Heft Adolf Hitler als „den letzten großen

---

186 www.metal-archives.com/band.php?id=9577. 16.8.2007

187 Trashin Rage Magazine, Nr. 18, 2003, S. 24; zit. aus: Christian Dornbusch / Hans Peter Killguss: Unheilige Allianzen: Black Metal zwischen Satanismus, Heidentum und Neosatanismus, Münster 2005, S. 320

188 vgl. www.discogs.com/artist/Kristallnacht, 16.08.2007

189 www.metal-archives.com/viewlyrics.php?id=77091, 16.08.2007

190 Deo Occidi, 3/1995

Führer der Deutschen. Er jagte und zerstörte das heilige Volk, die Juden, und besaß totale Kontrolle über Leben und Tod"[191].

Während es jedoch die meisten rechtsextremen Black-Metal-Musiker bei der Verbreitung antisemitischer und antichristlicher Inhalte belassen, ließen einige norwegische Bands der Agitation Taten folgen: Sie sahen sich „als ‚wahre Satanisten‘ und wollten die ‚Mission Luzifers‘ in die Tat umsetzen".[192] Die Folge waren immer brutalere Musiktexte und Bühnenshows und ein Vermischen der blutigen Bühnenszenarien mit der Realität. Bei einigen skandinavischen Musikern aus dem Umfeld der Gruppen von *Mayhem* und *Burzum* werden die Hasstexte von Hasstaten begleitet. Nicht wenige Bandmitglieder mussten sich wegen Brandstiftungen, Friedhofsschändungen bis hin zum Mord vor Gericht verantworten. Allein in Norwegen gingen von 1991 bis 1996 31 Kirchen in Flammen auf, 22 Gotteshäuser wurden völlig zerstört, ein Feuerwehrmann starb bei den Löscharbeiten. Bekannte Anschlagsziele waren die Kirchen in Stavanger, Bergen und Homesollen. Die Szene bekam neue Idole, die Radikalität und der öffentliche Wirbel um die okkult-antichristlichen Musiker machte den Black Metal immer populärer. Damals entpuppte sich der Bandleader Varg Vikernes, der sich auch „Count Grishnackh" nannte, als wesentlicher Drahtzieher der Szene. 1993 bekennt er im Interview: „Wir brennen Kirchen ab, um die Wut der Christen zu verstärken. Wir können dann vielleicht Krieg mit ihnen führen."[193] Zahlreiche Black-Metal-Musiker der neuen Generation erklären sich solidarisch, wie der Schlagzeuger von *Dark Throne*. Vor Reportern erklärt er:

> „Das Christentum hat schon viel zu lange die Macht hier" und „Einige Bands sind der Meinung, dass jetzt dem erst ein Ende bereitet werden muss."[194]

---

191 Deo Occidi, 3/1995
192 Liane von Billerbeck / Frank Nordhausen: Satanskinder, Berlin 2001, 3. Auflage, S. 271
193 zit. aus: Die Woche, 30.9.1994
194 zit. aus: Informationsdienst Jugendsekten 1/1995

In der Folgezeit stilisierte sich Kristian (Varg) Vikernes zu einer der Ga-
lionsfiguren des Black Metal. Sein Erfolg setzt ein, nachdem er im August 1993 den Sänger und Kopf der Kultband *Mayhem*, Oystein „Euro-
nymous" Aarsetz, mit über 20 Messerstichen in Kopf, Brust und Hals
ermordet. Nach seiner Verhaftung findet die Polizei in seiner Wohnung
über 100 Kilogramm Sprengstoff, der zur Sprengung der Nidarosdo-
men-Kirche gedacht war. Darüber hinaus ermitteln die Beamten, dass
Vikernes an mehreren Anschlägen auf Kirchen sowie Grabschändungen
beteiligt war – allein vier Brandstiftungen in Gotteshäusern gibt er vor
Gericht zu. Daraufhin verurteilt ihn ein norwegisches Gericht im Mai
1994 zu 21 Jahren Haft. In der Verhandlung agitiert er weiter:

> „Nicht jene, die Kirchen niederbrennen, sind Verbrecher, sondern jene,
> die die Kirchen errichten."[195]

Derlei Radikalität macht Vikernes zum Kultstar des Black Metal – die
Szenemagazine reißen sich um Interviews mit ihm. Hier stilisiert sich
Vikernes zum Retter der Black-Metal-Szene vor angeblich kommunisti-
schen Einflüssen, die er in Interviews seinem Mordopfers Aarsetz zuschreibt.[196] Konsequent kommt es in dieser Rolle zu einem weiteren
ideologischen Radikalisierungsprozess, der aus dem Black-Metal-Musiker einen rechtsextremistischen Überzeugungstäter werden lässt. Damit
wurde einmal mehr eine neue Qualität erreicht: „Für Varg Vikernes und
seine Jünger „hieß die Steigerung von Satanismus offenbar: Faschismus."[197]

Und auch in den Magazinen der rechtsextremen Szene wird Vikernes
wegen seines Fanatismus zum Helden. In zahllosen Interviews legitimiert er seine Anschläge gegen Kirchen – und feiert sich selbst als Retter
germanischer Religiosität:

---

195 zit. aus: Die Woche, 30.9.1994
196 vgl. Interview im Neonazi-Magazin „Blood & Honour", Nr. 6
197 Liane von Billerbeck / Frank Nordhausen: Satanskinder, Berlin 2001, 3. Auflage,
        S. 275

„Die Brandstiftungen haben einen Wechsel in der Geschichte markiert. Seitdem werden die semitischen Religionen systematisch aus Europa hinausgeworfen. Wir sollen diese semitischen Tempel auf unserer heiligen Erde nicht länger tolerieren."[198]

Und auch im Internet wird deutlich erkennbar, dass Varg Vikernes geradezu heroisiert wird. Eine breite Palette von *Burzum*-Merchandising-Material und eine Vielzahl von Homepages auf der ganzen Welt huldigen dem inhaftierten Szene-Idol. Ein bekanntes Beispiel ist die „Free-Varg-Vikernes"-Seite. Dazu sind um die rechtsextremen Bands wie *Burzum* zahlreiche Netzwerke und Organisationen entstanden, die im Mittelpunkt ihrer Ideologie ein aggressives Antichristentum sehen.

1.3.3 Bands, Gruppierungen und Organisationen

Deutsche Heidnische Front (D.H.F.)

„Die D.H.F. versteht sich als indogermanische, heidnische Gruppierung, deren Ziel es ist, unseren germanischen arteigenen Glauben, bedingt durch nordische Mythologie, Weltsicht und Spiritualität, zu leben."[199]

Die Organisation mit Sitz in Hennef (Nordrhein-Westfalen) wurde 1998 als eine „Art Vermittler zwischen national denkenden Heiden und heidnisch fühlenden Nationalisten gegründet". Ihre Mitglieder rekrutierten sich aus Anhängern der Metal- und Skinhead-Subkultur.[200] Auf eine kleine Landtagsanfrage der PDS[201] hin beschreibt das Thüringer Innenministerium die *D.H.F.* als „einen Zusammenschluss von Personen, deren Gedankenwelt von satanistischen (antichristlichen) und faschistischen Thesen geprägt ist". Dazu würde in der Gruppe „die Theorie vom elitären Sozialdarwinismus (Rasse, Reinheit und Macht des

---

198 Rock Nord, 10-11 1999, S. 32
199 Homepage der Deutschen Heidnischen Front, Stand: 01.10.2005
200 Verfassungsschutzbericht des Landes Thüringen 2002, S. 93
201 Drucksache 3/111, 30.11.1999

Stärkeren) vertreten".[202] Als „Reichsführer" der Gruppe fungiert anfangs
Hendrik Möbus, der als Bandleader der am 2. Januar 1992 gegründeten
Black-Metal-Gruppe *Absurd* über hervorragende Kontakte in die natio-
nalistisch-geprägten Strukturen der Subkultur verfügte. Vor seiner Inhaftierung im August 2000 war Möbus ein wichtiger Drahtzieher im
rechtsextremen Black-Metal-Netz Deutschlands und zählte seine Band
zur „arischen Elite", die beim Aufbau einer neuen „arischen Gesellschaft" in erster Linie stehe.[203]

Die Texte der Band *Absurd* sind von Anfang an gewaltverherrlichend
wie der Textauszug des Titelsongs „Werwolf" der 1996 erschienenen CD
„Facta Lunquuntur" dokumentiert:

> *„Ich stille meine Gier mit Menschenfleisch,*
> *mit Zyklon B, mit Gift und Blut.*
> *Willst Du mich, so komm' in mein Reich,*
> *deine Eingeweide schmecken sicher gut.*
>
> *Im Wald hört niemand der Opfer Schrei!*
> *Wieder ist die graus'ge Tat vollbracht.*
> *Der Toten letzten Worte waren ,Gott steh' mir bei.*
> *Und der Vollmond scheint in finst'rer Nacht."*[204]

Auf unheimliche Weise erinnert der Liedtext an die Mordtat, die Hendrik Möbus bundesweit als sogenanntes „Satanskind" bekannt gemacht
hatte. 1993 erdrosselte er mit zwei Freunden ebenfalls in einem Waldstück den 15-jährigen Mitschüler Sandro Beyer in Sondershausen. Im
Urteilstext schreibt das Gericht, dass die Tat für die drei Angeklagten

> „nicht als persönlichkeitsfremd anzusehen (sei). Die ständige Beschäfti-
> gung mit satanistischem Gedankengut und mit den Tötungsdarstellun-

---

202 Drucksache 3/111, 30.11.1999, S. 2
203 Berliner Zeitung, 1.12.1998
204 www.lyricsafe.com/a/absurd12/werwolf237.html

gen in Filmen allgemein und das Spielen mit dem Gedanken an eine Tötung Sandros haben die bei anderen Menschen vorhandene Hemm-
schwelle vor einer Tötung deutlich herabgesetzt."[205]

Möbus muss für die Tat wegen gemeinschaftlichen Mordes fünf Jahre
Haft absitzen. Im Gefängnis mutiert er wie Vikernes zu einer Märtyrer-
figur vieler Black-Metal-Fans, die Tat wird zum kalkulierten Satansmord
stilisiert. Einmal mehr werden die Medien mit ihrer völlig undifferen-
zierten Berichterstattung zum Königsmacher einer Subkultur. Aus einer
Rachetat unter Schülern wird ein sogenannter „Satansmord".

Und Hendrik Möbus bedient die Klischees – sei es aus Trotz, oder
weil er sich in der neuen Rolle als Held einer expandierenden Bewegung
recht wohl fühlte. In einem Szeneinterview[206] sagt Hendrik Möbus, er
habe „dem Leben eines lebensunwerten Geschöpfs ein Ende" gesetzt,
und weiter „plaudert" er über den Mord mit den Worten: „Ich weiß ja
nicht, ob man in der Nazizeit bestraft worden wäre, wenn man Volks-
schädlinge unschädlich gemacht hätte".[207] Eine Aussage, die ein neues
Verfahren nach sich zieht. Wegen seiner Schmähungen des ermordeten
Mitschülers wird Möbus in Berlin wegen Volksverhetzung im November 1999 zu einer Gefängnisstrafe verurteilt. Zu dem Urteil erklärt der
Richter, eine Gesellschaft, die solche Äußerungen hinnehme, sei „tot" –
es ist nicht seine einzige Verurteilung.

Bereits kurz nach seiner Haftentlassung auf Bewährung 1998 kommt
es wieder zu einem Schuldspruch gegen Möbus, diesmal wegen der Verwendung von Kennzeichen verfassungswidriger Organisationen. Der
Rechtsextremist hatte auf einem Black-Metal-Konzert im Kulturzen-
trum der thüringischen Kleinstadt Behringen am 26. September 1998
den Hitler-Gruß gezeigt.[208] Am 29. Oktober 1999 schließlich widerruft
das Amtsgericht Erfurt die Haftaussetzung zur Bewährung. Kurz vor
dem erneuten Haftantritt Mitte Dezember 1999 flieht Möbus in die

---

205 zit. aus: Christian Dornbusch / Hans Peter Killguss: Unheilige Allianzen: Black Metal
     zwischen Satanismus, Heidentum und Neosatanismus, Münster 2005, S. 52 ff.
206 Black Metal Almanach, „Wolfenstein"-Homepage, 27.11.98
207 Berliner Zeitung, 1.12.1998
208 Thüringer Landtag, 2. Wahlperiode, Drucksache 2/3906 vom 31.8.1999

USA und schreibt seinen Eltern, er gehe „ins Exil".[209] Kurze Zeit später erfolgt seine Verhaftung in den Vereinigten Staaten, wo er bei dem Rechtsextremisten Dr. William Pierce untergekommen war.

Im Jahr 2001 kommt es zu einem Führungswechsel innerhalb der *DHF*, der auch mit einer inhaltlichen Neuorientierung verbunden ist. Neuheidnische Traditionspflege löst in der Außendarstellung der Gruppe immer mehr nationalsozialistische Inhalte ab. Das Ziel ist die Erreichung einer größeren Akzeptanz im neuheidnischen Spektrum. In ihrer Publikation „Tuisko", die im Jahr 2003 das erste Mal erscheint, stellt sie sich als heidnisch-germanische Weltanschauungsgemeinschaft dar, mit einer klaren Frontstellung gegen die Moderne:

> „Im heutigen Zeitalter des Konsums vergessen die Menschen leider viel zu leicht, Mutter Erde für ihre Geschenke zu danken. Mehr noch, sie zerstören sie sogar! Wir achten die Natur und die ewigen Gesetze, die der Kreislauf des Lebens mit sich bringt und die als Widerschein kosmischer Ordnung zu verstehen sind (...).“

> „Der Schutz von Mutter Natur ist für uns eine Selbstverständlichkeit. Denn Naturschutz ist auch Heimatschutz, wie Heidentum ebenso gelebtes Volkstum darstellt.“[210]

In dieser Interpretation wird Naturschutz auch umgedeutet als völkische Pflicht und der Gedanke des Umweltschutzes kann in diesem Zusammenhang auch rassistisch definiert werden. Und auch Innenbehörden bezweifeln eine politische Kehrtwende der Organisation. So tritt die *DHF* nach Erkenntnissen des Verfassungsschutzes in Thüringen zwar „nach außen moderater auf, propagierte jedoch weiter ariosophische und völkisch-kollektivistische Vorstellungen".[211]

Ist es seit 2004 um die *Deutsche Heidnische Front* ruhiger geworden, zählt *Absurd* heute zu den umtriebigsten Bands des neonazistischen Black Metal. Ein vielbeachteter Auftritt findet am 9. Juni 2007 im baye-

---

209   dpa, 14.12.1999
210   Tuisko, Nr. 1, S. 4 f.
211   Verfassungsschutzbericht des Landes Thüringen 2002, S. 94

rischen Gremsdorf statt. Mit auf der Bühne stehen auch die neonazistischen Bands *Blessed in Sin* und *Finis Glroia Dei* aus Frankreich sowie *Funeral Winds* aus Holland. Gaststar war ohne Zweifel Hendrik Möbus, der nach einer mehrjährigen Haftstrafe mit „Hendrik"-Rufen begrüßt wurde. Doch zu seinem musikalischen Comeback kommt es an diesem Abend nicht. Es ist sein Bruder Ronald Möbus, der mit einer Mischung aus Black-Metal-Kult und rechtsextremistischer Ideologie Stimmung macht. In seinem Lied „Pesttanz" heißt es:

> „Was da atmet, muss nun sterben, dass die Welt gereinigt wird. Mordend Juden und Christenheit, lüstern voller Grausamkeit. Massengräber füllen sich, holde Pest wir grüßen dich!"[212]

Absurd ist im Subgenre wegen ihrer Authentizität längst Kult. Auch wenn in Gremsdorf der Sänger sturzbetrunken mehr schlecht als recht mit der miserablen Soundtechnik im Saal kämpfte, war dieser bis zum Rand gefüllt. Ein Szenebeobachter schreibt später in einem rechsextremistischen Szenemagazin „man merkte deutlich, dass die meisten Besucher nur wegen dieser einen Band gekommen sind"[213]. Erstaunlich, nutzte doch der alkoholisierte *Absurd*-Sänger seine Macht am Mikrophon dazu, sein Publikum in regelmäßigen Abständen als „Affen" und ähnliches zu beschimpfen.

Pagan Front

Aus den Vereinigten Staaten von Amerika kommt die rechtsextremistische Vereinigung *Pagan Front*. In ihrer Selbstdarstellung beschreibt sich die Gruppe als eine „Organisation unabhängiger Plattenlabels, Mail-Order-Firmen, Bands, Musiker, Fanzines und anderer Individuen, die sich dem NS (gelesen: Pan-Arischem) Black-Metal-Underground widmen". Dabei fühlen sich die Rechtsextremen der Bewahrung der vorchristlichen Kultur verpflichtet und sehen sich im „Kampf gegen den ‚spirituellen schwarzen Tod' alias Juden-Christentum"[214].

---

212 www.sueddeutsche.de/deutschland/artikel/33/125841/print.html, 4.8.2007
213 Rock Nord, 2/2007, Nr. 134–135, S. 28
214 Homepage der Paganfront, www.thepaganfront.com, 08.09.2006

Im Internet bezeichnen sich die Organisationsmitglieder als „stolze Nationalsozialisten", die sich auf die „glorreichen Traditionen und Urformen" ihrer „arischen Wurzeln" beziehen. Trotz der deutlich antichristlichen Parolen hebt die Gruppe hervor, „keine satanistische Organisation" zu sein:

> „Wir unterstützen nicht die christlich gesponnenen Lügen, und auch nicht diese Kult-Dummheiten, dass man sich vor einem Ziegen-Götzenbild verbeugen muss. Diese Idioten müssen nach größeren Gewalten suchen."[215]

Der Teufelsanbetung setzt die *Pagan Front* eine religiöse Überhöhung des Rassismus entgegen und bezeichnet ihre Anhänger als „Krieger", die für die „Idee einer Arischen Nation" und einer „weißen Erleuchtung" kämpfen.

Bands der *Pagan Front* heißen – neben *Absurd* aus Deutschland – *Dark Thule, Der Stürmer, Kataxu, Sunwheel, Thors Hammer, Xenophobia* oder *Evil*.[216]

Subkulturell sieht sich die Organisation als eine Art Fundamentalopposition gegen jede Form von Mainstream. Im Gegensatz dazu wird Black Metal „als archetypischer und atavistischer Ausdruck der Seele des Weißen Mannes" betrachtet, die niemals dem Kommerz im Musikgeschäft zum Opfer fallen dürfe.[217]

NS Black Metal

Mit zahlreichen Hakenkreuzen auf ihrer Homepage wirbt die amerikanische Organisation *National Socialist Black Metal* (NSBM). Zum Anspruch der Gruppe heißt es auf der Homepage kämpferisch:

> „The extremes of musical passion fascist ideologies in a time when a Judeo-Christian moral values have caused humanity to poison the earth and sky and waters, destroy ancient cultures and adulterate their races, enslave many of the tedium of society motivated by commerce (…)."

---

215 Homepage der Paganfront, www.thepaganfront.com, 08.09.2006
216 Homepage der Paganfront, www.thepaganfront.com, 08.09.2006
217 Homepage der Paganfront, www.thepaganfront.com, 08.09.2006

(„Die extremste musikalische Leidenschaft faschistischer Ideologien in einer Zeit, in der eine jüdisch-christliche Moral mit ihrer auf Humanismus gegründeten Werte die Erde, den Himmel und das Wasser vergiftet, die alten Kulturen zerstört und ihre Rassen verdirbt, und viele in der Langeweile einer auf Kommerz begründeten Gesellschaft versklavt.")

Im Gegensatz hierzu postiere sich die NS Black-Metal-Bewegung gegen „semitisches Christentum, Judentum, Humanismus und Liberalismus"[218]. Zu *NSBM* zählen nach Aussagen der Organisation „national-sozialistische, paganistische, odistische und faschistische Bands". Unter den internationalen Bands finden sich Namen wie *Absurd, Burzum, Graveland, Legion of Doom, I Shalt Become, Lord Wind, Infester, Othar, Thunderbolt, Winter Funeral* und *Veles,*[219] von denen auch Lieder im MP3-Format abrufbar sind. Darüber hinaus führt die NSBM als „freimütige NS-Bands" die Musikgruppen *Infernum, Kataxu, Thors Hammer* und *Thunderbolt* auf. Ideologisch bezieht sich die Bewegung in ihrer Selbstdarstellung auf Adolf Hitler und bekennt, dass das Buch „Mein Kampf" einen „großen Einfluss in der NSBM-Bewegung" habe. Neben Adolf Hitler hätten auch „Benito Mussolini, Julius Evola, Savitri Devi und H.P. Balvatsky's Theosophy" viele Mitglieder der NS Black-Metal-Bewegung „inspiriert". Weiter heißt es zur Ideologie der angeschlossenen Bands:

„Most accept to some degree all of the major beliefs of National Socialism, including ethnic nationalism, a rigid ethos of honor, environmentalism and anti semitism."[220]

(„Die meisten akzeptieren bis zu einem gewissen Grade die Hauptglaubenssätze des Nationalsozialismus, inklusive des ethnischen Nationalismus, ein kompromissloses Ehrgefühl, Umweltschutz und Antisemitismus.")

Zur Finanzierung der rechtsextremistischen Gruppe trägt ein Internetshop bei, der CDs und T-Shirts der bekanntesten Black-Metal-Bands vermarktet. Unumwunden erklärt die Gruppe, *NSBM* sei vom „Geist

---

218 NSBM-Homepage, www.nsbm.com, 28.08.2007
219 www.nsbm.com, 14.10.2005
220 www.nsbm.com, 14.10.2005

des weißen Nationalismus getragen" sowie von der „Botschaft der rassischen Separation". Da „es keinen Gott im Himmel gebe" und „keine gütige Vaterfigur" auf Erden, die der rechtsextremen Bewegung diesen Kampf abnehme, sei es erforderlich, „die weiße nationalistische Bewegung zu unterstützen und zu organisieren". Aus diesem Grund fördere man „NS White Power Musik und Aktivismus, die mit den nationalsozialistischen Lehren übereinstimmt".[221]

1.4 Schwarz-braune Netzwerke

Und auch in Deutschland ist seit Jahren ein engmaschiges Netzwerk ideologischer Rechtsaußen-Bands entstanden. Signifikant sind die Doppel- und Mehrfachmitgliedschaften der Musiker in ganz unterschiedlichen Gruppen und Vertrieben.

Als im Oktober 2005 in Österreich im Innsbrucker Lokal „Hafen" ein Konzert stattfand, waren zahlreiche dieser Bands aus dem In- und Ausland zugegen. Gemeinsam war ihnen nicht nur eine Affinität zur schwarzen Subkultur, sondern auch eine rechtsextreme Grundhaltung. Die Gruppen heißen unter anderem *Horna* aus Finnland, *Corpus Christi* aus Portugal, *Waitan* aus Schweden sowie die Gruppen *Caedes* und *Eternity* aus Deutschland.[222]

Eternity ist durch gemeinsame Auftritte mit bekannten neonazistischen Black Metal Bands wie *Totenburg*, *Ad Hominem* und *Absurd* bekannt geworden. Dazu produziert sie gemeinsam mit anderen gleichgesinnten Bands wie *Wolfsmond* oder dem Projekt „Luro" von Sven Zimper auch diverse Tonträger. Der Sänger von *Eternity* mit dem Pseudonym „A. Krieg" ist auch in andere Musikprojekte eingebunden. Gemeinsam mit Zimper – von *Luror* spielt er beispielsweise in der Band *Hellfucked*. Der Gitarrist und zweite Sänger von *Eternity*, Dirk Rössler wiederum

---

221 www.nsbm.com/groups, 24.09.2006

222 Anfrage der Abgeordneten Parnigoni an das Bundesministerium des Innern in Österreich, 3813/J XXII. GP, 24.01.2006, www.parlament.gv.at

musiziert mit Zimper und dem *Absurd*-Bandmitglied Sebastian Schauseil in der Gruppe *Wolfsmond*. Und nicht nur auf der Bühne machen die umtriebigen Schwarzmetaller Politik. In einem Interview mit einem Szeneheft positioniert sich *Eternity* eindeutig fremdenfeindlich:

> „Ein Türke in der Türkei geht mir am Arsch vorbei, ein Schlitzauge in China stört mich auch nicht und ein Nigger in Uganda ebenso wenig, doch was bitteschön haben die in unserem Reich zu suchen?"[223]

Auch der szeneimmanente Christenhass kommt bei der Band nicht zu kurz. Im Internet-Magazin „Black-Metal-Almanach", der 1999 über die Szenehomepage „Wolfenstein" veröffentlicht wurde, erklärt die Band:

> „Jede Aktion die dazu dient, der jämmerlichen Christenheit einen Schaden zuzufügen ist es wert, unterstützt zu werden, sei es nun eine Kirchenbrandstiftung oder wenn nötig, auch ein Mord an einem oder mehreren von ihnen. Leider ist dies aber nun mal schwer strafbar, da einige diesbezüglich wohl anderer Auffassung sind. Friedhofsverwüstung ist dagegen einfach nur idiotisch und vor allem sinnlos."[224]

Wie engmaschig das rechte Black-Metal-Netz verwoben ist, dokumentiert auch das Bandmitglied „Lord Asgalqlun", alias Alexander Kies von der Gruppe *Caedes*, die an diesem Abend ebenfalls auf der Bühne stand. Denn Kies spielt auch in der Band *Camulos*, deren Tonträger „Untermensch" bereits von der Bundesprüfstelle für jugendgefährdende Medien wegen der exzessiven Gewaltbotschaften indiziert wurde.[225] Gleichzeitig betreibt er das Plattenlabel „Fog of the Apokalypse", bei dem wiederum die rechtsextremistischen Bands *Totenburg*, *Nachfalke* und *Luror* CDs veröffentlichen – eine echte Personalunion im satanistisch-braunen Sumpf. Und auch auf die Gastband *Corpus Christi* lohnt sich

223   zit. aus: Leichenkuss, Nr. 1, o.J., in: Christian Dornbusch / Hans Peter Killguss: Unheilige Allianzen: Black Metal zwischen Satanismus, Heidentum und Neosatanismus, Münster 2005, S. 175

224   www.wolfenstein.com/almanach/intis/eternity.html, vgl. auch: Ingolf Christiansen: Satanismus – Faszination des Bösen, Gütersloh 2000, S. 84

225   Banz., Nr. 224, vom 29.11.2003

ein genauerer Blick. Ihr Mitglied mit dem Szenenamen „Nocturnus
Horrendus" äußert sich auf die Frage, ob es korrekt sei, dass er von vielen Leuten als Nazi bezeichnet wird: „Ich bin kein Nazi, ich bewundere
einfach die okkulte Seite des Nazismus, das ist alles. Sie haben einigen
Seelen in die Hölle verholfen, dafür muss man ihnen danken."[226]

Das Dementi ist nicht sehr überzeugend. Immerhin spielt „Noc-
turnus Horrendus" in der Band *Genocide Kommando*, die dem NS Black
Metal zugerechnet wird.[227] Und auch bei anderen Gruppen mit Namen
Gestapo666, *Celestia* und *Peste Noire* ist der Musiker aktiv.[228]

Das NS Black-Metal-Netzwerk verdient aus vielerlei Hinsicht erheblich
mehr Aufmerksamkeit von Jugendschutz- und Innenbehörden, als dies
bisher der Fall war. Die Ablehnung des Lebensrechtes ganzer Bevölke-
rungsgruppen ist integraler Bestandteil des Selbstverständisses vieler
Bands. Doch trotz zügelloser antisemitischer und rassistischer Hassaussa-
gen findet sich kaum eine dieser Gruppen in den Jahresberichten des Verfassungsschutzes, der dem Phänomen in seinen Berichten weit mehr Platz
einräumen müsste.[229] Folgende Passagen geben einen Überblick über Positionen, wie sie von deutschen NS Black-Metal-Bands vertreten werden:

Interview *Absurd*:

„Millionen niederer Lebensformen können unsere Städte und Länder ver-
schmutzen – wir werden sie auslöschen und ihr schmutziges Blut in Strömen fließen lassen. Wir sind die Herrenrasse, die anderen Rassen können
unserer grausamen Macht nicht das Geringste entgegensetzen."[230]

---

226 zit. aus: www.doew.at/projekte/rechts/chronik/2005_10/metal.html
227 vgl. www.doew.at/projekte/rechts/chronik/2005_10/metal.html
228 vgl. Christian Dornbusch / Hans Peter Killguss: Unheilige Allianzen: Black Metal
     zwischen Satanismus, Heidentum und Neosatanismus, Münster 2005, S. 255
229 Zu den wenigen Ausnahmen zählen das Thüringer Landesamt für Verfassungsschutz,
     das seit Jahren auch auf rechtsextreme Bestrebungen im Black Metal hinweist sowie
     die Informationsbroschüre Musik-Mode-Markenzeichen des nordrhein-westfäli-
     schen Innenministeriums.
230 Interview Hendrik M. im polnischen Fanzine „Pentagramm" 7/1999, zit. aus: Chri-
     stian Dornbusch / Hans Peter Killguss: Unheilige Allianzen: Black Metal zwischen
     Satanismus, Heidentum und Neosatanismus, Münster 2005, S. 122

Interview *Barad Dûr*:

„Es würde keine Rasse als die Weiße geben. Teile anderer Rassen wären in Zoos als Schauobjekte gehalten und bei Verlust nachgezüchtet. Zur Erinnerung, was für ekelige Sachen sich einmal frei bewegen durften. Keine Kirche oder ähnliches würde mehr Europa verunreinigen; es wäre frei von allen ausländischen Götzen, Kultstätten und ihren Dienern. Die alten Riten würden auferstehen und eine neue Zeit anbrechen, in der sich nur die weiße Rasse zu gottesgleicher Größe erhebt."[231]

Interview *Nachtfalke*:

„Wir Deutschen sind die Herrenrasse! Wir müssen alles dafür tun, dass der Pöbel nicht Oberhand gewinnt, denn irgendwie habe ich das Gefühl, dass der deutsche Mensch ausstirbt, und alles in einer riesigen Multikulti-Kloake versinkt."[232]

Interview *Bilskirnir*:

„Meine Weltanschauung umfasst den Glauben an die Überlegenheit meiner Rasse, aufgrund ihrer schöpferischen Kraft und geistigen Überlegenheit anderer Rassen gegenüber."[233]

Szene-Interview mit dem Musiker Taaken der Band *Odal*:

Frage: „Du hast einmal gesagt, dass die Rassenvermischung die Vorstufe vom endgültigen Aussterben ist. Denkst du, dass das aber nicht das Beste wäre, damit es so zu einem Neubeginn kommen kann? Glaubst du, dass die heutige Menschheit/Gesellschaft überhaupt noch ein Recht zu überleben hat?"

Antwort: „Da hast du sicher Recht. Aber ich glaube das hast du nicht richtig verstanden, Ich habe gesagt das somit das Volk die eigene Art aus-

---

231 www.wolfenstein.com/almanach/intis/barad-dur.html, 13.0.1999

232 Interview mit dem Musiker „Occulta Mors" von der Band Nachtfalke im Szenemagazin „Irminsul", zit. aus: Christian Dornbusch / Hans Peter Killguss: Unheilige Allianzen: Black Metal zwischen Satanismus, Heidentum und Neosatanismus, Münster 2005, S. 182

233 zit. aus: Bilskirnir im Interview mit dem Szenemagazin „Satanic Underground", zit. aus: Christian Dornbusch / Hans Peter Killguss: Unheilige Allianzen: Black Metal zwischen Satanismus, Heidentum und Neosatanismus, Münster 2005, S. 185

stirbt und nur diese. Somit wäre man der Wurzel endgültig beraubt. Die heutige Gesellschaft hat kein Recht auf Leben, jedenfalls 99% davon."[234]

Interview *Halgadom*[235]:

> „Die Zerstörung ist bereits im vollen Gange! Kulturell [...] als auch biologisch. [...] Um zu retten, was noch zu retten ist, wäre natürlich ein Bürgerkrieg das Sinnvollste."[236]

Interview *Amalek:*[237]

> „Also kurz gesagt, für uns steht Black Metal für die Tilgung aller Parasiten, die Bewahrung des Glaubens der Ahnen, für den Kampf gegen die Knechtschaft, für Schlachten um die Erhaltung unserer Art und um den Endsieg."

Neben der inhaltlichen Radikalität ist es die zweite Besonderheit des rechtsextremen deutschen Black-Metal-Flügels, die Grenzen zwischen Kunst und realen Gewalttaten einzureißen. Image, Provokation, Liedtext und Militanz verschmelzen zu einer Einheit. Beispielhaft hierfür stehen die Aussagen des Solomusikers Markus Hartmann. Der Künstler mit dem Pseudonym „Widar" ist mit seinem Black-Metal-Musikprojekt „Bilskirnir" in der Szene bekannt geworden. Im Interview mit dem rechtsextremen Skinhead-Fanzine „Rock Nord" erklärt der Künstler die Symbiose:

> „Black Metal ist eine der extremen Kunstformen unserer Zeit [...] und speziell der ‚moderne' Black Metal hat gezeigt, was ihn ausmacht und von anderen Musikformen unterscheidet. Am Beispiel Varg Vikernes sieht man wohl am deutlichsten, was hinter dem Black Metal steht: nicht irgendeine Kunstform, die der reinen Unterhaltung dient, nein, im Black Metal verschmelzen Kunst und Weltanschauung zu einem Ganzen. [...] Die Kirchenbrände etc. haben den unbedingten Willen zur Tat gezeigt.

---

234 zit. aus: www.blackmetal.at/interviews/odal.html, 11.9.2006
235 Halgadom ist musikalisch dem Neofolk zuzurechnen. Es gab aber immer wieder auch Titel aus dem Musikrichtung des Pagan Metal, die u.a. mit Unterstützung von NSBM-Musikern eingespielt wurden.
236 Interview mit Frank Krämer von „Halgadom" im Fanzine „Blutskampf", zit. aus: Christian Dornbusch / Hans Peter Killguss: Unheilige Allianzen: Black Metal zwischen Satanismus, Heidentum und Neosatanismus, Münster 2005, S. 120
237 Volkswille, Ausgabe 14, 2005, S. 5 f.

Diese Tatsache stellt(e) das Hauptfaszinosum an dieser Musik und ihrer Bewegung dar."[238]

Deutlicher noch positioniert sich die Thüringer Band *Absurd*:

> „Wir begrüßen jede Aktion, die sich gegen die jüdisch-christliche Fremdherrschaft auf germanischem Boden im Speziellen gegen das erbärmliche Dasein der Herdenmenschen im Allgemeinen richtet. Es gibt im Black Metal keine klare Trennlinie zwischen Fiktion und Realität, beides geht ineinander über und somit ist es aus unserer Sicht völlig legitim, nicht nur über extreme Handlungen zu singen, sondern diese auch zu begehen."[239]

Viele der Musiker sehen sich im Krieg mit der christlich geprägten Gesellschaft und ihre Fans betrachten sie als willige Soldaten, die für derlei Hassbotschaften empfänglich sind. Merkmale vieler Lieder im Bereich des NS Black Metal sind:

a) Gewaltdarstellungen / Splatterszenen
b) Antichristliche Provokationen und Gewalt
c) Pornographische Inhalte
d) Völkisch-extremistische Inhalte

Eine gute Argumentationsgrundlage liefern folgende Textauszüge, die anschaulich das Denken der Subkultur verdeutlichen.

a) Gewaltdarstellungen/Splatterszenen
Gewalt und Blut wird durch die Liedtexte zum selbstverständlichen Bestandteil der jugendlichen Lebenswelt.

Beispiel 1: Der Song „First Winter of Bloodred Snow" vom Album „Facta Lunquuntur"der Band *Absurd*:[240]

---

238 zit. aus: Rock Nord, 12/99, S. 21
239 www.wolfenstein.com/almanach/intis/absurd.html, 06.01.1999
240 www.darklyrics.com/lyrics/absurd/factalunquuntur.html#6, 28.8.2007

„ The knives of revenge
are waiting to kill
at darkest night
the blood to spill
enemies are slaughtered, never to be found
their mutilated bodies buried in the winterly ground.

See fear in their eyes
that's the reward for your lies
your fuckin' hearts I pull to pieces
I love your deathscreams sound
I broke your bones and cracked your heads
the Pagan madness heres around
I eat your guts and soak your blood
the first time it colours the snowy ground. "

Beispiel 2: Der Titel „Seelenfrieden" aus der CD „Untermensch" von *Camulos*[241]

„Du spürst die Angst, siehst dem Teufel ins Gesicht.
Spürst das Messer schneiden, in dein weißes Fleisch.
Spür die Nacht die begleitet in die Ewigkeit,
Sieh den Fluss des Blutes, der Dich vernichten wird".[242]

b) Antichristliche Provokationen und Gewalt
Brutale Ausfälle gegen Christen und Juden sind auch in Deutschland ein Wesenselement des Black Metal. Beispielhaft hierfür steht der Titel „Untermensch – mit Namen Christ", der ebenfalls von *Camulos* auf der CD „Untermensch" veröffentlicht wurde:

---

241 Der Text entstammt der Camulos-CD: „Untermensch mit Namen Christ", die 2004 von der Bundesprüfstelle für jugendgefährdende Schriften indiziert wurde.

242 www.darklyrics.com/lyrics/camulos/deruntermenschmitnamenchrist.html, 28.8.2007

„Kinderficker im Namen des Herrn
erstickt an euerer Perversion
Der Sektentempel von Mord erbaut
Verbrennen sollen sie, heute nacht."

An Radikalität herausstechend sind die Botschaften des *Camulos*-Musikers „Nazgul" im Gespräch mit dem Black-Metal-Magazin „Ablaze". Hier wird deutlich, dass die Provokation und das Verletzen der Würde von Menschen christlichen Glaubens weit über ein Finstermann-Image hinausgehen.

> „Schenke er mir eine Massenvernichtungswaffe und eine Audienz beim Papst, und ich werde näher darauf eingehen, was ich von diesem heuchlerischen Ziegen fickenden, geistig perversen labilen Verblödungsverein halte." [...] „Ich selber halte Menschen, die vernarrt sind in ihre Scheiß-Religion und angeblich ihr Leben nicht ohne göttliche Hilfe meistern können, für erbärmlich und nicht lebenswert. Was dieses dreckige Scheißpack in der Geschichte bereits versprochen hat, ließe so manchen Diktator vor Neid erblassen. [...] Gäbe es eine gerechte Justiz, müsste man den Papst und seine schwanzlutschenden Lakaien wegen milliardenfachem Völkermord offiziell hinrichten. ... Und ich würde mich als Henker bewerben und mit Freuden Überstunden machen."[243]

Beispiel 3: Andere NS Black-Metal-Bands wie die sächsische Gruppe *Magog* besingen die Brandstiftung gegen christliche Gotteshäuser als „Befreiung". Auszüge dem Titel „Feuer der Dunkelheit":

„Gotteshäuser brennen!
Flammen der Befreiung rein und klar
Über dem Flammenmeer steht ich!
In meinen Augen Ehre und Stolz!
In meinen Augen Ehre und Stolz!
Seid bereit! Fühlt den Sturm, die Kraft in eueren Herzen!
Der Himmel glüht!"[244]

---

243   zit. aus Ablaze, Nr. 42, Juli/August 03, S. 80
244   www.lyrix.at/de/text_show/ee0a6788654e34c899fd012d67e1855, 28.8.2007

Beispiel 4: Besonders hasserfüllt sind die antichristlichen Inhalte bei der rechtsextremen Band *Totenburg* aus Thüringen, die ihren Stil selbst als „Thuringian Aryan Black Metal" bezeichnet. Im Jahr 2004 veröffentlicht die Band die CD „Pestogrom", an deren Ende sich ein modifizierter Coversong der Nazi-Band *Landser* befindet. In dem Lied „Walvater Wotan", das als eine „Standortbestimmung der Band"[245] interpretiert werden kann, heißt es:

> „Wir wollen eueren Jesus nicht, das alte Christenschwein
> Denn zu Kreuze kriechen, kann nichts für Germanen sein
> Die Bibel und das Kruzifix, die soll der Geier holen.
> Wir wollen eure Pfaffen nicht und euren Schweine-Papst aus Polen.
> Walvater Wotan soll unser Herrgott sein
> Walvater Wotan, wird Germanien befrei'n [...]
> Odins Raben wachen und sehen euere Taten
> Und seine Wölfe kriegen, demnächst manch fetten Braten
> Ein Blitz aus Donars Hammer, schlägt in der Kirche ein
> Nun fleh zu deinem Judengott. Er hört dich nicht, du Christenschwein.
> Walvater Wotan soll unser Herrgott sein
> Walvater Wotan, wird Germanien befrei'n."[246]

Beispiel 5: Die Diffamierung des Christentums geht bei der Band *Camulos* mit einer Glorifizierung des Neosatanismus einher. Im 5. Lied „Armee der Finsternis" wird die „Heimkehr" Luzifers auf die Erde besungen wird.

> „Die Nächte werden länger
> Der Geruch des Todes naht
> Die Christenfrucht nicht aufgegangen
> Verkümmert ihre kranke Saat.
> Die Mörder werden nun gerichtet

---

245 Verfassungsschutzbericht des Landes Thüringen 2005,Erfurt 2006, S. 33
246 www.metal-archives.com/release.php?id=50379, 28.8.2007

Von des Gottes Oberfeind
Die Gehörnten reiten wieder
Dreimal die sechs erscheint.
Die Armee der Finsternis wird kommen
Blut regnet zur Erde hinab
Die Engel werden ausgeweidet
Und Gott sieht in sein Grab
Gepfählte Engel, blutiger Himmel
Ihre Schreie werden es sein
Die Armee der Finsternis wird kommen
Und Luzifer kehrt wieder heim.“[247]

Das Lied knüpft an das letzte Buch des Neuen Testaments an, die Offenbarung des Johannes. Der nicht näher bekannte Autor, der sich selbst schlicht „Knecht Johannes“ nennt, wollte mit seiner Schrift „bedeutsame Wahrheiten über das Schicksal der Kirche und der ungläubigen Menschheit verkünden, um in den Christen die Bereitschaft zum Martyrium zu stärken.[248] Die Verfolgung der Christen wurde als Zeichen der Endzeit gedeutet und den Peinigern Gottes Zorn in vielfacher Form angekündigt. Hinter den Machenschaften steckt letzten Endes Antichrist, der Teufel, der Diabolos, der Drache oder das Tier aus dem Abgrund. In seiner Offenbarung beschrieb Johannes unter anderem den „Kampf des Satans gegen das Volk Gottes“, in dessen Verlauf Satan aus dem Himmel gestürzt wurde. In dem Lied „Armee der Finsternis“ von *Camulos* kommt es zu einer neuen Schlacht und Satan erobert seinen Platz im Himmel zurück und tötet die Engel:

„Gepfählte Engel, blutiger Himmel
Ihre Schreie werden es sein
Die Armee der Finsternis wird kommen
Und Luzifer kehrt wieder heim.“

---

247 www.darklyrics.com/lyrics/camulos/deruntermenschmitnamenchrist.html, 28.8.2007
248 Die Bibel: Altes und Neues Testament, Herder-Verlag, Freiburg im Breisgau o.J., herausgegeben im Auftrag der Bischöfe Deutschlands, Österreichs, Schweiz, Luxemburg, Lüttich, Bozen-Brixen, S. 1390

Oder an anderer Stelle des Liedes:

„Die Christenfrucht nicht aufgegangen
Verkümmert ihre kranke Saat."[249]

Dabei dekoriert die Band ihre luziferanischen Botschaften mit neosatanistischer Symbolik wie den drei Sechsen. Weltweit gilt die Zahlenfolge
„666" als Identifikationssymbol der Szene. Im Text „Armee der Finsternis" heißt es weiter:

„Die Gehörnten reiten wieder
Dreimal die sechs erscheint."[250]

Die Zahl 666 geht ebenfalls zurück auf die Johannes-Offenbarung und
soll die Zahl des „Tieres mit den zwei Hörnern" sein.[251] Im neutestamentarischen Zusammenhang ist das sogenannte „Tier" mit der Zahl
666 Synonym für das römische Reich. Dieses wiederum steht nach Meinung des Verfassers des Buches der Offenbarung „im Dienste Satans"[252],
der in der Offenbarung immer wieder als „der große Drache" beschrieben wird. Der wohl wichtigste Ideengeber des Neosatanismus, Aleister
Crowley, hat die Zahl 666 auf sich bezogen und sich als „Reinkarnation
des Tieres" bezeichnet.[253] Den Titel „To Mega Therion – The Beast 666"
behielt Aleister Crowley bis zu seinem Tod 1947.[254] Insgesamt gilt 666
als „die Symbolzahl des Großen Tieres"[255] und ist damit eines der wichtigsten Zeichen des modernen Satanismus.

---

249   www.darklyrics.com/lyrics/camulos/deruntermenschmitnamenchrist.html, 28.8.2007
250   www.darklyrics.com/lyrics/camulos/deruntermenschmitnamenchrist.html, 28.8.2007
251   Die Bibel: Altes und Neues Testament, Freiburg im Breisgau o.J., Kapitel 13, 11–18,
      S. 1401 f.
252   Massimo Introvigne / Eckhard Türk: Satanismus, Freiburg im Breisgau 1995, S. 39
253   Massimo Introvigne / Eckhard Türk: Satanismus, Freiburg im Breisgau 1995, S. 39
254   vgl. Ingolf Christiansen: Satanismus – Faszination des Bösen, Gütersloh 2000, S. 28
255   vgl.: Behörde für Inneres – Arbeitsgruppe Scientology: Okkultismus und Satanis-
      mus, Hamburg 2001, S. 102

Beispiel 6: Eine besonders radikale Form des Antichristentums besingt das rechtsextremistische Musikprojekt aus Frankreich *Ad Hominem* des Musikers Kaiser Wodhanaz. Das Debütalbum der Gruppe trägt den Namen „Planet ZOG – The End" und ist geprägt von Verschwörungstheorien und einem regelrechten Vernichtungswahn gegenüber monotheistischen Religionen. Bereits der Titel verweist auf die Ideologie der Gruppe. So steht „ZOG" für „Zionist Occupied Government" und fasst eine im Rechtsextremismus gängige Verschwörungstheorie zusammen, nach der die meisten Demokratien in jüdischer Hand seien. Auch in der Gesamtbetrachtung ist die Band dem NS Black Metal zuzuordnen,[256] auch wenn Musikseiten die menschenverachtenden Passagen als reine Symbolik interpretieren.[257] Im Song „Auschwitz Rules" heißt es:

> *„Auschwitz rules over the torah*
> *Auschwitz rules over the coran*
> *Auschwitz rules over the bible*
> *Auschwitz rules over your bastards."*[258]

c) Pornographische Inhalte

Die juristische Definition bzw. die Rechtssprechung hat den Pornobegriff wie folgt definiert:

> „Eine Darstellung ist pornographisch im Sinne von §184 Abs. 1 und §6 Nr. 2 des Gesetzes über die Verbreitung jugendgefährdender Schriften, wenn sie unter Ausklammerung aller sonstigen menschlichen Bezüge sexuelle Handlungen in grob aufdringlicher Weise in den Vordergrund rückt und ihre objektive Gesamttendenz ausschließlich oder überwiegend auf das lüsterne Interesse des Betrachters an sexuellen Dingen abzielt."[259]

---

256 www.turnitdown.de/506, 9.9.2007
257 www.lastfm.de/music.Ad+Hominem, 9.9.2007
258 www.mp3lyrics.org/a/ad-hominem/auschwitz, 9.9.2007
259 vgl. BGHSt. 23, 40 <44>

Weil es in diesem Bereich zahlreiche sehr unappetitliche Textbeispiele gibt, die es auch nicht lohnen, ausführlich rezitiert zu werden, soll hier ein Lied als Beispiel genügen. Der Titel „Erotische Träume von Jesus Christus" stammt von der CD „Ein Untermensch mit Namen Christ" der Band *Camulos*:

> *„Sie lecken die Wunden mit der Zunge*
> *In das Fleisch*
> *Sein Körper an das Kreuz geschlagen*
> *Stöhnt er voller Lust*
> *Sie treiben neue Nägel in seinen verwesenden Körper*
> *Voller Erregung spritzt er den Samen auf ihr Haupt*
> *Der Sohn Gottes träumt von der Sünde*
> *Von zuckenden Körpern, beschmutztem Fleisch [...]*
> *Sie schneiden neue Wunden, öffnen seine Haut*
> *Er stöhnt voll Lust, als sich das Kreuz in seine Öffnung schiebt."[260]*

d) Völkisch-extremistische Inhalte

Typisch für das Genre sind auch völkische Inhalte, die in nordischen Göttersagen und germanischen Heldenmythen verpackt werden. Eine Band, die allgegenwärtig mit Runenkult und rechtsextremistischer Symbolik spielt, ist die Folk-Metal-Gruppe *Halgadom* von Frank Krämer. Seine Musik ist in der rechtsextremen Szene sehr weit verbreitet, und selbst die NPD greift auf die germanophilen Klänge der Gruppe zurück. Beispielhaft für die völkische Botschaft ist das Lied „14 Words", in denen die alten Germanen als Vorkämpfer für die „Weiße Rasse" mythologisiert werden:

> *„Öffnet Eure Augen und seht die Schmach*
> *Seht wie man sie geschändet hat*
> *Für Germanien in die Schlacht*

---

260 www.darklyrics.com/lyrics/camulos/deruntermenschmitnamenchrist.html, 28.8.2007

Zu der man sie erkoren hat
Die 14 Worte waren ihr Gesetz
Sie glaubten daran, bis zuletzt
Und wollten wie in alten Tagen
Leben wie Krieger, nicht wie Sklaven. "[261]

Erheblich radikaler als *Halgadom* präsentiert sich die klassische Black-Metal-Band *Absurd*. In ihrem Titel „Germanien über Alles", der im Jahr 2000 auf der CD „Asgardsrei" veröffentlicht wurde, besingt die Gruppe die Waffen-SS:

„In den Divisionen „Wiking" und „Nordland" waren geeint
Unsre Ahnen unerschütterlich für das Reich gegen den Feind.
Ihre Ehre die hieß Treue, in den Adern floss ein (arisch) Blut,
Und ihr Heldentum soll leiten uns und stets härten unsren Mut.
Großgermanien – seit Äonen schon, von Ost- bis Engelland,
Von der Arktis, vom Eismeer, bis zum südlichen Alpenrand.
Ein einig Volk, ein Glaube an uralte Heidenmacht,
an die Raben an den Hammer, an den Sieg in jeder Schlacht!
[...]
Ein (arisch) Blut fließt in unseren Adern, unverfremdet und rein,
Unsre Freundschaft, unsre Bruderschaft soll von ewger Dauer sein.
Allvater wacht und waltet in Asgard über uns all,
finden wir dem Tod im Kampfe, tragen die Walküren und nach Valhall!
[...]
Mit Runenzauber neu gestärkt stehen wir im Weltenbrand,
Und das Feindesheer, das den Krieg erklärt, wird zerschlagen
mit starker Hand.

Hat der Grund das Blut getrunken erst und der Rauch hat sich gelegt,
Strahlt das Heimatland in neuen Glanz, ist der Feind hinfortgefegt.
Ein Heil dem Sieg, dem kalten Stahl, Germaniens edler Wehr,

261 www.halgadom.org/texte_halgadom, 08.09.2006

Auf ewig steht in Bruderschaft unser Großgermanisches Heer! [...]
Germanien über alles – für alle Zeiten nun!"[262]

In den letzten Tonträgern sind die Texte von *Absurd* inhatlich vorsichtiger geworden, halten aber am Besingen eines nordischen Großreiches fest, wie der Text des Liedes „Sturm" auf der CD „Totenlieder" dokumentiert, die 2003 auf den Markt kam:

„Weit klingen die stolzesten Lieder Germaniens, ein Heil!
Schallt dem Siege zu Mittwinternacht
Und fort rast der Froststurm, kein Reich bleibt dem Feind,
Germanien steht wieder in herrlicher Pracht.
Und los bricht der Froststurm mit eiserner Hand
Und wild spritzt das Feindblut
Ein Heil! Schallt dem Siege zu Mittwinternacht
Germanien steht wieder in herrlicher Pracht."[263]

Im Schlepptau des rechtsextremistischen Flügels der Black-Metal-Bewegung etablieren sich auch immer mehr Verlage, die sich auf den sogenannten „NS Black Metal" und „Pagan Metal" spezialisieren.

Beim Verlag *Christhunt Productions* ist der Name Programm. Im Angebot des Szene-Unternehmens aus Leopoldshöhe finden sich zahlreiche wichtige Titel rechtsextremer deutscher NS Black-Metal-Bands wie „Weisheit und Ahnenkult" und „Frostkrieg" der sächsischen Band *Magog.* Unter den rechtsextremen Angeboten sind auch Tonträger von Bands, die sich in Verfassungsschutzberichten wiederfinden So auch die Titel „Weltmacht oder Niedergang" bzw. „Winterschlacht" der thüringischen Band *Totenburg.*[264] Auch die inzwischen indizierte CD „Untermensch mit Namen Christ" war im Programm von „Christhunt Productions". Neben Tonträgern präsentiert der Vertrieb auch auch

---

262   zit. aus der Webseite von „Absurd": www.thepaganfront.com/absurd/,16.08.2007

263   www.lyricscafe.com/a/absurd12/sturm13824.html, 16.08.2007

264   Verfassungsschutzbericht des Landes Thüringen 2002, Internetausgabe, S. 49

Merchandising-Material: Besonders geschmacklos: Ein T-Shirt mit dem Logo: „*Camulos* – Vernichtet die Untermenschen".

Der Vertrieb *Barbarossa Records* aus Sangerhausen hat ebenfalls ein breites Angebot rechtsextremer Tonträger aus dem Black-Metal-Genre. Hier finden sich CDs von *Abyssic Hate, Absurd, Camulos, Frostkrieg, Epithalium, Lord Wind, Thors Hammer, Wolfsmond* sowie die CD „Verdunklung des Göttlichen" von *Halgadom*. Neben derlei Angeboten aus der Schwarzen Szene findet sich im Verlagsprogramm aber auch reichlich Nazi-Skinheadmusik mit Bandnamen wie *Hassgesang, Hauptkampflinie, Kraftschlag, Kreuzfeuer, Noie Werte, Oidoxie, Propaganda* oder *Nordfront*.

Der Versand *Westwall – Vertrieb – Produktion* führt in seinem riesigen Angebot ebenfalls massenhaft NSBM-Tonträger. Im Angebot sind Gruppen wie *Graveland, Ewiges Reich, Lord Wind, Magog, Totenburg* oder *Veles*. Firmensitz von Westwall Vertrieb und Produktion, der sich gerne als „Black Metal Vertrieb Süddeutschland" präsentiert, ist Stuttgart. Beispielhaft für das Programm ist die CD „Mit Uns Oder Gegen Uns", an dem unter anderem die Bands *Absurd, Magog, Frostkrieg, Halgadom, Luror* und *Totenburg* beteiligt sind. Der Tonträger „For All Hate in Man" beinhaltet Lieder von *Bluttaufe, The True Frost, Bilskirnir, Magog* und *Nordreich*.[265]

Aus dem thüringischen Altenburg kommt der Vertrieb *Darkland Records*, der sich ebenfalls auf Black Metal spezialisiert hat. Neben unverfänglichen Klassikern der Subkultur wie *Bathory* findet sich erneut eine riesige Palette verfassungsfeindlicher Gruppen wie *Burzum, Graveland, Lord Wind, Thors Hammer, Thunderbolt, Veles* oder *Wolfsmond*.

Schwarze-Sonne-T-Shirts und eine große Palette rechtsextremer Black-Metal-Musik bietet der sogenannte *Burznag-Shop* im Internet. Dahinter verbirgt sich der Urfeuer Versand aus Erfurt von Stephan Guba. In seinem Programm finden sich Tonträger wie „Sein und Werden" oder „Verdunkelung des Göttlichen" von *Halgadom*. Die Musik wird als „göttliche, heidnische Kunst" angepriesen, einzelne Liedtitel heißen „Wotans wilde Jagd" oder „Runenanrufung". Andere CDs im

---

265 www.westwall44.de/katalog.html, 14.7.03

Urfeuer-Sortiment stammen von den rechtsradikalen Dark-Wave-Projekten *Von Thronstahl* und *Forthcomming Fire* sowie dem Neofolk-Projekt *Waldteufel*. Black-Metal-Bands wie *Hail Victory* oder die CD „Weisheit und Ahnenkult" von *Magog* dokumentieren, dass der Vertrieb das gesamte schwarze Spektrum abdecken möchte.

„Gasstürme füllen wieder jeden Schützengraben mit Leichen"[266], „Klänge puren Hasses wehen durch die Wälder, während die Wölfe blutige Kadaver zerreißen"[267], „Jedes einzelne Lied mit ausschließlich deutschen Texten ist eine Kampfansage an dieses System mit harten, politischen Aussagen" – die Werbung macht aus deren Inhalt der Tonträger kein Geheimnis. Blutig und rau geht es zu in den Texten der Bands, die von dem Label und Internetversand *Nebelfee-Klangwerke* produziert und vertrieben werden.[268] Hinter der Firma steht Ronald „Wolf" Möbus von *Absurd*.[269] Das Sortiment umfasst eines der umfangreichsten Angebote paganistischer und rechtsextremer Metal-Musik. So finden sich Titel der rechtsextremistischen Metalbands wie *Ad Hominem*, *Absurd*, *Amalek*, *Bilskinir*, *Burzum*, *Eugenik* oder *Totenburg*. Um die Gruppe *Absurd* wird ein regelrechter Kult betrieben. Mit Postern, Aufnähern, Girlies und Pullovern sollen aus den braunen Schwarz-Metallern Szenestars werden.[270] Als Domaininhaber trat anfangs noch Ronald Möbus selbst in Erscheinung.[271] Später war die Webseite des Labels auf Thomas Brand aus Halle gemeldet. Seit 2006 hat sich die Firmenanschrift geändert. Postalische Adresse ist heute nicht mehr ein Postfach in Apolda, son-

---

266 Werbung für die Split-CD Gaststurm/Rabennacht; in: www.nebelklang.de/_label/releases.php, 24.9.2006
267 Werbung für die CD „Godless Cruelty – Hass Propaganda", in: www.nebelklang.de/_label/releases.php, 24.9.2006
268 www.nebelklang.de, 08.09.2007
269 vgl. Anfrage von der Fraktion Die Linke.PDS im Thüringer Landtag, 30.11.2006, Drucksache 4/ 2507
270 www.nebelklang.de, 24.09.2006
271 www.turnitdown.de/424, 09.09.2007; vgl. Christian Dornbusch / Hans Peter Killguss: Unheilige Allianzen: Black Metal zwischen Satanismus, Heidentum und Neosatanismus, Münster 2005, S. 163 f.

dern die Anschrift von Robert Klein aus Niederklütz, der auch für die
Homepage des Versandhandels verantwortlich zeichnet.

Einige Musikproduktionen von *Nebelfee Klangwerke* werden bei *Uni-
verzal Records* des Rechtsextremisten Lutz Willert gefertigt, der früher
sein Label *Lu Wi Tonträger* in Gütersloh betrieb und dann nach Kuhlhau-
sen in Sachsen-Anhalt umsiedelte.[272] Willert stand wegen der Bestellung
von zehntausenden Schulhof-CDs vor Gericht, mit denen Kinder und Jugendliche für die rechtsextreme Szene rekrutiert werden sollten.[273]

Zu den wichtigsten Vertrieben für rechtsextreme Black-Metal-Bands ge-
hört das Unternehmen *No Colours Records* aus Mügeln. In dem umfang-
reichen Angebot findet sich fast das gesamte Genre rechtsextremistischer
Metal-Musik. Die Palette umfasst Titel wie „A decade of hate" von *Abys-
sic Hate* oder „Fire chariot of destruction" von *Graveland*. Dazu gibt es
Tonträger der Bands *Werewolf, Hate Forest, Thurisaz, Thor's Hammer,
Absurd, Grimmige Volksmusik, Burzum, Ewiges Reich, Heldentum, Magog,
Artglauben, Menhir, Odal* oder *Winterblut.*

Im Bandporträt der polnischen Gruppe *Lord Wind* erklärt der Gründer des Musikprojekts mit dem Pseudonym „Darken", dass er in den
Melodien seiner CD „spirituelle und rassische Identität", „heidnisches
und kriegerisches Bewusstsein" sowie den „Stolz und die Ehre von und
für die Weißen Europäischen Nationen" transportieren möchte.[274]

Die Frage nach dem Grad der Gefährlichkeit von derlei Musikange-
boten ist immer eng verknüpft mit der Fragestellung, inwieweit die Inhalte in das Leben der Jugendlichen gelangen. Und ebenso sicher, wie
die Mehrzahl der Teenager Gewaltmedien – egal ob Fernsehen, Video,
Computerspiele oder Tonträger augenscheinlich folgenlos konsumieren
kann, müssen auch die weniger auffälligen Folgen wie Empathieverlust
und eine Zunahme an aggressiven Verhalten beobachtet werden.

---

272 vgl.: Christian Dornbusch / Hans Peter Killguss: Unheilige Allianzen: Black Metal
     zwischen Satanismus, Heidentum und Neosatanismus, Münster 2005, S. 164
273 http://de.altermedia.info/date/2006/02/09
274 www.no-colurs-records.de/lord_wind_bio.htm

Der Zusammenhang zwischen Gewaltmedien und realen Gewalttaten kann als erwiesen angesehen werden. So ergab eine repräsentative Studie an hessischen Schulen, dass Gewaltmedien vor Peergroup, Schule und Familie zur einflussmächtigsten Bedingung für die Häufigkeit der Ausübung physischer Gewalt wurden.[275]

Zu ähnlichen Ergebnissen kam die repräsentative Studie des Psychologen Rudolf Weiß, über die Wirkung des Gewaltmedienkonsums in Baden-Württemberg und Sachsen. Der Befund ergab, dass die „Legitimation und Bereitschaft zur Gewaltanwendung [...] bei Schülern im Alter von 12 bis 16 Jahren mit der Menge des Medienkonsums und der Häufigkeit des Konsums medialer Gewaltdarstellung einen substantiellen übergeordneten Bezug"[276] hat. Und auch eine weitere Studie des Münchner Schulpsychologen Werner Hopf bestätigt, „dass rund 25 Prozent der Aggressivität und Gewalttätigkeit von Kindern und Jugendlichen in Hauptschulen durch Gewaltmedienkonsum erklärbar ist"[277].

Doch über die Fragestellung nach den möglichen psychischen Negativfolgen für die Hörerschaft von brutalen Musiktexten hinaus, wirft die Auseinandersetzung mit dem NS Black-Metal-Genre eine Frage auf, die hier nur thesenhaft erörtert werden soll. So ist es durchaus überraschend, dass in einer demokratischen Wertegemeinschaft ein Millionenmarkt mit Tonträgern entstehen konnte, deren inhaltliche Kernbotschaft es ist, Christen und Juden zum Freiwild zu erklären. In den Liedtexten werden Mitglieder dieser Religionsgemeinschaften auf unterschiedliche Weise gedemütigt oder schlicht totgeschlagen, ihre Gotteshäuser und Friedhöfe werden zur Zerstörung freigegeben und selbst die Ermordung ihrer Würdenträger gehört zum inhatlichen Repertoire. Eine öffentliche Auseinandersetzung mit den Bands und ihren Inhalten ist bis heute allerdings weitgehend ausgeblieben.

---

275 Tillmann / Holler-Nowitzki / Holtappels / Meiner und Popp: Schülergewalt als Schulproblem, München 1999
276 Rudolf Weiß, Gewalt, Medien und Aggressivität bei Schülern, Göttingen 2000
277 Werner Hopf, Wirkungen von Mediengewalt, in: GEW-Bayern, München 2000

2. Satanismus

2.1 Der Mensch wird Gott

> „Magie ist das Herbeiführen seelischer, geistiger und körperlicher Phänomene, die aufgrund derzeit noch nicht bekannter kosmischer Gesetzmäßigkeiten als ‚okkult' bezeichnet werden. Durch das Lösen und Binden kosmischer Kräfte [...] stellt sich der praktizierende Magier bewusst über die derzeit bekannten und gültigen Naturgesetze."[278]

In der schwarz-okkulten Welt ist die Schwerkraft aufgehoben, werden Out-of-Body-Phänomene zur Routine – die Grenzen zwischen Wahn, Fiktion und Realität fließend. „Anything goes" – pseudowissenschaftlich legitimiert. Und die Szeneautoren lassen keinen Zweifel, welche „Magie" am effizientesten ist. In seinem Insiderwerk „Teuflisches Treiben" schreibt Kurt Krause: „Wahre Magie ist immer satanische Magie."[279] Den Grund dafür verortet Krause im Bekenntnis des Satanisten „zu seinen natürlichem Grundtrieben und seinem Willen". Die Rigorosität seines Denkens dokumentiert sich in einer darwinistisch-archaischen Ethik, die Krause auch auf die Jetztzeit projiziert:

> „Das Gesetz des Dschungels lautet: Belästigt dich jemand, dann sage ihm, er soll damit aufhören. Macht er trotzdem weiter dann vernichte ihn! Rituale zur Zerstörung von Feinden gehören zu der ‚Grundrüstung' satanischer Magie."[280]

Okkultismus wird zur Waffe in einem Weltbild, das durch Kampf geprägt ist. Erschreckend offen definiert ein wichtiges Grundlagenwerk des Satanismus: „Hinter der schwarzen Magie steht als treibende Kraft

---

278   Det Morson: Praxis der weißen und schwarzen Magie, Bürstadt 2001, S. 7

279   Kurt Krause: Teuflisches Treiben: Bettlektüre für Hexen und Zauberer im C.O.S., Bürstadt o.J., S. 59

280   Kurt Krause: Teuflisches Treiben: Bettlektüre für Hexen und Zauberer im C.O.S., Bürstadt o.J., S. 59

das Verlangen nach Macht."[281] Diese Definition deckt sich mit den gerichtlichen Befunden verurteilter satanistischer Straftäter, die allesamt in den Ritualen Ich-Aufwertung und Anerkennung im sozialen Nahbereich gesucht haben.

Die Reflektion von Satanismus als realem Problemfeld in der Presse krankt derzeit an zwei Übeln: an unzureichend belegter Mythenbildung und an einer ungläubigen und voreiligen Pathologisierung dieses gefährlichem Phänomens. So erheben sich aus dem Spektrum der *International Society for the study of Dissociation* (ISSD) immer wieder warnende Stimmen wegen der angeblichen satanistischen Mafiastrukturen, die in ihrer Intensität und Monstrosität kaum noch Platz für einen rationalen Diskurs lassen, da sie den Diskutanten schlicht und einfach nur eine Wahl lassen: Glauben oder Negieren. Denn gerichtsfeste Beweise konnten Protagonisten der ISSD für ihre These einer satanistischen Mafiabewegung kaum liefern. Beispielhaft hierfür stehen die Schilderungen der Therapeutin Michaela Huber in ihrem Standardwerk „Multiple Persönlichkeiten":

- „satanische Kulte misshandeln und töten Tiere und Kinder, gelegentlich auch ‚abtrünnige' Mitglieder;
- satanische Kulte arbeiten mit anderen sadistischen Sexualstraftätern zusammen, ‚leihen' die Opfer an sie aus;
- satanische Kulte sind ‚intergenerationell', viele rekrutieren ihre Mitglieder eine Generation nach der anderen aus denselben Familien; [...]
- satanische Kulte sind hierarchisch aufgebaut; Täter auf ‚höheren Ebenen' kommen oft aus ‚besten Kreisen' [...] die Opfer werden aus unteren Schichten rekrutiert;
- satanische Kulte arbeiten mit dem organisierten Verbrechen zusammen: (Kinder-) Prostitution und -Pornographie, Drogen- und Waffenhandel, Geldwäsche; [...]
- satanische Kulte trainieren ihre Opfer seit frühester Kindheit systematisch für ihr Dasein als Opfer, Handlanger und ggf. (Mit)-Täter zu.

---

281   Richard Cavendish: Die schwarze Magie, Berlin 1980, S. 9

Sie verwenden dabei Foltermethoden und Methoden der Gehirnwäsche [...]".[282]

Auf der anderen Seite stehen Werke wie das Sachbuch des Leipziger Rechtsanwalts Andreas Huettl, das er gemeinsam mit dem okkulten Insider Peter-R. König verfasst hat. In dem Werk möchten die Autoren den Beweis antreten, dass satanistische Morde ein Phantasiegebilde von Theologen, Therapeuten und Publizisten darstellen,[283] von einem Stoff fürs „Fabelbuch"[284] ist die Rede. Im Anbetracht der vielen gerichtsfest dokumentierten Gewalttaten aus dem okkult-satanistischen Milieu erscheinen die Versuche der Autoren, das Thema zu marginalisieren, ziemlich voreilig. Da werden eingestellte Verfahren aus Australien herangeholt[285] und aufgeklärte Morde satanistischer Kleingruppen in Italien, Polen und Finnland übersehen. Da helfen auch ausführlich dokumentierte Telefonate und Schriftwechsel der Autoren mit deutschen Polizeidienststellen nicht, um den Gegenbeweis zu erbringen.[286] Besonders einem Juristen müsste geläufig sein, dass „Satanismus" oder „Okkultismus" kein Klassifizierungsmerkmal für Ermittler ist. Dem gegenüber steht eine große Zahl signifikanter Straftaten, darunter zahlreiche Tötungsdelikte, die leicht nachprüfbar sind, wenn man denn hinschauen und nicht bagatellisieren möchte. Und andere Autoren gehen noch weiter als Huettl und König. So bezeichnet Ina Schmied-Knittel vom „Institut für Grenzgebiete und Psychohygiene e.V.". „Satanismus" als „Neomythos". Das öffentliche Erscheinungsbild des „Satanismus" entstamme einer „Bricolage, die auf Mythen und Verschwörungsideen"[287] basiert. Für die Opfer okkult-satanistischer Gewalt dürfte so etwas sehr zynisch klingen. Auf der anderen Seite wirft Andreas Huettl in seinem Werk völlig berechtigte Fragen auf,

---

282 Michaela Huber: Multiple Persönlichkeiten, Frankfurt am Main 1995, S. 105
283 Andreas Huettl / Peter-R. König: SATAN – Jünger, Jäger und Justiz, Augsburg 2006
284 Huettl / König, a.a.O., S. 57
285 Huettl / König, a.a.O., S. 61 f.
286 Huettl / König, a.a.O., S. 43 ff.
287 Ina Schmid-Knittel: Satanismus als Neomythos; Vortrag auf dem 24. Workshop-Kongress Politische Psychologie in Rethymno/Kreta, Mai 2005

die das Gebäude einer satanistischen Weltverschwörung erheblich zum
Wanken bringen: „Müssten nicht wenigsten hin und wieder Ermittlungserfolge zu verzeichnen sein, wie sie sich bei der Verfolgung von Gewalttaten an Kindern, dem Handel mit Kindern, der kinderpornographischen
Abbildung von Verbrechen an Kindern immer wieder einstellen?"[288]

Die Antwort hierauf, die man zurzeit geben kann, dürfte weder Mar-
ginalisierer noch Verschwörungstheoretiker zufriedenstellen. Sicherlich
gibt es die Ermittlungserfolge gegen schwarz-okkulte und satanistisch
beeinflusste Straftäter. Nur reichen sie nicht aus, um eine satanistische
Weltverschwörung mit fast unbegrenzten Machtressourcen zu konsta-
tieren. Völlig zu Recht warnte auch schon der Weltanschauungsbeauftragte und Fachbuchautor Friedrich Wilhelm Haack vor der Gefahr,
„einem Satanswahn das Wort zu reden, der an allen Ecken und Enden
von schrecklichen Morden und Kindsopfern zu berichten weiß"[289]. Die
Vorstellung eines monströsen Superlativs verstellt oftmals den Blick auf
zielorientierte Präventions- und Ermittlungsarbeit. Denn Problem-
felder, die sich durch die Präsenz eines Neosatanismus insbesondere für
Jugendliche ergeben, gibt es genug:

1. Regelmäßige Jugendschutzverstöße auf Homepages, in Heften und
   Büchern.
2. Die Verbreitung politisch extremistischer, zum Großteil rechtsextremer Inhalte.
3. Das Erfüllen von Straftatbeständen. Das Spektrum geht von Störung
   der Totenruhe bis hin zu Körperverletzungen, Sexual- und Tötungsdelikten.

Vorab sollte aber neben der sehr kontrovers geführten Diskussion um
satanistische Gewaltstrukturen gründlich dokumentiert werden, wozu
organisierte und subkulturell animierte Anhänger eines Satanismus
fähig sind. Sicher ist, dass die derzeit vorliegenden Belege, die sich insbesondere auf zahlreichen Webseiten, in Chats und Foren der Szene fin-

---

288 Huettl / König, a.a.O., S. 27
289 Friedrich Wilhelm Haack, Anmerkungen zum Satanismus, München 1991, S. 10

den lassen, den Mahnern stärker Recht geben als den Marginalisierern. Darüber hinaus ist mittlerweile zweifelsfrei nachgewiesen, dass das Ausüben satanistischer Riten, das Lesen schwarz-okkulter Literatur sowie der Konsum von Tonträgern und Videos mit exzessiv-gewalttätigen Inhalten auf Jugendliche in der Szene eine enthemmende und stimulierende Wirkung haben kann. Der mediale Vorhof zur Hölle ist längst Gegenwart.

Die Bestien des Satan

Zu trauriger Bekanntheit hat es die italienische Satanssekte *Le Bestie di Satana* („Die Bestien des Satan") gebracht. Mitglieder der Gruppe töteten bei ihren Ritualen mit äußerster Brutalität drei junge Menschen. So wurde das junge Pärchen Chiara Marino (19) und Fabio Tolli (16) im Jahre 1998 während einer Schwarzen Messe mit unzähligen Messerstichen und Hammerschlägen geradezu abgeschlachtet. Erst als die beiden Teenager, die selbst der Gruppe angehörten, das offene Grab erblickten, wurde ihnen klar, dass sie selbst als Opfer auserwählt waren. Die Ermittlungen der Polizei ergaben, dass die Satanisten in der jungen Frau Chiara die Verkörperung der Jungfrau Maria und in dem Jungen einen Engel gesehen haben: „Wir haben das Mädchen getötet, weil sie für uns die Muttergottes verkörperte."[290]

Und erst der weitere Mord an der 27-jährigen Mariangela Pezzotta half, das Verbrechen an dem jungen Pärchen aufzuklären. Die Freundin des Hauptangeklagten wurde niedergeschossen und anschließend lebendig begraben. Am 24. Januar 2004 findet die Polizei die Tote in einem Gewächshaus, die Hände und Haare des Opfers schauen noch aus dem Boden. Als die Fahnder einen jungen Tatverdächtigen festnehmen, packt dieser aus. Er verrät die Namen weiterer Gruppenmitglieder. Im Rahmen der Ermittlungen binden die Beamten auch die Öffentlichkeit ein – Fotos von Tatverdächtigen werden in der Presse veröffentlicht. Der Vater von Fabio Tolli erkennt die Gesichter: Es sind die Freunde seines Sohnes, der sechs Jahre zuvor verschwunden war.[291]

---

290 www.kurier.at/chronik/857708.php, Artikel vom 13.01.2005
291 www.kreuz.net/article.2679.html

Kurze Zeit später führt der Kronzeuge die Polizei zu dem Waldstück, in dem Chiara und Fabio so grausam hingerichtet worden waren. Wegen Beteiligung an den drei Morden verhängt das Schwurgericht der lombardischen Stadt Busto Arsizio bei Mailand im Januar 2005 gegen fünf Mitglieder des Kultes hohe Haftstrafen. Der Drahtzieher der Morde, Nicola Sapone, muss für 30 Jahre hinter Gitter. Nach dem Mord an Chiara Marino und Fabio Tolli soll er auf dem Grab getanzt und gerufen haben „Jetzt seid ihr Zombies!"[292]

Ein Blick auf die Kleingruppenstruktur der satanistischen Organisation belegt eine große Nähe zur Metal-Musik-Szene. Zwei verurteilte Satanisten waren Mitglied der Szeneband *Bestien des Satans*. Dass aus den sinistren Klängen ernst wurde, ist niemandem aufgefallen. Die Bandmitglieder nahmen Drogen, zelebrierten Blutriten, und mordeten schließlich.[293] Die Übergänge zwischen satanistischer Kunst und Gewaltkriminalität sind fließend.

Im März 2002 foltern zwei Schülerinnen im ostfranzösischen Besançon eine 14-jährige Schulkameradin. Während die eine junge Täterin vor Gericht angibt, der Horrorfilm „Scream" habe sie inspiriert, hatte das andere Mädchen gemeinsam mit Skinheads an Satansriten auf Friedhöfen teilgenommen.[294]

März 2001 werden in der Türkei drei Satansanhänger wegen eines Opfermordes an einer 21-Jährigen verurteilt. Die zwei Männer und eine Mittäterin bekamen Haftstrafen von über 25 Jahren. Die Satanisten hatten ihr Opfer in einer Bar kennengelernt und später brutal ermordet. Die Leiche des Opfers war auf einem Friedhof im europäischen Stadtteil Ortaköy entdeckt worden.[295] Einen Monat zuvor wird ein zweiter Satansmord öffentlich. Der Teufelsanbeter Edward Crowley (Geburtsname Henry Bibby) tötet mitten im belebten Londoner Theaterviertel den 12-jährigen Diego „mit mehr als 30 Messerstichen im Auftrag dunkler Mächte"[296].

---

292 La Repubblica, 29.7.2004
293 www.kreuz.net/article.2679.html
294 vgl. www.confessio.de/okkult/opfer.htm
295 dpa, 14.03.2001
296 Mannheimer Morgen, 14.02.2001

Aber auch in Deutschland kommt es zu schweren Straftaten. So werden in Mosbach Satanisten wegen sadistischer Quälereien zu Haftstrafen verurteilt. Das Mosbacher Landgericht spricht „zwei selbsternannte Satansjünger" der „gefährlichen Körperverletzung, der Vergewaltigung und Nötigung schuldig". Bei den „satanistischen Folterriten" wurden den „geistig leicht behinderten Opfern" auch „mit einem glühenden Messer Satansmale in die Haut gebrannt".[297]

Im August 1999 geht die Meldung „Zwei Finnen wegen Satansmord überführt" durch die internationalen Presseagenturen. In Helsinki verurteilt ein Gericht den 24-jährigen Jarno Sebastian Eng, der einen Freund während eines satanistischen Rituals ermordet hat, zu lebenslänglicher Haft. Die Tat beinhaltete auch Merkmale der Nekrophilie und des Kannibalismus. Dazu verurteilte das Gericht in der kleinen finnischen Stadt Hyvinkaa die 17-jährige Terhi Johanna Tervashonka zu zwei Jahren und sechs Monaten sowie den 21 Jahre alten Mika Kristian Riska zu zwei Jahren und acht Monaten wegen ihrer Beteiligung an der Tat.[298] Nach Angaben des Bezirksgerichtes wurde das Opfer äußerst brutal getötet und schließlich erstickt.[299]

Der Sklave von „Vater Satanas"

Ein bizarrer Mord durch Satanisten ereignet sich am 31. August 1998 in der Schweiz. Mit 25 Messerstichen tötet der 26-jährige D. „wie im Koma, wie im Traum"[300] die Mutter seines Freundes O., Magda B., in dessen Elternhaus in Balgach. O. ist wie der Täter bereits Jahre vor der Tat Anhänger des Schwarzen Okkultismus, unter anderem aus Opposition gegen seine katholisch geprägte Erziehung. Eigentlich sollte auch der Vater von O. sterben, doch der hatte Glück. Weil er erst spät nachts nach Hau-

---

297 dpa, 16.12.2000

298 Associated Press, 11.8.1999; vgl. auch: www.newsmakingnews.com/karencuriojonesarchice.htm: Diana Napolisaka Karen Jones: Satanism and Ritual Abuse Archive, o.O. 2000, Internetaufsatz

299 Reuters, 11.8.1999

300 Die Südostschweiz, 18.05.2001; vgl. Bezirksgericht Unterrheintal, Bezirksgericht 2. Abteilung, Entscheid vom 18. Mai 2001, St.2000.105-U2S, STUR.1998.2543, S. 3

se kam, war der Mörder schon verschwunden. Wahrscheinlich war D.
alleine mit der Leiche im Haus nervös geworden.

Der Täter war bereits seit seinem 18. Lebensjahr in der okkulten Szene aktiv, 1994 bis 1996 schändet er mit Gleichgesinnten im schweizeri-
schen Rheintal Gräber, Wegkreuze und Jesusfiguren.[301] Sein Weg in das
satanistische Gedankengut führte über die Black-Metal-Musik, deren
Inhalte er verinnerlicht. Wie so oft war der Wegbereiter seiner Tat eine
schwierige Kindheit und Jugend, die von einer durch erhebliche Miss-
bildungen verursachten Entwicklungsstörung begleitet war. Als Frühge-
burt war (er) körperlich aber auch leistungsmäßig in der Schule
schwach.[302] Gleichzeitig lebte er in schwierigen Familienverhältnissen,
die durch einen alkoholabhängigen und sehr brutalen Vater sowie durch
eine medikamentenabhängige Mutter gekennzeichnet waren.[303] In dieser psychologisch schwierigen Situation ist auch die Grundlage für das
Abhängigkeitsverhältnis zu finden, in das sich der Mörder zum Sohn
des Opfers begab. Das vor Gericht vorgetragene Gutachten schreibt,
dass „das Verlangen nach einer Beziehung, einer Aufgabe, einer eigenen
Identität oder gar Macht" im Leben D.'s unerfüllt geblieben sei. Auf der
anderen Seite bestehe eine „ressentimentsgeladene" Aggressivität und
Destruktivität, welche durch eine „Waffenabhängigkeit, aber auch durch
geäußerte Tötungs- und Terrorphantasien" zum Ausdruck komme.[304]
Im Gesamtbild entspreche D. dem psychischen Krankheitsbild einer
„dissozialen bzw. antisozialen Persönlichkeit".[305] Laut einem Gutachten
der kantonalen Psychiatrischen Dienste – Sektor Süd vom 26. März
1999 liegt bei dem Mörder eine „schwere Persönlichkeitsstörung" vor,
welche sich „durch eine ausgeprägte, mit Unselbstständigkeit, Suggesti-
bilität und übermäßiger Vorliebe für Phantasie verbundene Ich-Schwä-

---

301 www.new.ch, 17.05.2001
302 Die Südostschweiz, 18.05.2001
303 Bezirksgericht Unterrheintal, Bezirksgericht 2. Abteilung, Entscheid vom 18. Mai
     2001, St.2000.105-U2S, STUR.1998.2543, S. 75
304 Bezirksgericht Unterrheintal, Entscheid vom 18. Mai 2001, S. 75 f.
305 Bezirksgericht Unterrheintal, Entscheid vom 18. Mai 2001, S. 75

che auszeichne.[306] Satanismus wird für D. zu einer „Aussicht auf die Erlangung von Macht", um seine „unter Selbstmitleid verborgenen Gefühle von Minderwertigkeit und Ohnmacht" zu überwinden.[307]

Wegen Beihilfe zum Mord wird auch der Sohn des Opfers vom Bezirksgericht Unterrheintal unter dem Vorsitz von Urs Peter Cavelti verurteilt. Wie sein Komplize D. hat auch O. eine problematische Kindheit. Immer wieder wird er Opfer von Gewalt durch seinen Vater, der ihn mit einer Bambusrute verprügelt und in Gegenwart von fremden Leuten ohrfeigt, für O. eine schlimme Demütigung. Nach der Tat erklärt er, er habe sich durch die öffentlichen Schläge „bloßgestellt" gefühlt[308] – ein Baustein für das Entstehen seiner Gewaltphantasien. Auch schulisch und in der Ausbildung war O.'s Biographie von Niederlagen und Rückschlägen geprägt. Nach zwei Jahren Sekundarstufe fliegt er aus disziplinarischen Gründen von der Schule, eine Maurerlehre bricht er nach fünf bis sechs Monaten ab. Sein neuer Berufswunsch Graphiker scheitert an der nicht bestandenen Aufnahmeprüfung der Kunstgewerbeschule. Eine danach begonnene Lehre zum Kaufmann musste in Folge seiner mangelnden Lernbereitschaft in eine Bürolehre zurückgestuft werden. Gleichzeitig kommt es zu diversen tätlichen Auseinandersetzungen und einer Verurteilung samt fünftägiger Gefängnisstrafe wegen Körperverletzung. Im Mai 1995 heiratet O. ein früheres Missbrauchsopfer, mit welcher er nach eigenen Auskünften keinen Sexualverkehr pflege, „vielmehr vergeistige er seine Sexualität".[309] Insgesamt erkennen die Gutachter auch bei O eine Störung des „Ich bzw. Selbst-Bereiches". Medizinisch handele es sich um „eine schwer pathologische Persönlichkeit im Sinne des sogenannten ‚Cluster B.' (Borderline)"[310]. Kennzeichnend für O. sei eine „durch eine Hoffnungslosigkeit, Gefühle der Sinnlosigkeit, inneren Leere und des eigenen Unwertseins geprägte chronisch-

---

306 Bezirksgericht Unterrheintal, Entscheid vom 18. Mai 2001, S. 64
307 Bezirksgericht Unterrheintal, Entscheid vom 18. Mai 2001, S. 64
308 vgl.: Bezirksgericht Unterrheintal, Entscheid vom 18. Mai 2001, S. 50
309 Bezirksgericht Unterrheintal, Entscheid vom 18. Mai 2001, S. 44
310 Bezirksgericht Unterrheintal, Entscheid vom 18. Mai 2001, S. 76; „Cluster B" ist ein Kategorisierungsschema der amerikanischen Psychiatrielehre und umfasst die Borderline-, die histrionische, die antisoziale und die narzisstische Persönlichkeitsstörung.

depressive Grundstimmung". Psychoanalytisch liege „eine tiefe, sehr früh entstandene Selbstwertstörung vor".[311]

Einen Ausgleich für die Kette der erlebten Frustrationen findet O. in der Schwarzen Magie. Das Gericht zitiert aus einem Gutachten:

> „Auf sein negatives Selbstwertgefühl reagiere er mit kompensatorischen Größenphantasien, auch komme ihm in diesem Zusammenhang entgegen, dass der Satanismus durch Magie statt durch Arbeit entstandene Macht anerkenne."[312]

Der von O. „betriebene Satanismus stelle folglich die Antwort auf seine mangelhafte Identität dar", könne er doch durch Satan Macht über die Eltern erlangen, „der eigenen Insuffizienz begegnen".[313] Der zum Tatzeitpunkt 28-jährige Mann war bereits lange mit okkulten Denkstrukturen vertraut. Gemeinsam mit seiner Großmutter ruft er nach eigenen Aussagen Tote an, um Botschaften aus dem Jenseits zu erfahren.[314] Bereits als 16-Jähriger schließt er mit „einem Kollegen einen Blutvertrag" ab, mit dem „sie ihre Seelen dem Teufel verkauften"[315]. Später lernt O. den Mörder seiner Eltern und andere Gleichgesinnte in einem Lokal kennen. Gemeinsam schaukeln sie sich in ihrem Hass gegen das Christentum hoch und hören Rockmusik mit satanistischem Hintergrund.[316]

Früh sammelte O. auch Ritualerfahrung und knüpft hochkarätige Szenekontakte, wie zu dem St. Gallener Okkultisten Karl-Friedrich Frey, der unter seinem Pseudonym „Akron" einen beachtlichen Bekanntheitsgrad genießt. Während er jedoch in Akron eine Art „Kapazität" in Sachen Magie sah, dienten dessen Werke nicht als Vorlage für die Gruppenrituale. Stattdessen ließen sich O. und seine Gesinnungsfreunde von

---

311 Bezirksgericht Unterrheintal, Entscheid vom 18. Mai 2001, S. 63
312 Bezirksgericht Unterrheintal, Entscheid vom 18. Mai 2001, S. 76; Insuffizienz = Schwäche/Unzulänglichkeit
313 Bezirksgericht Unterrheintal, Entscheid vom 18. Mai 2001, S. 76; Insuffizienz = Schwäche/Unzulänglichkeit
314 vgl.: Bezirksgericht Unterrheintal, Entscheid vom 18. Mai 2001, S. 44
315 St. Galler Tagblatt, 18.05.2001
316 Bezirksgericht Unterrheintal, Entscheid vom 18. Mai 2001, S. 44

Aleister Crowley inspirieren.[317] Akron hingegen hat in der schwarz-okkulten Szene bemerkenswerte Verkaufserfolge mit seinen Büchern. Sein Werk über das Crowley-Tarot erreicht eine Auflage von ca. 200.000 Exemplaren. Im Jahr 1995 gründet Akron eine eigene Loge mit dem Namen *Templum Baphomae*. Es ist ein Zusammenschluss von Lesern seiner Bücher „zwecks gemeinsamer Gestaltung von Ritualen"[318]. Zum Programm der Gruppe gehört unter anderem das Feiern wichtiger okkulter Festtage wie Walpurgis oder Halloween. O. ist nach einer Gruppenmeditation von der Kraft Akrons begeistert. Im Gegenzug ermöglicht ihm der Okkultist, tiefer in esoterische Disziplinen einzusteigen. Über Akrons Freundin wird er in Schamanismus und die Sexualmagie eingewiesen.

Irgendwann „schenkte" O. dem okkulten Erfolgsautor Akron seinen Freund D. als „Sklaven". Doch der weist D. rasch wieder ab, unter anderem, weil dieser sehr viel Alkohol trank.[319]

Bemerkenswert ist das starke Abhängigkeitsverhältnis des Täters zum Sohn des Mordopfers, dem er „vollständig hörig war".[320] In einem schriftlich fixierten „Pakt" verpflichtete sich der junge Mann, alle Befehle seines „Vaters Satanas", wie er O. betitelte, sofort auszuführen, seinen eigenen Willen aufzugeben und diesem bedingungslos gehorsam zu sein. Wörtlich heißt es in dem vom August 1998 datierten Schriftstück:

„Hiermit hat [...] keinen Anspruch mehr auf seinen eigenen Willen. Sein ganzes Sein tretet er an Satanas ab.

[...] wird alles tun, was sein Vater, Satanas, ihm befiehlt. Bedingungsloser Gehorsam zu seinem Vater Satanas ist sein einzigen Lebensziel. Bis zu seinem Tode."[321]

---

317 www.relinfo.ch/akron/info.html
318 www.relinfo.ch/akron/info.html
319 Die Südostschweiz, 18.05.2001
320 Neue Züricher Zeitung, 17.05.2001
321 zit. aus: Bezirksgericht Unterrheintal, Bezirksgericht 2. Abteilung, Entscheid vom 18. Mai 2001, St.2000.105-U2S, STUR.1998.2543, S. 12

Während D. im Satanismus endlich einen festen Platz in einem sozialen Gefüge gefunden hat, genießt O. die Macht. So nennt es O. ein „schönes Gefühl", jemanden um sich zu haben, „der einem vollständig gehorche". Auch bezeichnete O. es als „eine Schattenseite" von sich, „die Abhängigkeit anderer auszunutzen".[322] Die Frage eines Bekannten, ob er den Ehrgeiz hätte, andere Menschen zu beherrschen, bejahte O. unumwunden.

Ideologisch hatten beide Täter auch andere Grundbausteine der satanistischen Lehre verinnerlicht. Besonders hervorzuheben ist dabei ein fast pathologisches Elitedenken, mit dem sich die jungen Männer von der Mehrheitsgesellschaft abheben wollten. D. bezeichnete beispielsweise in Gesprächen mit O. „alle Menschen als ‚Scheiße'" oder sprach von „Menschenkacke".[323] Dazu sei Satanismus nach D. „die Lehre von Unsterblichkeit, Phantasie und Herrlichkeit".[324] Der Sohn der Ermordeten nennt als „Grundthese" des „Neosatanismus", „dass es doppelt zurückzuschlagen gelte, wenn einem von jemand auf die Füße getreten werde".[325]

Rituale, die O. mit dem Mörder seiner Mutter und anderen seiner okkulten „Schüler" vollzog, haben sich nach seiner Aussage vor Gericht auf „ihre Körper und auf die geistige Ebene bezogen, etwa in Form von Tätowierungen oder sich selbst zugefügten Schmerzen".[326] Mord gehöre nach O.'s Ausführungen allerdings ausdrücklich nicht zum Repertoire. Dementgegen erklärt D., das Begehen einer „krassen Tat" sei Teil der Lernphase gewesen[327] und sein Freund habe seine Eltern als sehr lästig empfunden.

Während der Sohn der Ermordeten vor Gericht beteuert, er habe das „Gewaltpotential seines Freundes nicht richtig hinuntergeschraubt", sagt der Messerstecher, Grundlage des Mordes seien die Worte seines satanischen Lehrmeisters gewesen, es gebe zwei Menschen zu entfernen. Er

---

322   Bezirksgericht Unterrheintal, Entscheid vom 18. Mai 2001, S. 46
323   vgl. Bezirksgericht Unterrheintal, Bezirksgericht 2. Abteilung, Entscheid vom 18. Mai 2001, St.2000.105-U2S, STUR.1998.2543, S. 10
324   Bezirksgericht Unterrheintal, Entscheid vom 18. Mai 2001, S. 14
325   Bezirksgericht Unterrheintal, Entscheid vom 18. Mai 2001, S. 23
326   Bezirksgericht Unterrheintal, Entscheid vom 18. Mai 2001, S. 10
327   vgl. Neue Züricher Zeitung, 17.05.2001

habe dies als Befehl aufgefasst, dessen Eltern zu töten.[328] Die Begründung
für den Mord klang vor Gericht auf den ersten Blick überhaupt nicht
mehr okkult oder spirituell. Der Mörder erklärte, dass „die Erbschaft der
Grund für die Tat" gewesen sei. O. habe mit dem Tod seiner Mutter an
die Erbschaft gelangen wollen.[329] Aufgrund von Widersprüchen in den
Aussagen von O. und der großen Glaubwürdigkeit von D. wird O. wegen
der Erteilung des Mordauftrages verurteilt. Die Annahme einer Anstif-
tung des D. durch O. zur Tötung seiner Mutter beschreibt das Gericht als
eine „sich nach den Gesetzen der Vernunft ergebende, unabdingbare
Notwendigkeit".[330] Weiter schreibt das Gericht zur Disposition des O.:

> „Abgesehen von den materiellen Gewinnabsichten dürften ferner [...] ge-
> rade die narzisstischen Anteile der Persönlichkeit des Angeklagten von
> dem Gefühl ‚Herr über Leben und Tod' sein zu können, besonders angetan
> gewesen sein. Basis für die vorliegende zu beurteilende Tat bildete demzu-
> folge dessen jedes Maß sprengende egozentrische Grundhaltung, welche
> ebenfalls als verwerflicher Beweggrund [...] zu qualifizieren ist."[331]

Analysiert man aber insbesondere das Verhalten des O., so spiegeln sich
hierin in eklatanter Weise die Lehrsätze des bekannten Vordenkers des
Schwarzen Okkultismus, Aleister Crowley, wieder. Von Crowley empfin-
gen auch die Balgacher Satanisten ihre Inspiration.[332] In seinem „Liber
Oz Liber LXXVII" lautet die Kernbotschaft des modernen Magiers: „ES
GIBT KEINEN GOTT AUSSER DEM MENSCHEN."
Weiter heißt es:

> „1. Der Mensch hat das Recht, nach seinem eigenen Gesetz zu leben –
>   zu leben, wie er will,
>   zu arbeiten, wie er will,
>   zu spielen, wie er will,
>   zu ruhen, wie er will,
>   zu sterben, wann und wie er will.

---

328 St. Galler Tagblatt, 18.05.2001
329 Bezirksgericht Unterrheintal, Entscheid vom 18. Mai 2001, S. 13, 109 ff.
330 Bezirksgericht Unterrheintal, Entscheid vom 18. Mai 2001, S. 125
331 Bezirksgericht Unterrheintal, Entscheid vom 18. Mai 2001, S. 129
332 vgl. http://www.relinfo.ch/akron/info.html

2. Der Mensch hat das Recht, zu essen, was er will,
   zu trinken, was er will,
   zu wohnen, wo er will,
   sich auf dem Antlitz der Erde
   umherzubewegen, wie er will.

3. Der Mensch hat das Recht, zu denken, was er will,
   zu sagen, was er will,
   zu schreiben, was er will,
   zu zeichnen, malen, schnitzen,
   ätzen, formen, bauen, was er will,
   sich zu kleiden, wie er will.

4. Der Mensch hat das Recht, zu lieben, wie er will,
   ,erfüllt euch nach Willen in Liebe, wie ihr es wollt,
   wann, wo und mit wem ihr wollt.' – AL. I. 51

5. Der Mensch hat das Recht, jene zu töten, die ihm
   diese Rechte streitig machen wollen."[333]

Der Sohn der Ermordeten hatte diese Kernbotschaft des Neosatanismus verinnerlicht. Satanismus wird zum theoretischen Überbau eines psychischen Krankheitsbildes von Menschen, die ihr Leben lang nach einer Ich-Aufwertung gesucht haben. In der „Tue was Du willst"-Ideologie Aleister Crowleys und den Verheißungen der Übermensch-Werdung durch schwarz-okkulte Power konnte der Satanismus in den gekränkten Psychen der jungen Männer Fuß fassen.

Der kleine Ort Kingersheim im Elsass wurde wegen einem der grausamsten okkult-satanistischen Verbrechen weltbekannt. Ein 18-jähriger Anhänger eines Satanskults gesteht 1997 den Mord an dem örtlichen 68-jährigen Pfarrer. Der Geistliche wurde mit 33 Messerstichen regelrecht niedergemetzelt. Bei dem Täter werden Bücher, Zeitschriften und Videobänder mit Satans-Themen gefunden. Das Tatmotiv seines Mandanten schildert der Rechtsanwalt sei ein „Satansblitz" gewesen und er

---

333 www.hermetic.com/crowley/libers/lib77.html

habe unter dieser „teuflischen Eingebung" gehandelt.[334] Die Polizei vermutet eine Beeinflussung des Täters durch einen zwanzig Jahre alten
Szenefreund, der ein Jahr zuvor im südfranzösischen Toulon an einer
Grabschändung beteiligt war. Dabei war eine Leiche mit einem umge-
kehrten Kreuz durchbohrt worden.[335]

Der Bürgermeister der Gemeinde, Jo Spiegel, sagt der Regionalzei-
tung „L'Alsace", gefährliche Sekten wie der „Satanskult" müssten „aus-
gerottet" werden.

„Der Raum sah aus wie ein großer Schlachthof", berichtet ein Polizeibeamter, der den Ort eines Ritualmordes in Ruda Slaska in Südpolen auf-
sucht. In einem früheren deutschen Bunker sind die Wände mit satanistischen Symbolen beschmiert, an der Stätte wurden ein 19-jähriges Mädchen
und ein 18-jähriger Junge mit Messern erstochen – später verbrannt. Die
Täter – wie die Opfer zwei Schüler einer Oberschule – wollten nach der
Tat Selbstmord begehen. Doch dazu fehlte ihnen letztendlich der Mut. Die
vier Jugendlichen hatten sich seit Monaten auf die Schwarze Messe vorbe-
reitet, „studierten Publikationen über Satan-Glauben und besprachen in
allen Einzelheiten den Ablauf des Treffens. Doch nur die Mörder wussten,
dass der Abend mit dem Tod zweier Teilnehmer enden sollte".[336]

„Herz aus lebendem Tier gerissen und verspeist" – spektakulär titelt
eine große Schweizer Tageszeitung[337] einen Bericht über fünf Jugendliche, die eine Kapelle verwüsteten und Gräber schändeten. „Bei Schwarzen Messen wurden Kaninchen rituell getötet, ihre Herzen gegessen und
die Insignien kirchlicher Würde besudelt." Ein Tatsachenbericht, keine
Räuberpistole. Der Bezirksanwalt von Horgen, André Hänni bestätigt,
hier „handelt es sich um einen wirklichen Satanskult und nicht nur um
ein Spiel." Jugendsubkulturell waren die Teenager in der Black-Metal-
Szene verhaftet. Während des Prozesses erklärte ein Angeklagter, „man
habe sogar mit den Gedanken von Kindsopferungen gespielt".[338]

---

334 AFP, 6.2.1997
335 FAZ, 7.2.1997
336 dpa, 6.3.1999
337 Neue Züricher Zeitung, 27.2.1999
338 Aargauer Zeitung, 9.1.2003

„Töte, bringe Opfer"

Am 6.7.2001 ermorden die Pseudosatanisten Manuela und Daniel Ruda
ihren 33-jährigen Bekannten Frank H. „Wir haben uns in den Dienst
des Herrn gestellt und geschworen, ihm zu Lebzeiten und nach dem
Tode zu dienen", sagt Manuela Ruda. Ein Orakel aus Asche habe befohlen: „Töte, bringe Opfer!" Um die Tat umzusetzen hat das Pärchen einige Freunde zu einer Feier in der Wohnung Manuelas eingeladen. Nur
ein Bekannter erscheint, die weiteren Gäste sagen das Fest ab. Im Wohn-
zimmer kommt es zur Hinrichtung. Zuerst schlägt Daniel Ruda mit einem Hammer auf das Opfer ein. Es folgen insgesamt 66 Hammerschlä-
ge und Messerstiche. Schließlich ritzt Manuela Ruda noch ein
Pentagramm in die Leiche[339] um deutlich zu machen, dass die Seele für
Satan sei.[340] Aussagen wie die, dass man den Mann nur von seinem
„sterblichen Fleisch befreit"[341], dokumentieren ein hohes Maß an Realitätsverlust. Beide Täter litten zum Zeitpunkt der Tat an einer schweren
Persönlichkeitsstörung und waren deshalb nur bedingt schuldfähig. Es
war das fast zwangsläufige Ende einer unheilvollen Dynamik zwischen
zwei Menschen, die sich in den Hass auf Menschen hineingesteigert hatten und deren Zorn in einem grausamen Mord explodierte.[342] Unbestritten jedoch ist die treibende Kraft Daniel Rudas.

Der junge Mann hatte schon als Schüler blutige Träume. Er sah sich in
einem monströsen Körper und biss anderen Menschen bei Nacht die
Köpfe ab.[343] Bereits damals hatte er einen „unglaublichen Hass auf Menschen".[344] Schon in diesem Alter will er „gierig nach Blut gewesen sein".[345]
Während er auf dem Gymnasium durch die hohen schulischen Anforderungen immer mehr sein Selbstwertgefühl angegriffen sieht, kommt es
im Alter von 14 Jahren im Klassenzimmer zu einer angeblichen „Vision".

---

339 Südwest Presse, 17.01.2002
340 www.kriminalportal.de/thema/index_4951.cfm
341 www.netzzeitung.de/deutschland/17477.html
342 vgl. www.beepworld.de/members36/ruda-online/dasurteil.htm
343 Welt am Sonntag, 02.12.2001
344 Landgericht Bochum, Urteil vom 31.1.2002, 7 Ks 30 Js 154/01, S. 4
345 ebd., S. 4

Ein Mann namens „Samiel" habe ihm mitgeteilt, wenn er seine innere Leere bekämpfen wolle, müsse er den zweiten Teil seiner Seele finden.

Noch während seiner Ausbildungszeit bemüht er sich, die „eigenen Minderwertigkeitsgefühle und die ‚innere Leere' zu bekämpfen" und schließt sich „für ungefähr ein Jahr einer Gruppe von Skinheads an".[346] Hier bringt er es zum Kameradschaftsführer von Dorsten. Nach Presse-Informationen soll Ruda auch 1998 „vom Vorsitzenden des NPD-Kreisverbands Recklinghausen in Herten als Wahlhelfer für die anstehende Bundestagswahl nominiert worden sein".[347] Über die Musik findet Ruda von der Skinhead-Szene zum Satanismus. Einmal mehr dokumentiert eine Biographie die fließenden Übergänge zwischen Rechtsextremismus, Skinhead- und NS Black-Metal-Szene. Gleichzeitig versucht er nach dem Skinhead-Experiment, die „innere Leere" jetzt durch Okkultismus zu füllen. Er beschäftigt sich mit der „Satanischen Bibel" und erlernt die Durchführung von Blutritualen. Als er später in einem Buch auf den Satansnamen „Samiel" stößt, ist er elektrisiert. Er glaubt, Luzifer persönlich sei ihm erschienen. Fortan vertieft er sich in satanistische Literatur, betet zum Teufel und opfert ihm sein Blut, indem er sich in die Arme schneidet.[348] Begleitet ist die Veränderung von einer exzessiven Nutzung brutaler Musik. 1999 ritzt sich Ruda als „sichtbares Glaubensbekenntnis" ein umgedrehtes Kreuz in die Stirn. Seine Scheinwelt bekommt immer konkretere Konturen. Einem 13-jährigen Gothic-Girl, mit dem Daniel oft über Friedhöfe zieht, verrät er, wie er zu Satan finden möchte: Per Amoklauf. Erinnerungen an Littleton werden wach. Daniels Idee: Einen Arm voll Waffen packen, durch die Gegend fahren und möglichst viele Menschen töten, oder das Einkaufszentrum von Oberhausen in die Luft sprengen.[349] Sein Ziel: So berühmt werden wie Charles Manson!

Manuelas Beziehung zur Schwarzen Szene beginnt mit Problemen auf dem Gymnasium, wo sie – wie sie sagt, „mit den Leuten nicht klar

346   ebd., S. 6
347   Rheinische Post, 24.01.2002
348   Berliner Zeitung, 11.01.2002
349   Stern 3/2003, S. 113

kam". Bereits im Alter von 13 Jahren fällt sie in eine tiefe Identitätskrise:
Sie meinte zu fühlen, dass sie – so ihre Worte – „nicht in diesen Körper"
gehöre.[350] Ausgehend von diesem Gefühl der Unzufriedenheit und der
Überzeugung, mit der Gesamtbevölkerung nicht klarzukommen, findet
sie Gefallen darin, sich auch optisch abzugrenzen und die Aufmerksamkeit anderer auf sich zu ziehen. Ihre erste Station wird die Wittener
Punkszene. Mit der Gothic-Subkultur kommt Manuela Ruda erstmals
im Februar 1997 in London in Berührung. In einem Londoner Dark-
Wave-Club lernt sie Mitglieder der Vampire-Subkultur kennen. Noch
im selben Jahr stattet sie sich mit schwarz-okkulter Szene-Lektüre aus,
erlernt die Praktiken der Schwarzen Magie. Dazu liest sie viel über Cha-
os- und Liebeszauber. Signifikant ist auch die Hinwendung zum Vampirismus. Ihre Narben seien kein Produkt „autoaggressiven Verhaltens",
sondern „wie Schmuck". Der „Hintergrund seien immer das Blutgeben
oder rituelle Geschichten gewesen, z.B. das Blutopfern. [...] Bei einer Art
von Schadenszauber, Fluch oder Verwünschung werde das Blut in eine
Kerze getropft. Es ginge nicht um Schmerzen, sondern nur um das
Blut".[351]

In dieser Zeit will sie auch erste Zeichen von Satan wahrnehmen und
habe erlernt, mit „Untoten" zu kommunizieren. Gleichzeitig beginnt
ein emotionaler Rückzug. Menschen in ihrer Umgebung waren für Manuela Ruda „in Anlehnung an die Dienerfigur Draculas aus dem Roman von Bram Stoker, als ,Renfields' und als Personen bezeichnet, die
sie in ihrer Nähe ,geduldet habe' und zu denen sie keine emotionale
Nähe aufkommen ließ".[352]

Ihre Freizeit verbringt Manuela auf Friedhöfen und Burgruinen. Ideologisch hat sie sich „Satan verschrieben". Ein Glaubenssystem, das ihrer
Disposition sehr entsprach. Im psychiatrischen Gutachten heißt es:

„Letztlich fand Frau Ruda im Satanismus mit seinem Glaubens- und
Weltdeutungssystem, der starren Polarität von Tod und Teufel, von Gut

---

350   Landgericht Bochum, Urteil vom 31.1.2002, 7 Ks 30 Js 154/01, S. 9
351   Gutachten Prod. Dr. med. Leygraf, 17.10.2001, S. 23 f.
352   Landgericht Bochum, Urteil vom 31.1.2002, 7 Ks 30 Js 154/01, S. 10

und Böse, Schwarz und Weiß und mit seiner Ritualpraxis die Möglichkeit, mit ihren Mangelerfahrungen irgendwie umzugehen. Über die Rituale hatte sie ansatzweise das Gefühl ‚Power‘ und Macht über Menschen
und andere ‚Wesenheiten‘ zu bekommen und so auch latent vorhandene
Wut und Aggressionen auszuleben.“[353]

Um ihren Satanismus und damit die Andersartigkeit von der verachte-
ten Masse zu demonstrieren, verändert sich auch das Outfit. Neben sze-
nespezifischem Schmuck lässt sich Manuela Ruda ihre Eckzähne ziehen
und ersetzt sie durch Vampirimplantate. Gleichzeitig lässt sich der sinistre Glamour durch Fotoshootings für einschlägige Online-Kataloge gut
verkaufen. Auf Webseiten der Vampirszene lässt sie sich mit Lack- und
Lederkleidung abbilden – teilweise auch mit Ketten. Wie nicht wenige
„Karrieren“ in der sogenannten „Schwarzen Szene“, führte auch Manuela Rudas Weg von der Punk-Szene in die Dark-Wave- und Gruftie-Ge-
meinschaft, die zunehmend mit der Sado-Maso- und Lack-Fetisch-Sze-
ne subkulturell fusioniert, mitten in den Okkultismus.

Insgesamt lässt sich aber das Verbrechen von Witten nur durch die
Begegnung Manuela mit Daniel Ruda erklären. Dieser gab im Jahr 2000
in einer Szenezeitschrift eine Annonce auf. Der Inhalt:

„Pechschwarzer Vampir sucht Prinzessin der Finsternis, die alles und jeden verachtet und mit dem Leben abgeschlossen hat.“

Es entsteht eine unheilvolle Beziehung zweier Menschen, die füreinan-
der bestimmt scheinen: Und während die Umwelt als „Gesocks, Pack
und Untermenschen“ betrachtet wird,[354] beginnt ein Rückzug in die soziale Isolation eines gefühlskalten Privatsatanismus.

Das Pärchen klammert sich aneinander – und verliert sich in okkulten Phantasien. Der Preis: Ein immer tieferes Abgleiten in den
Schlund eines monströsen Paralleluniversums. Noch wenige Monate
vor dem Mord scheint Manuela Ruda die Gefahr zu spüren. Sie lässt sich
krankschreiben, beginnt eine Psychotherapie. Doch ihre Therapeutin

---

353 Gutachten Prof. Dr. med. Leygraf, 17.10.2001, S. 70
354 Landgericht Bochum, Urteil vom 31.1.2002, 7 Ks 30 Js 154/01, S. 12 f.

erfährt nicht, in welch verhängnisvoller Einbahnstraße sich ihre Patien-
tin befindet. Manuela Rudas seelischer Fluchtversuch scheitert. Auch
Freundinnen erkennen die Persönlichkeitsveränderung. So erklärt die
Zeugin Sylvia M., sie habe Manuela als „lustige Partymaus" kennen gelernt. Zunehmend habe sie ihre Sprache verändert, „viel von ‚niederen
Menschen' gesprochen. Dazu seien ihr Schnittwunden an den Armen
und im Gesicht aufgefallen.[355]

Wie tief sie in dem okkulten Wahn-Weltbild gefangen ist, dokumentieren die Ausführungen ihres Verteidigers Siegmund Benecken:

> „Es war erschütternd, als ich Frau Ruda kennen lernte, sie war so total
> verängstigt und total überzeugt, dass der Satan sie auserkoren hatte, dass
> sie zu ihm durfte. Sie hatte mir auch erklärt, dass sie als Vampir in der
> Hölle leben wollte. Und sie hatte sich nach dem Mord auch selbst töten
> wollen und sie hatte nur eine Sorge. Es gab irgendein ein Rockkonzert in
> Mühlheim, und sie war ein Vampir und das Rockkonzert fand nach der
> Tötung statt und für sie war die große Frage ob man als Vampir den Weg
> zurücklegen konnte."[356]

Doch die schwarz-okkulte Maskerade überlagerte nicht nur die schwere
seelische Störung des Pärchens, sondern auch den seriösen Blick der
Medien auf eine Gewaltspirale, die in Deutschland viel mehr Jugendliche treffen kann: Die Gefangenschaft in den eigenen Gewaltphantasien,
die in einer Mischung aus esoterischem Wahn, Gewaltmedien, okkulten
Ritualen zu einer eigenen psychischen Größe wurden. Im ZDF-Magazin
„Aspekte" sagt Manuela Ruda:

> „Es war bei mir sicher so gewesen, dass sich eine gewisse Rolle, die ich
> angenommen habe oder das, was ich nach draußen getragen habe, dass
> sich das irgendwann verselbstständigt hat und auf dem Wege gekippt ist
> und das hat ja dann irgendwann auch mit Realität nicht mehr viel zu tun,
> das hat sich wirklich irgendwann verselbstständigt."[357]

---

355 zit. aus: Gutachten Prof. Dr. med. Leygraf, 17.10.2001, S. 73 f.
356 zit. aus: ZDF-Magazin „Aspekte", 07.04.2006
357 zit. aus: ZDF-Magazin „Aspekte", 07.04.2006

Nicht umsonst erklärt auch der Vorsitzende Richter Arnjo Kerstingtombroke in seinem Urteil:

> „Eine Spirale kam in Gang, die auf ein gewalttätiges Ende zusteuerten
> und je länger sich die Spirale drehte, desto schwieriger wurde, es
> auszusteigen."[358]

Diese Einschätzung unterstreicht auch der renommierte Gutachter Prof.
Norbert Leygraf, Leiter des Forensischen Zentrums für Psychiatrie der
Uni Essen. Nach seiner Einschätzung war die Partnerschaft für beide
„eine Sackgasse, aus der sie nur noch mit einem großen Knall heraus-
kommen konnten". Beide Täter litten zum Zeitpunkt der Tat unter einer
Narzisstischen Persönlichkeitsstörung. Das Ehepaar suchte nach Aufmerksamkeit und Zuwendung, um das „Gefühl der inneren Leere" zu
kompensieren, unter dem sie bereits seit ihrer Jugend litten.[359]
    Zur Funktion des Satanismus für Frau Ruda schreibt Gutachter Nor-
bert Leygraf:

> „Diese Zuwendung zum Okkulten, zum Satanismus diente offensichtlich
> dazu, die eigenen Ich-Defekte, die Ich-Schwäche auszufüllen. (...) Zu-
> gleich erfüllte die Zuwendung zu diesen satanistischen Zügen auch die
> Funktion, das eigene Größenbild vor der Konfrontation mit der desillu-
> sionierenden Realität zu schützen und abzuschirmen."[360]

Satansmord wird Pop

Geradezu idealtypisch erfüllt das Täterpaar das Medienklischee eines
Satanisten. Doch geht es bei einer schweren Straftat nicht um ein umgedrehtes Kreuz, den Teufelsgruß oder schwarzes Styling, es ging für die
Richter beim beim sogenannten „Bochumer Satanisten-Mordprozess"
darum, ein Motiv für einen grausamen Mord zu finden. Die okkulti-
sche Gruseloperette war bitterer Ernst. Da gab die Angeklagte Manuela
Ruda an, „auf Befehl Satans" gehandelt zu haben. Satan sei mit den

---

358 Landgericht Bochum, Urteil vom 31.1.2002, 7 Ks 30 Js 154/01
359 FAZ, 24.02.2002
360 Gutachten Prof. Dr. med. Leygraf, 17.10.2001, S. 70 f.

Worten „Töte! Bringe Opfer! Bringe Seelen!" Auftraggeber gewesen. Ihr
Mann ließ verkünden, er könne nichts bereuen, da dies eine Beleidigung
Satans wäre. Richter Arnjo Kerstingtombroke kommentiert das Verhalten der Rudas als „die bizarrste Form der Selbstdarstellung, die ich je
erlebt habe"[361].

Manuela Rudas Rechtsanwalt Siegmund Benecken erinnert sich:

> „Der Herr Ruda kam dann morgens in den Gerichtssaal und schrie ‚mein
> Volk, ich grüße euch' und die Journalisten applaudierten und dann wur-
> den den beiden von den Journalisten die Stichworte hingeworfen und ge-
> beten das und das zu tun, das taten die beiden dann auch mit Freude und
> abends war das ganze dann im Fernsehen, so, dass man diese Handlungs-
> weisen, die die Journalisten selbst provoziert hatten, dann verurteilte."[362]

Tatsächlich wird der Prozess zur neuen Bühne der Rudas, doch nun fungieren sie nicht als Werkzeug Satans, sondern der Presse, wie Manuela
Ruda bestätigt:

> „Ja, es gab so aus den ersten Reihen schon konkrete Aufforderungen wei-
> ter zu posieren. Gut, ich denke ich hätte dem nicht nachkommen müs-
> sen, es ist so gewesen."[363]

Nachdenklich heißt es in einem Artikel: „Wenn aus Mördern Popstars
werden."[364] In der Formulierung wird das ambivalente Verhältnis der
Medien zum gefährlichen Rand der Schwarzen Szene überdeutlich.
Während zum einen vor dem Satanismus in den schrillsten Tönen gewarnt wird, sind die Medien auch stiller Wegbereiter eines Kultes. Viele
Leser und Zuschauer der reißerischen Berichterstattung, die die Rudas
zu Stars in der Schwarzen Szene werden ließ, wollten da nicht nachste-
hen. Das Verfahren im Fall Ruda glich einem Rummelplatz[365] – Platz-
karten für den Prozess wurden vor dem Gerichtsgebäude mit bis zu 50

---

361   zit. aus: Berliner Kurier, 18.1.2002
362   Interview RA Siegmund Benecken mit Rainer Fromm, 03.04.2006
363   Interview Manuela Ruda mit Rainer Fromm, Eickelborn, 31.03.2006
364   Die Welt, 01.02.2002
365   vgl. Bild, 26.01.2002

Euro gehandelt.[366] Unter den Wartenden befindet sich auch das 19-jäh-
rige Gothic-Girl Ines aus Dortmund. Die Maskerade stimmt: Schwarzes
Kleid, rotgefärbte Haare und ein umgedrehtes Kreuz als Halsschmuck.
Auf die Frage, ob die Rudas ihre Idole seien, antwortet sie: „Na klar, ich
wäre froh, wenn es mehr so Leute geben würde, die sich gegen die Trendsetter auflehnen!"[367] Dazu besuche sie den Prozess, um dort „das Feeling
aufzunehmen". Ein anderes Mädchen vor dem Gericht ist die 17-jährige
Anja aus Recklinghausen. Journalisten berichtet sie, dass sie bereits der
Aufnahme in die satanistische Gruppe *Church of Satan* entgegenfiebere:
„Wenn ich 18 bin, trete ich der Church bei." Ein anderes Mädchen erklärt auf die Frage, warum sie gekommen ist: „Rudas sind Kult."[368]

„Ich denke, ich bin alles andere als eine Vorbildfunktion"
Doch genau das möchte Manuela Ruda nicht mehr sein, bereits kurz
nach der Tat hat sie sich auch von ihrem Mann getrennt. Im ZDF-Magazin „Aspekte" schildert sie am 07.04.2006 erstmals ihre Entwicklung,
die zur Tat führte und zeigt Reue:

> „Ich kann versuchen auszudrücken, dass es mir wahnsinnig leid tut, ich
> kann es leider nicht rückgängig machen und das ist eigentlich auch das
> Schwierige, damals hat es so ausgesehen, als würde es mir vorbeigehen.
> Jetzt ist schon das Bewusstsein da, was passiert ist und ich kann es nicht
> mehr ändern. Ich denke auch nicht, dass ich es gutmachen kann, ich kann
> vielleicht andere versuchen, von so einem Weg abzuhalten." [...] „Ich
> denke, ich bin alles andere als eine Vorbildfunktion und wenn man da
> mal richtig dahinter schaut, sieht man kein Glam hinter, und kein Szene-
> größe oder sonst was, ich bin Straftäter!"[369]

Die Schwarze Szene ist um ein Vorbild ärmer. Die Faszination vieler Jugendlicher für die brutale Alptraumwelt des Satanismus scheint bis heute allerdings ungebrochen.

---

366 Die Welt, 01.02.2002
367 zit. aus: Berliner Zeitung, 26.01.2002
368 zit. aus: Berliner Zeitung, 26.01.2002
369 www.zdf.de/ZDFde/inhalt/0/0,1872,3921088,00.html

„Musste Kim sterben, weil die Mädchen ihn so liebten?"[370]
„Toter im Kofferraum: War es ein Racheakt?"[371], „Ein Mord, um ihre
Freundin zu rächen"[372] – Die norddeutsche Presse rätselte über das grausame Verbrechen an dem jungen Gruftie Kim Becker, dessen Mörder
wohl eher zufällig den Ermittlern ins Netz gingen. Auf einem Waldweg in
Meschensee bei Hamburg wird Kim von drei 19 bis 21 Jahre alte Gothics
mit über 20 Messerstichen hingerichtet. Ihre Tatwerkzeuge waren Tep-
pichschneider, Messer und ein Hammer. Doch kurz nachdem die Täter
den Leichnam in den Kofferraum ihres Wagen gestopft hatten, kommt es
zu einer routinemäßigen Polizeikontrolle. Als die Beamten an der hinte-
ren Stoßstange des grünen Ford frisches Blut entdecken, fordern sie das
Tätertrio auf, den Kofferraum zu öffnen. Nachdem sie das Mordopfer
entdeckt haben, kommt es sofort zu Verhaftung der Täter. Gegenüber
dem Haftrichter sagt der Hauptbeschuldigte und die treibende Kraft der
Tat, Norman Y.: „Ich musste ihn bestrafen." Als Grund für die Tat musste eine angebliche Vergewaltigung einer Freundin des Trios herhalten.
Ein inzwischen widerlegtes Motiv. Gegenüber der Polizei bestreitet diese
Freundin, von Kim Becker vergewaltigt worden zu sein.[373]
     Im Interview mit der Morgenpost schwärmt das angebliche Gewal-
topfer Kims: „Mit ihm verbrachte ich die schönste Zeit seit langem."
Wie Kim war auch Yvonne in der Gruftie-Szene aktiv. Und Kim war
nach Aussage von Yvonne „der toll aussehende Frauenschwarm".[374]
     Yvonne, die Tänzerin aus der Markthalle und Kim, der Frauen-
schwarm – die Szene hatte ein Traumpaar. Besonders Kim war in der
Hamburger Szene sehr beliebt – er galt als Trendsetter. Sein Leben waren die vielen Szeneparties und zu feiern gibt es für Grufties in Hamburg eine ganze Menge. Dienstags ist das „Headbangers" angesagt, eine
Szene-Kneipe am Fischmarkt, mittwochs steigt im Kaiserkeller die
Schwarze Nacht. Freitags trifft man sich im Tonwerk, während sonn-

---

370 Bild, 27.04.2002
371 Hamburger Abendblatt, 26.04.2002
372 Bild, 26.04.2002
373 Hamburger Abendblatt, 26.04.2004
374 Morgenpost, 02.05.2002

abends und sonntags das Kir angesagt ist – und Kim bleibt oft bis zum
Morgengrauen, liebt das Styling und die düster-melancholische Musik.
Die Dark-Wave-Subkultur wird nach der Scheidung seiner Eltern zu einer Art Ersatzfamilie, hier war Kim beliebt, besonders bei den weiblichen Grufties.

Kim erlebte aber auch die Schattenseiten der Schwarzen Szene:
Selbstverletzungen, Trauer, Einsamkeit. Er verherrlichte wie so viele andere Grufties den Vampirismus. Die Bilder, die Kim malte, dokumentieren schwarze Messen, nächtliche Friedhofsszenen, satanistische Symbole
wie umgedrehte Kreuze und Pentagramme. Und auch Kims Ex-Freundin kokettierte offen mit dem Satanismus. Schnappschüsse im Fotoal-
bum seiner Mutter Manuela Becker dokumentieren die fließenden
Übergänge aus subkultureller Neugier zur Teilnahme an Ritualen. Im
Interview mit dem ZDF-Magazin „Mona Lisa" bestätigt sie, dass auch
Kim Blut getrunken hat:

> „Ich denke, das mit dem Bluttrinken, das kann ich nur im Nachhinein
> sagen, dass das nicht ok ist und dass da einiges vorweggegangen ist. Er ist
> ja auch irgendwo dahin geführt worden. Er ist ja auch dahin gekommen
> in diese Szene oder durch irgendwelche Leute und ich denke, er hat ne
> Riesenportion Neugier gehabt, das war sein Problem."[375]

Und in der Schwarzen Szene lernt Kim auch seine Mörder kennen. Für
Beate Siebert, die Rechtsanwältin von Kims Mutter, steht fest, dass „Satanismus zur Erklärung für die Umstände der Tat und auch das Zusam-
menspiel der Täter für diesen Prozess ganz wichtig ist", weil man ohne
Satanismus „den Tatablauf und die Täterpersönlichkeiten gar nicht erklären könne".[376] Tatsächlich spielt Satanismus im Leben des Haupttäters
eine erhebliche Rolle. Gegen seinen Willen musste der junge Mann in der
Küche des Restaurants seines Vaters arbeiten – teilweise 13 bis 14 Stunden
pro Tag. Nach Urlaub zu fragen hat er sich niemals getraut. Die Folge:
Drogen, ein Selbstmordversuch, Jugendpsychiatrie. Die Telefonnummer

---

375   Interview Manuela Becker mit Rainer Fromm, zit. aus: ZDF, „Mona Lisa", 08.02.2004
376   zit. aus: ZDF, „Mona Lisa", 08.02.2004

des Restaurants speichert Norman Y. in seinem Handy unter der Bezeichnung „Hölle".[377] Nach Zwischenstationen bei den Skinheads und in der
Hip-Hop-Szene werden seine nächste Station die Gothics. Hier kam es
zur Begegnung mit dem Satanismus. Im Urteil schreibt das Gericht:

> „In der Gothic-Szene begann der Angeklagte, sich für Satanismus zu in-
> teressieren, was für die Szene nicht ungewöhnlich ist. Er stellte sich zu-
> nehmend nach außen als Satanist dar. Er besaß eine satanische Bibel, die
> er aber nicht gelesen hat. Sein Zimmer im Wohnhaus seiner Eltern rich-
> tete er in Schwarz, Silber und Chrom ein, dort benutzte er auch eine Ne-
> belmaschine, Grabkerzen und ein Stroboskop. Wiederholt ritzte er sich
> vor Bekannten, die nicht zur Gothic-Szene gehörten, mit Rasierklingen
> die Haut ein, unter anderem Pentagramme und das Wort ‚Luzifer'. Dabei
> fühlte er sich stark."[378]

Dazu kommt der exzessive Konsum von Gewaltmedien, insbesondere
brutalen Videos. In dieser bekannten Gemengelage aus okkulten Phantasien, exzessivem Medienkonsum und einer „extrem zerrissenen Persönlichkeit – mit einem extrem aggressiven Potential", werden die Grenzen zwischen den schwarzen Phantasien und realen Handlungen
brüchig.[379]

Und auch Kims Ex-Freundin Yvonne erinnert sich, dass Norman Y.
einem Freund gesagt haben soll: „Ich möchte jemandem in die Augen
sehen, wenn er qualvoll stirbt."[380] Über das Satanspärchen Ruda habe er
ohnehin alle Filme gesammelt. Yvonne glaubt, er habe es dem Rudas
gleichtun wollen: „Kim war bekannt, beliebt, wie ein Star. Von ihm versprach sich Norman Publicity."[381] Und auch das Gericht bestätigt im
Urteil, dass der Angeklagte „fasziniert" vom Ehepaar Ruda war, „dass sie

377   Landgericht Kiel, Urteil vom 12.12.2002, Az. II KLs (37/02) 569 Js 20698/02, S. 5
378   Landgericht Kiel, Urteil vom 12.12.2002, Az. II KLs (37/02) 569 Js 20698/02, S. 5
379   zit. aus: „In Memoriam Kim", vorgetragen von Rechtsanwältin Beate Siebert am
      5.12.2002 vorgetragen vor dem Landgericht Kiel. Die Zitation fasst die Bewertung
      des Sachverständigen Prof. Dr. Schütze zusammen, der die Psyche der Täter analy-
      siert hat, S. 3
380   zit. aus: „In Memoriam Kim", vorgetragen von Rechtsanwältin Beate Siebert am
      5.12.2002 vor dem Landgericht Kiel, S. 5
381   zit. aus: Morgenpost, 02.05.2002

einen Plan, den sie hatten, auch ausgeführt haben. Fernsehberichte über den Prozess nahm er auf Video auf und schnitt sie hinterher auf einer Kassette zusammen".[382] Ausführungen bei Freunden, dass er einen Menschen töten will, wurden nicht ernstgenommen.

Die beiden anderen Angeklagten Marco S. und Karsten G. ordnen sich Norman Y. unter. Beide kommen ebenfalls aus hochproblematischen familiären Verhältnissen, die von Trennungen, Alkoholmissbrauch und Persönlichkeitsstörungen geprägt sind. Während Norman Y. seine Freunde dominierte, ordnete er sich in der Hamburger Gothic-Szene Kim Becker – „dem Star und Trendsetter" der Szene – unter.[383] Er bezahlte Kims Zeche, und einmal sogar Kims Kondome. Aus dem Wunsch, Kim zu gefallen, wird mit der Zeit Zorn. Norman Y. fühlt sich ausgenutzt und erniedrigt. In dieser Gefühlslage muss auch – gleichzeitig aufgepeitscht durch seine Beschäftigung mit Satanismus, der Hass entstanden sein, Kim Becker zu töten. Wohl um seine Tat nicht alleine begehen zu müssen, erzählt er seinem Freund Marco S. zwei Tage vor dem Mord, Kim Becker habe ein Mädchen namens Yvonne vergewaltigt.[384] Im Laufe des Gesprächs einigten sich beide darauf, „dass man Kim wegen der Vergewaltigung töten müsse"[385]. Am besten seien dazu Hammer und Messer geeignet, die Leiche müsse später verbrannt oder vergraben werden. Wenige Stunden vor der Tat wird auch Karsten G. eingeweiht. Um ihren tödlichen Plan umzusetzen, wurde Kim vom Szene-Lokal „Headbangers Ballroom" von seinen Mördern in ein Fahrzeug gelockt. Angeblich zu einer Feier mit tollen Mädchen. Doch statt zur Party fuhren die drei 19 bis 21 Jahre alten Täter in ein Waldstück bei Meschensee und stachen auf Kim ein.

---

382 Landgericht Kiel, Urteil vom 12.12.2002, Az. II KLs (37/02) 569 Js 20698/02, S. 6

383 Landgericht Kiel, Urteil vom 12.12.2002, Az. II KLs (37/02) 569 Js 20698/02, S. 11

384 Im Urteil wird Norman Y. als „Haupttäter" beschrieben. Dazu habe er „die beiden anderen Angeklagten mit Hilfe der Lüge, Kim habe das Mädchen vergewaltigt, zum Mitmachen bewegt", zit. aus: Landgericht Kiel, Urteil vom 12.12.2002, Az. II KLs (37/02) 569 Js 20698/02, S. 20

385 Landgericht Kiel, Urteil vom 12.12.2002, Az. II KLs (37/02) 569 Js 20698/02, S. 12

In der Urteilsbegründung spricht das Gericht vom Empfinden des Haupttäters, der sich „von Kim zunehmend eingeengt und auch ausgenutzt fühlte". Zusammengefasst eine Auseinandersetzung unter Szeneangehörigen. Am 12. Dezember 2002 verurteilt das Gericht den Angeklagten Norman Hang-Dak Y. zu 9 Jahren und drei Monaten, Marco S. zu 8 Jahren und Karsten G. zu 8 Jahren und 6 Monaten wegen Mordes.

Die subkulturellen Einflüsse der Schwarzen Szene sowie die fatale Wirkung der Medien waren nicht Bestandteil des Urteilsspruchs, sondern dienten lediglich der subkulturellen Verortung. Zu Recht verweist jedoch die Rechtsanwältin von Kim Beckers Mutter in ihrem Statement „In Memoriam Kim" vor dem Gericht auf die Notwendigkeit hin, auch die okkulte Komponente der Tat zu reflektieren und ordnet der Tat eine zeitgemäßen Definition des Satanismus zu:

> „Sie spricht von der Verlockung defizitärer Persönlichkeiten, auch durch Tötung Macht über andere Menschen zu gewinnen. Sie spricht von der Möglichkeit, dass Ich-Schwache Menschen, also Menschen mit einem verminderten Selbstwertgefühl durch Tötung latent vorhandene Wut ausleben können."[386]

Dazu habe die Haltung des Haupttäters

> „keinen Bezug mehr zu einer entwicklungsbedingten Krise, sondern erscheint als gefestigte innere Einstellung, vielleicht hervorgerufen durch die Beschäftigung mit satanistischem Gedankengut."[387] Und tatsächlich bezeichnet sich der Norman Y. noch in seiner richterlichen Vernehmung als Sohn Luzifers. Und eine Zeugin skizziert Norman Y. als „bekennenden Satanisten". Er habe gerne über Satan gesprochen und den Ausspruch getan: „Satanist wird man erst dann, wenn man sich selbst oder einen anderen umbringt."[388]

---

386 zit. aus: „In Memoriam Kim", vorgetragen von Rechtsanwältin Beate Siebert am 5.12.2002 vor dem Landgericht Kiel, S. 4
387 zit. aus: „In Memoriam Kim", vorgetragen von Rechtsanwältin Beate Siebert am 5.12.2002 vor dem Landgericht Kiel, S. 8
388 zit. aus: „In Memoriam Kim", vorgetragen von Rechtsanwältin Beate Siebert am 5.12.2002 vor dem Landgericht Kiel, S. 3

Zusammengefasst erscheint es genauso verkürzt, die Begründung monokausal in der Kindheit der Mörder zu suchen, wie in der Ideologie des Satanismus. Die subkulturellen Gefahrenmomente und die persönlichkeitsverändernden Mechanismen der Schwarzen Szene jedoch auszublenden, ist schlicht fahrlässig, weil sie den Blick auf brandgefährliche Mechanismen verstellen, die immer wieder zu schweren Straftaten und Selbsttötungen führen.

Mordversuch in Neubrandenburg

Auf angeblichen Befehl des Höllenfürsten überfallen im Juni 2002 in Neubrandenburg die 19-jährige Heidi B. und der 21-jährige Manuel S. einen Baggerfahrer mit einem Messer. Trotz Stichen in Rücken, Hand und Kopf kann der Mann fliehen. Als das Täterpärchen festgenommen wird, geben sie als Tatmotiv Weisungen Satans an, dazu wollten sie Menschenblut trinken.[389]

Wie so viele Biographien in der schwarzen Szene beginnt auch das Abgleiten des Manuel S. in die schwarze Szene mit Schulfrust. Im Jahr 1996 endet seine Schulzeit nach neun Jahren ohne Abschluss. Dann beginnt er in einem Ausbildungszentrum eine Tischlerlehre, und ist während dieser Zeit in einem Internat untergebracht. Eine weitere frustrierende Lebenserfahrung. Unnachgiebig wird er von anderen Jugendlichen drangsaliert, bis er seine Lehre nach drei Monaten abbricht.[390] Es folgt eine weitere abgebrochene Lehre, dann Arbeitslosigkeit, Gesetzesbrüche, Jugendarrest. Unter anderem wegen unerlaubten Erwerbs von Betäubungsmitteln in 116 Fällen. Wegen gefährlicher Körperverletzung in zwei Fällen kommt es zu weiteren zwei Wochen Jugendstrafe.[391]

Im Rahmen einer Berufstrainingsmaßnahme lernt er Heid B. kennen. Die junge Frau zeigte bereits in ihrer Schulzeit Interesse an Esote-

---

389 www.confessio.de/okkult/opfer.htm, 03.07.2004
390 Landgericht Neubrandenburg, Urteil vom 17.12.2002, Az.: 8 KLS (29/92) 731 Js 1265/02
391 Amtsgericht Rödeln/Müritz, Urteil vom 01.11.2001, Az.:14 Ls (129/00) 725 Js 13176/99

rik, wie Astrologie oder unerklärlichen Phänomenen. Nach einem erfolgreichen Realschulabschluss beginnt sie eine Ausbildung. Hier kommt
es zu Unregelmäßigkeiten. Nach Partybesuchen, Drogen- und Rausch-
giftkonsum verschläft sie immer wieder. Gegen den Willen des Arbeitge-
bers und der Eltern bricht sie die Lehre ab. In dieser Zeit widmet sie sich
intensiv der „Schwarzen Magie": „Sie lebte letztere in ihrem Outfit, in
der Wohnungsgestaltung und in Ritualen aus."[392] Ihre nächste Station
ist das Berufstraining für Jugendliche, bei dem sie später auch ihren
Freund kennenlernt. Hier erntet sie für ihr schwarzes Faible auch „Bewunderung". Ihre Interessen sind ein Bündel aus Satanismus, Okkultismus und Vampirismus. Im Urteil heißt es:

> „Die Angeklagte Heidi B., die sich von ihren Freunden und Bekannten
> ‚Hexe' nennen lässt, fühlt sich dem Okkultismus zugehörig. Sie behaup-
> tet von sich, der Schwarzen Magie anzuhängen und umgab sich mit de-
> ren Attributen. Sie hat in ihrer Wohnung einen Sarg, in dem sie (...)
> schläft. Darüber hinaus befinden sich in ihrer Wohnung ein Totenschä-
> del, ein Grabstein und einschlägige Bilder, u.a. von dem in Bochum we-
> gen Mordes verurteilten Satanistenpaar Daniel und Manuela Ruda. Die
> Angeklagte B. ‚trinkt', so ihre Ausdrucksweise, seit dem Jahr 2000 Blut.
> Auslöser war, dass sie von ihrem Haustier, einer Ratte, gebissen wurde
> und diese daraufhin getötet hat. Sie nahm das Blut dieser Ratte zu sich
> und fand daran Gefallen. Sie hat weiteren Fällen Meerschweinchen, Kat-
> zen, Kaninchen und (...) Ziegen getötet und deren Blut ‚getrunken'. Sie
> hat sich auch selbst verletzt und das eigene Blut ‚getrunken'."[393]

Kurz vor dem Mordversuch hört das Paar „eigenartig gruselige, aggressive Musik" und trinkt Alkohol, wie das Gericht schreibt. Nach einigen
Stunden überkommt Heidi B. Lust auf Blut. Ihr Freund reagiert sofort
auf den Wunsch seiner Partnerin und schlägt vor, jemanden „abzuste-
chen". Heidi B. willigt ein, macht aber zur Bedingung, dass die Opfer
keine alten Leute oder Kinder sein dürfen. Mit Messern bewaffnet und

---

392 Landgericht Neubrandenburg, Urteil vom 17.12.2002, Az.: 8 KLS (29/92) 731 Js
     1265/02
393 Landgericht Neubrandenburg, Urteil vom 17.12.2002, Az.: 8 KLS (29/92) 731 Js
     1265/02

im szenetypischen Look aus knielangem schwarzem Mantel, schwarzen Hosen und schwarzer Schminke geht es auf Menschenjagd. Schließlich wird das Paar fündig. Manuel S. sagt seiner Freundin, die er noch an der Hand hält: „Diesen Mann nehme ich jetzt, den steche ich ab." Während der Messerattacken ruft er: „Oh ist das gut, ist das geil!" Wie durch ein Wunder kann sich das Opfer lösen und weglaufen. Zeitgleich leckt Heidi B. das Blut vom Messer der Attacke.[394]

Als ein Tatmotiv des jungen Mannes sieht das Gericht seinen Willen, „sich vor der Angeklagten B. hervorzutun und sich als Werkzeug für ihre abstrusen Ideen (Bluttrinken) anzubieten"[395]. Und wie beim Wittener Mord ist es wieder eine Gruppendynamik eines Pärchens, ohne die es nie zur Tat gekommen wäre.

Der Sachverständige des Gerichtes erklärt zu Hinwendung Heidi B.'s in die Schwarze Szene:

„Sowohl ihre pessimistische Lebenseinstellung als auch bestehende schizotypische Denk- und Verhaltensmuster hätten maßgebend dazu beigetragen, dass okkultistische Ideen sinngebend wurden. Das Hinwenden zur schwarzen Magie zunächst als jugendtypisches oppositionelles Verhalten habe durch entsprechende Außenresonanz weitere Kultivierung und ein Verhaftetbleiben in okkultistischem Denken und rituellen Handlungen gefunden. Das Anderssein und die damit gekoppelte Anerkennung habe bei ihr zu einer megalomanen Ich-Überhöhung geführt, in der die Angeklagte Einfluss und Macht über andere Menschen erlangte bzw. zu erlangen glaubte."[396]

Heidi B. und Manuel S. waren in eine größere Szene eingebunden. Die beiden Ziegen, die Heid B. für ihre Blutrituale tötete, wurden „in Begleitung anderer" entwendet. Für den Mordversuch wird Manuel S. zu acht

---

394 Landgericht Neubrandenburg, Urteil vom 17.12.2002, Az.: 8 KLS (29/92) 731 Js
     1265/02
395 Landgericht Neubrandenburg, Urteil vom 17.12.2002, Az.: 8 KLS (29/92) 731 Js
     1265/02
396 Landgericht Neubrandenburg, Urteil vom 17.12.2002, Az.: 8 KLS (29/92) 731 Js
     1265/02

Jahren Haft verurteilt. Sechs Jahre Haft erhält Heidi B. für den versuchten Mord und die Tiertötungen.

„Wieder ein Ritualmord mit satanistischem Hintergrund"[397] beschreibt die „Bild" die Attacke des 16-jährigen Schülers Björn A. im nordrhein-westfälischen Wenden auf seine Eltern. Der Jugendliche mit einem Hang zum Satanismus ersticht seine Eltern vorsätzlich und schneidet ihnen dann die Kehlen durch. Während er den Beamten berichtet, er habe die Tat begangen, um sich von Satan zu befreien, sieht der Staatsanwalt für einen okkult-rituellen Hintergrund „keine weiteren Hinweise". Vielmehr handele es sich um einen Familienstreit.[398] Richtig ist allerdings auch, dass er im Freundeskreis „Sympathie mit dem Wittener Satanistenpärchen geäußert" hat, um sich selbst aufzuwerten. Unter Mitschülern wird Björn A. lediglich als „Möchtegern-Satanist" wahrgenommen. Tatauslöser war ein Streit beim Abendessen über schulische Leistungen.[399] Ob die Beschäftigung mit Okkultismus und der Schwarzen Szene die Tötungshemmungen des Jugendlichen abgebaut hat, ist dennoch zu vermuten. In der Gesamtbetrachtung bleibt aber von einem „Ritualmord" wenig übrig. Ob die Skandalisierung von derlei Signaltaten seelisch gestörter Jugendlicher weitere Nachfolgetaten mit sich zieht sind Fragen, die die Redaktionsleitung der „Bild" mit ihrem Gewissen vereinbaren muss.

2.2 Satanismus – Ein Phänomen zwischen Faszination und Gewalt

Satanismus und Okkultismus verheißen die Faszination des Verborgenen. Der Schwarze „Way of Life" hat eine starke Anziehungskraft besonders auf Minderjährige. Inzwischen ist eine sehr differenzierte Szene entstanden, die von okkulten Klein- und Kleinstgruppen am Rande des Esoterikmarktes, sogenannten rationalistischen Satanisten, okkult-tra-

---

397 Bild, 25.03.2002
398 vgl.: Ruhr-Nachrichten vom 25.03.2002
399 vgl.: Ruhr-Nachrichten vom 25.03.2002

ditionellen Satanisten, jugendzentrierten und auch jugendsynkretistischen Satanisten, Privatsatanisten bis zu einem breiten Spektrum recht
unterschiedlicher Fetischisten reicht, die in der Schwarzen Szene ein
Ventil finden, um mit Gleichgesinnten ihre sexuelle Devianz auszuleben. Paraphilie, das heißt abweichendes oder ungewöhnliches Sexual-
verhalten,[400] ist der stille Wegbegleiter des Satanismus. Eine Gefahr für
Dritte entsteht in diesem Zusammenhang immer dann, wenn das sexuell pervertierte Symptom eine sogenannte „progrediente Verlaufsform"
hat, wie die Psychologen sagen. Während für viele Menschen eine sexuelle Perversion eine stabilisierende und angstbeseitigende Funktion haben kann, ufert das sexuell abweichende Verhalten bei anderen Fetischisten aus, wie der renommierte Forensiker Prof. Andreas Marneros
schreibt: „Immer neue Rituale, phantastische oder reale kommen hinzu,
manchmal bis zum Bruch der Dämme."[401] Der Göttinger Psychologe
Andreas Herter analysiert den gefährlichen Mechanismus:

> „Das Problem beim Fetisch ist nicht dieser selbst, sondern die Dynamik
> der Entwicklung [...]. Ein Fetisch ist am besten mit einer Sucht zu verglei-
> chen, die nichts weiter tut, als einen Fluchtpunkt zu suchen, mit dem
> Ziel, diesen nie zu erreichen. Dabei entwickelt sich der Fetisch zu etwas
> Eigenständigem. [...] Im Laufe der Zeit wird der Fetischist von seinem
> Fetisch jedoch immer mehr eingenommen (....). Es muß immer unmög-
> licher und bizarrer werden, so dass schließlich ein gebrochener Mensch
> vor einem Haufen Scherben steht, die oft nicht mehr reparabel sind oder
> den Bereich der Kriminalität überschritten haben."[402]

Die Formen sexueller Perversion in satanistischen Interneträumen und
Kontaktlisten umfassen ein riesiges Spektrum. Die Interessen gehen von
Sadomasochismus und Fetischismus, Vampirismus und Sodomie bis
hin zum Kannibalismus. Folgerichtig finden sich auch Satanisten in einschlägigen Foren und Gästebüchern der unterschiedlichsten Fetischsei-

---

400 Andreas Marneros: Sexualmörder, 2.Auflage, Bonn 2000, S. 37 f.
401 Andreas Marneros: Sexualmörder, 2.Auflage, Bonn 2000, S. 31
402 Andreas Herter: Sex ist doch kein Leistungssport, Hannover 2003, S. 45

ten,[403] wie sich auch Fetischisten in den Kontaktlisten der satanistischen
Seite befinden.

Beispielhaft für den Einfluss von Satanisten auf Gewaltfetischseiten
sei die virtuelle Kontaktbörse „Das reine Böse soll sich hier finden!" genannt, die für „Schwule, die das Böse verehren und sich austauschen
möchten" ins Netz gestellt wurde. Anzeigen wie „Satanist sucht Opfer-
diener", „Sadistischer SATANIST aus Berlin sucht Lustdiener, Sklaven,
Lebensmüde, Neugierige die es sich vorstellen können, in die schwärzes-
te Szene einzutauchen um sich als Opfer herzugeben",[404] dokumentieren die Grauzone zwischen Fetisch und Satanismus. Andere Besucher
der Seite suchen Kinder. Das belegen Anfragen wie: „Suche junge Kna-
ben um so jünger um so besser." Ein anderer User schreibt: „… mach
gern Hinrichtungsspiele und Sex mit Jungs"[405]. Und auch der „Kanniba-
le von Rothenburg" gehörte zu den Besuchern der Homepage.[406] Satan
wird auf diesen Seiten zum Symbol für einen besonders exzessiven und
brutalen Gewaltfetischismus, ohne dass okkult-ideologische Anleihen
aus der organisierten Satanistenszene eine Rolle spielen. In diesem Zusammenhang ist auch von „Pseudosatanismus" die Rede.

Wie fließend die Grenzen zwischen den Rändern der Dark-Wave
und Black-Metal Subkultur, den satanistischen Logen, Privatsatanisten,
Fetischisten und neugierigen Anhängern der Schwarzen Szene sind,
dokumentiert die sogenannte „Kontaktliste Satanismus" mit über 400
Einträgen.[407] Folgende Postings sollen einen Überblick über das Gesamtspektrum schaffen:

---

403   vgl. www.darksites.net, Stand: 30.09.2006
404   Das reine Böse soll sich hier finden, 22.11.2003 – da auf der Seite auch Kinder für
      Hinrichtungsspiele angeboten werden, wird auf eine konkrete Zitation verzichtet.
405   Das reine Böse soll sich hier finden, 25.06.2003
406   vgl. Posting in: Das reine Böse soll sich hier finden, 07.01.2003
407   http://links.parsimony.net/links8477/, 09.09.2006

Name:	Posting:
Sex I Seti	„Unser sexualmagischer Zirkel (3M, 1W) sucht interessierte Satanistinnen und Satanisten aus dem ganzen Bundesgebiet."
Hurenschwein	„Suche satanistische Zirkel (seriös) die satanische Sklaven benötigen."
BlackRat	„Seid gegrüsst! Bin 14 und habe keine Lust mehr Nachts alleine auf den Friedhof zu gehen und es alleine zu genießen."
Master of SM	„Der Master of 666 (sad.dom. 30 J., 197 cm, 92 kg) bietet einer Schlampe (w), die Gelegenheit in bizarre Sphären einzutauchen."
Satans Verehrerin	„Ich, 13 w. suche Satanisten/Satanistinnen für Briefkontakte."
Carrie	„Ich suche Satanisten zwischen 13 und 20, die mir mailen und bei Gelegenheit auch mal treffen."
Sazar	„Ich (w) suche ein paar Satanisten die Lust haben, mich tiefer in die Geheimnisse der Szene zu führen."
Anton	„Suche Schwarze (also Satanisten, Gothic usw.) für alles."
Mephistoxxl	„Suche Satanisten, die wie ich total auf Black Metals stehen und sich ernsthaft mit Satanismus und Okkultismus befassen."
morddred666	„Hi, suche Satanisten (13 aufwerts), wenn möglich aus der Ecke kaiserslautern." (Fehler im Original)
Knecht 666	„Suche höllisch versaute Hexe(n), für perverse Games."
Satanist	„Suche Satanisten, m und/oder w, die mit mir ‚Böses' tun wollen. Eine gemeinsame sexuelle Bindung, Gesetzlosigkeit und entsprechende Opfer sind Pflicht."

Name:	Posting:
Misstress Vampira	„Suche Dominus für extravagante Spielchen. Videoausstattung vorhanden. Auch an sehr jungen Darstellern interessiert."
Luzifers Urenkel	„Hail Satan, suche süße Vampirlady im Alter von 23–33 Jahre, die auch gerne mal am Lebenssaft leckt."
Slavebern666	„Suche Master SADISTEN nur Männer für Schwarze Messen alles is möglich komme aus duisburg." (Fehler im Original.)
Pruflas	„Frontmann einer satanistischen Black Metal Band (NO Keyboards) sucht Kontakt zu Gleichgesinnten."

Die Analyse der Kontaktliste belegt die Gefahr des fließenden Übergangs vom Satanismus in die Gewaltsexualität. Da sind 13-jährige Kinder, die Begleitung aus der Schwarzen Szene auf ihren Friedhofsgängen suchen, auf der anderen Seite lockt eine Filmproduktion mit dem Tausch „sehr junger Darsteller" für „extravagante Spielchen". Und während ein junger Schwarz-Metaller nach neuen Bandmitgliedern Ausschau hält, suchen Gewaltfetischisten Partner für ihre sexuelle Befriedigung, indem sie anderen Menschen Schmerzen zufügen. Besonders für junge Frauen, die sich hier tummeln, besteht allerhöchste Gefahr. Denn nicht immer bleibt es beim Anrufen dunkler Wesenheiten – der Phallus ist allzu vielen düsteren Magiern erheblich näher als der Höllenfürst. Nicht umsonst warnt hier auch das „Lexikon des Satanismus und des Hexenwesens" im Kapitel „Jugendsatanismus" und erwähnt, dass im Zusammenhang mit den Ritualen bei Schwarzen Messen häufig vom sexuellen Missbrauch weiblicher Teilnehmer berichtet wird.[408]

Und genau hier ist die definitorische Trennlinie zum sogenannten „Pseudosatanismus" zu ziehen. Während bei satanistischen Riten der Machtgewinn mittels okkulter Techniken im Mittelpunkt der Protagonisten steht, ist beim sogenannten „Kriminellen Pseudosatanismus" der

---

408 Marc-Roberts-Team: Lexikon des Satanismus und des Hexenwesens, Graz 2004, S. 168

Okkultismus „nur aufgesetzt, um die realen Ziele zu verschleiern"[409]. In diesem Zusammenhang existiert eine deutliche Schnittmenge des Satanismus zwischen der Gewaltfetischisten- und Pädophilenszene. Gemeinsam dürfte rituellen Satanisten wie Pseudosatanisten die Motivation ihres Treibens sein: Macht! Wie schreibt der Wiener Profiler Thomas Müller in seinem Standartwerk „Bestie Mensch": „Eine Vergewaltigung ist eine sexuelle Handlung, die ein nicht sexuelles Bedürfnis befriedigt, Erniedrigung, Demütigung, Macht und Kontrolle sind die Bedürfnisse des Täters."[410] Überdeutlich wird dies auch in den deutschsprachigen Prospekten der kommerziellen Anbieter von rituell-satanistischen Kinderporno-Filmproduktionen:

> „Film 1: Schwarze Messe mit 12 Männern und 8 Frauen zwischen 13 und 28 Jahren. Extrem versaute Orgie, keine gestellten Szenen. [...]
>
> Film 2: Aufnahmezeremonie. Eine 14-Jährige wird in den satanistischen Kreis aufgenommen. Sie wird von allen Männern (10) hart anal und vaginal gefickt wobei die kleine Sau immer mehr in Fahrt kommt. [...].
>
> Film 3: Knallharter Sadosex. Eine völlig veranlagte 13-jährige Masofrau genießt alle möglichen Qualen. Schläge, Schnitte, Stiche mit Nadeln, Vaginal – und Anal – [...]."[411]

Über die Strukturen und die Quantität der satanistischen Szene sagen derlei Angebote recht wenig aus. Im Gegenteil: Durch die Monstrosität des Inhalts erfahren diese oftmals auch eine strukturelle Aufwertung, und das veranlasst zu Spekulationen über mafiaähnliche Strukturen des satanistischen Spektrums. Um sich dem Problem des organisierten Satanismus aber fundiert zu nähern, gibt es jedoch ein paar Fakten, die helfen, sich im Gestrüpp von Negationen, Phantasiegebilden, Marginalisierungen und journalistisch-reißerischen Horrorszenarien zurechtzufinden.

---

409   Ingolf Christiansen, Satanismus: Faszination des Bösen, Gütersloh 2000, S. 70 f.

410   Thomas Müller, Bestie Mensch, Salzburg 2004, S. 109

411   zit. aus: Rainer Fromm: Satanismus in Deutschland, München 2003, S. 195; Dokument ist im Besitz des Autoren.

1. Satanslogen sind in aller Regel sehr klein. Beleg hierfür sind unter anderem die Mitgliederlisten der wichtigsten Orden. Die Zahl ihrer Anhänger beträgt zwischen fünf und maximal 150 Mitgliedern in Deutschland.[412]
2. Satanslogen sind seit über hundert Jahren nachweisbar international vernetzt (OTO, AA).
3. Satanslogen arbeiten mit einer sogenannten „Arkandisziplin", das heißt Verschwiegenheitsgeboten. Nicht wenige Gruppen verlangen von ihren Anhängern sogar das Einverständnis, dass der Kult oberste Priorität in ihrem Leben hat und sich alle anderen sozialen Belange unterordnen müssen.[413]
4. Satanslogen arbeiten im Regelfall sehr theorielastig. Das bedeutet, zentrales Merkmal für satanistische, okkulte und thelemitische Orden ist ein exaktes Literaturstudium. Nicht umsonst bedeutet Okkultismus auch das Wissen vom Umgang mit verborgenen (‚occultus') Kräften.[414]
5. Satanslogen konditionieren Menschen – Mittel sind unter anderem Ekeltraining, Gewalt, Sexualmagie, Spaltungsmagie, Blutmagie, Chaosmagie, Räuscherungs-rituale, sogenannte „Tschöd-Rituale" etc. …

2.3 Durch Konditionierung auf Schwarze Pfade

Sicherlich markieren Morde und andere Gewalttaten nur die Spitze der Destruktivität, die von schwarz-okkulten oder satanistischen Logen ausgeht. Bisher viel zu wenig beachtet sind die Manipulationstechniken, die in vielen Schwarzen Logen zur Anwendung kommen. In der Presseberichterstattung, aber auch in der Fachbuchliteratur findet das Problem nur am Rande statt. Kein Wunder: Seelische Narben lassen sich nicht gut dokumentieren oder gar abbilden. Menschen mit erheblichen

---

412 vgl. unter anderem: Peter-R. König: In Nomine Demiurgi Nosferati, Hiram-Edition 27, 1999 o.O., S. 31–38
413 vgl. das Logengesetz der *Fraternitas Saturni*
414 vgl. www.relinfo.ch/satanismus/berichtetxt.html

Problemen wie Verfolgungswahn, Kontrollverlust, Alpträumen, Psychosen, Borderline-Merkmalen und der Unfähigkeit zu partnerschaftlichen Bindungen als Folge von nicht verarbeiteten Ritualen fallen durch den Rost der Aufmerksamkeit. Dazu ist das okkulte Theoriewerk sehr aufwendig, und kaum eine Präventionsstelle arbeitet sich durch Tausende Seiten von Material. Auch das vorliegende Kapitel erhebt nicht den Anspruch auf Vollständigkeit. Dazu arbeitet längst nicht jede okkulte Organisation mit jeder Technik. Gemeinsam ist fast allen Gruppen jedoch das erhebliche psychomanipulative Potential. Um dem Vorwurf zu entgehen, mit einer eigenen Interpretation die Botschaft der Szeneliteratur zu relativieren, sollen im Folgenden vornehmlich die Primärquellen sprechen. Aus der Analyse geht eindeutig hervor, wie groß das Gefahrenpotential ist, das von der Schwarzen Publizistik ausgeht. Nach einer Auswertung der relevantesten Werke des Satanismus lassen sich folgende Merkmale feststellen:

- Vorlagen zur Umsetzung von Gewaltverbrechen und Sexualdelikten;
- Empfehlung von Drogenkonsum zur „erfolgreichen Durchführung" von Ritualen;
- unverhohlene Gehirnwäschemechanismen und Konditionierungen, die letztendlich den Mensch als „soziales Wesen" zerstören sollen;
- die Propagierung von politisch extremistischen Inhalten, die sich meist in menschenverachtendem Sozialdarwinismus, Elitewahn, Schwarz-Weiß-Denken und einer offenkundigen Gewaltakzeptanz artikulieren.

Offen ist natürlich, welcher Orden der brutalen Theorie auch Taten folgen lässt. Wird sie aber umgesetzt, so gibt es über die Intensität der Eingriffe kaum einen Interpretationsspielraum – es geht um die Wesensveränderung des Menschen! Beispielhaft für die Konditionierung steht das Buch „Praxis der Weißen und Schwarzen Magie" von Det Morson. Hier soll mit dem Verspeisen von Stuhl und Würmern eine sogenannte „Umkehrung der Sinne" erfolgen, die angeblich den Geist für neue Ideen freimacht. „Ziel dieses Ekeltrainings" sei die „Überwindung anerzogener moralischer Ressentiments" um den Menschen „zur vollen ‚magischen' Stärke zu entwickeln". Dazu finde "in der Regel nur eine Vertauschung der früheren ethisch, moralischen Basis statt".[415]

"Satanismus ist die einzige, Religion, für die man zu dumm sein kann"[416]

Natürlich arbeitet längst nicht jede Loge mit Ekeltraining oder gar blutigen Opferriten. Gemeinsames Merkmal der schwarz-magischen Organisationen ist jedoch eine große magische Experimentierfreudigkeit und die häufige Überschreitung physischer und psychischer Barrieren. Dazu kommt der fast allgegenwärtige Einsatz von Drogen, Alkohol, Räucherungen und anderen Manipulationstechniken, um das Bewusstsein für die neuen Inhalte empfänglich zu machen. Selbstverständlich ist dieses geheime Herrschaftswissen nur einer kleinen Gruppe von Menschen zugänglich. Unweigerlich unterteilt sich die Menschheit in die breite Masse der Ahnungslosen und der wenig Wissenden. Bereits dadurch wird die Schwelle für politisch hochbedenkliche Implikationen wie Sozialdarwinismus, Elitewahn und einem Schwarz-Weiß-Denken erheblich herabgesetzt.

Homo est Deus

Entgegen der weitläufigen Meinung über den schwarzen Okkultismus beten die wenigsten Satanslogen zum Teufel oder wie auch immer der göttliche Gegenpart genannt wird. Das widerspräche dem Kerngedanken der satanistischen Ideologie, nach der sich der Mensch über Schöpfungsmythen und Götter stellt:

Auf die Frage "was nun ist Satanismus?" antwortet der deutsche Statthalter der *Church of Satan*, Chris Redstar:

> "Es ist die Religion des Egos. Die Vergöttlichung der eigenen Person und die Ablehnung jeder spirituellen Obrigkeit. Kein Gott, kein Dämon, kein Wesen über Dir selbst."[417]

---

415 Det Morson: Praxis der Weißen und Schwarzen Magie, Bürstadt Mai 2001, S. 359 f.
416 Oliver Fehn: Die Schule des Teufels, Leipzig 2003, S. 123
417 Chris Redstar: Greetings from Hell, Norderstedt 2004, S. 31

Und auch weit weniger „rationalistische" Logen proklamieren die Göttlichkeit des Menschen selbst. Nicht umsonst wird als Ziel auch von bekannten Okkultisten wie Aleister Crowley oder Michael Dietmar
Eschner immer wieder „Homo est Deus" (zu deutsch: „Der Mensch
wird Gott") proklamiert. Doch die Göttlichkeit ist dem Menschen nach
okkulter Lehrmeinung nicht in die Wiege gelegt. Vielmehr muss der auf
Schwarzen Pfaden Suchende einen langen Initiationsweg mit einem
breit gefächerten System von meditativen Übungen, theoretischen Auf-
sätzen und Ritualen über sich ergehen lassen. Mit der sodann erlangten
Erkenntnis würde der Mensch selbst zu einem Gott. Einen Einblick in
die Denkweise gibt der Okkultist R. Cavendish:

> „Sinnigerweise war es die Schlange im Garten Eden, die Adam und Eva
> das eigentliche Ziel aller magischer Bemühungen angab, als sie die bei-
> den aufforderte, die Frucht vom Baume der Erkenntnis zu kosten. [...]
> In den Geheimwissenschaften ist die Schlange das Symbol der Weisheit,
> und seit Jahrhunderten suchen die Magier nach der verbotenen Frucht.
> [...] Das höchste Ziel des schwarzen Magiers ist es, die absolute Macht
> über das ganze Universum zu erlangen und damit Gott gleich zu wer-
> den."[418]

Der Okkultist Michael Dietmar Eschner konkretisiert im Interview mit
dem Autoren seine Vorstellung von Göttlichkeit:

> „Aus unserer Sicht sind alle Menschen potentielle Götter. Das ist so etwa
> wie bei Kindern, die erwachsen werden. Menschen haben diese Anlage
> und das stimmt ja auch mit der Bibel überein. Gott sagt ja in der Bibel zu
> den Menschen, ihr habt den Apfel vom Baum der Erkenntnis gegessen
> und in der Hinsicht seid ihr jetzt wie ich, aber die Unsterblichkeit die
> mich noch von euch unterscheidet, die gebe ich euch nicht. [...] Wir mei-
> nen mit Gott nicht diesen allmächtigen, allwissenden transzendenten
> Gott im Jenseits, so ein Gott zu sein denke ich, wäre ziemlich langweilig.
> Wir denken da mehr an das, was in der Antike Götter genannt wurden.
> Dieses pralle Leben der Götter und die Unsterblichkeit, die da drinnen
> ist, das ist keine biologische, sondern das ist die Kundalinikraft, die auf-

---

418 Richard Cavendish, Die Schwarze Magie", Dießen am Ammersee, 1980

steigt durch die Wirbelsäule und sich im Sahatshra über dem Kopf sammelt und dadurch wird der Astralkörper gebildet und dieser Astralkörper ist der unsterbliche Körper des Menschen."[419]

Diesem Denken entspringt auch die Frontstellung der Okkultisten gegen Gott. Während in ihrem Denken Satan zum Garanten menschlicher Erkenntnis und spirituellen Wachstums wird, wird Gott als Unterdrücker umgedeutet. Gott wird zur eifersüchtigen Kraft, die dem Menschen die Unsterblichkeit und damit die entscheidende Größe zur Gottweisheit vorenthält.

Auch Literaten des sogenannten „rationalistischen Satanismus" bekräftigen dieses elementare Ideologiefragment, wie eine Zitation von Oliver Fehn belegt: „Satan ist der Name jener Kraft, die uns vital und zu würdigen Vertretern der Gattung Mensch macht, die an unsere Göttlichkeit erinnert."[420]

Mit Ritualen zur Göttlichkeit

Das wichtigste Werk zur angeblichen Gottwerdung des Menschen ist das „Liber Al vel Legis" des britischen Sexualmagiers Schwarzokkultisten Aleister Crowley.[421] Im Jahr 1904 soll ihm der Text von einem überirdischen Wesen namens „Aiwaz" offenbart worden sein. Im Mittelpunkt der Lehre steht das sogenannte „Willensgesetz", das zentrale ideologische Leitmotiv des Neosatanismus: „Tue was du willst, sei das ganze Gesetz." Der Inhalt der angeblichen Offenbarung besteht aus drei Teilen, die jeweils einem der sogenannten „Götter des Neuen Aeons" gewidmet sind.

---

419 zit. aus: Rainer Fromm: Satanismus in Deutschland, München 2003, S. 121 ff.
420 Oliver Fehn: Die Schule des Teufels, Leipzig 2003, S. 8
421 Aleister Crowley: Liber Al vel Legis, Kersken-Canbaz-Verlag, Bergen-Dumme 1993, S. 1

1. Teil:	Nuit = Isis, die Göttin	Mutter	Vagina	Unendlichkeit
2. Teil:	Hadit = Osiris, Nuits Gemahl	Vater	Phallus	Null bzw. der unendlich kleine Bewusstseins-punkt
3. Teil:	Ra-Hoor-Khuit oder Horus, der aus der Vereinigung von Nuit und Hadit entsteht	Kind	Zeu-gung	Die Realität – zwischen Null und Unendlichkeit

Das okkulte Grundlagenwerk wird im Vorwort Michael Dietmar Eschners zum „Gesetz für alle" deklariert, die „mit erhobenem Haupt ihrem Willen folgen", während das „närrische Volk" diene.[422] Weiter bezeichnet er das Buch als „das Gesetz der Starken, der Könige, oder besser des königlichen Weges". In seinem Kommentarband zum Liber Al vel Legis schwärmt Eschner, dass dieses Werk, „den Menschen Wege zu höheren Bewusstseinszuständen zeigt"[423].

Bereits in der Kommentierung wird die Notwendigkeit zu einer Bewusstseinsumkehrung aufgezeigt. Dieses neue Denken geht einher mit einer Selbstkonditionierung, die in letzter Konsequenz zur Aufgabe von der bisherigen sozialen Existenz führen kann. Im Kommentar zum „Liber Al vel Legis" heißt es:

„Um sich zu höheren Bewusstseinszuständen zu entwickeln, muss man sich von den materiellen Bindungen lösen. [...] Jede auf das Materielle gerichtete Handlung hinterlässt in der Psyche eine entsprechende Bindung. Um sich zu höheren Bewusstseinsstufen zu entwickeln, muss jede einzelne dieser Bindungen aufgelöst werden."[424]

---

422 Eschner, zit. aus: Aleister Crowley: Liber Al vel Legis, Kersken-Canbaz-Verlag, Bergen-Dumme 1993, S. 2
423 Aleister Crowley / Michael Dietmar Eschner, Lieber Al Vel Legis mit Kommentaren Bergen/Dumme 1993, S. 15
424 ebd., S. 15 ff.

Mit diesem neuen Bewusstsein und den Weisheiten des Liber Al ausgestattet, würde der Mensch Gott: Deus est Homo.[425] In der Ideologie wird Allvater „nicht mehr als etwas vom Menschen grundsätzlich getrenntes aufgefasst, sondern als weitere Evolutionsstufe des Individuums".[426] Dahinter steht ein Omnipotenzdenken in Bezug auf das menschliche Potential, das es lediglich zu entfachen gelte. Unmissverständlich heißt es weiter:

> „Jeder heute lebende Mensch ist mit allem ausgestattet, was er braucht, um sich selbst zu einem Gott zu entwickeln. Diese Entwicklung kann ihm niemand abnehmen, weder ein Hirte noch ein Vater."[427]

Und eben diesen Weg zum Gottsein realisiere das Liber Al vel Legis. Die schwarze Bibel wird als Kompass zum Über-Ich gepriesen, als Schlüssel zu den verborgenen Fähigkeiten:

> „Das Liber Al vel Legis lehrt den Weg, diesen verborgenen Gott in sich selbst zu realisieren, selbst Gott zu werden."[428]

Doch betrachtet man das Werk genauer, zeigt sich, dass die Pfade zur angeblichen Göttlichkeit, recht unmenschliche Züge tragen. Darwinismus, Kälte, Grausamkeit sind die Attribute des Werkes von Aleister Crowley. Auszüge:

> „Wir haben nichts gemein mit den Ausgestoßenen und den Untauglichen; sie sollen in ihrem Elend sterben. Denn sie fühlen nicht. Mitleid ist das Laster der Könige; tretet nieder die Unglücklichen & die Schwachen: dies ist das Gesetz der Starken: dies ist unser Gesetz und die Freude der Welt."[429]

---

425 ebd., S. 18
426 ebd., S. 18
427 ebd., S. 19
428 ebd., S. 24
429 Aleister Crowley: Liber Al vel Legis, Kersken-Canbaz-Verlag, Bergen-Dumme 1993, S. 205

„Bemitleide nicht die Gefallenen! Ich kannte sie nie. Ich bin nicht für sie. Ich tröste nicht. Ich hasse den Getrösteten und den Tröster. Ich bin einzig & Eroberer. Ich gehöre nicht zu den Sklaven, die zugrunde gehen. Seien sie verdammt und tot! Amen."[430]

Die Folgen von derlei Denkmustern liegen auf der Hand: Politischer Extremismus, Elitedenken, Omnipotenzphantasien und Realitätsverlust. Wer dieser Ideologie trotzdem folgen möchte, muss sich von den Früchten seiner bisherigen Sozialisation trennen. Alte religiöse, soziale und gesellschaftspolitische Weltbilder gilt es über Bord zu werfen. Aus diesem Grund steht am Anfang vieler magischer Initiationswege auch die Umkonditionierung des Individuums. So heißt es in Det Morsons Standardwerk „Praxis der Weißen und Schwarzen Magie": „Es findet in der Regel nur eine Vertauschung der früheren ethisch moralischen Basis statt."[431]

Die Umkehrung der Sinne

Für Okkultisten ist der erfolgreiche Erkenntnisweg in zwei wichtige Stationen unterteilt. Die besteht im intensiven Studium der einschlägigen Literatur um Magie und Rituale. Allerdings wird das Studium der schwarzokkulten Schmöker nur als ein erster Baustein betrachtet. Die Grundregel der Magier lautet: Experimentiere – das Studium der Schriften alleine ist unzureichend! Der Okkultist Frater Cornelis schreibt:

„An diesem Punkt setzen die französischen Satanisten an, wenn sie sagen: Lesen hören, meditieren verschafft keine Erfahrung. [...] Keine Reflexion über Blutrituale kann die Erfahrung ersetzen, die man macht, wenn man selbst den Ritualdolch führt, wenn das Blut, das auf den Altar fließt, von einem selbst vergossen wird, wenn man tötet." [432]

---

430 Aleister Crowley: Liber Al vel Legis, Kersken-Canbaz-Verlag, Bergen-Dumme 1993, S. 212

431 Det Morson, Praxis der Weißen und Schwarzen Magie, Bürstadt 2001, S. 360

432 Frater Cornelis, Blutmessen und Satanismus, Uranus-Verlag, Bersenbrück 1987, S. 19 f.

Diese magische Praxis findet ihre Entsprechung auch bei der Umkonditionierung. Beispielhaft für die Rigorosität, mit der eine Abkehr vom alten Wertesystem zelebriert wird, standen die Praktiken, die noch Mitte der achtziger Jahre im sogenannten „Thelema-Orden des Argentum Astrum e.V." des Okkultisten Michael Dietmar Eschner umgesetzt wurden. Das Berliner Verwaltungsgericht dokumentierte eine ganze Reihe sogenannter Konditionierungstechniken des Kultes:

> „Die Umkonditionierung' des Menschen zu einer höheren ‚Bewusstseinsstufe' soll erreicht werden durch die Zerstörung der bisherigen Moralvorstellungen. [...] Unter anderem durch erzwungenen Sexualverkehr, durch ein sog. Ekeltraining – Urin trinken und Kot essen – sollen die Betroffenen ihre natürliche Hemmschwellen überwinden, wobei Alkohol als Hilfsmittel eingesetzt wird. Die Höchstdauer der Nachtruhe ist auf 6 Std. begrenzt, was offenbar dazu dienen soll, die natürliche körperliche und psychische Widerstandskraft gegen die ‚Umkonditionierungen' auf Dauer zu schwächen."[433]

Hinter dem sogenannten Ekeltraining, das in dem Verwaltungsgerichtsurteil Erwähnung findet, verbirgt sich eines der wichtigsten Umkonditionierungs-instrumentarien des Schwarzen Okkultismus. Die Idee des Ekeltrainings ist die sogenannte „Umkehrung der Sinne", die „bis zum dem Punkt erfolgen" sollte, „wo Lust und Ekel sich ausgleichen und dadurch negieren (aufheben)."[434] Morson ergänzt:

„Das Ziel dieses ‚Ekeltrainings' ist, durch Überwindung anerzogener moralischer Ressentiments, das Ego des Menschen zu befreien und zur vollen ‚magischen' Stärke zu entwickeln".[435]

Eschner selbst empfiehlt diese Technik in seinen Standardwerken als für die okkulte Ausbildung sehr zielführend, auch wenn inzwischen längst nicht mehr alle Techniken des Ekeltrainings in seiner Organisation umgesetzt werden:

---

433 Verwaltungsgericht Berlin, Az: VG6A84,85
434 Det Morson, a.a.O., S. 358
435 Det Morson, a.a.O., S. 359

„Soweit wie möglich und um die besten Resultate zu erlangen, sollte eine Kultivierung von der Außenseite zum Inwendigen geschehen ... Durch Freudefinden an den ekelhaften, aber wertvollen Dingen, wie Urin und Exkrementen [...] Durch diese Diversion geht man in einen systematischen, sorgfältigen und wissenschaftlichen Weg und versteht, dass der Prozess des Alterns angehalten und umgekehrt werden kann durch den Gebrauch von Ekel und den Gebrauch von jungen Frauen."[436]

Wie war das? Im Okkultismus wird angeblich alles möglich – warum nicht auch Unsterblichkeit! Der sinistre Weg bricht mit der Realität, und wer bereit ist, den kruden Inhalten weiter zu folgen, kann sich in einem engmaschigen Netz aus Phantasie und Wahn verfangen, während die anerzogenen Hemmungen verschwinden und der Mensch sich verändert. In der Logenliteratur klingt der Prozess der sogenannten „Umkehrung der Sinne"[437] recht plausibel:

„Jede positive Idee, die wir denken, ruft sofort ihren Gegensatz hervor und da wir die negativen Ideen und Gedanken gewöhnlich verdrängen, arbeiten sie im Unterbewusstem weiter, sammeln immer stärkere Energien und drücken sich in unseren tatsächlichen Handeln oft stärker aus, als die bewussten und akzeptierten Gedanken."[438]

Damit wird das sogenannte „Ekeltrainig" im okkultistischen Sinne auch zum Instrumentarium für Energiegewinnung.

Mit Sexualmagie in höhere Sphären?

„Nur durch die Verschmelzung von Ich und Du, durch das Zusammenströmen der solaren und lunaren Spannung, wie sie das Geschlechtserlebnis gibt, kann der Mensch einen dauernden Hochflug in höhere Sphären wagen und erleben."[439] Als ideale Tage zur Ausübung sexual-

---

436 Michael Dietmar Eschner: Die geheimen sexualmagischen Unterweisungen des Tieres 666, S. 57
437 Det Morson, a.a.O., S. 337
438 Michael Dietmar Eschner: Die geheimen sexualmagischen Unterweisungen des Tieres 666, S. 53
439 Gregor A. Gregorius, Magische Briefe, Berlin 1980, VIII, S. 31

magischer Praxis empfiehlt der frühere Logenchef der *Fraternitas Saturni* Gregor A. Gregorius den Johannistag, die Wintersonnenwende, Silvester, den Dreikönigtag, Fastnacht, Walpurgisnacht, Himmelfahrt und die Andreasnacht. Zur Praxis der Fraternitas gehört unter anderem das sogenannte „Panchamalara-Ritual", in dem die „sexuelle Energie durch die geschlechtliche Vereinigung nicht nur symbolisiert, sondern bereits durch die ekstatische Vereinigung des durch die Zelebrierenden dargestellten Götterpaares transformiert" wird.[440]

Die Bedeutung des Geschlechtsverkehrs als Instrument zum spirituellem Wachstum im okkulten Sinne kann gar nicht hoch genug bewertet werden. In den Mitteilungen von Eschners *Thelema-Orden* wird „Sexualmagie" als „der Gebrauch sexueller Energien" definiert „um magische Wirkungen zu produzieren".[441] Der Okkultist Kurt Krause schreibt zur Bedeutung von Sexualmagie: „Die archaischen Kräfte von Sex und Hass sind es, die uns Energie liefern, unseren Willen in Szene zu setzen und zwar mit größter Absicht und Erfolg".[442]

Darin liegt auch eine zentrale Gefahr für Frauen, die sich satanistischen Organisationen nähern. Darüber hinaus offenbaren die Aussagen in der Okkultliteratur, dass Frauen immer wieder zum Vehikel männlicher Gottwerdung werden. Die praktische Umsetzung sexual-magischer Praxis untergliedert Michael Dietmar Eschner in vier unterschiedliche Stadien:[443]

1. Körperbeherrschung – Asana
2. Beherrschung der Emotionen/Energien – Pranayama
3. Umkehrung der Sinne
4. Wahl des geeigneten Partners

---

440 www.fraternitas.de/archiv/06.htm; Stand: 01.10.2003
441 AHA, 3/1999, S. 32
442 Kurt Krause: Teuflisches Treiben: Bettlektüre für Hexen und Zauberer im C.O.S., Bürstadt o.J., S. 64
443 Michael D. Eschner: Die geheimen sexualmagischen Unterweisungen des Tieres 666, S. 46

Während die ersten Phasen recht unverfänglich durch meditative Techniken erlernt werden können, greifen bei 3. und 4. bereits Instrumentarien der Konditionierung und des sogenannten „Ekeltrainings". Zur praktischen Umsetzung der Sexualmagie heißt es im Okkult-Magazin „AHA":

> „Zur Steigerung des Energieflusses und der Konzentration sind neben den schon bereits genannten Übungen noch verschiedene Formen der Meditation, Dehnungen, Massagen, Konditionstraining und Stärkung der genitalen und analen Muskulatur empfehlenswert. In den meisten Schulen gehört auch die sogenannte ‚Umkehrung der Sinne', auch als ‚Ekel-' oder ‚Glückstraining' bekannt, zu den Voraussetzungen. Es besteht im Prinzip darin, sich eine möglichst ekelige Sache auszusuchen, z.B. ein Essen, welches man auf den Tod nicht ausstehen kann, und es solange zu sich zu nehmen, bis man es gerne mag. Zur Praxis gehören auch Orgasmustraining und willentliche Beeinflussung der Geschlechtsorgane."[444]

So findet die Wahl geeigneter Partner nicht etwa nach Maßstäben der Sympathie oder gar Liebe statt. Im Gegenteil: Der Geschlechtsakt wird zum wohlkalkulierten Akt der Energiegewinnung. So empfiehlt der Okkultist Austin Osman Spare

> „im Sexualverkehr die abstoßenst vorstellbare Art von Frauen einzusetzen"[445].

Und auch Eschner spricht von der „Umkehrung der Sinne bis zu dem Punkt, wo Abstoßung und Anziehung einander in einem höchsten Orgasmus negieren". Zur Partnerwahl ergänzt er:

> „Zum einen, je verschiedener der Partner von einem selbst ist, desto größer ist die Spannung und desto größer der Energiefluss. Zum anderen ist es gewöhnlich sinnvoll, den Aspekt der Umkehrung der Sinne bei der Partnerwahl zu berücksichtigen."[446]

---

444 AHA, Aug./Sept. 1993, S. 68 ff.

445 zit. aus: Michael D. Eschner: Die geheimen sexualmagischen Unterweisungen des Tieres 666, S. 56

446 Michael D. Eschner: Die geheimen sexualmagischen Unterweisungen des Tieres 666, S. 59

Austin Osman Spare wird an dieser Stelle noch deutlicher:

> „Die so engagierte Hexe ist gewöhnlich alt, grotesk, weltlich, wollüstig,
> gelehrt und sexuell so attraktiv wie eine Leiche. Trotzdem wird sie das
> vollständigste Vehikel der Erfüllung. Dies ist für die Transformation der
> persönlichen ästhetischen Kultur, welche dadurch zerstört wird, nötig.
> Perversion wird nur gebraucht, um moralische Vorurteile oder Konfor-
> mität zu überwinden."[447]

Die „Hexe" als das „vollständigste Vehikel zur Erfüllung". Was die Frau-
en zu ihrer Instrumentalisierung sagen, bleibt ungeklärt. Und selbst
wenn die weiblichen Okkultistinnen verheißungsvoll als „Satanshexen"
bezeichnet werden, ändert das nur wenig an ihrem Status. In einem Artikel über „Satanshexen" heißt es im Okkult-Organ „AHA":

> „Satanshexen ‚opfern‘ sich selbst. Ritualmagier erbringen ‚stellvertreten-
> de‘ Opfer. Satanshexen übergeben sich venusisch unmittelbar ‚mit Haut
> und Haar. Leib und Leben‘ Satan und der Hölle (‚höllisch venusische Lie-
> be unter satanischem Willen‘). [...]‚Satanshexen sehen in Satan [...] ihre
> ‚heiß‘ geliebte ‚bräutliche Mutter‘, der sie sich venusisch freudig und be-
> dingungslos übergeben und ausliefern, um in der Verschmelzung mit ih-
> nen zum Satansengel zu mutieren."[448]

Diesem Bild der sich sexuell-ekstatisch aufopfernden Frau entspricht
auch Aleister Crowleys Frauenideal, die sogenannte „Scarlet Woman"
oder zu deutsch „Scharlach-Frau". Hinter der Bezeichnung verbirgt sich
der Begriff der Hure Babylon, also ein Symbol des Teufels. In seinem
magischen Tagebuch stellte Crowley die scharlachrote Frau der „sitt-
samen Frau" gegenüber, die für ihn „die unversehrte Maria" darstellt,
die eingesperrt, stagnierend, impotent und tot sei. Demgegenüber symbolisiere die „Scarlet Woman" eine Frau, „die auf dem Tier reitet [...],
das Blut der Heiligen trinkt, ehebrecherisch, die Lady der Veränderung,
der Energie, des Lebens".[449] Unzweideutig schreibt Crowley die „sitt-

---

447   zit. aus: Michael D. Eschner: Die geheimen sexualmagischen Unterweisungen des
      Tieres 666, S. 54
448   AHA, 5/96, S. 30 f.
449   www.theyareseven.org/sabath/was.html; Stand: 01.10.2003

same Frau, die Mutter (ist) für mich das Symbol von Niederlage und Tod", während die scharlachrote Hure für „Sieg und Leben" stehe.[450] Wessen Leben? Wie Phallus-orientiert Crowley versuchte, um seinen eigenen Fetisch eine Religion zu zimmern, verdeutlicht ein Aufsatz auf der okkult-satanistischen Internetplattform „NewAeon.de": „Alle Frauen, mit denen er sexuelle Beziehungen aufnahm, verklärte Crowley mit dem Titel ‚Frauen in Scharlach', zu Spenderinnen übersinnlicher Freuden."[451]

Ob derlei „Freuden" auch von den „Satanshexen" und „Scarlet Woman" geteilt werden, sei dahingestellt. Die Grenzen zu sexuellen Tabuverletzungen und Grenzüberschreitungen erscheinen jedoch äußerst brüchig, was auch die Schilderungen von Frauen dokumentieren, die diesen Organisationen angehörten.

Von der Spaltungsmagie und anderen Manipulationskünsten

Darüber hinaus sind die Praktiken auch psychisch sehr gefährlich, wie das Beispiel der Spaltungsmagie dokumentiert. Diese Form magischer Suggestion wird als eine sehr machtvolle Technik dargestellt, mit der man andere Menschen beeinflussen kann. Der Gründer der deutschen Okkultloge *Fraternitas Saturni*, Gregor A. Gregorius, beschreibt in seiner Organisationszeitschrift, den „Magischen Briefen", die Technik als „Gebiet höherer Schulung" sowie als Instrumentarium um „Menschen in erhöhtem Maße zu beeinflussen"[452]. Weiter heißt es: „Sie müssen Dir dienen."[453] Dahinter stecken Omnipotenzgedanken, die dem Neosatanismus immanent sind. So wird auch Gregorius nicht müde, der Vergöttlichung des Menschen das Wort zu reden. Während er freimütig behauptet, der eigene Wille sei „göttlich und allmächtig"[454], schwadro-

---

450 www.theyareseven.org/sabath/was.html; Stand: 01.10.2003
451 http://www.newaeon.de/newaeon/index.php?act=view_location&location_id=5509; Stand: 01.10.2003
452 Gregor A. Gregorius, Magische Briefe, Berlin 1980, II, S. 7
453 Gregor A. Gregorius, Magische Briefe, Berlin 1980, II, S. 7
454 Gregor A. Gregorius, Magische Briefe, Berlin 1980, II, S. 6

niert er an anderer Stelle: „Du selbst bist Gott.“[455] Und vermutlich lassen sich seelische und körperliche Grenzüberschreitungen, wie sie in der Spaltungsmagie beschrieben werden, auch nur mit diesem Bewusstsein umsetzen. Denn Spaltungsmagie suggeriert nicht weniger als den Aufenthalt im „Reiche der Dämonen“, „der Astralwesen“, sowie „Schwingungszustände subtilster Art und von kosmischer Gewalt“.[456]

Die Technik gilt in der Okkultszene als sehr gefährlich. Immerhin geht es bei der Spaltungsmagie um das sogenannte „Auflockern“ des Ichs, das heißt in den magischen Übungen wird gezielt auf eine Persönlichkeitsspaltung hingearbeitet. Mithilfe der sogenannten „Auflösung des Ich-Bandes“ könne der Magier „in den Transzendentalbereich“ schreiten.[457]

Um diese Persönlichkeitsspaltung herbeizuführen, werden in der okkult-satanistischen Literatur recht unterschiedliche Wege empfohlen. Als „natürliche Mittel zur Spaltung“ benennt Gregorius den „natürliche(n) Schlaf (Traum), plötzliche Impulse (Schreck, Angst, Furcht usf.), die den grobmateriellen Körper zum Teil oder ganz ausschalten“. Darüber hinaus seien „künstliche Mittel“ unter anderem „der Rauschzustand durch Narkotika, durch Tanz, die Hypnose, der Trance“[458] zu erwähnen. Klar hebt Gregorius auch die „herrschende Rolle“ der Räuchermittel hervor, da sie „den magnetischen Trancezustand begünstigen“.[459] Als Räucherdrogen werden in dem Werk unter anderem Haschisch, Hanf, Opium, Quecksilber und Moschus empfohlen, dem eine aphrodisierende Wirkung nachgesagt wird.[460]

Die Umsetzung der Spaltungsmagie wird sowohl individuell als auch in Zusammenarbeit mit einem Medium beschrieben. Ziel ist es, Macht über diese dritte Person zu bekommen, die sodann „nur noch Deine

---

455 Gregor A. Gregorius, Magische Briefe, Berlin 1980, II, S. 105
456 Gregor A. Gregorius, Magische Briefe, Berlin 1980, II, S. 7
457 www.hagdise.de/seite049.htm
458 Gregor A. Gregorius, Magische Briefe, Berlin 1980, II, S. 79
459 Gregor A. Gregorius, Magische Briefe, Berlin 1980, II, S. 95
460 Gregor A. Gregorius, Magische Briefe, Berlin 1980, I, S. 24 I und 24 II

Befehle ausführen" darf.[461] Als Mittel zur Machtgewinnung empfiehlt Gregorius recht offen auch Strukturen sexueller Abhängigkeit:

> „Es dürfte Dir bei einiger Überlegung wohl von selbst klar sein, dass Du Dir für magische Zwecke ein Medium vorher monatelang und genauer Beobachtung ihrer Psyche schulen und heranbilden musst. Dies erreichst Du außer den Dir ja bekannten regelmäßigen hypnotischen Beeinflussungen durch bewusst erzielte sexuelle Hörigkeit."[462]

An anderer Stelle empfiehlt Gregorius:

> „Darum ist es gut, wenn Du das Weib, mit dem Du experimentieren willst, Dir geschlechtshörig machst, zumal wenn Sie unberührt war."[463]

Am Ende der Übungen ist das Medium nach der Vorstellung der Okkultisten „ein unbedingt zuverlässiges Werkzeug"[464] für die oben beschriebenen magischen Reisen und Experimente geworden.

Suggestion und Ausbeutung durch gezielte Persönlichkeitsspaltung: So ganz wohl scheint dem Autoren bei dem Gedanken nicht zu sein, mit seinen magischen Tipps an der Erschaffung omnipotenter Psychomonster mitzuwirken. Aus diesem Grund wohl endet das Kapitel über „Spaltungsmagie" mit einer bemerkenswerten Drohung:

> „Versuche niemals, Sat, Dir durch die Macht der Spaltungsmagie Erkenntnisse zu erringen über unsere geheime Bruderschaft, oder über mich, Deinen Guru. Du würdest Dich bitteren, nicht wieder gutzumachenden Folgen aussetzen. Es würde und müsste Dir für längere Zeit das Gedächtnis und Deine Fähigkeiten genommen werden. Schweige und warte! Vollführe nur die Dir gegebenen Anweisungen. Sonst nichts!"[465]

Am Beispiel der kruden Ideenwelt um die Spaltungsmagie wird deutlich, wie gefährlich okkult-satanistische Praktiken für Experimentieren-

---

461 Gregor A. Gregorius, Magische Briefe, Berlin 1980, II, S. 99
462 Gregor A. Gregorius, Magische Briefe, Berlin 1980, VIII, S. 74
463 Gregor A. Gregorius, Magische Briefe, Berlin 1980, II S. 96 f.
464 Gregor A. Gregorius, Magische Briefe, Berlin 1980, II, S. 103
465 Gregor A. Gregorius, Magische Briefe, Berlin 1980, II, S. 106

de werden können. Die Kombination aus Machtbesessenheit, Drogen-
rausch und okkulten Wahnwelten ist ein gefährlicher Morast, aus dem
es für Besucher dieses schwarzen Paralleluniversums ohne fremde Hilfe
oft kein Entkommen mehr gibt.

Blut ist ein ganz besonderer Saft
Noch wirksamer als sexualmagische und spaltungsmagische Übungen
sieht die okkultistische Literatur das sogenannte Blutopfer. Unzweideutig heißt es unter anderem bei Det Morson:

> „Die schwarzmagische Anwendung von Blut in magischen Ritualen führt
> zwar am schnellsten aber auch dauerhaftesten zur Bindung an astral-dä-
> monische Wesenheiten und die Gefahren, die durch Sexual-, Blut-, Sata-
> nistische- und Schwarze Magie entstehen können für Geist, Seele und
> körperliches Dasein, dürfen in keinem Falle unterschätzt werden. Den-
> noch gilt auch hier der Grundsatz ‚Tue was Du willst' und eine experi-
> mentelle Erforschung dieser dunklen Seite der Magie ist nur ein weiterer
> Weg zum Absolutum [...]."[466]

Und wohl aus diesem Grund gehören auch blutige Grenzüberschreitungen zu den ständigen Wegbegleitern des Satanismus. In Dutzenden von
Büchern, die meist mit ISBN versehen frei im Handel erhältlich sind,
wird die gesammte Palette von Grausamkeiten für magische Experimente feilgeboten: Das Angebot reicht von Kannibalismus bis zum
Kindsmord. Diverse Satanslogen unterscheiden explizit die sogenannte
„Schwarze Messe", die als „Liturgie der satanischen Gnostiker"[467] beschrieben wird, von der sogenannten „Roten Messe". In der Logenschrift
von Frater Cornelis findet sich sogar eine Begriffsbestimmung:

> „Französische Satanisten unterscheiden zwischen ‚schwarzer' und ‚roter'
> Magie, wobei das Besondere der ‚roten Magie' das Blutopfer ist. Die Rote
> Messe ist ein Ritual, das mit Hilfe von Blutopfern eine direkte Ver-
> bindung zu den Herren des Todes herstellen soll. Sexualmagische Aspek-

---

466   Det Morson: Praxis der Weißen und schwarzen Magie, Bürstadt Mai 2001, S. 100
467   Dr. Klingsor: Experimental-Magie, Berlin 1976, S. 303

te fehlen bei dieser Zeremonie völlig. Die Rote Messe entstammt der Praxis der ‚Zeugen Lucifers' und ist ein Gemeinschaftsritual par excellence."[468]

An der Wirksamkeit menschlichen Blutes oder menschlicher Opfer lässt die Okkult-Literatur keinen Zweifel. Im Gegenteil: In zahlreichen Grundlagenwerken sind es gerade diese Opfer, denen die höchste Wertigkeit zukommt. Beispielhaft hierfür steht die Graduierung Aleister Crowleys. In seinem „Liber Al vel Legis" heißt es:

> „Das beste Blut ist vom monatlichen Mond: dann das frische Blut eines Kindes oder das, welches vom Wirt des Himmels tropft: dann das von Feinden; dann das des Priesters oder der Anbeter: zuletzt von einem Tier, egal von welchem. Verbrenne dies: mache Kuchen daraus & iß in meinem Namen."[469]

Das Menschenopfer

Noch konkreter wird Aleister Crowley in seinem Werk Magick, Band 1. Im zwölften Kapitel mit dem aufschlussreichen Namen „vom blutigen Opfer und verwandten Dingen", lernt der Leser die „Theorie der Alten Magier" kennen. Diese Theorie besagt, „dass jedes lebendige Wesen eine Vorratskammer der Energie sei, die sich in der Qualität nach Größe und Gesundheit des Tieres und in der Qualität nach seinem mentalen und moralischen Charakter unterscheide. Bei dem Tode des Tieres wird diese Kraft plötzlich freigesetzt"[470].

Aus diesem Grund empfiehlt Crowley, das Tier in einem magischen Kreis oder Dreieck zu töten, damit „seine Energie nicht entfleuchen kann". Bei der Wahl des geeigneten Opfers empfiehlt er einen jungfräulichen Widder, wobei „ein Wolf noch besser" geeignet sei. Insgesamt sollte aber nur ein Lebewesen für ein Ritual gewählt werden, das „mit

---

468 Frater Cornelis, Blutmessen und Satanismus, Uranus-Verlag, Bersenbrück 1987, S. 45

469 Aleister Crowley, Liber Al vel Legis, Bergen/Dumme 1993, S. 306 f.

470 Aleister Crowley, Magick, Band 1, Bergen/Dumme 1993, S. 394

der Art der Zeremonie" übereinstimme.[471] Keinen Zweifel lässt Crowley
an der Wahl des besten Opfers – das menschliche:

> „Für die höchste spirituelle Arbeit muss man dementsprechend das Op-
> fer wählen, das die größte und reinste Kraft in sich birgt. Ein männliches
> Kind von vollkommener Unschuld und hoher Intelligenz ist das befriedi-
> gendste und geeignetste Opfer."[472]

Falls sich beim experimentierenden Jungmagier Gewissensbisse hinsichtlich der moralischen Legitimation blutiger Opfer einschleichen
sollten, greift Aleister Crowley derlei Skrupeln vorweg. Für Gewissensbisse ist in der Welt der Selfmade-Götter kein Platz. Unmissverständlich
schreibt Crowley, es sei „ein Irrtum anzunehmen, dass das Opfer geschädigt wird". Dementgegen sei die Opferung „die barmherzigste und
gesegnetste aller Todesarten, denn der Elementargeist" würde „direkt in
die Gottheit eingebaut".[473] Ansonsten überlässt es Crowley der „Interpretation" seines Lesers, inwieweit aus der blutigen Theorie schwere
Straftatbestände werden. So gäbe es auch „Magier, die den Gebrauch
von Blut zurückweisen" und „durch Weihrauch" zu ersetzen. Davon rät
Crowley jedoch ab:

> „Aber das Blutopfer ist, obschon gefährlicher, wirksamer; und für fast al-
> le Zwecke ist das menschliche Opfer das Beste."[474]

Die Grenze zwischen Symbolik und Mord wird hauchdünn, die Frage
nach Leben und Tod des Opfers zum Ermessensspielraum des Magiers.
So heißt es zwar einerseits relativierend:

> „Der wahrhaft große Magier wird imstande sein, sein eigenes Blut zu ge-
> brauchen oder möglicherweise das eines Schülers und zwar ohne das
> physische Leben unwiderruflich zu opfern."[475]

---

471 Aleister Crowley, Magick, Band 1, Bergen/Dumme 1993, S. 394
472 Aleister Crowley, Magick, Band 1, Bergen/Dumme 1993, S. 395
473 Aleister Crowley, Magick, Band 1, Bergen/Dumme 1993, S. 394
474 Aleister Crowley, Magick, Band 1, Bergen/Dumme 1993, S. 396
475 Aleister Crowley, Magick, Band 1, Bergen/Dumme 1993, S. 396

In der dazugehörenden Fußnote findet sich dann aber ein finales „Anything goes":

> „Solche Einzelheiten können ruhig der Vernunft des Studierenden überlassen werden. Wie überall, so ist auch hier die Erfahrung der beste Lehrmeister. Aber es kann ohne Furcht vor Widerspruch gesagt werden, dass der Tod des Opfers mit der höchsten Anrufung zusammentreffen sollte."[476]

Dass es hierbei aber nicht, wie so gerne in der okkulten Szene immer wieder kolportiert wird, nur um symbolische Opfer geht, belegen weitere Aussagen aus dem Buch Magick 1. Zum beschriebenen Ablauf der blutigen Rituale gehören auch diverse Tötungsarten:

> „Die Methode des Tötens ist aber in der Praxis übereinstimmend. Das Tier sollte ins Herz gestochen werden oder die Kehle durchgeschnitten, beide Male mit dem Messer. Alle anderen Tötungsmethoden sind weniger effektiv, selbst im Fall der Kreuzigung wird der Tod durch Erstechen herbeigeführt."[477]

Derlei Opferungen sollten in Korrespondenz mit Drogen und Wohlgerüchen erfolgen.[478] An anderer Stelle heißt es bei Crowley: „Zu meiner Verehrung nehmt Wein und seltene Drogen."[479] Bekanntlich können diese auch Hemmungen abbauen. Wie weit die Selbstvergottung und die Bereitschaft, für die eigenen Interessen zu töten in Crowleys Philosophie fortgeschritten ist, belegt ein Zitat aus dem sogenannten „Liber Oz": „‚Der Mensch hat das Recht, jeden zu töten, der ihn daran hindert, seinen Wahren Willen zu tun.‘, denn jeder Mensch ist ein König in seinem eigenen Recht".[480]

---

476 Aleister Crowley, Magick, Band 1, Bergen/Dumme 1993, S. 396
477 Aleister Crowley, Magick, Band 1, Bergen/Dumme 1993, S. 399
478 Aleister Crowley, Magick, Band 1, Bergen/Dumme 1993, S. 399
479 Aleister Crowley, Liber Al vel Legis, Bergen/Dumme 1993, S. 206
480 zit. aus: Michael Dietmar Eschner: Die geheimen sexualmagischen Unterweisungen des Tieres 666, S. 17

Das Opfer und die Beschwörung

Die Alptraumwelten Crowleys finden sich auch in anderen relevanten Okkult-Werken wieder. Beispielhaft hierfür steht der Band „Die Schwarze Magie" von R. Cavendish. In dem Werk werden die Grundlagen blutiger Opferriten detailliert beschrieben. So erfährt die Leserschaft, dass „nach uralter magischer Vorstellung" das „Blut der Träger der Lebenskraft" sei. Dieser Kraft anderer Wesen soll man sich quasi parasitär durch die unterschiedlichsten Zeremonien bedienen:

> „Nach okkultistischer Auffassung enthält jedes Lebewesen Energie, und wenn es getötet wird, setzt man den größtmöglichen Teil der Energie frei. Die Opferhandlung wird im Innern des Kreises vollzogen, damit die Lebensenergie des Opfertieres darin bleibt und sich dort konzentriert. Das Tier soll jung, gesund und jungfräulich sein, damit die von ihm ausströmende Lebenskraft möglichst unverbraucht ist."[481]

In dem Ritualbuch gilt die „bei der Tötung des Tieres ausströmende Energie" als „außerordentlich stark". Zudem erfährt der Leser, dass sich der „Magier" nicht nur durch seinen Energiebedarf, sondern auch durch eine gehörige Portion Sadismus auszeichnet. Gewaltfolgen erzeugen angeblich eine Art „Flow":

> „Der wichtigste Anlass für das Opfer ist der psychische Reiz, den es für den Magier selbst bedeutet. Der grausame Akt des Schlachtens und der Anblick des aus der Wunde hervorquellenden Blutes erhöht die Ekstase, in die er sich im Verlauf der Vorbereitungen, durch Konzentrationen, Gesänge und das Verbrennen von Weihrauch gesteigert hat."[482]

Der Theorie folgt eine detaillierte Beschreibung einer „Teufelsbeschwörung im Roten Drachen". In dem Ritual geht es um die Anrufung des Höllenfürsten höchstpersönlich:

> „Man nehme eine schwarze Henne, die sich noch nicht mit einem Hahn gepaart hat, drücke ihr den Hals zu, damit sie nicht gackert und keine

---

481   Richard Cavendish, Berlin 1980, S. 286
482   Richard Cavendish, Berlin 1980, S. 287

Energie verliert. [...] Im Kreise stehend, konzentriere man alle inneren Kräfte aufs höchste, zerreiße den lebendigen Vogel mit den Händen und sage dabei ‚Euphas Metahim, frugativi et apellavi.' Darauf wende man sich nach Osten und befehle dem Teufel, zu erscheinen. Er wird gehorchen. Ein Menschenopfer wäre natürlich viel wirksamer, weil es die stärkere psychische Erregung zur Folge hätte."[483]

Die Beschreibung von Cavendishs Opferriten dokumentiert fließende Übergänge zwischen Realität und okkulter Wahnwelt. Als Blockadebrecher dienen einmal mehr Drogen und brutale Grenzerfahrungen:

„Es dürfte keinem Zweifel unterliegen, dass magische Rituale Halluzinationen verursachen können. Der Magier bereitet sich durch Abstinenz und Schlaflosigkeit oder durch Alkohol, Drogen und sexuelle Ausschweifungen darauf vor. Er atmet Dämpfe ein, die auf das Gehirn und die Sinnesorgane wirken. Er vollzieht geheimnisvolle Riten, die in die Tiefen des Unterbewussten dringen und an das Emotionale und Irrationale rühren. Das Schlachten eines Tiers erregt ihn ebenso wie das Verwunden eines Menschen, und in manchen Fällen das Herbeiführen des Orgasmus oder einer Vorstufe dazu."[484]

Die Schwarze Messe

Per Definition ist die Schwarze Messe das Messritual, das im Satanskult praktiziert wird. Der Name leitet sich von den schwarzgefärbten Rübenscheiben ab, die als Hostienersatz fungieren. In der Schwarzen Messe des neunzehnten und zwanzigsten Jahrhunderts verbinden die Protagonisten die Verhöhnung der christlichen Messe mit Obszönitäten.[485]

Gregorius, der Gründer der Saturnloge *Fraternitas Saturni* hat der satanischen Magie ein eigenes Werk gewidmet. Hierin wird auch die Schwarze Messe als spiegelverkehrtes Gegenstück zur christlichen Liturgie beschrieben: „Genau nach den Ritualen der kirchlichen Vorschriften und Gebräuche vollzieht sich der Gottes- und Satansdienst. Nur liegt auf dem Altar der nackte Leib einer Frau, auf dem der Priester seine

---

483 Richard Cavendish, Berlin 1980, S. 287
484 Richard Cavendish, Berlin 1980, S. 297
485 Marc-Roberts-Team: Lexikon des Satanismus und des Hexenwesens, Graz 2004, S. 240 f.

Handlungen verrichtet und den Kelch und die heiligen Geräte stellt."[486]
Im Gegensatz zur christlichen Messe wird jedoch das Blut keineswegs
nur symbolisiert durch Wein. Gregorius schreibt: „Man bedient sich
wiederum des Blutes neugeborener Kinder, die man vorher durch Hals-
aderschnitt schächtet, um die Hostien damit zu durchtränken."[487] Im
Verlauf der Schwarzen Messe spielen wieder einmal Betäubungsmittel
eine entscheidende Rolle: „Alle Teilnehmer und Andächtige schwingen
kupferne Räuchergefäße, die narkotische Drogen beinhalten, um den
Sabbatrausch hervorzurufen: Bilsenkraut, Nachtschatten, Belladonna
und Eisenhut."[488]
   Neben der unmittelbaren Gefährdung für die körperliche Unversehrtheit der Beteiligten bei Schwarzen Messen, lohnt auch ein Blick auf
die verwendeten Drogen.

Name	Synonyme	Giftigkeit	Besonderheit/Symptome
Bilsen-kraut	Tollkraut, Bilsenkraut, Altsitzerkraut, Schlafkraut	giftig	Heiße Haut, Gesichtsröte, tro-ckene Schleimhaut. Im Vorder-grund steht die narkotische Wir-kung des Giftes. Bewusstlosigkeit, narkoseähnlicher Schlaf. Wahr-sager versetzten sich im Mittel-alter mit Bilsenkraut in Trance. Die auftretenden Rauschzustän-de ließen die Benutzer glauben, sie könnten sich in Tiere ver-wandeln oder fliegen. Zusam-men mit Tollkirsche und Stech-apfel war Bilsenkraut wichtiger Bestandteil der Hexensalben.

---

486 Gregor A. Gregorius, Schwarze Magie, Budapest 1983, S. 68 VII
487 Gregor A. Gregorius, Schwarze Magie, Budapest 1983, S. 68 VII
488 Gregor A. Gregorius, Schwarze Magie, Budapest 1983, S. 74 VII

Name	Synonyme	Giftigkeit	Besonderheit/Symptome
Nacht-schatten	Säuplag Sautod Giftbeere Hundsbeere Schweinstod Mondschein-kraut	giftig	Das Gift wirkt sehr stark reizend auf die Schleimhäute. Benommenheit, Angstzustände, Krämpfe, Rötung des Kopfes.
Toll-kirsche	Belladonna	giftig	Die Einnahme von Tollkirschen kann zu Halluzinationen führen.
Eisen-hut	Helmgiftkraut Mönchskappe Fuchswurzel Teufelswurz Wolfsgift	sehr giftig	Brennen und Kribbeln im Mund, Gefühllosigkeit, Sehstörungen, Lähmung, Atemlähmung. In der Geschichte wurden immer wieder Morde mit Eisenhutpflanzen verübt. Der Eisenhut ist die giftigste Pflanze Europas.

In einem anderen Ritual, das Gregorius in seinem Werk ebenfalls beschreibt, geht es um die Nutzung der männlichen und weiblichen Zeugungskräfte. In der okkulten Praxis der sogenannten „Barbelo-Gnostiker" wird auch eine kannibalistische Handlung beschrieben:

> „Nachdem bei dem Geschlechtsakt der männliche Samen ausgeflossen war, benutzten sie das Sperma zu ihren Kulten und Salbungen, ebenso das Menstrualblut der Frauen. Der eigentliche Begattungsakt durfte nicht vollständig befriedigt werden. Wurde eine Frau jedoch trotzdem schwanger, so führte man gewaltsam eine Frühgeburt herbei. Man nahm diese Frühgeburt, vermengte sie mit Honig, Pfeffer und anderen Gewürzen und verspeiste dieselbe."[489]

Was ist nun Schwarze oder satanische Magie? Phänomenologisch betrachtet geht es hier um das Beschädigen oder Vernichten Dritter zum

---

489 Gregor A. Gregorius, Schwarze Magie, Budapest 1983, S. 31 VII f.

eigenen Machtgewinn. Der Darstellung Cavendishs ist zuzustimmen, der die „Wurzeln" der Schwarzen Magie „in den dunkelsten Bereichen menschlichen Bewusstseins" verortet. Triebfeder ist weniger die Suche nach dem Seelenheil in sinistren Sphären, als das Verlangen nach menschlicher Allmacht:

> „Sie ist aber mehr als ein Produkt für das Böse, nämlich der tibetanische Versuch des Menschen, sich selbst zu erhöhen und jenen Platz einzunehmen, den die Religion Gott vorbehalten hat."[490]

Nicht weniger Selbstreflexion offenbart auch Gregor A. Gregorius. Mit einem Ceterum Censeo zementiert er die destruktive Motivation schwarzmagischer Riten:

> „Schwarzmagisch handelt derjenige, der bei seinen magischen Praktiken das Blut lebender Wesen vergießt. Schwarzmagisch handelt auch derjenige Mensch der durch seinen Willen oder seine magische Praktiken Wesen anderer Ebenen zwingt und veranlasst, ihm gewollte materielle Vorteile zu verschaffen oder seine eigene Machtposition zu vergrößern."[491]

Hier schließt sich der Kreis: Eigentlich scheint Satan den meisten Satanisten recht egal. Es könnte auch Conan der Barbar, Rambo oder Hitman sein, auf den die Ich-Aufwertung projiziert wird. Satan ist gerade für die rationalistischen Satanisten nicht mehr als ein Synonym, möglicherweise auch ein Fluchtpunkt aus einem viel zu unspektakulären Leben. Gleichzeitig wird Satan auch zum Kristallisationspunkt für unterdrückte Fetische und aufgestaute Omnipotenzphantasien. Wie schreibt der deutsche Statthalter der *Church of Satan*, Chris Redstar zum Satanismus?: „Du bist das Maß aller Dinge in Deinem Leben und nur Dir selbst moralisch verantwortlich."[492] Empathie, Pluralität, Gleichheitsgrundsätze haben in dieser Ideologie keinen Platz. Zur globalen Verantwortung für die Dritte Welt schreibt Redstar: „Unsere Welt

---

490 Richard Cavendish, Dießen am Ammersee 1980, S. 9
491 Gregor A. Gregorius, zit. aus: Det Morson: Praxis der weißen und schwarzen Magie, Bürstadt 2001, S. 377 f.
492 Chris Redstar: Greetings from Hell, Norderstedt 2004, S. 31

ist sowieso schon mehr als überbevölkert und dann noch denen helfen, die dieses Problem noch verschärfen ist paradox."[493] An anderer Stelle beklagt er:

> „Heutzutage wird jeder Kranke, Schwache, jeder Schmarotzer und Schwachsinnige von der Gesellschaft durchgeschleppt und diese dürfen sich dann auch noch nach Belieben vermehren."[494]

An diesen Passagen erkennt man, dass der Satanist seine Ideologie verstanden hat: Only the fittest survive! In den darwinistisch-elitären Kontext passen auch Aussagen des Magisters Peter H. Gilmore, der international als Mediensprecher der Kirche Satans auftritt und dessen Thesen in dem Aufsatz „Satanismus: Die gefürchtete Religion" nachzulesen sind:

> „Wir wollen [...] den zeitgenössischen Satanismus als das sehen, was er wirklich ist: eine brutale Religion des Elitedenkens und Sozialdarwinismus, die danach trachtet, die Herrschaft der Fähigen über die Idioten wieder herzustellen. [...] Das Prinzip des Überlebens der Starken wird auf allen Ebenen der Gesellschaft befürwortet."[495]

In einem Duktus, der ansonsten nur in der verfassungsfeindlich-rechten Szene gebräuchlich ist, heißt es weiter:

> „Satanisten trachten auch die Naturgesetze zu unterstützen, indem sie sich darauf konzentrieren, die Rassenhygiene zu unterstützen. [...] Bis der genetische Code entschlüsselt ist und wir die Eigenschaften unseres Nachwuchses willentlich festlegen können, suchen Satanisten, die Besten mit den besten zu verheiraten. Satanisten, die wissen, dass sie Mängel haben, bleiben kinderlos."[496]

Organisatorisch lässt sich der Satanismus in recht unterschiedliche Strömungen unterteilen. Das Spektrum reicht vom klassischen Ordens-Satanismus über den rationalistischen Satanismus, den okkultistisch-

---

493 Redstar, a.a.O., S. 69
494 Redstar, a.a.O, S. 72
495 http://members.chello.at/herbert.paulis./Frdg.htm, 29.8.2007
496 http://members.chello.at/herbert.paulis./Frdg.htm, 29.8.2007

traditionellen Satanismus, den Privatsatanismus bis zum sogenannten Acid-Satanismus, dessen Mitglieder als vornehmliches Ziel haben, mithilfe von Drogen „orgiastische und sadistische Satansriten zu feiern".[497]

Für das Spektrum des rationalistischen Satanismus steht unter anderem die *Church of Satan*. In dieser ideologischen Richtung ist Satan keineswegs eine Gottheit oder Wesenheit, die angebetet wird, sondern er wird zum „Symbol der Auflehnung gegen den allgemeinen ethischen und religiösen Konsens in der Gesellschaft".[498] Die Gruppe steht beispielhaft für die Popularisierung und die Vulgarisierung des Crowley-schen „Tu was Du willst" zu einem „Mach was Dir gefällt".[499] Das dokumentieren insbesondere die „Neun Satanischen Prinzipien", die von LaVey aufgestellt wurden:

- Satan bedeutet Sinnesfreude anstatt Abstinenz!
- Satan bedeutet Lebenskraft anstatt Hirngespinste!
- Satan bedeutet unverfälschte Weisheit anstatt heuchlerischen Selbstbetrug!
- Satan bedeutet Güte gegenüber denjenigen, die sie verdienen, anstatt Verschwendung von Liebe an Undankbare!
- Satan bedeutet Rache anstatt Hinhalten der anderen Wange!
- Satan bedeutet Verantwortung für die Verantwortungsbewussten anstatt Fürsorge für psychische Vampire!
- Satan bedeutet, dass der Mensch lediglich ein Tier unter anderen Tieren ist, manchmal besser, häufig jedoch schlechter als die Vierbeiner, da er aufgrund seiner ‚göttlichen und intellektuellen Entwicklung' zum bösartigsten aller Tiere geworden ist!
- Satan bedeutet alle sogenannten Sünden, denn sie alle führen zu physischer, geistiger oder emotionaler Erfüllung!
- Satan ist der beste Freund, den die Kirche jemals gehabt hat, denn er hat sie die ganzen Jahre über am Leben gehalten![500]

---

497   Behörde für Inneres Hamburg: Okkultismus und Satanismus, Dezember 2001, S. 72
498   Behörde für Inneres Hamburg: Okkultismus und Satanismus, Dezember 2001, S. 69
499   Hans-Jürgen Ruppert, EZW-Texte 140, Berlin 1998, S. 25
500   Anton Szandor LaVey, Die satanische Bibel, 2. Auflage, Berlin 1999, S. 25

Dem „rationalistischen Satanismus" gegenüber steht der sogenannte Ordens-Satanismus. Dieser „rituell praktizierende Satanismus" ist in seinen Lehrinhalten teilweise neugnostisch.[501] Wichtige Organisationen aus diesem Spektrum heißen *Ordo Templi Orientis* (OTO*), Heiliger Orden des RaHoorKuit* oder *Thelema Society* als klassisch neo-satanistische Organisationen.

Eine weitere relevante Strömung ist der okkultistisch-traditionelle Satanismus, der das Welt- und Geschichtsverständnis der Bibel akzeptiert. Nach der Überzeugung dieser Strömung ist Satan der Gegenspieler Gottes und rechtmäßiger Herrscher der Welt.

Beim sogenannten „Privatsatanismus" hingegen „haben wir es mit Menschen verschiedenen Alters und Geschlechts zu tun, die sich Satan zuwenden, ohne gleichzeitig eine organisierte Struktur akzeptieren zu wollen".[502] Der klassische Privatsatanist bezieht sein Wissen aus dem Internet und aus Bibliotheken und tauscht sich im Internet oder im jugendsubkulturellen Kontext (Black-Metal-Clique) mit Gleichgesinnten über seine Ideologie aus. Gerade die privatsatanistischen Klein- und Kleinstzirkel weisen immer wieder sehr gefährliche Dynamiken auf. Die Erklärung liegt auf der Hand: Eine problematische Psychodynamik kann in einer kleinen Gruppe viel leichter Schaden anrichten als in einem großen Verband.[503] Nicht umsonst basieren auch einige signifikante Gewalttaten (Mord in Witten, Mord in Hamburg-Bergedorf, Mordversuch in Neubrandenburg) aus diesen unheilvollen Dynamiken von Einzelpersonen am Rande des satanistischen Gesamtspektrums.

---

501 vgl. Ingolf Christiansen: Satanismus, in: Behörde für Inneres Hamburg: Okkultismus und Satanismus, Dezember 2006, S. 79 f.

502 vgl. Ingolf Christiansen: Satanismus, in: Behörde für Inneres Hamburg: Okkultismus und Satanismus, Dezember 2006, S. 85

503 vgl. www.relinfo.ch/satanismus.berichtetxt.html

2.4 Satanisten – und wie man sie erkennt

Symbolik

Die Frage, wie Satanisten zu erkennen sind, sollte schlicht mit einem „überhaupt nicht" beantwortet werden. Es gibt keine einheitliche Uniformierung oder Etikettierung. Der Grund hierfür liegt unter anderem auch in der sehr heterogenen Ausrichtung der satanistisch-okkulten Szene. Es gibt jedoch eine Symbolik, die gerade von vielen jugendlichen Satanisten genutzt wird. Darüber hinaus existieren Zeichen, die auf okkulte Logen hinweisen:

Pentagramm
(Druidenfuß)

Am häufigsten trifft man in der sogenannten „Schwarzen Szene" auf das Pentagramm, das auch Drudenfuß genannt wird. Die fünf Zacken des Sterns stellen die vier Elemente Erde, Feuer, Luft, Wasser, beherrscht durch den alles überragenden schöpferischen Geist (Gottes) dar. Es gilt auch als ein Zeichen für den Kosmos, der im Menschen seine Entsprechung findet und steht demnach für die harmonische Gestaltung des Menschen: Fünf Sinne, fünf Körperteile am Leib (Kopf, zwei Arme, zwei Beine), fünf Finger an jeder Hand, fünf Zehen an jedem Fuß, fünf Selbstlaute in der Sprache. Während das Symbol im Allgemeinen für die sogenannte „Weiße Magie" steht, weist der Satanismusexperte Ingolf Christiansen darauf hin, dass der Drudenfuß „häufig undifferenziert in satanistischen Ritualen Anwendung" findet.

Der umgekehrte fünfzackige Stern gilt hingegen als das bekannteste Zeichen für die Verehrung Satans. Die beiden Ziegenkopf-Hörner an seiner Spitze sollen Satan als Gott darstellen. Die Geschichte des Zeichens reicht zurück bis ins Mittelalter. Hier war es das Symbol für

Schadensabwehr, das noch heute an verschiedenen Kirchen zu finden ist.

Umgekehrtes
Pentagramm

Eine okkult-ideologische Deutung des Symbols liefert u.a. die neosatanistische Loge *Temple of Set*. Danach repräsentiert das Pentagramm mit den zwei Spitzen oben und einer Spitze unten das Prinzip „Veränderung und Dynamik über Stagnation". Es steht somit für die bewusste Entscheidung, gegen Rückschritt, Stagnation, Tod und Fremdbestimmung. In den kulteigenen Schriften des *Temple of Set* taucht das Prinzip immer wieder auf und wird mit dem ägyptischen Begriff XEPER beschrieben, der „Werden" bzw. „Ins-Dasein-Treten" bedeutet.[504]

Dazu handelt es sich beim umgedrehten Pentagramm um das offizielle Symbol der *Church of Satan*, den Baphomet. Er besteht aus 3 Teilen, jedes aus einer anderen Kultur und Zeit, welche der Satanismus als seine Urwurzeln ansieht:

1. Das Pentagramm von Pythagoras, als Zeichen der Wissenschaft im Gegensatz zum Glauben.

2. Der Ziegenbock, in Anlehnung an den ägyptischen Gott Amun [...] Die Amunpriester der Ägypter waren die Bewahrer des dunklen und verbotenen Wissens und residierten in der Stadt Mendes. [...]

3. Die hebräischen Schriftzeichen L V J T N im Gegenuhrzeigersinn. Leviathan steht für das Monster der Meere.[505]

In der thelemitischen Literatur wird das Pentagramm als „Zeichen der Kraft" bezeichnet. Es wird gebraucht als Zeichen der positiven Kräfte

504　http://www.rafa.at/17penta.htm
505　vgl. http://www.rafa.at/17penta.htm

(Einheit, männlich, dynamisch, Lingram) mit der Spitze genau nach oben ausgerichtet sowie der negativen Kräfte (Zweiheit, weiblich, passiv, Yoni) mit der Spitze nach unten.[506]

In diesem Zusammenhang zelebrieren die Anhänger Crowleys sogenannte Pentagramm-Rituale. Inhalt ist die Imagination eines Pentagramms in der Luft. Dann soll das Zeichen geistig entflammt werden, bis der Zelebrierende „ein vibrierendes, glühendes Bild eines astralen Pentagramms" vorfindet. Das Ziel des bannenden Pentagramm-Rituals[507] ist es, „dass der Raum von allen unerwünschten Einflüssen gesäubert und geschützt"[508] wird. Diese magische Praxis ist sehr weit verbreitet. Joe Asmodo schreibt: „Pentagrammrituale gehören zum Standardrepertoire einer jeden Grundstufe westlich orientierter magischer Schulen."[509]

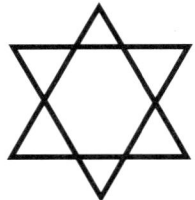 Hexagramm

Das Hexagramm ist im Okkultismus ein sehr mächtiges Symbol und wird zur Anrufung und Bannung astraler Kräfte gebraucht. Nach den Schriften des Okkultisten Austin Osman Spare steht das Hexagramm auch für die Vereinigung, aus der „in alle Ewigkeiten alles wird"[510]. Nach traditioneller esoterischer Deutung setzt sich das Hexagramm aus dem

506   Michael Dietmar Eschner: Die geheimen Unterweisungen und Rituale des Hermetischen Ordens der Goldenen Dämmerung, Band 1, Bergen Dumme 1993, S. 45: vgl. auch: Joe Asmodo: Das Pentagramm-Ritual, Lübeck 1999, S. 8

507   Michael Dietmar Eschner: Die geheimen Unterweisungen und Rituale des Hermetischen Ordens der Goldenen Dämmerung, Band 1, S. 50 f.

508   Michael Dietmar Eschner: Die geheimen Unterweisungen und Rituale des Hermetischen Ordens der Goldenen Dämmerung, Band 1, S. 48

509   Joe Asmodo: Das Pentagramm-Ritual, Lübeck 1999, S. 5

510   vgl. Freie und Hansestadt Hamburg, Behörde für Inneres – Arbeitsgruppe Scientology: Brennpunkt Esoterik: Okkultismus, Satanismus und Rechtsradikaliamus, Hamburg 2006, S. 138

Dreieck des Feuers und dem Dreieck des Wassers zusammen. Feuer steht hierbei für das männliche, Wasser für das weibliche Prinzip.[511] In der okkulten Literatur wird das Hexagramm als „Siegel oder Symbol des Makrokosmos" gedeutet, während das „Pentagramm der Siegelstern des Mikrokosmos" ist.[512] Das Symbol findet in zahlreichen Ritualen Verwendung. Beispielhaft hierfür sei das „Ritual des Hexagramms" genannt.[513]

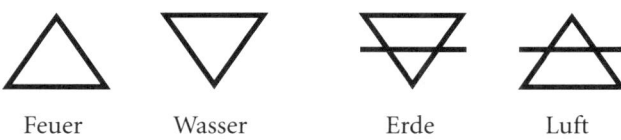

Feuer   Wasser   Erde   Luft

Ebenfalls in der okkulten Szene sehr verbreitet ist das sogenannte Henkelkreuz, das auch als Ankh-Zeichen bekannt ist. Im alten Ägypten war das es Symbol des Lebens und wird oft mit Fruchtbarkeit in Verbindung gebracht (es verbindet die gestreckte Linie des Phallus mit der weiblichen Öffnung der Vagina). Im Satanismus taucht das Symbol immer wieder im Zusammenhang mit sexualmagischen Ritualen auf.

Henkelkreuz (Ankh)

511 http://sungaya.de/schwarz/allmende/symbole/hexagramm.htm
512 Michael Dietmar Eschner: Die geheimen Unterweisungen und Rituale des Hermetischen Ordens der Goldenen Dämmerung, Band 1, Bergen Dumme 1993, S. 207
513 Michael Dietmar Eschner: Die geheimen Unterweisungen und Rituale des Hermetischen Ordens der Goldenen Dämmerung, Band 1, Bergen Dumme 1993, S. 207 ff.

Die Zahl 666 stellt die Zahl des Großen Tieres oder Antichristen dar und gilt im Satanismus als Synonym Satans.[514] Die Zahlenkombination geht der zurück auf die Johannes-Offenbarung und soll nach dem neutestamentarischen Werk[515] die Zahl des Tieres mit den zwei Hörnern sein:

„Und ich sah ein Tier aus dem Meer steigen, das hatte zehn Hörner und sieben Häupter und auf seinen Hörnern zehn Kronen und auf seinen Häuptern lästerliche Namen. Und das Tier, das ich sah, war gleich einem Panther und seine Füße wie Bärenfüße und sein Rachen wie ein Löwenrachen. Und der Drache gab ihm seine Kraft und seinen Thron und große Macht. Und ich sah eines seiner Häupter, als wäre es tödlich verwundet, und seine tödliche Wunde wurde heil. Und die ganze Erde wunderte sich über das Tier, und sie beteten den Drachen an, weil er dem Tier die Macht gab [...] Und es tat sein Maul auf zur Lästerung gegen Gott, zu lästern seinen Namen und sein Haus und die im Himmel wohnen. Und ihm wurde Macht gegeben, zu kämpfen mit den Heiligen und sie zu überwinden; und ihm wurde Macht gegeben über alle Stämme und Völker und Sprachen und Nationen."

Im neutestamentarischen Zusammenhang ist das sogenannte Tier mit der Zahl 666 ein Synonym für das römische Reich. Dieses wiederum steht nach Meinung der Verfasser des Buches der Offenbarung „im Dienste Satans"[516], der in der Offenbarung immer wieder als „der große Drache" beschrieben wird. Wie weiter oben bereits erwähnt, hat der

---

514 vgl. Freie und Hansestadt Hamburg, Behörde für Inneres – Arbeitsgruppe Scientology: Okkultismus und Satanismus, Hamburg 2001, S. 102
515 Die Bibel: Altes und Neues Testament, Freiburg im Breisgau o.J., Kapitel 13, 11–18, S. 1401 f.
516 Massimo Introvigne/Eckhard Türk: Satanismus, Freiburg im Breisgau 1995, S. 39

wohl wichtigste Ideengeber des Neosatanismus, Aleister Crowley, die Zahl 666 auf sich bezogen und sich als „Reinkarnation des Tieres" bezeichnet.[517]

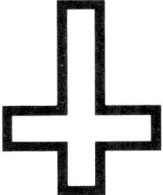

Umgedrehtes Kreuz als Erkennungszeichen für Satanisten

Insbesondere jugendsubkulturell geprägte Satanisten benutzen immer wieder als Erkennungszeichen das umgedrehte Kreuz. Der Grund dafür dürfte primär in der Provokation liegen, die das Zeichen für viele christlich geprägte Elternhäuser darstellt. Häufig wird das Zeichen auch „Kreuz des Südens" genannt und steht für die Verspottung und Ablehnung des christlichen Kreuzes.[518] Okkult-ideologisch steht das Zeichen für die die Umdeutung christlicher Vorstellungen und Werte.

Handzeichen für Satan

Ein weiteres Erkennungszeichen der Szene ist die oben dokumentierte Handhaltung. Sie soll den Teufelskopf (mit seinen Hörnern) darstellen.[519]

---

517 Massimo Introvigne/Eckhard Türk: Satanismus, Freiburg im Breisgau 1995, S. 39
518 http://www.sekten-sachsen.de/satan-symbole.htm
519 http://www.sekten-sachsen.de/satan-symbole.htm

Symbol der „Church of Satan"

Dieses Symbol wird von der Organisation *Church of Satan* verwendet. Es findet sich in der Satanischen Bibel von Anton Szandor LaVey und über den Neun Satanischen Thesen.

Saturnzeichen als Symbol der „Christentums-feindlichkeit"

Das Saturnzeichen ist ein astrologisches Symbol. Saturn ist nach okkultideologischer Auffassung das „Sinnbild der destruktiver Kräfte und negativer Energien", wie Ingolf Christiansen schreibt.[520] Er ist der Zeitgott, der alle sichtbaren Dinge sterben lässt. In der okkulten Szene wird Meister Saturn auch „als Beherrscher allen lebensfeindlichen Wissens, das heißt der Schwarzen Magie interpretiert. Der Bogen am Kreuz wird als Sichel gesehen, die das Kreuz abschneidet. Damit wird das Saturnzeichen auch zu einem „Symbol der Christentumsfeindlichkeit".[521] Umgedreht stellt das Zeichen die sogenannte Satansgabel oder den Teufelshaken dar und steht im Tarot für Menschen, die andere rücksichtslos ausbeuten.[522] Das negative Marszeichen steht als Sinnbild des Bösen schlechthin.

---

520   Ingolf Christiansen: Satanismus; zit. aus: Brennpunkt Esoterik, Hrsg.: Behörde für Inneres – Landesjugendbehörde Hamburg, 2. Auflage 2006, S. 139

521   http://www.sekten-sachsen.de/satan-symbole.htm

522   Ingolf Christiansen: Satanismus; zit. aus: Brennpunkt Esoterik, Hrsg.: Behörde für Inneres – Landesjugendbehörde Hamburg, 2. Auflage 2006, S. 139

Heptagramm

Die sieben Zacken des Heptagramms verbinden nach esoterischem Glauben das Individuum mit dem Kosmos und liefern Schutz vor Gefahren. Das Symbol steht an anderer Stelle für die Auflösung des Weltlichen und einer damit verbundenen Spiritualisierung der Materie.[523] Dazu findet das Zeichen in thelemitischen Systemen und Organisationen Anwendung[524], ebenso wie in der Sexualmagie.[525]

23

Ebenfalls in satanistischen und thelemitischen Kreisen geläufig ist die Ziffer 23. Eine Begründung dafür dürfte darin liegen, dass 2/3 der Zahl 0,666 entspricht, der Chiffre des Bösen aus der Johannes-Offenbarung.

Merkmale aus dem „Teufelspakt"
Aus den satanistischen Original-Quellen des siebzehnten Jahrhunderts soll der sogenannte „Teufelspakt" stammen, welchen angeblich der „bekannte Teufelsbündner Urbain Grandier (1630) mit dem Teufel geschlossen" haben soll.[526] Eine Umsetzung des Vertrages ist in der magisch-experimentierenden Logenwelt kaum vorstellbar. Dementgegen dürfte die Schrift als Handlungsvorlage im sogenannten jugendzent-

---

523 vgl. www.adhikara.com/ordnung/pagine/tontyn-s.htm
524 Michael D. Eschner: Die geheimen Unterweisungen und Rituale des Hermetischen Ordens der Goldenen Dämmerung, Bd. 1, Bergen/Dumme 1993
525 Ingolf Christiansen: Satanismus; zit. aus: Brennpunkt Esoterik, Hrsg.: Behörde für Inneres – Landesjugendbehörde Hamburg, 2. Auflage 2006, S. 139
526 Delomelanicon: Das schwarze Buch der Schatten, Bürstadt Februar 2003, S. 9

rierten Satanismus dienen. Bei Jugendlichen, die den Inhalt ernst nehmen, ist die Gefahr einer angstbesetzten Realitätsverzerrung gegeben:

> „Herr und Meister Luzifer, ich bekenne dich als meinen Gott und Oberherrn. Ich gelobe dir zu dienen und zu gehorchen, solange ich lebe. Ich entsage einem anderen Gott, sowie auch Jesu Christus, allen Heiligen, der apostolisch-römischen Kirche, ihren Sakramenten und allen Gebeten, mittels welcher die Gläubigen für mich eintreten könnten. Ferner gelobe ich dir, soviel Böses zu tun, als ich imstande sein werde."[527]

Die Merkmale des Paktes sind nicht nur psychischer, sondern auch realer Natur. Erkennungszeichen sind mit Blut verfasste Schriftstücke, mitunter ein Terrarium mit bestimmten Lurchen, Räucherungen, aber auch das Fernbleiben der Jugendlichen von zuhause an bestimmten Feiertagen des Neosatanismus.

Im Original lesen sich Auszüge aus dem Teufelspakt wie folgt:

> „§1. Die Novizen müssen einen ordnungsgemäßen, mit eigenem Blut geschriebenen Pakt mit dem Teufel oder irgendeinem anderen Hexenmeister bzw. Magier, als des Teufels Stellvertreter schließen und damit durch diesen Pakt, möglichst im Beisein von Zeugen, in den Dienst des Teufels treten [...]

> §4. Die Novizen leisten dem Teufel den Eid des Gehorsames und der Unterwerfung für ihr ganzes Erdenleben, und sie verpflichten sich, niemals mehr zum christlichen Glauben zurückzukehren, kein Gebot Gottes mehr zu halten, niemals eine gute Tat zu tun, vielmehr immer Satan zu gehorchen und die nächtlichen Zusammenkünfte so häufig wie möglich zu besuchen. [...]

> §8. Die Novizen erhalten bei Gelegenheit der schwarzen Messe einen Krötenteufel oder einen Krötensalamander zur Aufbewahrung als Schutz- oder Hausgeist ausgehändigt, den sie sorgfältig pflegen und hegen müssen. [...]

---

527 Delomelanicon, S. 9

§12. Die Novizen verpflichten sich, bei jeder Gelegenheit die heiligen Bildnisse der Jungfrau Maria, das Kruzifix, welchen sie habhaft werden, zu verunglimpfen oder gar zu vernichten."[528]

Parallel zu den sichtbaren Zeichen des Okkultismus, gibt es einen Katalog von Eigenschaften, die eine ernsthafte Involvierung von Jugendlichen in satanistische oder okkulte Praktiken dokumentieren.

1. Furcht: Rituell praktizierende Jugendliche und Erwachsene werden oft von einer tiefen Angst überwältigt. Sie sind hyperwachsam und haben das Gefühl, ständig beobachtet zu werden. Die Weltanschauungsbeauftragte Dr. Gabriele Lademann-Priemer beobachtete in vielen Fällen aus ihrer Beratungsarbeit eine regelrechte „Verfolgungsangst". Dazu würden Satanisten „in der Regel Narben am Körper als Folge von Schlägen, Schnittwunden, Foltern" aufweisen.[529] Die Angst, vor Gewalt durch Angehörige der Okkultgruppe kennt Lademann-Priemer auch aus ihren Gesprächen mit Aussteigern:

> „Die Verängstigung von Satanisten zeigt sich in provokantem Auftreten, in Schweigen und Andeutungen. Dass die Angst herrscht, zeigt sich, wenn die Ärmel über die Hände gezogen werden oder man sich in die schützende Jacke einhüllt [...]."[530]

Selbstverständlich finden sich aber auch andere Angstmerkmale wie das Vermeiden von Blickkontakten, das Kauen an Fingernägeln etc … wieder.

2. Schuldgefühle und Angst vor der Entdeckung: Den Involvierten wird in okkulten Vereinigungen häufig anerzogen, was sie von der Außenwelt und von der Gruppe selbst zu befürchten haben, wenn sie sich als Satansjünger outen. Das Einimpfen von Schuldgefühlen bei Verrat gehört zu den gängigen Techniken, Experten sprechen in diesem Zusammenhang von der sogenannten „Arkandisziplin". Im Endbericht der

---

528 Delomelanicon, S. 11 f.
529 Gabriele Lademann-Priemer: Warum faszinieren Sekten? – Psychologische Aspekte des Religionsmissbrauchs, München 1998, S. 186
530 Gabriele Lademann-Priemer: Warum faszinieren Sekten? – Psychologische Aspekte des Religionsmissbrauchs, München 1998, S. 186

Bundestags-Enquetekommission „Sogenannte Sekten und Psychogruppen" heißt es:

> „Jede Satansorganisation (Kult), Gruppe, Loge oder jeder Orden pflegt ihre, bzw. seine ‚Arkandisziplin'. Initiierte (eingeweihte) Mitglieder dürfen oft bei martialischer Strafandrohung (z.B. Folter, Vergewaltigung, Tod usw.) keine Informationen über die Infrastruktur und den Organisationsgrad der Gruppe, Loge, des Ordens nach außen weitergeben. Auch dürfen sie nicht über Initiationsgrade, über den genauen Ablauf von Ritualen oder sonstige Praktiken berichten."[531]

3. Einsamkeit: Viele Jugendliche in okkulten Gruppen haben das Gefühl, dass auf keine Person Verlass ist. Es gibt aber auch Biographien, in denen die okkulte Vereinigung wie eine neue Familie erscheint. Ein Merkmal ist hierbei, dass die Jugendlichen sich von ihren alten Kontakten immer mehr abkapseln und ihre Freizeit fast ausschließlich in den okkulten Kleingruppen verbringen. Oftmals steht ein charismatischer Leitwolf der Szene in direkter Konkurrenzsituation zu den Eltern und Freunden. Die Biographien dieser Jugendlichen sind von Kontaktabbrüchen gekennzeichnet. Nicht selten führen junge Okkultisten auch Tagebücher, die von den Leitern der Organisationen gelesen werden. In diesem Zusammenhang werden auch Eintragungen mit Blut geschrieben.

4. Identifizierung mit der Gruppe und ein Gefühl persönlicher Schlechtigkeit . Rituell praktizierende Jugendliche und Erwachsene tendieren dazu, sich mit dem Bösen zu identifizieren, das die Handlungen der Okkult-Sekte leitet. Dieses Gefühl, zu den schlechten Leuten zu gehören führt oft zu Zwängen, sich in physisch und sexuell aggressiver Weise zu verhalten.[532] Dieses Gefühl korrespondiert immer wieder mit einer demonstrativ zur Schau getragenen Kälte. Viele Jugendliche in schwarz-okkulten Organisationen ersticken regelrecht ihre Fähigkeit zu Empathie, was von Familienangehörigen immer wieder als sehr beängs-

---

531 Endbericht der Bundestags, Bonn 1998, S. 85
532 Ingolf Christiansen: Satanismus; zit. aus: Brennpunkt Esoterik, Hrsg.: Behörde für Inneres – Landesjugendbehörde Hamburg, 2. Auflage 2006, S. 144

tigend beschrieben wird. Im ZDF-Magazin „Mona Lisa" sagt eine Mutter, deren Tochter in einer okkult-satanistischen Kleinsekte gefangen ist:

> „Was sehr auffällig war, und was ich auch bemerkte und wovor ich auch Angst hatte, war die Kälte, die sie ausgestrahlt hat. Also ich habe manchmal gemerkt, dass ich in der Wohnung anfange zu frieren, sie war dort, und ich habe angefangen zu frieren. Das habe ich noch nie erlebt. Und das war eine Sache, wo ich mir sagte, das ist nicht pubertär und das habe ich als absolut bedrohlich empfunden."[533]

Besonders deutlich tritt dieses Merkmal auch in dem psychiatrischen Sachverständigengutachten hervor, das vom Bezirksgericht Unterrheintal im großen Satanismus-Mordprozess zur Urteilsfindung herbeigezogen wurde. So habe der Mörder O. „aus dem Satanismus nicht nur ein Gefühl von Macht, sondern eine eigentliche Identität als Magier des Bösen gezogen". Weiter analysiert der Gutachter:

> „Ferner werde durch den Satanismus die Gewissenssprache relativiert, soweit sie sich überhaupt noch ‚keimhaft' melde. Gefühle wie Mitleid, Rücksicht, Toleranz, Skrupel oder Schuld würden annulliert oder abgespalten; an deren Stelle trete eine Rechtfertigung von destruktiv-aggressivem Handeln ohne Gewissensnot und Schuldgefühl. Das daraus entstehende Macht- und Kohärenzgefühl bilde Teil der Faszination des Satanismus, zeige aber zugleich die Gefahr entsprechender Sekten und der daraus resultierenden Abhängigkeiten."[534]

5. Wut über die eigene Opferrolle kann dazu führen, dass sich der Involvierte in verhaltensauffälliger Weise seiner Umwelt nähert. Die Äußerungsformen reichen von Verbalattacken bis zu Aggressionsausbrüchen.[535]

6. Verlust des Selbstwertgefühls und häufig ein damit kommunizierendes fast krankhaft gesteigertes Elitedenken. Die jugendlichen Satanisten stellen sich über die restliche Menschheit. Beispielhaft hierfür

---

533 ZDF-Magazin „Mona Lisa", 8.2.2004
534 Bezirksgericht Unterrheintal, Entscheid vom 18. Mai 2001, S. 74
535 Ingolf Christiansen: Satanismus; zit. aus: Brennpunkt Esoterik, Hrsg.: Behörde für Inneres – Landesjugendbehörde Hamburg, 2. Auflage 2006, S. 144

stehen die Aussagen von Manuela Ruda zu ihren männlichen Partner-
schaften während ihrer Begutachtung durch Prof. Leygraf:

> „Es habe [...] nur Männer in ihrem ‚Windschatten' gegeben, die habe sie
> an ihrer Seite ‚geduldet' und die hätten sich das mit ‚Blutpreis' erkaufen
> müssen, seien für sie ‚Blutspender' gewesen. [...] Es seien eben ein paar
> Leute gewesen, die arg auf sie fixiert gewesen seien. Diese hätten ihr zwar
> nichts bedeutet, das seien ‚nur Menschen' gewesen, aber zum Zwecke des
> ‚Blutspendens' hätte es gereicht."[536]

An anderer Stelle bezeichnet Manuela Ruda Menschen als „sterblicher
Abfall".[537] Die Haltung, andere Menschen als Opfer und nicht als gleich-
wertiges Gegenüber zu betrachten, dokumentiert sich auch in der Aussage des Angeklagten S. im Brandenburger Satanismusprozess. Das
Neubrandenburger Landgericht fasst die Sekunden vor der Tat wie folgt
zusammen:

> „Der Angeklagte S., der bereits das Messer seit längerer Zeit aufgeklappt
> in der Hand hielt [...] äußerte: ‚Diesen Mann nehme ich jetzt, den steche
> ich ab'."[538]

Der Mörder im St. Gallener Satanismusprozess, der vom dem Bezirksgericht Unterrheintal verhandelt wurde, spricht von „Scheißmenschen",
„Menschenkacke" und „Menschenscheiße".[539] Begleitet wird diese Haltung oft mit einer Entmenschlichung Dritter in der Sprache. So beschreiben Anhänger der Vampir-Subkultur andere Menschen in ihren
Schriften als „Beute", „Source" oder „Vieh". Derlei Haltungen in der
schwarz-okkulten Szene werden oft mit einem schroff nach außen getragenen Sozialdarwinismus gekoppelt.

    7. Das Fehlen des freien Willens. Das Ergebnis von Techniken, wie
magischer Chirurgie, bei der die Wahrnehmung bestärkt wird, ist, dass

---

536 Gutachten Prod. Dr. med. Leygraf, 17.10.2001, S. 23
537 Gutachten Prod. Dr. med. Leygraf, 17.10.2001, S. 29
538 Landgericht Neubrandenburg, Urteil vom 17.12.2002, Az.: 8 KLS (29/92) 731 Js
     1265/02
539 vgl. Bezirksgericht Unterrheintal, Entscheid vom 18. Mai 2001, S. 52, 55, 72

beherrschende böse Geister vorhanden sind und dass die Anführer in der Lage sind, alle Schritte des Involvierten zu kontrollieren. Die Involvierten bekommen das Gefühl, es gebe keine andere Wahl, als zu gehorchen, und leiden unter Schuld- und Schamgefühlen.[540]

8. Exzessiv ausgelebter Satanismus korrespondiert häufig mit dem Krankheitsbild der „Narzisstischen Persönlichkeitsstörung". Namensgeber in der Mythologie war der Knabe Narziss, der sich an einem Teich in sein Spiegelbild verliebt. Da er sein Spiegelbild nicht fassen kann, es gleichzeitig auch nicht vermag, sich von ihm zu lösen, vergeht er und stirbt. Im Alltagsverständnis steht Narzissmus für eine übertriebene Selbstverliebtheit, in der Psychopathologie für eine seelische Erkrankung. Die Diagnosekriterien in der herrschenden Literatur beschreiben das Krankheitsbild als ein „durchgängiges Muster von Großartigkeit (in Phantasie und Verhalten)", „ein Bedürfnis nach Bewunderung" gekoppelt mit einem „Mangel an Einfühlungsvermögen".[541] Die Störung ist zu diagnostizieren, wenn bei jemandem vier der neun folgenden Kriterien erfüllt sind:

- Ein übertriebenes Selbstgefühl;
- Beschäftigt sich ständig mit den Phantasien grenzenlosen Erfolges, Macht, Glanz, Schönheit oder idealer Liebe;
- Ist der Ansicht, etwas Besonderes oder Einzigartiges zu sein und dass er nur von bestimmten Menschen mit einem höheren Status oder in besonderen Institutionen (u.a. Okkultgruppe/Subkultur/Zirkel – der Autor) verstanden werden könne;
- Verlangt nach ständiger Bewunderung;
- Legt Anspruchsdenken an den Tag, wünscht z.B. eine bevorzugte Behandlung;
- Nutzt zwischenmenschliche Beziehungen aus, um die eigenen Ziele zu erreichen;

---

540 Ingolf Christiansen: Satanismus; zit. aus: Brennpunkt Esoterik, Hrsg.: Behörde für Inneres – Landesjugendbehörde Hamburg, 2. Auflage 2006, S. 145

541 Sabine C. Herpertz / Henning Saß: Persönlichkeitsstörungen, Stuttgart/New York 2003, S. 140

- Zeigt einen Mangel an Einfühlungsvermögen (kann andere nicht erkennen und nachempfinden – z.B. Freunde/Familie etc ... – [der Autor]);
- Ist häufig neidisch auf andere und glaubt, dass andere auf ihn neidisch seien;
- Zeigt ein arrogantes, überhebliches Verhalten oder hat entsprechende Einstellungen.[542]

Der Grund für das häufige Auftauchen dieses Krankheitsbildes bei Satanisten dürfte darin liegen, dass die Lehren LaVeys und Crowleys mit der Ich-Aufblähung des Menschen zur Göttlichkeit exakt diesem Persönlichkeitstypus entsprechen. Beispielhaft hierfür stehen folgende Aussagen aus dem Vorwort des Okkultisten Michael Dietmar Eschner im „Liber Al vel Legis". So sei das Liber Al das „Gesetz für alle, die mit erhobenem Haupt ihrem Willen folgen, während das ‚närrische Volk' dient, denn diese Menschen sind Sklaven ihrer Sinne. Es ist das Gesetz der Starken, der Könige".[543] Im Kommentar zum Liber Al erfährt der Leser, „es ist kein Teil an mir, der nicht göttlich ist, oder der Mensch ist Gott".[544] Eschner ergänzt:

> „Dem alten, abendländischen, christlichen Dogma des sterbenden Gottes, des sich selbst opfernden Jesus Christus, setzt das Liber Al vel Legis die Formel des verborgenen Gottes, des Menschen, entgegen.
>
> Das Liber Al vel Legis lehrt den Weg, diesen verborgenen Gott in sich selbst zu realisieren, selbst Gott zu werden."[545]

---

542 Sabine C. Herpertz / Henning Saß: Persönlichkeitsstörungen, Stuttgart/New York 2003, S. 140

543 Aleister Crowley: Liber Al vel Legis, Kersken-Canbaz-Verlag, Bergen-Dumme 1993, S. 2

544 Aleister Crowley / Michael Dietmar Eschner, Liber Al Vel Legis mit Kommentaren, Bergen/Dumme 1993, S. 23

545 Aleister Crowley / Michael Dietmar Eschner, Liber Al Vel Legis mit Kommentaren, Bergen/Dumme 1993, S. 24

In der Einführung zur „Satanischen Bibel" des Anton Szandor LaVey von Burton H. Wolfe heißt es:

> „Der Satanismus ist eine unverblümt selbstsüchtige, brutale Philosophie. Sie basiert auf der Überzeugung, dass die Menschen von Natur aus egoistische, gewalttätige Lebewesen sind, dass das Leben ein darwinistischer Kampf ums Überleben der körperlich Widerstandsfähigsten ist, dass nur die Starken überleben und die Erde von denen regiert wird, die den immerwährenden Wettkampf im Dschungel, auch im Dschungel der Städte, gewinnen."[546]

Im fünften Kapitel des sogenannten „Buch Satans" von LaVey wird dieses darwinistisch-egozentrische Denken ausformuliert:

> „1. Gesegnet sind die Starken, denn sie werden die Erde besitzen – Verflucht sind die Schwachen, denn sie werden unter das Joch kommen!
>
> 2. Gesegnet sind die Mächtigen, denn sie werden von den Menschen verehrt werden – Verflucht sind die Schwachen, denn sie werden ausgelöscht werden!
>
> 3. Gesegnet sind die Mutigen, denn sie werden die Herren der Welt sein – verflucht sind die selbstgerechten Demütigen, denn sie werden von gespaltenen Hufen zertrampelt! [...]"[547]

In den Passagen manifestiert sich eindrücklich, dass Neosatanismus sehr wenig mit der Anbetung Satans zu tun hat. Der „Einbruch des Okkulten und Irrationalen"[548] ist vielmehr eine bedarfsorientierte Erscheinung, die gerade Jugendlichen in Zeiten hoher Arbeitslosigkeit, von Ellenbogendenken und Zukunftsängsten ein Ventil zur Ich-Aufwertung gibt. In bestimmten Situationen ist das Gedankengut des Satanismus auch geeignet, „bestimmten Persönlichkeiten einen psychischen Gewinn" zu vermitteln, indem er „etwa schwache(n) Identitäten ein Gefühl von Macht, Selbstwert und Kraft" erleben lässt, was ihnen erlaubt, „Gefühlen der Minderwertigkeit, der Leere, der Ohnmacht, des Neides

---

546 Anton Szandor LaVey, Die satanische Bibel, 2. Auflage, Berlin 1999, S. 22
547 Anton Szandor LaVey, Die satanische Bibel, 2. Auflage, Berlin 1999, S. 37
548 Alfonso di Nola: Der Teufel: Wesen/Wirkung/Geschichte, München 2004, S. 13

und des Chaos gegenzusteuern".[549] Gehen Menschen im satanistischen System auf, ist jedoch die Gefahr psychischer Schäden durch pathologische Selbstüberhöhung oder Realitätsverlust sowie die Wahrscheinlichkeit von körperlichen Schäden, etwa in Form von Blutritualen oder körperlichen Übergriffen im Rahmen sexualmagischer Handlungen, in relevanter Form gegeben.

---

549 Bezirksgericht Unterrheintal, Entscheid vom 18. Mai 2001, S. 74

3. Vampire

3.1 Historische Wurzeln des „Vampirismus"

Das Phänomen des Vampirismus ist in Europa seit vielen hundert Jahren in der Literatur präsent. Bereits Ende des 12. Jahrhunderts wurden in England sogenannte Wiedergänger beschrieben, das heißt Tote, die angeblich unter den Lebenden ihr Unwesen trieben. In Deutschland stößt man bereits um 1337 auf zahlreiche Berichte über wiederkehrende Tote, die den Lebenden Schrecken eingejagt haben. Als probates Mittel zur Vampirbekämpfung wurde über all die Jahrhunderte ein Pflock empfohlen, den man in das Herz des Leichnams rammen soll.[550] Der heute durch Fernsehfilme und Romane verbreitete Mythos des Vampirs geht zurück auf den slawischen Volksglauben. Aus dem Karpatenraum expandierte er über Rumänien, Bulgarien, Griechenland nach Deutschland. Prägend für die Entstehungsgeschichte des Vampirs als Horrorgestalt waren die Hysterien des frühen 18. Jahrhunderts. Damals gruben Menschen immer wieder ihre Verstorbenen aus, um sich von deren Tod zu überzeugen – aus Angst vor Wiedergängern. Dabei kam es immer wieder zur verhängnisvollen Übertragung von Krankheitserregern, vor allem der Pest. Rituelle Hinrichtungen angeblicher Vampire sind in Ost- und Mitteleuropa noch bis an die Schwelle des 20. Jahrhunderts in der Literatur nachgewiesen.[551] Als weitere „natürliche Ursachen" für den Vampirmythos werden in der Literatur Epidemien genannt, die in Transsilvanien im 17. und 18. Jahrhundert weit verbreitet waren. Beispielhaft hierfür seien nur die Tollwut und der Milzbrand genannt. Die Krankheitsbilder sowie die optische Veränderung der Leichen nährten die Mär angeblich untoter Blutsauger auf das Neue. Auch andere Krankheiten können für Außenstehende leicht Vampirismus suggerieren, wie

---

550   Norbert Borrmann: Vampirismus, München 1999, S. 50 ff.
551   Borrmann, a.a.O., S. 58

beispielsweise die Tollwut. Ein infizierter Mensch ist extrem lichtempfindlich und wasserscheu. Zudem seien „an Tollwut erkrankte Menschen sehr geruchsempfindlich und weichen daher auch vor Knoblauch zurück".[552]

Einen viel größeren Bekanntheitsgrad bekommt der Vampirismus durch die romantisierende Literatur, in der den Vampiren plötzlich Herz und Seele eingehaucht wurde. Wichtige Bausteine für den Paradigmenwechsel zu den bluttrinkenden Filmhelden unserer Tage waren die Erzählung „Camilla" von Joseph Sheridan (1872) oder John Polidoris „The Vampyre" (1819). Den endgültigen Weltruhm sicherte dem Vampirismus schließlich der Roman „Dracula" von Bram Stoker 1897. Seine Hauptfigur bezieht Stoker auf ein echtes historisches Vorbild, den rumänischen Sadisten und Massenmörder Fürst Vlad Dracul, der zu Lebzeiten wegen seiner Grausamkeit auch „der Pfähler" genannt wurde. Der Name Dracul bedeutet im rumänischen soviel wie „Drache" oder auch „Teufel", „Dracula" als Verkleinerungsform lässt sich mit „Sohn des Drachen" übersetzten. Auffallend ähnlich klingt das Wort „Dragula", übersetzt „der Geliebte". In dieser Dualität findet auch der gesamte neue Vampir-Mythos seine Nahrung: „Teufel und Geliebter, beide Gestalten sind in Dracula enthalten und verleihen ihm Schrecken und Faszination."[553] Darüber hinaus wird in der Literatur auch auf eine theologische Komponente der Dracula-Figur verwiesen, die gewissermaßen als die „Verkörperung des Bösen" betrachtet werden kann, als „Gegenfigur zu Christus". In dem Zusammenhang schreibt der Literaturwissenschaftler Gunter E. Grimm:

> „Christus erlöst durch die Hingabe seines Blutes die Menschheit vom Bösen, der Vampir verführt die Menschen durch die Entnahme ihres Blutes zum Bösen. Aber nicht nur das, sondern er tötet ja seine Opfer zu dem Zweck, aus ihnen Anhänger und Jünger zu machen."[554]

---

552 Borrmann, a.a.O., S. 112
553 Borrmann, a.a.O., S. 73
554 Grimm, a.a.O., S. 14

Die Flutwelle der neueren Vampirliteratur speist sich aus einer Mixtur aus Grausamkeit und Erotik. Aufwendige Filmproduktionen wie Roman Polanskis „Tanz der Vampire" oder Friedrich Murnaus Film „Nosferatu" sorgten dafür, dass der Vampirismus auch heute noch die Massen interessiert – und begeistert. Nicht umsonst wurde die Verfilmung von Bram Stokers „Dracula" ein großer Erfolg. Das Filmwerk von Francis Ford Coppolas wird als „grauenerregend, blutig, erotisch, sinnlich, faszinierend" (vgl. CD-Cover) beschrieben und erhält 1992 drei Oscars. Weitere wichtige Vampirfilme heißen „Dracula" (1955), „Blut für Dracula" (1965), „Interview mit einem Vampir" (1994), „Vampire in Brooklyn" (1995), „Blade (1998), „Draculas Braut" (2004), „Van Helsing" (2004) und „Blade Trinity" (2005). In einigen Filmwerken, wie etwa „Dracula has risen from the grave" („Draculas Rückkehr", 1968), wird die sexuelle Komponente Draculas herausgestrichen, „die orgasitische Hörigkeit des Vampiropfers nach dem ersten Biss". In einem anderen Film mit dem Titel „Wie schmeckt das Blut von Dracula", sinkt der Graf gänzlich „zur furchterregenden Sexbestie" herab.[555] Auch in dem 1970 erschienenen Film „The Scars of Dracula" mit dem weltbekannten Schauspieler Christopher Lee in der Hauptrolle finden sich derbe Sexszenen mit einer breiten sadistischen Überlagerung.

In der Gesamtheit sind es sehr menschliche Bedürfnisse und Gelüste, die zur Faszination des Vampirismus beitragen. So beinhaltet der Mythos Prinzipien des „Geben und Nehmen (der Vampir nimmt seinem Opfer Blut und schenkt ihm dafür (...) eine gewisse masochistische Lust", vom „Sterben und Gebären (das Opfer des Vampirs verliert infolge des Bisses sein sterbliches Leben und ersteht als Untoter wieder auf)", sowie von „Eros und Thanatos (Liebe und Tod, eine Synthese von großer Tragik und Dramatik, die auch das ewige Dilemma des Untoten beschreibt, der mit einer erotischen Begegnung – als die der Biss oder Kuss des Vampirs durchaus verstanden werden kann – unweigerlich den Tod bringt)."[556]

---

555 vgl. Gunter E. Grimm: Dracula und seine Erben, Duisburg, o.J., S. 9
556 vgl. http://de.wikipedia.org/wiki/Vampirimus

In Szene-Aufsätzen werden Vampire in einer Welt, in der „der Glaube an Götter erloschen" ist, zu einer durchaus „vertretbare(n) Alternative".[557] So erleben wir im Vampirismus zum einen den „Biss des Vampirs", der zum Bösen führt, zum anderen aber auch den „Ausdruck sexueller Wünsche, mit sadistischem Einschlag"[558]. Auf jeden Fall macht die Gesamtheit der Komponenten den Vampirismus im Allgemeinen sowie Graf Dracula im Besonderen auch heute noch zum Anziehungspunkt einer ganzen Fangemeinde, denn die Romanfigur hat es geschafft, über die Jahrhunderte „in" zu bleiben. Stand bei Bram Stoker noch die Romantik im Vordergrund, war es bei Anne Rice der sexuelle Akt an sich. Unzweifelhaft hat sich der Vampir „der Gesellschaft dieses Jahrhunderts angepasst" und in den letzten Jahren „erfreut sich die Vampir-Subkultur einer immer größer werdenden Fangemeinschaft".[559] Der moderne Vampir ist eine Art Patchwork-Blutsauger, der alle Eigenschaften in sich vereint: Monster, Charmeur, Jäger und das alles sehr erotisch.

3.2 Vampirismus in Deutschland

> „Unbeachtetes und zu starkes Trinken kann beim Opfer einen Schock auslösen, bei dem es versterben kann. Die Form der Blutentnahme ist immer langsam und vorsichtig durchzuführen ...."[560]

Praxistipps für Hobbyvampire aus dem Werk „Das Buch Noctemeron: Vom Wesen des Vampirismus". Der Autor mit dem Pseudonym „Frater Mordor" beschreibt sich selbst als Insider einer angeblichen Vampirgesellschaft. Inhalt des Buches sind Vorlagen, die in einer kaum dagewesen Brutalität zeigen, wie Menschen getötet werden können. Im Mittelpunkt steht immer die Blutentnahme. Im Jahr 2005 wurde der Titel indiziert.[561] „Das Buch Noctemeron" beschreiben Verlag und Autor als „blasphe-

---

557 www.vampyrbibliothek.de, 2.8.2007
558 vgl. Grimm, a.a.O., S. 14
559 www.vampirbibliothek.de, 2.8.207
560 Frater Mordor: Das Buch Noctemeron, Leipzig 2003, S. 189
561 Banz Nr. 206, 29.10.2005

misch, voodooistisch, vampirisch, grausam, nekrophil, kannibalistisch, sexistisch, blutig und so wunderschön, wie es das tiefste Schwarz der Nacht nur sein kann (...)".[562]

Der Inhalt reicht von einem detailliert geschilderten Blutfetischismus, schweren Körperverletzungen bis zum Ritualmord. Kaum Zweifel an der Absicht des Autors, vorsätzlich auch finale Blutgewinnungsarten darzustellen, liefert die Technik des „Bisses", die als „die traditionellste und ursprünglichste Form der Thanatologie"[563] beschrieben wird. In dem Buch findet eine geradezu esoterische Überhöhung brutaler Körperverletzungen statt:

> „Es ist nicht nur das Durchtrennen der Haut und die Befreiung des Blutes – es ist viel mehr. Es schafft das Portal, um der fremden Seele den Einlass zu gewähren. Es ist jene Emotion, wenn der Strom fließenden Blutes die Ewigkeit berührt. Zu fühlen, wie die Fänge durch die Haut dringen und das Leben langsam daraus hervorquillt, sich dann in einem erfüllenden Strahl, durch pure Energie getrieben, in den eigenen Körper, die eigene Seele ergießt, ist vergleichbar mit der Schöpfung, der Geburt – oder dem Tod."[564]

Das Buch beschreibt den Hals als den „berühmteste(n) und am besten zu lokalisierende(n) Bereich", an dem „nahezu alle Bisse tödlich" seien.[565] Unter den dokumentierten Bissen zur Blutgewinnung gehört der „tödliche(n) Biss zur Arteria carotis" mit dem Namen „Morsus Mortis". Zur Umsetzung heißt es:

> „Hierfür steht der Schatten hinter dem Probanden und legt seinen Oberkiefer neben den Kehlkopf des Probanden. Der Biss wird also ventral (zur Bauchseite hin) in der Vertiefung zwischen Kehle und seitlichem Halsmuskel angesetzt. Die Fänge bohren sich zwischen den Musculus omohyoideus (von der Kehle zur Seite ziehendes Muskelband) und dem Musculus sternocleidomastoideus. Hier treffen sie die Arteria carotis. [...]"[566]

---

562 Frater Mordor, a.a.O., S. 4
563 Frater Mordor, a.a.O., S. 187
564 Frater Mordor, a.a.O., S. 187
565 Frater Mordor, a.a.O., S. 188
566 Frater Mordor, a.a.O., S. 188

Ebenso detailliert wie die brutalen Biss- und Schnitttechniken werden
in dem Kapitel „Der Kuss des Drachen" auch die Angriffstechniken bezeichnet, mit denen der Vampir seine Opfer überwinden kann.[567] Explizit geht es dabei um Techniken, die dazu dienen, „einen Menschen zu
lähmen, zu töten oder kampfunfähig zu machen".[568] Dass es um eine
praktische Anleitung zum Mord geht, wird vom Buchautoren noch
nicht einmal in Abrede gestellt:

> „In diesem Abschnitt werden die Basiskenntnisse des Tötens mittels des
> eigenen Körpers beschrieben. Sie können häufig nahezu lautlos ange-
> wendet, weiterhin aber auch in Kampfsituationen eingesetzt werden. In
> den genannten Maßnahmen wird der Wille zum Töten des Gegners
> vorausgesetzt."[569]

Als „primäre Angriffspunkte" nennt der Autor unter anderem
1. Augen: „Wenn möglich sollte vom eindringenden Finger das End-
   glied geknickt werden (Schnappbewegung), um so das Auge perma-
   nent zu schädigen".[570]
2. Nase: „Ein Schlag von oben auf die Nasenwurzel bewirkt den Bruch,
   starke Schmerzen und temporäre Blindheit. Ist der Schlag stark genug, so kann er den Tod durch Eindringen von Knochensplittern ins
   Gehirn bewirken".[571]
3. Kehlkopf: „Das primäre Angriffsziel. [...] Der Kehlkopf kann ebenfalls durch Zerdrücken (beim Erwürgen) geschädigt werden." Als
   „geeignete Techniken" empfiehlt der Autor: „Beide Hände werden
   um den Hals gelegt und nur die beiden Daumen drücken punktuell
   auf den Kehlkopf" oder „Beim Würgen mit einer Hand wird nur der
   Kehlkopf ergriffen [...] Es wird versucht, den Kehlkopf von hinten zu
   umgreifen". Auch über die Folgen der beschriebenen Attacke wird

---

567 Frater Mordor, a.a.O., S. 189 ff.
568 Frater Mordor, a.a.O., S. 189
569 Frater Mordor, a.a.O., S. 189
570 Frater Mordor, a.a.O., S. 190
571 Frater Mordor, a.a.O., S. 190

die Leserschaft aufgeklärt: „Wird der Kehlkopf zertrümmert, besteht kaum eine Überlebenschance".[572]

Und so weiter und so weiter. Der Text gipfelt in Hinweisen zur Aufbewahrung von Leichenteilen, die keiner Kommentierung bedürfen:

„Manche erlegte Exemplare mögen in den Augen des Jägers ein hohes Maß an mortualer Schönheit ausstrahlen. Vielleicht war es ein ehrenvoller Gegner, ein lang gehegter Wunsch, die Form des Knochens spricht für pure Ästhetik oder es liegt ein persönlicher Faktor vor (...) Diese Exemplare können als Trophäen aufbereitet werden. Traditionell ist der Schädel eine der begehrtesten; aber es mag in den Augen des Individuums liegen, welcher Teil ihm am meisten zusagt. Viele menschliche Jäger haben die präparierten Schädel ihrer Beute an Wände genagelt oder ausgestellt".[573]

Zwar ist mit der Indizierung eines der wohl problematischsten Werke des Genres vom Markt verschwunden, doch die Szene, die gerade unter Jugendlichen ein regelrechtes subkulturelles Umfeld für vampiristische Inhalte markiert, ist nach wie vor vorhanden. Hintergrundliteratur über die Szene existiert kaum.[574]

Bestandsaufnahme der Subkultur
In den letzten Jahren hat sich in Deutschland ein facettenreiches subkulturelles Netzwerk von Menschen gebildet, die sich selbst als „Vampire" oder „Vampyre" bezeichnen.[575] Unter Vampirismus im historischen Sinn versteht man in mehreren europäischen Sprachen „einen Aberglauben, dessen zentrale Gestalt ein blutsaugendes Wesen, der Vampir

---

572 Frater Mordor, a.a.O., S. 190
573 Frater Mordor, a.a.O., S. 194
574 vgl.: Britta Radkowsky: Moderne Vampyre: Mythos als Ausdruck einer Persönlichkeit, Neusäß 2005
575 vgl. Rainer Fromm, in: Materialdienst EZW, 06/06, S. 205 ff.

ist".[576] Die Entstehungsgeschichte des Wortes führt in den slawischen Sprachraum, wobei hier Sprachvarianten wie „Vapir" oder „Vepir" aus dem Bulgarischen, „Upir oder „Upyr" aus dem Russischen oder „Upior" aus dem Polnischen unterschieden werden.[577] In deutscher Sprache taucht der Begriff erstmals in einem Bericht an die kaiserliche Administration im Jahr 1725 auf.

Heute umfasst die sogenannte Vampir-Szene in Deutschland einen großen Personenkreis, der sowohl real als auch virtuell verknüpft ist, v.a. durch Vereine, Homepages, Stammtische, Rollenspiele, Vampirfilmfestivals, Lesungen aus Vampirromanen. Sogar Reisen nach Transsilvanien stehen auf dem Programm. Grob lässt sich die Vampirszene Deutschlands in verschiedene Gruppen einteilen:

1. Anhänger der sogenannten Dark-Wave- oder Gruftie-Subkultur, die im Vampirismus eine besonders ästhetische Form des Habitus aber auch des Kleidungsstils sehen. Auch in diesem Spektrum sind die Übergänge zwischen Begeisterung für den Vampirismus in der Phantasie-Literatur und echtem Okkultismus fließend. Diese Szene trifft sich in zahlreichen Städten an festen Treffpunkten wie in Discotheken und Parks.

2. Fans von Rollenspielen, die sich vor allem im Internet zusammenfinden. Auf den Homepages verwischen sich nicht selten die Grenzen zwischen Begeisterung für Vampirspiele, Blutfetisch und realem Okkultismus.

3. Fans von Vampirfilmen und Vampirromanen. Die Szene ist sehr gut organisiert und veranstaltet Festivals, Bälle, Lesungen und sogar Reisen zu Orten des vermeintlich echten Vampirismus.

4. Vampirismus als sexueller Fetisch. Hier dokumentieren Homepages die Vorlieben einer ganzen Fangemeinde, deren Interesse von enggeschnittener Latex-Kleidung im Vampir-Stil, bluttriefenden Nacktaufnahmen verletzter Frauen bis hin zu blutigen sexuellen Praktiken wie Blutentnahmen reicht.

---

576 Albert Schroeder: Vampirismus, Akademische Verlagsgesellschaft, Frankfurt 1973, S. 1
577 vgl. Albert Schroeder, a.a.O., S. 12 f.

5. Pseudowissenschaftlicher Vampirismus und sogenannte „Vampirforscher", was mit der Sublimierung des Themas einhergeht.
6. „Vampyre", die sich als „echte" Blutsauger begreifen. Im Gegensatz zur vierten Gruppe steht hier aber nicht nur ein Blutfetischismus im Mittelpunkt des Interesses, sondern eine angebliche geistige und seelische Identifikation mit Vampirfiguren. Den Szenemitgliedern geht es dabei um eine eigene dunkle Haltung. Das Buch Noctemeron definiert „Vampyr" als „einen menschlichen Vampir, lebend, sterblich, dennoch teilweise latent mächtig und bluttrinkend".[578]

Tanz der Vampyre –
Charakteristika eines Genres zwischen Fun und Fetisch
Innerhalb der Szene differenziert man die „Vampyre" in den zahlreichen Communities zwischen „Nighttimers", „Classicals" und „Inheriters". Es handelt sich dabei um die Unterscheidung zwischen „geborenen" Vampyren, also denen, die angeblich schon immer welche gewesen sind und irgendwann ihre wahre Natur entdeckt haben („Awakening") und sogennanten „gemachten" Vampyren, die irgendwann von Dritten durch „Übertragung" oder „Blutaustausch" ihre Vampyrexistenz eingehaucht bekamen. Dazu existiert eine dritte Gruppe sogenannter „Zwischenwesen". Andere Vampyrgemeinden differenzieren zwischen sogenannten „Blut-Vampyren" und „Psi-Vampyren". Letztere sind Wesen, die sich angeblich auf metaphysischer, psychischer Ebene von anderen nähren und von deren energetischen Kräften zehren.

Dem sogenannten „Awakening" oder „Erwachen" misst die Vampyrgemeinde eine zentrale Bedeutung bei. Webseiten der Szene beschreiben es als den „Moment des Erkennens der eigenen Vampyrnatur", begleitet von physischen und psychischen Veränderungen: „Oft äußern sich diese in einer erhöhten Sensibilität Licht, insbesondere Sonnenlicht gegenüber, einer wachsenden Vorliebe für die Nacht und die Dunkelheit, das Wechseln von einem tagesbetonten Lebensrythmus zu einem nächt-

---

578 Frater Mordor: a.a.O., S. 176

lichen und natürlich die ersten Anzeichen von Durst."[579] In dieser Phase
wachse auch „die Distanz zur ‚weltlichen' Familie und den ‚normalen'
Freunden."[580] In dem Maße, in dem sogenannte Vampyre sich ent-
menschlichen, dass heißt gesellschaftlich entfremden, wächst die Bedeutung der Subkultur in ihrem Leben. Nicht wenige Szenemitglieder
hören auf, sich als Menschen zu fühlen und gehen völlig in ihrer „Paral-
lelexistenz" als Vampyr auf. Für sie gewinnt die Szene einen starken sozialen Charakter. Zu Recht beschreibt Benecke den „Clan" oder „Coven"
auch als „Ersatzfamilie".[581]

Von zentraler Bedeutung für die Community der Vampyre ist auch das
Internet, in dem sich eine kaum überschaubare Anzahl von Vampir-
Foren befindet. Hier werden Adressen ausgetauscht und über den wahren Sinn des vampirischen Daseins philosophiert. Doch noch viel drin-
gender treibt es die Vampyre in die Clubs der Szene. Hier müssen sie hin
auf der Suche nach „Donors", „Spendern", „Blutgebern" oder „Sources",
wie die Geber von Blut genannt werden. PSI-Vampire hingegen finden
hier die sogenannten „Energie-Reichen".[582] In Deutschland finden in
Städten wie etwa in Berlin, München oder Köln private Veranstaltungen
statt, in denen Blut getauscht wird. Die exklusive Teilnehmerzahl beträgt selten mehr als 20 Personen, Einladungen erfolgen nur persönlich
per Handy oder im Chat. Da nur wenige der Teilnehmer von derlei
Events als die Unsterblichkeit der vampirischen Existenzform glauben,
ist eine vieldiskutierte Frage in der Szene die der Infektionskrankheiten
und Krankheitsprävention. „Safe" sei, so sagt man in der Vampyr-Sub-
kultur gemeinhin, dieselbe „Source" zu nehmen, vertrauenswürdige
Sources, die man bereits lange kennt und die nicht infektiös sind. Aus
demselben Grund empfiehlt auch Mark Benecke, der Präsident der
deutschen Sektion der „Transylvanian Society of Dracula", der Vampyr

---

579 vgl. www.clesidra.de, 4.8.2007
580 vgl. www.clesidra.de, 4.8.2007
581 Mark Benecke: Vampire unter uns: Jugendliche Vampir-Subkulturen; in: Bertschik, J./
      Tuczey, C.A.: Poetische Wiedergänger, Francke Verlag, Tübingen 2004, S. 285–302.
582 Mark Benecke, a.a.O., S. 285–302

solle, „in seinem feeding circle bleiben".[583] Zusätzlich zur Ansteckungs-
gefahr mit HIV lauern auf den Partys eine ganze Reihe weiterer Infekti-
onsgefahren, insbesondere durch Menschenbisse. Aus diesem Grund
wird das Blut häufig mit Hilfe von Lanzetten, kleinen Messern, Skalpel-
len oder Injektionsnadeln entnommen – seltener mit den Zähnen. Ist
der Biss falsch gesetzt, kann es zu schweren Verletzungen wie Arterien-
schädigungen kommen.

In den USA gründeten ehemalige Rollenspieler Anfang der neunziger
Jahre eine erste sogenannte „reale Vampirgemeinschaft" mit dem Namen „das Sanguinarium". Ihre Mitglieder bekennen sich als „Bluttrinker", „Energie-Vampyre" und „Fashion-Vamps". Den geistigen Überbau
liefert die sogenannte „Scroll of Elorath".[584] Auch in Deutschland existiert eine kleinere Gruppe sogenannter „Real Vampires", die sich virtuell
und real austauscht. Inzwischen ist im Subgenre der auch eine eigene
Sprache entstanden, die wiederum sehr zum Zusammenhalt und zur
Identifikation der Mitglieder als „Vampyr" beiträgt. So wird eine Person
als „Blood-doll" oder „Blutpuppe" beschrieben, die ihr Blut hergibt, in
der Hoffnung in der Szene Anerkennung zu finden. „Feeding" hingegen
nennt sich das Aufnehmen von Blut, während als „Feeding Circle" die
Gruppe von Spendern bezeichnet wird, „die einen bestimmten Vampir
oder Coven von Vampiren nähren".[585] Ein weiterer häufig genutzter Begriff ist „Schwarzer Schwan". Er beschreibt einen „Freund oder Liebha-
ber, der kein Vampyr ist, aber dennoch sehr von ihnen angezogen ist
und eine äußerst positive Einstellung ihnen gegenüber aufweist".[586]
   Zur eigenen Sprache gehört auch eine eigene Symbolik, mit der sich
Vampyre auch bei Tageslicht zu erkennen geben. Besondere Bedeutung
hierbei hat das Ankh-Symbol, das auch als „Henkelkreuz" oder „Le-
bensschlüssel" bekannt ist. Nach esoterischer Definition ist es ein Symbol der Energie, die im materiellen Sinne oft mit „Wasser" gleichgesetzt

---

583   Mark Benecke, a.a.O., S. 285–302
584   www.sanktuarium.de, 19.4.2005
585   http://friederike1234567890.free-25.de/vampirlexikon.htm, 9.8.2007
586   www.clessidra.de, 13.5.2005

wird. Dagegen sehen Vampirfans „wahre Bedeutung" in der „des ‚roten
Wassers', der Verbindung aus Energie, Seele (Leben) und Wasser, also
des Blutes!".[587] Aus diesem Grund hätten auch die „Priester im alten
Ägypten Dolche in Ankh-Form für bestimmte Blutrituale genutzt. Finden viele Anhänger der optisch markanten Szene die okkulte Symbolik
einfach nur schick und dem extrovertierten Outfit angemessen, verra-
ten die Symbole dem Insider, zu welchem Clan oder „Coven" sein Träger gehört. Eine besondere Bedeutung hat unter anderem das sogenannte „Bladed Ankh", ein Zeichen, das eine Kombination aus dem klassischen
Ankh-Symbol mit einer Klinge darstellt. So weise ein im Zeichen „ein-
geklebter roter Stein" nach Mark Benecke auf eine „verfeinerte Erwe-
ckung und Einweisung" hin.[588] Befinde sich hingegen kein Stein in dem
Symbol, so deute das auf eine Novizenschaft des Trägers hin. An dieser
Stelle verlässt der Vampirismus den Fetisch- und Party-orientierten
Charakter und nimmt recht konkrete sektiererische Konturen an. Orden wie der seit 1989 eingetragene *Tempel der Vampire* haben um die
Romanfiguren von einst ein regelrechtes Weltbild gezimmert. In unterschiedlichen Werken der Gruppe geht es „um Sprüche, die untoten Götter anzurufen, vampirische Methodologie, ein Kapitel über Träume und
eine Beschreibung der bevorstehenden Apokalypse."[589]
     Und manche Kleingruppen werden in ihrer vampyrischen Traum-
welt regelrecht kriminell. Die Trennlinie zwischen der monströsen vampiristischen Fiktion und der eher tristen Realität wird brüchig. Für eine
amerikanische junge Szenefrau mit dem Namen Heather Wendorf en-
dete die vampyrisch-spirituelle Reise im Jahr 1996. Während ihres Initi-
ations-Blutrituals, das ihr 17-jähriger Freund Rod Ferrell organisierte,
wurden Heathers Eltern getötet. Anwesend waren rund 30 jugendliche
Anhänger des Vampyrkults. Ferrel wartet seit 1998 auf die Todesstrafe
auf dem elektrischen Stuhl.[590]

---

587 http://friederike1234567890.free-25.de/dasankh.htm, 9.8.2007
588 Mark Benecke: Vampire unter uns: Jugendliche Vampir-Subkulturen; in: Bertschik. J,
     Tuczey CA: Poetische Wiedergänger, Francke Verlag, Tübingen 2004, S. 285–302
589 Katherine Ramsland: Vampire unter uns, Köln 1999, S. 160
590 vgl. Radkowsky, a.a.O., S. 56

Trotz der verbalen Abgrenzungsbemühungen der Rollenspielgemeinde von den Vampyren und umgekehrt ist das Gesamtgenre recht eng verwoben. Dokument hierfür sind zahllose Gästebucheinträge im Internet. Dazu genügt oftmals eine einzige vampiristische Homepage, um sofort mit dem Gesamtspektrum vernetzt zu sein.

Bestandsaufnahme der Szene in Deutschland
Per moderner Definition versteht man unter Vampirismus „grundsätzlich eine Affinität zum Blutsaugen"[591], die sich auch in den Internetangeboten widerspiegelt. Fast allen Vampir-Interessierten gemeinsam ist auch eine Idealisierung der Vampirfigur, wie in den Romanen von Anne Rice und Bram Stoker. Die Motivlage hierfür ist breit gefächert und reicht von der Ästhetik der Vampirfiguren, einer „inneren Verbundenheit" mit den Romanvampiren, die mit einer „inneren Dunkelheit"[592] erklärt wird, bis hin zu einer Idealisierung des Vampirs als „Gender-Dämon".[593] Nicht selten findet sich auch eine Koppelung aller genannten Merkmale.
Auf einer deutschen Webseite heißt es:

„Für mich ist Vampirismus das Streben nach Perfektion, nach Schönheit und Vollkommenheit. Obwohl auch diese Geschöpfe der Nacht alles andere als Vollkommen sind, kommen sie meinem perfekten Bild doch wohl am nächsten."[594]

Elisabeth Salzmann betreibt die Homepage „elisabethas-night" und beschreibt sich selbst als „eingefleischten Vampir- und Musicalfan". Vampire nennt sie „dunkle Engel" denen man „allgegenwärtig"[595] begegne. Auf der Webseite findet sich ein gut sortierter Überblick über Vampirromane und Vampirfilme. Im Vampir sieht Elisabeth Salzmann „die gelun-

---

591 http://infos.aus-germanien.de/moderner_vampir, 17.4.2005
592 http://toonorama.com/encylopedia/V/Vampirismus/, 19.04.2005
593 Clemens Ruthner: Sexualität Macht Tod/t; http://www.kakanien.ac.at/beitr/fallstudie/CRuthner1.pdf/abstract, 16.8.2007
594 www.elisabethas-night.de, 4.8.2007
595 www.elisabethas-night.de, 4.8.2007

genste Projektion unserer Urängste, ein Wesen mit gewaltigem philosophischem und psychologischem Tiefgang". Vampire seien „dämonisch,
schön und faszinierend". Zur Attraktivität des Vampirmythos schreibt
Salzmann auf ihrer Homepage weiter:

> „Der Vampir ist ein gewaltiger Mythos von Tod und Schuld, Sexualität
> und Macht. Wenn es ein kollektives Unbewusstes des Menschen gibt, das
> sich aus den Mythen aller Kulturen zusammensetzt, dann findet sich dort
> der Vampir als Archetypus der Angst vor dem Tod und der Sinnlosigkeit
> des Seins, auch in unserem modernen Alltag."[596]

Bei der Frage, ob es auch echte Vampire gibt, ist die sogenannte Vampir-
Szene zerstritten. Das 1973 gegründete *Vampire Research Center* in New
York glaubt fest an die reale Existenz der Blutsauger. Ihr inzwischen ver-
storbener Vorsitzender Dr. Stephan Kaplan definierte Vampire als eine
„Art der Gattung Mensch", die bis zu 200 Jahre alt werden könnten. Die
Zahl der „echten Vampire" beziffert er mit weltweit etwa 1.000 Exem-
plaren. Für diese krude These steht die New Yorker Organisation auch
innerhalb der Vampir-Fan-Gemeinde in der Kritik. So schreiben deut-
sche Szeneseiten, dass die sogenannte „Forschungsarbeit" des *Vampire
Research Centers* wissenschaftliche Nachweise oder auch nur plausible
Indizien für ihre Existenz dezidiert vermissen lasse.[597] Dokumentiert ist
jedoch die Existenz zahlreicher Vampir-Organisationen, in denen sich
Menschen zusammenfinden, die sich als Vampire fühlen.

Im deutschsprachigen Raum existieren heute ebenfalls zahlreiche
Organisationen, die sich selbst Vampirvereinigungen nennen, etwa die
Gruppe *Aeterni*. Sie wurde „von Vampyren und Vampiristen für Vampy-
re und Vampiristen" gegründet und soll ihnen ein „virtuelles Zuhause"
bieten. Dazu versteht sich *Aeterni* als „Gemeinschaft, die jedem, der die
Dunkelheit in sich spürt, offen steht." Nach eigenem Bekunden legt die
Organisation allergrößten Wert auf eine „stilvolle Umgebung" sowie

---

596 www.elisabethas-night.de/Mythos.html, 4.8.2007
597 vgl. www.vampyrjournal.de/leb-vamp.htm, 4.8.2007

auf „Respekt/Höflichkeit/Freundlichkeit" und „Toleranz/Akzeptanz".[598]
Als „historische Vampire" benennt *Aeterni* die realen Massen- und Serienmörder Vlad III Tepes, alias Vlad Dracula, und Elisabeth Bathory. Auf
der Homepage wird fleißig am Mythos des Vlad III Tepes gebastelt:

> „Während er in Rumänischen und Russischen Überlieferungen als grau-
> samer, aber gerechter Herrscher beschrieben wird, erscheint er in den ab
> 1462 erscheinenden Deutschen Handschriften als blutrünstiger Schläch-
> ter. (...) Im Jahre 1931 wird Vlads Gruft in Snagov geöffnet, von seinen
> Überresten findet sich keine Spur. Für manche erneut ein Beweis dafür,
> dass Vlad ein Wiedergänger ist. Einige von ihnen meinen weiterhin, er
> halte sich irgendwo in Rumänien versteckt und werde wieder hervor-
> kommen und sein Land verteidigen, wenn Rumänien ihn braucht."[599]

Die Webseite „Vampir-World"[600] bietet einen breiten Überblick über Literatur, Hörspiele und die Filme im Zusammenhang mit Vampirismus.
Betrieben wird die Kölner Homepage von Wolfgang Pistol und Birte
Hänsch, die in Kleinstarbeit Buchbesprechungen und Filmkritiken zum
Schwerpunkt Vampirismus zusammentragen. Recht eigenwillig liest
sich hingegen der Personenüberblick in der Rubrik „Biographien". Hier
werden Literaten wie Edgar Ellen Poe oder Bram Stoker gemeinsam mit
den Massenmördern Vlad Tepes, Elisabeth Bathory oder Gilles de Rais
aufgeführt. Bei Gilles de Rais handelt es sich angeblich um einem „historischen Prototyp für einen Vampir vom Schlage eines Dracula", der
von den Autoren als der „Welsche Dracula" bezeichnet wird. In den Porträts der Serienmörder werden die Taten ausgiebig beschrieben, was seinerseits die Lebensläufer seinerseits nicht unbedenklich erscheinen lässt.
Zu den Verbrechen des Gille de Rais an Kindern heißt es: „Er trank ihr
Blut und ergötzte sich daran, in den Eingeweiden der toten Kinder zu
wühlen." Und zu Bathorys Morden: „Wie berichtet wird, liebte sie es,
die Mädchen zu beißen, ihnen regelrecht das Fleisch zu reißen und das
Blut zu trinken." Seit ihrem Bestehen Juli 2001 ist die Webseite nach

---

598 www.vampires.at/About/Vereinigung/Vereinigung.html, 3.8.2007
599 www.vampires.at/Vampires/History/Vlad/Vlad.html, 3.8.2007
600 www.vampire-world.com, 02.08.2007

eigenen Angaben über 270.000-mal besucht worden, was das Interesse vieler User am Vampirismus unterstreicht.[601] Insgesamt sind es 300 bis 400 Besucher pro Tag.

Auf eine noch breitere Resonanz stößt die Homepage „Vampirbibliothek" aus Solingen, die sich ebenfalls der Literatur mit dem Schwerpunkt Vampirismus widmet. Nach eigenen Angaben der privaten Homepage handelt es sich um eine reine Informationsseite, die nichts mit einer „organisierte(n) Community, Sekte oder sonstigen Organisationen" oder mit einer „Vampyr-Familie" zu tun habe. Zur Charakterisierung eines Vampirs heißt es in der Einleitung: „Nicht das Blut-Trinken ist also das Entscheidende am Vampir. Vielmehr ist es das parasitäre oder raubtierhafte unnatürliche Wieder-Weiter-Existieren mit lebenden Menschen als Opfer."[602]

Als „historische ‚Vampire'" benennt die Webseite Graf Vlad, Gilles de Rais und Elisabeth Bathory, weil die „historischen Persönlichkeiten" reichlich „Stoff" für „Mythen und Legenden lieferten" und auch „Dichter und Autoren späterer Zeitalter inspirierten".[603] Dazu habe Vlad „keine Menschen zu seiner persönlichen Freude" gepfählt, sondern „mit Bravour" die „Ordnung in einem Land aufrecht (...) erhalten." Obwohl die Serientäter als angeblich „historische Vampire" viel Raum auf der Homepage einnehmen und als lebende Dokumente für die Authentizität von Vampirismus aufgeführt werden, distanziert sich die Internetseite von den Taten, die man „auf das Äußerste verabscheue und verurteile". Nach Auffassung des Seitenbetreibers „ist der Genuss von Menschenblut (...) nur dann vertretbar, wenn zwischen dem Gebenden und dem Nehmenden Einverständnis herrscht und der ‚Spender' dieses freiwillig und ohne jeglichen Zwang tut und zwar ohne dabei ernstlich verletzt zu werden."[604] Auch wenn diese Passage inzwischen gelöscht ist, dokumentierte sie überdeutlich, dass Blutrituale und Blutfetisch zu einem grundlegenden Bestandteil der Szene geworden sind und die

601 www.vampire-world.com, 02.08.2007
602 www.vampyrbibliothek.de, 2.8.2007
603 www.vampyrbibliothek.de/ vampyrbibliothek2.htm, 2.8.2007
604 www.vampyrbibliothek.de/weitere_vampire.htm, 29.4.2005

vampiristische Aktivität bei so manchem Szenemitglied weit über das Literaturstudium hinausgehen. Für die sehr große Vampirszene sprechen eindrucksvoll die inzwischen knapp 2800 Foreneinträge auf der Homepage.[605] Dazu wurde die Seite insgesamt mehr als 593.000-mal besucht, was die große Faszination und Anziehungskraft des Vampirismus dokumentiert.

Auf der Linkliste der Vampyrbibliothek findet sich eine illustre Mischung aus Phantasie-Interessierten und problematischen Vereinen. Neben Verweisen zu „realen Vampyren" wie den Gemeinschaften *House Breed*, *House Lavrans* oder *Noa Zhasal* gibt es Verweise zum Fanclub des Musicals „Tanz der Vampire" oder „Dark Clubs" wie den Szenetreffs *Exit* oder *Zwischenfall*.[606]

Die Erotik des Vampirismus ist ein Schwerpunkt der Homepage „Vampirelord's Rest", die nach eigenen Angaben Juli 2002 bereits über 334.649-mal besucht wurde. Betreiber ist Detlev Franke aus Dortmund, der Blutfetisch, Vampiraccessoires und Nacktaufnahmen mischt. In Rubriken wie „Vampirelords Weekly Nude-Archiv", „Vampire der Woche", „Fotomodelle in dunkler Atmosphäre" werden auch blutüberströmte Modelle präsentiert.[607] Dazu lernt der Besucher in einem Vampir-ABC alles Wissenswerte um den Vampirismus von der „Mythology" bis zur Biologie der Bluttrinker. Verlinkt ist die Homepage mit der Gothic-Subkultur und verweist auf zahlreiche Toplisten wie „Kinder der Nacht – Top 100", „Angelic Gothic Forum – Top 150", „Winterherz gothic Top 100" oder „Dark Top 100".

Eine der wichtigen internationalen Szenepublikationen ist das „Journal of Dracula Studies", das von der kanadischen Sektion „Transylvanian Society of Dracula" (TSD) herausgegeben wird. Das einmal im Jahr erscheinende Organ widmet sich unter anderem Bram Stoker, der Dracula-Geschichte, Vampirismus in der Folklore, im Film und in der erzählenden Literatur.[608]

---

605 www.vampirbibliothek.de/die_bibliothek.htm, Stand 02.08.2007

606 vgl. vampyrbibliothek.de/linkliste_3.htm

607 www.darkvampires.de/Vampirelord/art2.htm, 01.08.2007

608 www.ucs.mun.ca/~emiller/jds.htm

Die „Transylvanian Society of Dracula" beschreibt sich als politisch unabhängige, nicht-kommerziell und weltweit operierende Gruppe, mit Hauptquartier in der rumänischen Hauptstadt Bukarest. Die Zentrale wurde nach dem Fall des Kommunismus 1991 ins Leben gerufen, um die Kontakte zwischen Forschern aus Ost und West auszubauen und den Dracula-Tourismus zu fördern. 1995 organisierte die Gruppe in Rumänien den ersten „World Dracula Congress" und stand Teilnehmern aus der ganzen Welt offen, die „ein seriöses" Interesse an seiner „Erfindung und/ oder seiner Geschichte" haben.[609] Gekommen war neben zahlreichen Referenten der Vampirgesellschaft auch Dan Matei Agaton vom Rumänischen Tourismus-Ministerium, das sich von den Vampirfans und der Gemeinde reiselustiger Vampirforscher wohl einen handfesten Aufschwung im Fremdenverkehr verspricht. Folglich definiert sich die Vereinigung auch nicht als Fan-Club, sondern als Forum, in dem wissenschaftlich zum Phänomen Vampirismus geforscht wird. Inzwischen fanden die Folgekongresse „Dracula 97" in Los Angeles und „Dracula 2000" in Rumänien statt. Insgesamt kamen 200 Vampirfans aus aller Welt nach Transsilvanien, die hier historische Schauplätze bewunderten. Präsident der deutschen TSD-Sektion ist der Kölner Kriminalbiologe Dr. Mark Benecke, der unter anderem 2003 auf dem Kongress der „Dracula Society" im hessischen Steinbach referierte. Sein Thema war unter anderem die „New Yorker Jugendsubkultur", wo es etliche Vampirclans mit „familienähnlichen Strukturen und unglaublicher Vereinsmeierei" gebe.[610]

Die rasant wachsende Vampirszene hat eine regelrechte Industrie entstehen lassen, die den subkulturellen Vampirismus kommerziell begleitet. Beispielhaft hierfür steht der Internet-Vertrieb eines amerikanischen Vampir-Gebissherstellers „Father Evan". In seinem Angebot finden sich neben den „klassischen Fangzähnen", die aus vielen Vampirfilmen bekannt sind, auch riesige Fangzähne, die mit zahlreichen Fotos beworben werden.[611]

---

609 www.ucs.mun.ca/~emiller/tsdchap.htm
610 www.benecke.com/kuriervamp.html, 2.8.2007
611 www.vampire-fangs.com, 3.8.2007; vgl. Britta Radkowsky, a.a.O. 2005, S. 81 ff.

3.3 Vampirismus als Subkultur:
Von Dark Wavern und modernen Vampiren

Vampirismus wird im jugendsubkulturellen Kontext als „eine Neben-
strömung des Gothic" definiert.[612] Da die Bewegung noch recht jung ist,
gibt es keine gesicherten Erkenntnisse darüber, wo die Trennlinie zwischen Lebensstil, subkultureller Prägung und okkult-pseudoreligiösen
Ansätzen verläuft. Typisch für die Szene sind unter anderem Vampirzähne, okkulte Accessoires, weißes „Corpsepainting" (Leichenblässe),
Blut-Trinken, Friedhofsrituale, Selbstverletzungen, Im-Sarg-Schlafen,
aber auch eine gewisse Nähe zu Teilen der Rollenspielszene.

Sicher ist, dass eine Teilmenge der sogenannten Dark-Wave-Subkultur mit dem Vampir als eine Art düster-melancholisches Ideal kokke-
tiert, insbesondere mit den Vampirfiguren der Anne Rice. Das ergibt
sich vor allem aus szeneinternen Schilderungen.[613] Auf seiner Webseite
„dunkelbuntes" schreibt der Leipziger Gothic Sven Reuter, „nahezu jeder" kenne die „Chronik der Vampire von Anne Rice". Dazu sei der
„Vampir als Ausgestoßener der Gesellschaft Identifikationsfigur für das
Selbstempfinden der Goths".[614] Vor allem der Roman „Dracula" von
Bram Stoker genieße echten „Kultstatus" in der Szene, wie das „Gothic-
und Dark-Wave-Lexikon" schreibt.[615] Die Literatur differenziert derzeit
vier Untergruppen des jugendsynkretistischen Vampirismus:

a) Der „alternative Vampir": Er fühlt sich von der Szene angesprochen,
   ohne ihr anzugehören. Hier ist die Trennung zwischen Lifestyle und
   Subkulturzugehörigkeit kaum möglich.

b) Der „sanguine Vampir": Er ist Szenemitglied und ordnet seinen Lebensstil seiner Subkultur unter, soweit es sein bürgerliches Leben ermöglicht.

---

612 http://toonorama.com/encyclopedia/V/Vampirismus/, 29.4.2005
613 vgl.www.kleinerdrachen.de/Gothic/gothic.htm, 4.8.2007
614 www.dunkelbuntes.de/h/index16.html, 4.8.2007
615 vgl. Peter Matzke und Tobias Seelinger: Das Gothic- und Dark Wave-Lexikon, Berlin
     2003, S. 168

c) Die sogenannten „Vamps" stellen die sinnlichen, körperbetonten und sexuell versierten Mitglieder der Szene dar. Für sie spielen auch Blut und die damit verbundenen Rituale eine hervorgehobene Rolle.

d) Dazu kommt eine Gruppe der normalen Szeneangehörigen, die die stilvolle Kleidung der Szene, die dem Barock nachempfunden ist, präferieren. Mitglieder dieser Gruppe genießen insbesondere die Atmosphäre, die den Mythos Vampir umgibt.[616]

Ein weiterer Beleg für die große Akzeptanz des Vampirismus in der Gothic- und Black-Metal-Subkultur sind Bands, die mit dezidiert vampiristischen Bühnenshows und Liedtexten arbeiten. Beispielhaft hierfür steht die Karlsruher Band „Umbra et Imago", die 1991 von ihrem Bandleader „Mozart" gegründet wurde.[617] Die Musikgruppe vermischt in ihren Texten und Bühnenshows bewusst Vampirismus und „S/M Thematik", für die Musiker „die intellektuellste Ausdrucksform der Sexualität". Auf der 1993 veröffentlichten CD „Infantile Spiele" findet sich der bis heute wohl bekannteste Titel der Band „Gothic Erotik", der „trotz (oder gerade wegen) der darin enthaltenen ‚Vampir-Erotik' europaweit zum Dark-Wave-Clubklassiker wird", wie das „Gothik- und Dark-Wave-Lexikon" schreibt.[618] Ein Auszug aus dem Liedtext:

> *„Die Spur deiner Zunge zu meinen Lenden führt*
> *Die Zeit, die Tat, uns langsam zu Tieren macht*
> *Seltene Schreie gellen durch die Nacht*
> *Die Zeichen deines Körpers von meiner Liebe zeugen*
> *Die Narben, unseres Triebes Ziel, sind nicht zu leugnen*
> *Deine Nägel graben sich in mein Fleisch jetzt ein*
> *Das heiße Blut meiner Wunden ist jetzt dein*
> *Mein Honig lässt deine Lippen glänzen*
> *Tropft auf deine Brüste, rinnt herab, kennt keine Grenzen*

---

616 vgl. http://toonorama.com/encyclopedia/V/Vampirismus/
617 www.umbraetimago.de, 1.8.2007
618 Peter Matzke und Tobias Seelinger: Das Gothic- und Dark Wave-Lexikon, Berlin 2003, S. 558

Fließt über weiche Haut, sammelt sich in deinem Schoß
Die Ruine lebt, die Erde bebt, die Lust ist groß."[619]

In den Bühnenshows, die regelmäßig in Leipzig, Erfurt, München und anderen deutschen Großstädten organisiert werden, erlebt der Vampirismus immer wieder seine erotische Rennaissance. Im sogenannten „Vampirsong" der Band heißt es:

„Deine Zunge fühlt die Angst der Haut
Deine Brüste tanzen den Tanz des Todes
Das Gift Deiner Seele macht süchtig
Der Alptraum wird zum Paradies
Der Biss wird ersehnt wie das ewige Leben
Keine Liebe – kein Leid –keine Sünde
Die Vision der Ewigkeit. (...)

Kalt wird alles, gefrorene Splitter
Schleudern den Geist aus Dir
Jetzt ist die Zeit, kleine Vampirlady
Für ein neues Opfer
Denn Du brauchst neues Blut
Denn Blut ist Dein Leben

Blut ist Dein Trieb
Der Biss ist Dein Verkehr
Der Biss ist Dein Akt
Immer neues Blut."[620]

In dem Titel „Gedanken eines Vampirs" vermischt sich die Überhöhung des Vampirs zum Überwesen mit Blutfetischismus. Der Song gibt das

---

619 www.lyrics-world.de/Songtext/293680/Umbra-Et-Imago/Gothic-Erotic/, 19.8.2007
620 www.actiontext.com/names_/umbra_et_imago_lyrics/vampir_song.html, 19.8.2007

Lebensgefühl vieler junger „Vampyre" wieder, die sich von der düsteren
Szene angezogen fühlen:

> „*Das gottgleiche Geschlecht gebiert in der Nacht*
> *kein Feind war je in Sicht*
> *Unbegrenzte Macht.*
> *Die Ewigkeit ist unser Reich*
> *Die Zeit verliert den Schrecken (...)*
> *Jede Fleischeslust verblasst*
> *vor dir rotes Elixir*
> *dem Ziele nahe ohne Hast.*
> *süßer Saft geile Droge*
> *Narkotika des freien Geistes*
> *roter Strom einzige Sorge*
> *sollst nie versiegen*
> *Die Jagd nach dir ist unsere Lust, welch Vergnügen.*"[621]

Andere bekannte Bands mit vampiristischem Inhalt heißen „Moonspell" aus Portugal und „Theatres des Vampires" um den Sänger „Lord
Vampyr" aus Italien.[622] Fernando Ribeiro, Frontmann der Black-Metal-
Band „Moonspell" bestätigt im Interview seine Affinität zum Vampirismus:

> „Ich denke, dass der Vampirismus genau wie der Okkultismus und der
> Satanismus sich zu einer Art sozialen Kommunikation entwickelt hat. Sie
> können Menschen Energie ein- und aushauchen. (...) Überall auf der
> Welt kannst du vom Vampirismus der jeweiligen Kulturen lernen." [623]

Aus Deutschland kommt die 1999 gegründete Gruppe „Vargotah", die
in ihren Stilen *Metal* und *Industrial* vereint. Inhaltlich hat sich die Band
ebenfalls dem Vampirismus verschrieben. Auf der offiziellen Homepage

---

621 www.lyricstime.com/umbra-et-imago-gedanken-eines-vampirs-lyrics.html, 19.8.2007
622 www.evils-darkland.de/b_theatres-des-vampires.htm, 4.8.2007
623 www.interregnummusik.de/int_moonspell.html, 3.8.2007

öffnen sich, wie ein Szene-Rezensent schreibt, die „Tore in eine verbotene Welt fremder vampiristischer Rituale – voll von Sex, Blut und Occultismus".[624] Der Vargotah-Bandleader „Orkun Ozzduner" gilt in der Subkultur sowohl als satanistischer Vampirkult-Führer wie auch als künstlerischer Revolutionär und Visionär.[625]

Und auch die inzwischen weltweit bekannte Black Metal Band „Cradle of Filth" aus dem englischen Sussex sieht im Vampirismus als Ideengeber eine wichtige Inspirationsquelle.[626] Die „Blutgräfin" Elisabeth Bathory steht beispielsweise im Zentrum des Albums „Cruelty The Beast": Untypisch für das Genre ist jedoch, dass Elisabeth Bathory in dem Album nicht als Heldin, sondern als arme Frau dargestellt wird. Man erlebe förmlich „ihren Übergang von der Verzweiflung zum Wahnsinn", schreibt ein Rezensent.[627] Passend zu den Liedtexten bezeichnet sich die Band selbst nicht als „Black Metal"-Gruppe, sondern nennt ihren Stil „Vampyric Metal". Unverkennbar ist bei vielen ihrer Musikproduktionen, dass Bram Stoker und Anne Rice den Musikern inhaltlich immer wieder Pate standen.[628] Beleg hierfür ist der Song „Libertina Grimm" aus dem Album „Thornography", in dem auf „Count Lestat" Bezug genommen wird. Dazu gestalten sich die Texte von „Cradle of Filth" in einem ausgesprochen niveauvollen Englisch und setzen ein erhebliches Maß an philosophischem und literarischem Hintergrundwissen voraus. Trotzdem ist auch der Inhalt von „Cradle of Filth" bluttriefend, Bandbiographien sprechen von einem „blutig-erotischen Image der Band".[629] Zum Video „Tits and Gallons of blood" heißt es in einer Kritik, „der geschnittene Clip strotzt vor morbiden und missgebildeten Gestalten sowie jeder Menge Sex und rotem Saft."[630]

---

624   www.horror.net/Horror_Music/more28.shtml, 4.8.2007

625   vgl. www.mhlabs.de/user-Vargotha.htm,1.8.2007

626   www.laut.de/lautwerk/black_metal/index.htm, 4.8.2007

627   vgl. www.dooyoo.de, 1.8.2007

628   vgl. www.laut. de/wortlaut/artists/c/cradle_of_fielth/biogaphie/index.htm, 1.8.2007

629   www.musik-base.de/Bands/C/Cradle-of-Filth/Biograohie/, 5.8.2007

630   www.laut.de, 5.8.2007

3.4 Vampirismus in Rollenspielen

Vampirismus findet heute bei Fans des Rollenspiels „Vampire – die Maskerade" zahlreiche Anhänger. Neben dem „Pen and paper"-(Papier und Bleistift-)Rollenspiel und dem „Live-Rollenspiel" existiert auch eine Computerversion.

Hier durchlebt und durchkämpft der Spieler eine Welt der Dunkelheit in der Rolle eines Vampirs. Dabei muss sich der Rollenspieler vom Blut der Sterblichen ernähren, so gut es geht, auch die Bestie in sich unterdrücken und er muss versuchen, seine Vampirkräfte zu verbergen.

Im Kontext des Rollenspiels ist ein eigenes mythologisches Ideengebäude entstanden, in dem die Vampire Nachkommen Kains sind.[631] Zur Geschichte heißt es:

> „Sie betrachten Kain als ihren Urvater, den ersten Vampir, der, der von Gott verflucht wurde, auf ewig nachts zu wandeln. Kain wandte sich zur ersten Frau Adams, Lilith, und erhielt von ihr das magische (dämonische?) Blut, welches ihm übermenschliche Kräfte und Fähigkeiten verlieh. Mit diesem Blut machte er aus Menschen Kreaturen seinesgleichen und diese erschufen wiederum Kinder. [...] Diese spalteten die Vampirgesellschaft in Familien, die sogenannten Clans. Das Blut Deiner Familie wird auch Deine Natur beeinflussen. Deine neuen Fähigkeiten eröffnen Dir ungeahnte Möglichkeiten, und der Gedanke an Deine Unsterblichkeit, die Du noch kaum fassen kannst, gibt Dir ein Gefühl der Allmacht."[632]

Demnach stammen alle Vampire von Kain ab, laut der Bibel dem ersten Mörder der Menschheit. Das von Gott vergebene Kainsmal ist folglich der Vampirismus. Im Rollenspiel versetzt sich der Spieler in das Seelenleben eines Vampirs – allerdings mit dem Gefühlsleben eines Menschen. Die Problemstellung des Spiels liegt auf der Hand und wird von einer Vampire-Fanseite im Internet passend beschrieben:

---

631 vgl. http://lexikon.eventax.de/vampir/
632 http://nachtfolk.ccb-projekt.net/, 22.4.2005

> „Der wahre Fluch der vampiristischen Existenz liegt in ihrer Unsterblich-
> keit begründet. Das Alter der Vampire vergrößert nicht nur ihre Macht,
> sondern auch ihre Unmenschlichkeit, denn mit dem unsterblichen Blut
> erben sie auch das ‚Tier‘, das fortan in ihnen wohnt und versucht, immer
> mehr Kontrolle über Körper zu erlangen. Der Durst nach Blut sichert
> nicht nur ihr Überleben, er wird zur Sucht, und das Tier treibt sie dazu,
> ihre Gier im Blutrausch zu befriedigen. Alles, was dem Tier entgegen-
> steht, ist ihre Menschlichkeit, ihre Fähigkeit zum Mitgefühl, und ihre
> Willenskraft."[633]

Insgesamt handelt es sich bei „Vampire-Live" um eine Art interaktives
Spontantheater, das von seinen Fans überall gespielt werden kann. Der
Schwerpunkt des Spiels liegt auf den Charakteren, die in ihrer fiktiven
Vampirgesellschaft und ihren verschiedenen Clans interagieren. Problematisch wird es immer dann, wenn die Identifikation im Rollenspiel
mit den Spielfiguren zu groß wird und Realität und Virtualität ineinander übergehen. Belege für diese Übergänge finden sich auf Homepages
der Rollenspiel-Fans, die nicht nur zu anderen Spielergemeinden, sondern auch zu okkulten Seiten der Vampir-Szene führen.[634] Andere Clans
setzen bereits auf ihrer Startseite Links zu sogenannten Vampir-Toplisten, die wiederum ins Fetisch-Genre des Vampirismus führen.[635]
Es gibt aber auch Webseiten von Rollenspiel-Clans, die, für sich genommen, Neugierde am Blut-Fetischismus wecken. Auf einer Homepage
heißt es im Aufsatz „Blut – die Substanz des Lebens":

> „Für uns bedeutet Blut nicht nur Nahrung sondern auch Lust und Eksta-
> se. [...] Wenn wir Blut trinken, so trinken wir die Seele, die Erfahrung, die
> Biographie unserer Opfer. Für einen Moment ist die Seele des Opfers in
> unserer Seele, für einen Moment absorbieren wir seine Fähigkeiten und
> Begabungen. Dies ist der Grund warum gerade Künstler so begehrte
> Nahrungsquellen sind. Genieße das Blut eines Geigenvirtuosen und für
> ein, zwei Stunden wirst Du die Geige so meisterhaft spielen, wie Deine
> Nahrung es zuvor tat."[636]

---

633 http://nachtfolk.ccb-projekt.net/, 22.4.2005
634 vgl. www.vampire-the-dark-ages.de/links.php
635 vgl. www.nachtvolk.de, 22.4.2005
636 http://arcor.de/moonlight-shadowcastle/blut.htm

Im Internet ist inzwischen eine riesige Fangemeinde um die Vampir-Spiele entstanden. Beispielhaft hierfür steht die hochprofessionelle Homepage von „Nachtvolk", einer Vampire-Live-Rollenspielgruppe.[637] Die Webseite hat inzwischen 220[638] registrierte Benutzer und konnte seit dem Entstehen der Internet-Domäne 1999 bis April 2005 insgesamt knapp eine dreiviertel Million Besucher zählen. Verweise setzt „Nachtvolk" zu zahlreichen anderen Rollenspiel-Clans wie dem „Clan der Verborgenen", die sich im Netz als „Die Erben Kains"[639] präsentieren.

3.5 Vampirismus als sexueller Fetisch

„Wenn Vlad Tepes pfählte und quälte, dann sollte es die Welt wissen; denn wenn sie es wusste, dann wusste sie auch von seiner Macht, und jeder seiner möglichen Gegner konnte sich ausmalen, was ihm bei Widerspruch bevorstehen würde. Dass der Pfähler darüber hinaus gerne im Angesicht der Gequälten speiste, belegt, dass auch im historischen Dracula das Vampirprinzip vorherrschte: Verschlingungstrieb, Sadismus, Machtgefühle gegenüber den Opfern und Sexus werden sich in diesem Moment in ihm vereint haben."[640]

Sogenannter „realer" Vampirismus und die den Vampirismus idealisierende Literatur stellen in zweierlei Hinsicht eine besondere Herausforderung für den Jugendschutz dar. So sind viele dem Vampirismus immanenten Rituale extrem brutal und beinhalten oftmals Körperverletzungshandlungen. Darüber hinaus ist Vampirismus für viele Anhänger nicht nur Mythologie, sondern auch Vorlage für eine relativ verbreitete Form des sexuellen Fetischs. Ernest Bornemann definiert den Fetischismus als „die Verlagerung des sexuellen Ziels von einem lebendem Menschen des anderen Geschlechts auf etwas anderes, was den

---

637 vgl. http://nachtvolk.ccb-projekt.net, 22.4.2005
638 vgl. www.nachtvolk.de, 19.8.2007
639 vgl. www.erben-kains.de
640 Borrmann, a.a.O., S. 161

Menschen ersetzt".[641] Überträgt man diesen Fetisch-Gedanken in die Subkultur des Vampirismus, steht fest, „dass Blut für den Vampir [...] ohne Zweifel einen Fetischcharakter"[642] hat.

Der Präsident des deutschen Flügels der *Transylvanian Society of Dracula*, Dr. Mark Benecke schreibt:

> „Vampire gibt es. Sie sind lebendig, sehen nicht schlecht aus und denken öfters an Blut und Hälse. (...) Da der Menschen-Biss aber sehr schmerzhaft ist und ebenso tödliche Keime überträgt wie das Maul eines Löwen (...), belassen es Profis bei blood exchange mittels Kanüle. Das Dumme am nadligen Geschäft ist, dass die energiehungrige Person ihren Donor (auch Kitra oder Source genannt) zunächst abschleppen muss. Dazu gehört Charisma (...). Allerdings gilt, dass selbst steril abgezapftes Blut nicht maßlos genossen werden soll. Um keine Krankheiten zu übertragen, soll der Vampir überdies in seinem feeding circle bleiben. Ausschweifender geht es bei den reinen Blut-Vergießern und -Verschwendern zu, weil die Blood Player sich weder mittels Millimeter-Messungen noch medizinischem Murks zügeln müssen." [643]

Auf den Webseiten der deutschsprachigen Vampirszene unterscheiden die Autoren zwischen der „Hämatodipsie" und der „Hämatophilie". Bei der Hämatophilie, der sogenannten „Liebe zum Blut", geht es um die angeblich unbedenklichere Vatiante des Blutfetischs. Diese umfasst Menschen, die auf freiwilliger Basis „regelmäßig zu zweit oder in Gruppen dem Blutzapfen und -trinken frönen"[644] oder ihren Fetisch in Träumen und sexuellen Vorstellungen wahrnehmen. Dagegen sei die „weitaus schlimmere Form", über die „der Begriff des Vampirs ganz ‚seriös' Fuß gefasst" habe, die Hämatodipsie. Bei diesen Menschen stelle sich sexuelle Erregung nur noch beim Sehen, Hören oder Schmecken von

---

641 Ernest Bornemann: Sexuallexikon, Frankfurt am Main/Wien/Zürich 1976
642 Borrmann, a.a.O., S. 205
643 Mark Benecke: Vampire unter uns: Jugendliche Vampir-Subkulturen; in: Bertschik. J, Tuczey CA: Poetische Wiedergänger, Francke Verlag, Tübingen 2004, S. 285–302
644 vgl. www.vampyrjournal.de/leb-vamp.htm#echt; vampyrjournal.de/leb-vamp.htm, 4.8.2007

Blut ein.[645] Auch auf anderen Seiten, die sich mit Fetischen im Allgemeinen beschäftigen, wird auf die „Hämatodipsie" hingewiesen. Im sogenannten „Sex-Lexikon" heißt es:

> „Andere Bezeichnung für ‚Vampirismus'. Praktiken, bei denen der Partner sexuelle Befriedigung daraus zieht, das Blut des anderen aus zugefügten Wunden zu kosten."[646]

Eng verwandt mit der sogenannten „Hämatodipsie" ist das sogenannte „Cutting", womit eine SM-Praktik beschrieben wird, bei der dem passiven Partner Schnittwunden zugefügt werden. Borrmann beschreibt die Hämatodipsie als den „erotischen, unstillbaren Blutdurst". Blut würde für die Anhänger des Fetischs, die Borrmann als die „lebenden Vampire" klassifiziert, zum „alleinigen Lebensinhalt" und zum Ersatz für „jede Art von Geschlechtsverkehr".[647] In der medizinischen Literatur findet sich Vampirismus als eine der „Paraphilien" wieder. Eine Paraphilie bezeichnet „abweichende sexuelle Präferenzen", die sich im sogenannten „DSM-IV-Katalog" wiederfinden.[648] Das Berliner Institut für Sexualwissenschaft und Sexualmedizin" sieht im „Vampirismus" eine an „nicht-menschliche Objekte" gebundene „seltene Paraphilie", in deren „erotischen Fokus" das Blut stehe. Eine „mögliche Überlappung zu anderen Paraphilien" sieht das Institut zwischen dem Vampirismus und sexuellen Sadismus.[649] Der Begriff kennzeichnet den starken Drang, Blut trinken zu wollen und wird in der Psycho-Pathalogie auch als sogenanntes „Renfield-Syndrome" kategorisiert. Das „Renfield-Syndrome", namentlich basierend auf dem Fliegen-essenden Charakter von Renfield in Bram Stokers Dracula, korrespondiert stark mit schizophrenen oder psychotischen Erkrankungen. Insbesondere Personen mit dem krankheitswertigen Fetischismus der Hämatodipsie dürften sich mit Dracula und Co. identifizieren und in der Vampirszene ihre Erfüllung finden.

---

645 vgl. www.vampyrjournal.de/leb-vamp.htm#echt, 19.8.2007
646 vgl. http://sadorado.com/free/specials/sm_lexikon/haematodipsie/
647 Borrmann, a.a.O., S. 206 f.
648 www.charite.de/ch/swsm/forschung/forschung_dissex.php, S. 1
649 www.charite.de/ch/swsm/forschung/forschung_dissex.php, S. 4

Hier existiert im Übrigen der abfällige Begriff „Blood Junkie" für eine
Person, „der keine Gewalt über seine/ihren Durst hat und sich unüber-
legt nährt".[650] Zu den bekannten Serienmördern mit dem „klassische
Renfield-Syndrome"[651] gehörte Richart Trenton Chase (23. Mai 1950 –
26. Dezember 1980), der sich unter anderem Kaninchenblut in die Ve-
nen spritzte. In der Psychiatrie, wo er sein blutgieriges Verhalten fort-
setzt, bekommt er von den Mitarbeiten den Spitznamen „Dracula". In
seiner von Wahnphantasien geprägten Psyche glaubte er, dass die verun-
reinigte Umwelt sein Blut vergiften und es nach und nach in ein totes
Pulver oder in Puder verwandeln würde. Damit korrespondierte seine
Wahnvorstellung, dass allein fremdes Blut ihn am Leben erhalten würde.[652] Da er sich jedoch nur an Tieren zu schaffen machte, wurde er aus
dem Psychatrischen Klinikum entlassen. Als seine Mutter die Medika-
mente des Klinikums als „unnötig" absetzte, kam es zur Katastrophe.
Chase ermordet den ersten Menschen – es folgen zwischen 1977 und
1979 mindesnts fünf weitere Morde. Zu seinen Opfern zählte am
23.1.1978 die 22-jährige Terry Wallin. Nach ihrer Tötung zerlegte er den
Leichnam der schwangeren Frau „ähnlich nüchtern, wie dies ein Flei-
scher bei einem Schlachtvieh tut.[653] Er weidete die Leiche im Zustand
eines Blutrausches aus ... Neben dem Opfer fand die Polizei später einen
Joghurtbecher, aus dem Chase, wie die Ermittlungen ergaben das Blut
der sterbenden Frau auffing, um es zu trinken. Als Chase durch durch
eine Zeugin wiedererkannt wurde, kam es zu einer Hausdurchsuchung.
In seiner völlig verdreckten und heruntergekommenen Wohnung ent-
deckte man Schachteln mit blutgetränkten Lappen, Schalen voller Blut
und im Kühlschrank menschliche Organe.[654] In dieser krassen Form ist
Blutfetischismus sicherlich ein Ausnahmefall. In der Literatur werden
insgesamt fünf Hauptgruppen von Blutfetischisten differenziert:[655]

---

650 http://friederike1234567890.free-25.de/vampirlexikon.htm, 9.8.2007
651 www.crimelibrary.com/serial_killers/weird/chase/index_1.html, 9.8.2007
652 www.crimelibrary.com/serial_killers/weird/chase/index_1.html, 9.8.2007
653 www.windzug.de/html/serienkillerprofil_der_vampir.html, 10.8.2007
654 vgl. www.get-mad.de/mk/chase.htm, 10.8.2007
655 Borrmann, a.a.O., S. 207

1. Die Sadisten, die dem Partner beim Geschlechtsverkehr Wunden bei-
bringen wollen, um Blut fließen zu sehen.
2. Die Masochisten, die in entsprechender Weise ihr eigenes Blut fließen lassen wollen.
3. Die Menomanen, die ausschließlich an Menstruationsblut interessiert sind.
4. Die Blutsauger oder „lebenden Vampire", die sadistisch orientiert
sind.
5. Die Kannibalen, die Menschenfleisch essen und das Blut als Teil dieses besonderen Nahrungsmittelfetischismus betrachten.

Gerade die „Hämatodipsie" wird auf den Vampirseiten im Internet ausführlich beschrieben, weil sie die mythen- und legendenhafte Vampir-
welt mit realen Versatzstücken zu füllen scheint. Hier werden Serien-
und Massenmörder als „lebende Vampire" dargestellt und so zu
„Blutzeugen" der Vampirsubkultur. Bekannte Beispiele sind neben den
historischen Namen wie Vlad Dracul, Gilles de Rais und Elisabeth Bathory, die zum Teil eine regelrechte Idealisierung erfahren, auch andere
Mörder. Beispielhaft hierfür steht die regelmäßige Thematisierung des
italienischen Frauenmörders Verzini, der die Genitalien seiner Opfer
stets unberührt ließ, aber sie am Hals aufschnitt und ihr Blut trank.
Nach seiner Verhaftung berichtet er: „Es genügt mir völlig, den Hals der
Frau zu schlitzen und Blut zu saugen."[656] Genauso häufig taucht auf den
Vampir-Homepages der Name des 1824 hingerichteten französischen
Serienmörders Antoine Léger auf, der junge Mädchen tötete und verge-
waltigte. Danach riss er seinen Opfern das Herz heraus und trank das
Blut.[657] Bei seinem Prozess erklärte er, „er habe unter unstillbarem Durst
gelitten".[658]

656 Borrmann, a.a.O., S. 116
657 vgl. www.vampyrjournal.de/leb-vamp.htm#echt, 19.8.2007
658 www.vampires.at/Vampires/History/Timeline/Timeline.html, 19.8.2007

Spricht ein Teil der Vampir-Bewegung den Mördern eine Authentizität als „echte" Vampire ab, bleiben viele Homepages bei der aufwendig deskriptiven Darstellung. Andere Seiten überhöhen gar die Serienmörder. So beschreibt eine Autorin die „Blutgräfin" Elisabeth Bathory als „eine der grauenhaftesten Menschen der Geschichte, aber auch eine der faszinierendsten".[659]

In der Literatur ist der Blutfetisch als Teil einer psychischen Störung zahlreicher Sexualstraftäter dokumentiert. In der Nacht vor seiner Hinrichtung schreibt der sogenannte „Vampir von London", John Haigh, seine Beichte nieder und bekennt, dass Blut seit seiner Kindheit eine große Faszination auf ihn ausübt hat. Bereits als Kind habe er sich selbst Wunden zugefügt, um das Blut auszusaugen. Als sein Blutdurst immer stärker wird, ermordet er Menschen beiderlei Geschlechter und trinkt dann das Blut aus ihrer Kehle. Später sagt er über sich selbst, dass er zur „Familie der Vampire" gehört.[660] Eine ausführliche Würdigung erfährt der Fall im Werk Basil Coppers. [661] Der Autor zitiert akribisch aus den Aussagen John Haighs in den polizeilichen Vernehmungen, die seinen Blutdurst unterstreichen:

> „Was ich im Geiste ständig vor mir sehe, ist dieser Becher voller Blut, der mir dargereicht wird. Nachdem ich meine Opfer erschossen hatte, fügte ich ihnen einen kleinen Einschnitt gewöhnlich auf der rechten Halsseite zu, und trank drei bis fünf Minuten lang das austretende Blut, wonach ich mich besser fühlte."[662]

In einer psychologischen Würdigung fasst Copper die kriminelle Karriere des John Haighs, der mindestens neun Menschen ermordete, ihr Blut tank und später die Leichen in Schwefelsäure auflöste, plakativ zusammen:

---

659   http://home.arcor,de/isabellas/Elisabeth%20Bathory.htm, 17.8.2008
660   vgl. Borrmann, a.a.O., S. 116
661   vgl. Basil Copper: Der Vampir in Legende, Kunst und Wirklichkeit, Leipzig, 1. Juni 2005, S. 234 ff.
662   zit. aus Copper, S. 252

„Aus seiner qualvollen Kindheit war er als seelisch deformiertes Wesen
hervorgangen; ein vampirisches Raubtier, dessen Durst nach Menschenblut in mindestens sechs Gelegenheit post mortem gestillt wurde."[663]

Es gibt allerdings noch eine zweite Erklärung für den Vampirismus
des John Haighs. Wie die umfangreichen Ermittlungen der Polizei zuta-
ge brachten, wurde Haigh immer wieder wegen Betrügerein straffällig.
Irgendwann begann er, wohlhabende Menschen zu töten und sich mit
gefälschten Papieren ihrer umfangreichen Besitztümer zu bemächtigen.
Aus diesem Grund war das Gericht der Meinung, dass der Vampirismus
nur vorgeschoben war, um einer der Hinrichtung durch Einweisung in
die Psychiatrie zu entgehen. So wurde der vermeindliche „Vampir von
London" wegen Mord aus Habgier hingerichtet. Andere Fälle waren im
Sinne eines Blutfetischismus eindeutiger. Der „Vampir von Düsseldorf",
Peter Kürten, der wegen seiner grausamen Morde 1931 in Deutschland
hingerichtet wird, beschreibt nach seiner Verhaftung dem Arzt seinen
Blutfetischismus:

> „Das Blut kann ich hören … Das Blut ist ausschlaggebend in den meisten
> Fällen, das bloße Würgen genügt meist nicht, um zum Samenerguß zu
> kommen."

Eine weitere Aussage Kürtens lautet:

> „Herr Professor, aber sie müssen mal probieren, einer Gans den Kopf ab-
> zuschneiden, wenn das Blut so leise rauscht."[664]

Die allgegenwärtige Thematisierung und Idealisierung historischer Serienmörder ist bedeutsam, weil sie die Übergänge zwischen Schein und
Wirklichkeit dramatisch schrumpfen lassen. In einer Szene, die sich unentwegt mit realen Körperverletzungen, Blutfetischismus und historischen Mördern samt den menschenverachtenden Taten befasst, ist von
einer Habitualisierung der Gewalt auszugehen.

---

663 Cooper, S. 256
664 zit. aus: www.jandoerffel.de/vamp.html; vgl. auch: http://home.arcor.de/zordan666/
     Killer/Killer.html

Doch für die überwiegende Mehrzahl der Blutfetischisten im Vampyr-
genre geht es nicht um brachiale Übergriffe, sondern darum, „die Atmosphäre des Mythos Vampir zu genießen".[665] Zum Schutz der Szene vor
den eigenen blutigen Neigungen wurde unter Vampyren ein „ethischer
Grundcodex" mit dem Titel „Black Veil" (Der Schwarze Schleier) entwickelt, dem sich zahlreiche Vampir-Organisationen angeblich unterordnen. Zum Verzehr von Menschenblut heißt es hier:

> „Das Trinken sollte zwischen einverstandenen Erwachsenen stattfinden.
> Erlaube jedem Donneur, eine informierte Entscheidung zu treffen, bevor
> sie von sich an dich geben. Nimm nicht bedenkenlos oder übermäßig,
> versuche einen allgemein nützlichen und angenehmen Austausch zu
> fördern."[666]

Jenseits des organisierten Vampyr-Spektrums ist es jugendsubkulturell
insbesondere die Gothic-Szene, die zahlreiche Blutfetischisten beher-
bergt. Intern wird die vermeintliche Leidenschaft als „Bloodsports", die
sogenannten „Blut-Spiele" bezeichnet. Im G.M.C. – dem „Gothic Magazin & Community" outen sich ebenfalls zahlreiche Gothics als Blutfetischisten. So spricht der Eintrag von „SilentWolf" für sich: „Ich liebe den
Geschmack von Blut ... beim Sex ... oder auch generell ... in einer erotischen Situation. (...) Blut berauscht ungemein ... vor allem aus dem
Hals."[667] Eine Userin namens „Jasmin" erinnert sich: „Also wir haben
vor unserem Liebesspiel unser Blut getrunken aber das war schön zum
einstimmen."[668] Neben den Foren der Gothic-Szene dokumentieren
auch die „normalen" Sexseiten fließende Übergänge in das Vampirgenre, wie im „JOYclub", der „Community für stilvolle Erotik". Am 22.7.2007
schreibt ein User namens „Sektboy": „Wenn ich tauschen könnte, wäre
ich gerne ein Vampir (...) Blut macht tierisch und ist erotisch."[669] In

---

665 www.clessidra.com, 4.8.2007
666 www.clessidra.com, 4.8.2007
667 SilentWolf, 23.3.2004, zit. aus: www.schwarze-romantik.com/, 14.8.2007
668 Jasmin, 28.3.2003, zit. aus: www.schwarze-romantik.com/, 14.8.2007
669 www.joyclub.de/forum/search,php?mode=results, 14.8.2007

einem anderen Eintrag heißt es: „Mein ganzer Körper kribbelt allein
wenn ich an solche roten Spielereien denke!"[670]

Hier taucht unweigerlich die Fragestellung nach der Freiwilligkeit der
sogenannten „Sources auf. Nach außen wird die Szene zwar nicht müde
zu betonen, dass das sogenannte „Jagen", das heißt die Blutentnahme
ohne „Täuschen" oder „Gewalt" erfolgen soll.[671] Doch die Realität ist
eine andere. Fakt ist, dass sich viele „Gebende" einem einzelnen „Vampyr" oder einem ganzen Zirkel teilweise über einen längeren Zeitraum
zum sogenannten „Bloodletting" zur Verfügung stellen, wie der Akt der
Blutgewinnung in der Szene genannt wird. Über das Ausmaß der Traumatisierungen ist wenig bekannt, da sich die Opfer in den wenigsten
Fällen als solche begreifen und ein fortschreitender Gewöhnungspro-
zess an die szene-immanenten Tabuverletzungen recht häufig ist. Im
Gegensatz zu öffentlichen Veranstaltungen der Vampir-Community,
wird das Bloodletting in privaten Clubs oder Wohnungen offen praktiziert. Hier hat jede Gemeinschaft ihre eigenen Regeln. Die Wunden werden jedoch immer wieder so gesetzt, dass sie nicht sofort für jeden außerhalb zu sehen sind. Blut wird dann aus der Leistengegend oder dem
Nacken entnommen.

Im Gegensatz zu den Privatpartys geschieht der Blutaustausch in öffentlichen Clubs meist ganz diskret durch eine Lanzette. In Treffs der
Fetisch- und Vampirszene taucht Bloodletting immer wieder im Rahmen von Performances auf, oder wird als Körperkunst (Cuttings/
Schmucknarben) praktiziert. Die enge Verwandtschaft des Vampirismus
zu unterschiedlichen Ausprägungen des Fetischismus spiegelt sich auch
in der Literatur wieder. Hier wird der Vampir als „erotisches Konzept mit
deutlich sadomasochistischen Zügen" beschrieben.[672] Britta Radkowsky
sieht eine Verbindung der „Blutspiele" mit der „sadomasochistischen

---

670 Zuckerstueck_2, 7.6.2007, zit. aus: www.joyclub.de/forum/search,php?mode=results,
     14.8.2007
671 http://friederike1234567890.free-25.de/vampirlexikon.htm, 9.8.2007
672 Peter Matzke und Tobias Seelinger: Das Gothic- und Dark Wave-Lexikon, Berlin
     2003, S. 564

Praktik des Auspeitschens".[673] „Blutfetischismus" würde „oft von anderen sexuellen Fetischen einschließlich Sadismus und Masochismus begleitet", heißt es im „Vampirlexikon".[674] Nach Aussage einer Szenehomepage würde das Blut in Fetischsituationen" wie „in Bondage- oder Dominationssituationen" genommen.[675] Zu den bekannten Fetisch-Clubs, in denen Insider-Berichten zufolge auch Blut fließen soll, zählt der Berliner „Kitkat-Club". Und auch im Berliner „Insomnia Erotic Nightclub" finden „Themenparties" zum Schwerpunkt „Vampir" statt.[676] Weitere Treffpunkte der Gothic-Bewegung, in denen auch Vampyre verkehren, existieren unter anderem in Aschaffenburg, München, Bielefeld, Hamburg, Frankfurt, Darmstadt, Köln, Dortmund, Bochum, Chemnitz, Halle und selbstverständlich Leipzig, das in Deutschland durch das alljährliche Wave-Gotik-Treffen (WGT) zu einem Mekka für alles wurde, was sich der „Schwarzen Szene" zugehörig fühlt.

3.6 Die Publizistik: Echte Okkultisten und Phantasievampire

Einen Schwerpunkt bildet das Vampirgenre unter anderem beim Leipziger Bohmeier-Verlag, der auch Das Buch „Noctemeron" herausgegeben hat. Inhaberin des Verlages ist Johanna Bohmeier. Mit der Verlagsauslieferung ist der Kersken-Canbaz-Verlag beauftragt. Inhaberin des Kersken-Canbaz-Verlages ist Sigrid Kersken-Canbaz.[677] Das Angebot des Verlages umfasst vor allem Bücher zu den Schwerpunkten Magie und Esoterik, aber auch satanistische und vampiristische Werke. Beispielhaft hierfür steht das Buch „Vampire und Blutrituale", das aus der Feder des „großen Magiers und Vampirforschers" (Klappentext) Frater

---

673 Radkowsky, a.a.O., S. 58
674 http://friederike1234567890.free-25.de/vampirlexikon.htm, 9.8.2007
675 www.clessidra.de, 13.5.2005
676 www.insomnia-berlin.de/02_parties_partyinfo.php, 15.08.2007
677 vgl. Webseite des Bohmeier-Verlages: www.magick-pur.de/cms/index.php?tpl.static &page=impressum

Piarus stammt (Leipzig 2003).[678] Der Autor lässt keinerlei Zweifel an der
Existenz von Vampiren. So erstrecke sich „der Lebensraum des Vampirs" über die ganze Welt, „vom Balkan über Ägypten bis hin zu den
fernen Regenwäldern des Amazonas und natürlich auch hinaus in die
entferntesten Galaxien".[679] Im Stile Frater Mordors ist der Vampir bei
Frater Piarus eine Überhöhung, die dem Vampir die Rolle eine Übermenschen zuschreibt. Die Wiedergänger aus dem Volksglauben werden
zu Göttern:

> „Der Vampir hat die wunderbare Eigenschaft, einst Mensch gewesen zu
> sein. Der Vampir ist ein ganz besonderes Wesen – ein Gott, zu dem wir
> werden können, die Parodie Christi, Buddhas, des Avatars – der gottglei-
> che Mensch."[680]

Das Vampirbuch des „Frater Piarus" widmet sich im Besonderen auch
der „Sexualmagie" und Fetischismus. So schlummere in sexuellen Praktiken wie „Zoologie", „Gruppensex" oder „Oralsex" ein „gewaltiges ma-
gisches Potential".[681] An anderer Stelle wird der „Geschlechtsverkehr mit
Tieren" als sogenanntes „Geheimrezept" bezeichnet, um als „Gott-
mensch zu inkarnieren".[682] So fand nach der Beschreibung des Autors
die „Vereinigung von Frau und Tier [...] in alter Zeit immer wieder
statt"[683]. Neben der Schilderung von Sodomie, Blutritualen sowie einer
Vampirmesse[684] gehört das Bewerben okkulter Satanslogen wie dem
O.T.O. samt Kontaktadresse[685] zu den hoch bedenklichen Inhalten der
Publikation des Frater Piarus.

Auffällig ist neben der Auswahl der Publikationen auch die Adressen-
und Linkliste des Bohmeier-Verlages, die bis tief in die satanistische,

---

678 Frater Piarus: Vampire und Blutrituale, Leipzig 2003, Klappentext
679 Frater Piarus, a.a.O., S. 7
680 Frater Piarus, a.a.O., S. 4
681 Frater Piarus, a.a.O., S. 124
682 Frater Piarus, a.a.O., S. 124
683 Frater Piarus, a.a.O., S. 130
684 Frater Piarus, a.a.O., S. 111 f.
685 Frater Piarus, a.a.O., S. 137

schwarz-magische und esoterische Szene Deutschlands reicht. Beispiel-haft hierfür stehen Verweise wie auf den okkult-magischen Orden *Illuminates of Thanateros*[686], den rituell-satanistischen Orden *Ordo Templi Orientis*[687] oder die Okkultloge[688]. Insofern sind die Grenzen zwischen Verlag und „echter" okkult-satanistischer Szene fließend. Das wird auch durch die Verlinkung des Bohmeier-Verlages zu den „Interessanten Zeitschriften" dokumentiert. Hier findet sich neben der „magisch-okkulten" Zeitschrift „Der Golem" auch das „AHA – Magazin des Neuen Aeons", das seit über 15 Jahren das Organ der in Bergen-Dumme ansässigen *Thelema-Society* ist.[689]

Sowohl die Verlagsinhaberin Johanna Bohmeier als auch die Inhaberin des Kersken-Canbaz-Verlages, Sigrid Kersken-Canbaz, entstammen selbst dem okkult-neosatanistischem Spektrum. Beide waren Mitglieder des sogenannten „Thelema Orden des Argentum Astrum e.V.". mit Sitz in Berlin, aus dem später die *Thelema Society* hervorging.

Gefährdungspotentiale im subkulturellen und
historischen Kontext der Vampirszene

Insgesamt lässt sich der Vampirismus kulturgeschichtlich in verschiedene Epochen einteilen, Experten sprechen von einem Prozess „fortlaufende(r) Sublimierung", der vom „hässlichen Dämon und wilden Tier" bis zum heutigen „charismatischen Übermenschenvampir".[690] Der Vampir hat sich vom Archetyp als emotionsloser menschenmordender Untoter oder Wiedergänger zum Sympathieträger entwickelt. Für letzteres stehen u.a. Vampirgestalten wie der belesene und freundliche Graf Count aus der Sesamstraße oder der beliebte „Kleine Vampir" von Angela Sommer-Bodenburg; das Spektrum reicht bis zum Vampir als positiver Identifikati-

---

686 vgl. Rainer Fromm: Satanismus in Deutschland, München 2003, S. 64 f.
687 vgl. Massimo Introvigne / Eckhard Türk: Satanismus: Zwischen Sensation und Wirklichkeit, Freiburg in Breisgau 1995, S. 53 ff; Ingolf Christiansen: Satanismus: Faszination des Bösen, Gütersloh 2000, S. 28 ff u. 42 ff.
688 Ingolf Christiansen: Satanismus: Faszination des Bösen, Gütersloh 2000, S. 44 ff.
689 www.thelema-society.de
690 Borrmann, a.a.O., S. 42

onsfigur in Kinofilmen. Beispielhaft hierfür steht der 1994 verfilmte Kassenschlager „Interview mit einem Vampir" von Anne Rice, in dem das Publikum dem Vampir als „Ich-Erzähler" erlebt. Bereits in den ersten drei Tagen strömten drei Millionen Amerikaner in die Kinos und nach zehn Tagen hatte der Film die 60 Millionen Dollar Herstellungskosten eingespielt. Die Zuschauer waren „berauscht vom Leben zweier schöner, junger Vampire, wobei der eine den Part des ‚Gutvampirs' übernimmt und der andere in die Rolle des diabolischen Freidenkers schlüpft".[691] Die große Faszination, die der Vampirismus auf eine breit gefächerte Jugend- und Erwachsenenkultur ausübt, fasst am treffendsten eine Besucherin der Homepage „Das Schwarze Netz" zusammen:

> „Ein Vampir ist der wohl faszinierendste Typus in der Welt der Untoten. [...] Der Vampir besitzt eine morbide, erotische Ausstrahlung und Fähigkeiten, die der menschlichen Natur weit überlegen sind. Vielleicht ist der Vampir deshalb so gefürchtet und gleichzeitig auch so geliebt. Er vereint so viele Eigenschaften und Ideale, steht für Unsterblichkeit und Kraft, für ewige Jugend und Eleganz. Seine innerliche Zerrissenheit berührt viele Menschen, immer auf der Suche nach Nahrung, für die er töten muss, er ist zu einem Leben verdammt, in dem er niemals Frieden finden kann. [...] Der Vampir ist sicher eine tragische Gestalt, die viele gesellschaftliche Normen sprengt und so auch als Außenseiter gelten kann. Viele Menschen können sich deshalb auch mit dem Vampir identifizieren."[692]

Zur Tragik der Vampirgestalt schreibt Norbert Bornemann:

> „Sollten sich aber im Vampir Seelenrückstände erhalten haben, lastet auf ihnen ein schwerer Schatten, der sich in der Unfreiheit des Vampirs äußert. Suchtartig ist der Vampir an die immer gleichen irdischen Verrichtungen gebunden. Sein gefesseltes Ich ist zum Wiederholungszwang im Reich der Ewigkeit verdammt. Kein Wunder, dass einige Vampire von dieser Art der Unsterblichkeit bald die Nase voll haben: denn das unentrinnbar ewig Gleiche ist die Hölle, selbst wenn es zuvor die Große Lust versprach."[693]

---

691 Borrmann, a.a.O., S. 276
692 http://www.sungaya.de/schwarz/allmende/Vampirismus.htm
693 Borrmann, a.a.O., S. 316

Beide Definitionen dokumentieren die hauchdünne Grenze zwischen Faszination und Tragik der Vampirfigur. Vermutlich liegt gerade hierin auch der Reiz für so viele Menschen, sich mit Dracula und Co. zu identifizieren. Autoren sprechen auch von der „Sehnsucht nach Unsterblichkeit".[694] Die geistige Auseinandersetzung der Vampirszene mit ihren Idolen geht weit über das historische und modische Interesse hinaus. Der Vampir ist auch zum emotionalen Leitbild einer gesellschaftlich relevanten Szene geworden, die alleine in Deutschland zu Zehntausenden die Webseiten, Gästebücher, Foren und Chats besucht. Natürlich erreichen Autoren wie Frater Mordor, der die Vampirgestalt als angeblichen „Triumph des Geschlechtlichen über den Tod, des Fleisches über den Geist"[695] zelebriert oder „erotische Übermenschen" idealisiert, nur eine Teilmenge der Vampirfans. Ähnliches dürfte für den „Vampirforscher" Frater Piarus gelten, der den Vampir als den „Gott gewordene(n) Mensch" überhöht.[696]

Die Anzahl von „Vampir-Toplisten" im Internet, in Gästebucheinträgen und Forendiskussionen weist auf eine beachtliche Bandbreite von Menschen hin, die sich heute selbst als Vampire empfinden oder mit der Szene verbunden fühlen. Das Spektrum umfasst wie dargestellt „Vampyre", die sich mit Dracula und Co. in einer Seelenverwandtschaft sehen bis hin zu Blutfetischisten, die mehr oder minder aggressiv ihr sexuelles Interesse befriedigen. Unzweifelhaft sind reale Gewaltszenarien und die Gefahr eines signifikanten Realitätsverlustes integrale Bestandteile des Genres. Damit ist unbemerkt von der Öffentlichkeit eine große Szene entstanden, die an ihren Rändern erhebliche Probleme birgt und erst jetzt langsam in den Fokus des Jugendschutzes gerät.

---

694   Radkowsky, a.a.O., S. 15
695   Frater Mordor, a.a.O., S. 19
696   Frater Piarus, a.a.O., S. 107

3.7 Death Metal: Düstere Klänge zwischen Nekrophilie und Blutfetischismus

Die Vorliebe von verschiedenen Bands zu blut- und gewaltfetischisten Spektakeln geht weit über das Vampir-Genre hinaus. Kaum eine Musikkultur kokettiert so intensiv mit sexuellen Gewaltszenarien wie die Death-Metal-Bewegung. Die unüberschaubare Zahl von Bands dieser Subkultur ergeht sich in ihren Songs in unendlichen Variationen über Mord, Folter, Zerstücklung, Vergewaltigung bis hin zu kinderpornographischen Nekrophilieszenarien. Die Folgen der exzessiven Verknüpfung von sexueller Erregung und Gewaltphantasien aller Art sind weitreichend. Die Bundesprüfstelle für jugendgefährdende Medien befürchtet in den Texten eine „Konditionierung von gewaltsamen Reaktionen auf erotische Reize". Die Botschaft, dass Schmerz und Erniedrigung Spaß machen könnten, würde dazu ermutigen „Hemmungen gegen Vergewaltigungen fallenzulassen".[697] Und zu allen Hauptgruppen des Blutfetischismus existiert im Death Metal ein breites musikalisches Repertoire. Beispielhaft hierfür stehen zahlreiche Liedtexte der Band „Cannibal Corpse", die auch immer wieder Gegenstand von Indizierungen durch die Bundesprüfstelle für jugendgefährdende Medien waren, wie die CDs „Eaten for Live" (Entscheidung E 4866 (V)), „Tomb of the Mutilated" und „Hammer Smashed Face" (Entscheidung 4907 (V) – 4909 (V)) sowie „Butchered at Birth" (Entscheidung 6523). Die Indizierungen begründen sich im Regelfall auf eine immer wiederkehrende Verletzung der Menschenwürde, wenn beispielsweise „Kannibalismus, Verstümmelung, der Verzehr von eigenen Eingeweiden, Zersägen von Köpfen lebender Menscher, verspritzte Gehirne und grausame Folterszenen" Gegenstand der Liedtexte sind.[698] Auf dem Album befindet sich unter anderem das Lied „Necropedophilie, eine krude Mischung aus Nekrophilie, Blutfetischismus und pädophilen Inhalten:

---

697 zit. aus Entscheidung Nr. 5476 (V), vom 16.12.1998, S. 3
698 zit. aus: Entscheidung Nr. 4907 (V) – 4909 (V), vom 13.11.1995, S. 3

> *„Blut strömt hervor, blutiges schwarzes Blut.*
> *Ihr Kopf war abgetrennt.*
> *Als ich kam, schnitt ich boshaft durch ihre Adern.*
> *Sie ist bereits tot,*
> *ich masturbiere mit ihrem abgetrennten Kopf (...)*
> *Bluten, ich blute jetzt Eiter.*
> *Ich blute das Blut der Toten.*
> *Ich blute auf ihre bläuliche Haut,*
> *werfe mich hinein.*
> *Beginne, durch ihren haarlosen Schnitt zu hacken (...)*
> *Ich verseuche den heiligen Saft,*
> *ich besudele dein totes Kind, nekropädophil.“*[699]

Der Song „The Undead will Feast" aus dem Album „Eaten Back to Life"
dokumentiert eine bizarre Mischung aus Menschenfresserei und Vampirismus. In dem Lied besingt die Band einen regelrechten Blutdurst aus
der Perspektive eines Kannibalen:

> *„Ich liebe Blutrünstigkeit, Blut treibt mich zum Wahnsinn.*
> *Ich trinke Blut, ich mag kein Wasser.*
> *Gedärme kaue ich wieder.*
> *Ich ‚fresse fest‘ in dem Gemetzel*
> *Dreh’ den Hals um, bring’ ihn zum knacken.“*[700]

Wegen der detaillierten „Beschreibung verschiedener Tötungsvorgänge,
des Kannibalismus und der Leichenfledderei" wurde die CD am 22.8.1995
indiziert.[701] Für die 1988 gegründete Death-Metal-Band scheinen äußerst aggressive und blutige Inhalte ein regelrechtes Markenzeichen zu
sein, wie auch eine Analyse von CD-Kritiken auf einer deutschen Fan-
seite[702] dokumentiert:

---

699   zit. aus: Entscheidung Nr. 4907 (V)-4909(V), vom 13.11.1995, S. 7 f.
700   zit. aus: Entscheidung Nr. 4866 (V), 22.8.1995, 9 f.
701   zit. aus: Entscheidung Nr. 4866 (V), vom 22.8.1995, S. 13
702   http://home.acror.de/deadsilence/cc/deutsch/html/index.htm, 1.8.2007

Tonträger	Fankritik
„The Bleeding"	„Unglaublich böse, rhythmisch, schnell und aggressiv (...)"
„Gore Obsessed"	„Ich liebe es. Gib mir Gewalt, Hass und Leichenvergewaltigung."
„Vile"	„Auch die Lieder haben menschenverachtende Inhalte (...) Die Texte sind wirklich heavy und blutig. Aber rockten tuts zum verrecken. I love it."

Ebenfalls aus dem Genre des Death Metal kommt die griechische Band „Extreme Violence". Ihre CD „Ecstasy in Pain" wurde am 13.11.2006 unter anderem wegen gewaltpornographischer und gewaltverherrlichender Inhalte indiziert.[703] Der dritte Titel der CD beinhaltet beispielsweise ein regelrechtes nekrophil-sadistisches Spektakel:

> *„Häng die Schlampe sehr eng auf, so eng, dass sie nicht schreien kann.*
> *(...) Steck Dein Messer in ihren Bauch, zieh was du dort findest heraus,*
> *Eingeweide bleiben übrig, finde Ekstase im Schmerz. (...) Esst jetzt ihre*
> *Überreste, saugt ihr ganzes Blut, dieser tote Körper ist begehrenswert."*

Eine Auseinandersetzung mit der Figur des Vampirs findet in den Liedern von „Eisregen", „Cannibal Corpse" oder „Extreme Violence" nicht statt. Erst recht keine Differenzierung der Gestalt des modernen Vampires. Wenn Lyrics von der Band „Moonspell" beispielsweise Passagen wie „not all vampires suck blood, not all of them die for love", geht es dem Bandleader Fernando Ribeiro hier um das Phänomen der „physischen Vampire", die anderen Menschen „kein Blut, sondern Energie" aussaugen, wie der Titel „Rapaces" dokumentiert.

Cannibal Corpse oder *Eisregen* besingen hingegen fast wahllose eine Aneinanderreihung besonders blutiger Szenarien. Dem Charme vampiresker Düstermann-Melancholie setzen diese Bands brachiale Horror- und Splatterszenarien entgegen. Provokation und Abgrenzung durch

---

703 Entscheidung Nr. 7322 (V), vom 13.11.2006, S. 9

besonders brachial vorgetragene Gewaltexzesse und nicht die emotionale Auseinandersetzung mit den Romanfiguren oder dem Lebensgefühl des Vampirismus bestimmen die inhaltliche Ausrichtung ihrer Texte. Im Gegenteil: Während bei Vampirromantikern mit dem tödlichen
Biss eine neue Existenz beginnt, markiert er in dem Song „Dein Blut"
der Thüringer Black-Metal-Band *Eisregen* das finale Ende:

> „*Vor mir liegt ein nackter Leib.*
> *Sein ganzes Blut hat er her für mich gegeben.*
> *Den ganzen Tag hab ich ihn gejagt.*
> *Doch am Ende gab er mir sein Leben.*"

Die Gruppe *Eisregen* wurde 1995 gegründet. Die Vorlagen für die oftmals
düster-morbiden und grausamen Liedtexte dürften aus dem Repertoire
der Horror- und Splatterfilme stammen. Andere Lieder thematisieren
aber auch echte Täter, wie den russischen Serienmörder Andrei Romano-
witsch, der wohl Pate für den Titel „Ripper von Rostow" stand. Gemeinsam ist den meisten Lyrics die Thematisierung von „Tod, Massaker,
Krankheit und Fäulnis".[704] Im Gegensatz zu anderen Black-Metal-Bands
distanziert sich Michael Roth im Interview von dem „ganzen Satanismus-
quatsch" und sieht im sogenannten „Satanimage, das man mit der Black-
Metal-Szene gern verbindet (...) absolut nicht mein Ding." Im Gegensatz
dazu sei seine künstlerische Intention, dass der „Mensch eben auch mal
zum Futter degradiert" wird, da sich die Menschheit „immer viel zu wichtig" nehme.[705] Insofern markieren viele Titel der Band eine nicht-ideolo-
gisierte Form des gesellschaftlichen Normbruches, indem nach Auffassung
der BPjM auch Straftatbestände wie § 131 Abs. 1 StGB erfüllt sind. Der
Grund für diese Bewertung in der Indizierungsentscheidung der CD
„Krebskolonie" vom 7. August 2003 ist die Verherrlichung „unmenschli-
cher Gewalttätigkeiten".[706] Auf der CD „Farbenfinsternis", die am 11. Feb-

---

704 www.laut.de/vorlaut/news/2007/02/15/14421/index.htm, 01.08.2007

705 zit. aus: www.vampster.com/artikel/show/?id=103, 05.08.2007

706 zit. aus Entscheidung 5191, vom 7.8.2003, S. 14; vgl. auch die Indizierungsentschei-
     dung der CD „Wundwasser" von Eisregen 5458 vom 31.1.2007

ruar 2004 ebenfalls indiziert wurde, besingen die Musiker „das Trinken
des Blutes" oder „das Häuten und Töten des Körpers". Nach der Einschätzung der BPjM sollen durch eine geradezu „schwelgerische Aneinanderreihung von grausamen Folter und Mordszenen (...) sadomasochistische
Gefühle und Begierde" erweckt werden.[707] Beispielhaft hierfür steht in
Kombination mit blutfetischistischen Anleihen der 5. Titel „Dein Blut":

> *„Ich sah dein Blut.*
> *Ich wusste, die Zeit mit dir ist nun vorbei.*
> *Ich sah dein Blut*
> *Wie es tropfte, wie es floss*
> *Ein warmer Regen, der sich über mich ergoss.*
> *Und als dein Leib aufbrach –*
> *Und als die Wunden kamen –*
> *Sah – ich – dein – Blut. (...)*
> *Ich trank dein Blut*
> *Und wusste, die Zeit mit dir ist nun vorbei*
> *Ich trank dein Blut*
> *Wie es tropfte, wie es floss*
> *Ein warmer Regen, der sich in mein Maul ergoss."*

Insbesondere die erste Hauptgruppe der sadistischen Blutfetischisten
findet bei *Eisregen* ihre musikalische Entsprechung. Darauf weist schon
der Spitzname „Blutkehle" des Sängers Michael Roth hin, der Titel singt
wie „Meine tote Russische Freundin":

> *„Du stiegst zu mir in meinen Wagen.*
> *Dann sind wir rasch hierher gefahren.*
> *Und als wir dann im Bette lagen,*
> *da nahm das Schicksal seinen Lauf,*
> *und ich biss dir die Kehle auf.*
> *Und schnell erlosch des Lebens Glut,*

---

707 zit. aus Entscheidung 6572 (V), vom 11.2.2004, S. 3

Das Laken zog sich voll von Blut.
Das ganze Zimmer stank danach.
Als ich mich über dir erbrach."

Die Texte dokumentieren, dass Blutfetischismus weit über die Ränder der Vampirsubkultur im „Gothic" hinausgeht und auch in der Black- und insbesondere Death-Metal-Szene künstlerisch thematisiert wird. Und da es im Genre gerade auch Trendsetter sind, die mit besonders brutalen Inhalten und okkult-sadistischen Versatzstücken auf Verkaufszahlen schielen, gehört die Thematisierung in den vorliegenden Band. Oftmals markieren gewalthaltige Musiktitel nur einen Baustein einer gewaltgeprägten medialen Lebenswelt Jugendlicher, in der das brutale Computerspiel, der Splatter-Film und die blutfetischistische CD zu einer Art Dauerberieselung und damit auch zu einer Dauerkonditionierung werden. Hinweise dafür bietet die Auswertung zahlreicher Userprofile des beliebten Online-Partytreffs „Gesichterparty".[708] Die virtuelle Community bietet einen Flirtbereich, Online-Foren, Bilder und einen Überblick der wichtigsten Treffpunkte. Regionale Schwerpunkte der Community sind Trier, Koblenz, Kaiserslautern und das Saarland. Insgesamt haben sich aus den vier Regionen Zehntausende Teilnehmer in Gruppen zusammengeschlossen. Diese gestalten sich nach den Interessenlagen der User, decken Themenkomplexe wie Hobbys, Schule, Nightlife und Medienpräferenzen ab. Auffällig ist die große Präsenz auch schwarz-okkulter Gruppen mit Namen wie „Satanisten", „horror satanistisch und blutig", „Satanssekte", „Die Satansbrut", „Gott ist Schwachsinn, Satan ist besser", „Vampire Kiss", „Vampire und mehr", „Gothic – Vampire Group", „Vampires Clan" oder „Vampire 4-ever". Ihre Mitglieder tragen oft einschlägige Szenenamen, konsumieren im Regelfall gewalthaltige Medien, was sich in den Rubriken „Lieblingsfilme" und „Lieblingsmusik" manifestiert und sind in mehreren Fällen darüber hinaus auch Mitglieder in diversen Gruppen für verschiedene sexuelle Vorlieben, beispielsweise solche für sado-masochistische Praktiken.

---

708 vgl. www.Gesichterparty.de, 02.08.2007

Die jüngsten Teilnehmer satanistischer und vampiristischer Gruppen
sind 12 bis 13 Jahre alt, was folgende Beispiele dokumentieren:
- 666 Nightmare666 (w), 13 J., u.a. Mitglied der Gruppe: „Vampire und
  mehr", Lieblingsmusik ist u.a.: „Eisregen", „Blutengel", „"Cradle of
  Fielth", „Die Dunkelgrafen", Lieblingsfilme sind u.a.: „Underworld",
  „Van Helsing"
- FalseGod666 (m), 15 J., u.a. Mitglied der Gruppe „Satanisten", Hobbys, u.a.: „Vampire", Lieblingsmusik ist u.a.: „Blutengel", „Cradle of
  Fielth", Lieblingsfilme: Spongebob
- less666 (w), 14 J., u.a. Mitglied der Gruppen „Satanistensekte", „Vampire", „Vampires 4-ever", Lieblingsmusik ist u.a.: „Eisregen", „Schand-
  maul"; Lieblingsfilme sind u.a.: „Interview mit einem Vampir", „Ha-
  nibal", „Königin der Verdammten"
- damned_life (w), 16 J., u.a. Mitglied der Gruppe: „Vampire 4-Ever",
  „Vampires-Clan", Lieblingsmusik: „gothic&metal"; Lieblingsfilme:
  „Horror von A–Z"
- Pinkne-Rose (w), 13. J., u.a. Mitglied der Gruppe die Vampire", Hobbys: „Blut Saugen", Lieblingsfilme: u.a. „Van Helsing", „Interview mit
  einem Vampir"
- Xevil-kate666X (w), 12 J., u.a. Mitglied der Gruppe: „horror satanistisch und blutig", Lieblingsmusik ist u.a.: „Marilyn Manson", „Slip-
  knot"; Lieblingsfilme: „Horror"
- Vamplady (w), 14 J., u.a. Mitglied der Gruppen: „666Antichristen-
  treff666", „Vampires Clan", Lieblingsmusik ist u. a.: „Cradle of Filth",
  „Children of bodom", „Cannibal Corpse"
- Schatten666 (m), 19 J., Mitglied.: der Gruppen: „Satanisten", „Sadom.
  4 Live", „Eisregen", Lieblingsmusik ist u.a.: „Mayhem", „Eisregen";
  Lieblingsfilme: (u.a.). „Horror", Motto: „Scheiß auf dein Leben ... es
  scheißt auch auf dich" (Fehler im Original)
- Eisblume15 (w), 15 J., u.a. Mitglied der Gruppe: „Vamp. und mehr",
  „Satanisten", „Eisregen", Lieblingsmusik ist u.a.: „Eisregen", „Böhse
  Onkelz", „Cradle of Fielth"; Lieblingsfilme sind u.a. „Königin der
  Verdammten", „Interview mit einem Vampir", Horrorfilme

Die Betrachtung der „Party-Community" dokumentiert, dass einschlägige Fetisch-Seiten, die sich primär an Erwachsene wenden sollten, offenbar häufig von Kindern besucht werden. Darüber hinaus zeigen sich an diesen Beispielen fließende Übergänge zwischen jugendlicher Alltagskultur und dem sogenannten musikalisch-subkulturellen Underground. Das ist von besonderer Bedeutung, weil immer wieder Bands, die gewalthaltige Songtexte veröffentlichen bestrebt sind, ihren Wirkungsradius dadurch herunterzuspielen, indem sie den quasi autarken Charakter ihrer Zielgruppe hervorheben. Beispielhaft hierfür steht das Schreiben des Verfahrensbevollmächtigten der Band *Eisregen* vom 24.01.2007. Gegenstand war die Indizierung der CD „Wundwasser" (vgl. Entscheidung Nr. 5458) Hierin wurde hervorgehoben, dass es sich beim Album „um so genannte Dark- oder Black-Metal-Musik" handele, „die sich nahezu ausschließlich an einen im wesentlichen geschlossenen Hörerkreis richte". Diese Konsumenten wüssten „zwischen Musik und deren Inhalten einerseits und der Realität andererseits" zu trennen. Diese „bewusste Trennung schließe jegliche Jugendgefährdung innerhalb der Konsumenten von vornherein aus".[709] Internet-Communities wie „Gesichterparty" belegen das Gegenteil. Allein auf „Gesichterparty" existieren diverse Fangruppen der Band *Eisregen* mit weit über 100 Mitgliedern – viele von ihnen sind minderjährige Schüler. Die Musik ist meist eingebunden in ein intermedial gewalttätiges Umfeld, was die hohe Überschneidung mit gewalthaltigen Videofilmen sowie die Doppelmitgliedschaften in okkult-satanistischen und vampiristischen Communities aufzeigt. Von geschlossenen Zirkeln kann aber trotzdem keine Rede sein, was die darüber hinausgehenden vielschichtigen Doppelmitgliedschaften in HipHop-, Punk-, Gothic- und selbst „Simpsons"-Gruppen belegen. Gerade Vampirklassiker wie „Interview mit einem Vampir" oder „Die Königin der Verdammten" entpuppen sich regelmäßig als identitätsstiftende Momente. Vermutlich auch ein Produkt des Umdenkens im Filmgenre. Heshthot Sordul, der Betreiber der Webseite „Vampirbibliothek", bringt den Wandel in den Vampirromanen auf den

---

709 Entscheidung Nr. 5458, S. 10

Vampire

Punkt: Längst schon seien die „Vampire und nicht länger die Menschen" die wahren Helden. Und wenn Vampire getötet würden, „dann meist durch andere angefeindete Vampire und nicht durch einen heldenhaften Menschen".[710] Klassiker wie „Underworld", „Die Königin der Verdammten", „Vamp" oder „Blade" unterstreichen die These. Für den Jugendschutz ist damit ein riesiges Problemfeld entstanden, weil neben dem offenkundigen Charme der düster-bizarren Szene auch menschenverachtende Ton- und Bildträger ständige Wegbegleiter des Genres sind und die Minderjährigen in ihren Familien kaum diskutierfähige Ansprechpartner haben.

Wozu die Überidentifikation mit Gewaltmedien des Genres führen kann, belegt ein Gutachten des Göttinger Weltanschauungsbeauftragten Ingolf Christiansen. Grundlage war die Fragestellung, ob der bayerische Mörder St. (29), der mit 16 Messerstichen im Dezember 2004 einen 64-jährigen Bekannten ermodete, aus okkult-satanistischen Gründen handelte. Nach Aussgen des Psychiaters Dr. Michael Sonka hatte der Angeklagte ein Faible für Satanismus. So las St. schwarz-okkulte Literatur, hörte die dazu passende Musik und hatte als offenkundiges Symbol seiner Weltanschauung ein umgedrehtes Kreuz auf seinem Arm tätowiert.[711] Auch Christiansen sah in seinen Gutachten Hinweise auf eine mögliche „Satanismusinvolvierung", die er jedoch nicht als „Anlass oder Auslöser für das Tatgeschehen" zuordnete.[712] Signifikanter hingegen bewertet Christiansen die Mediennutzung des 29-Jährigen.

„Grundsätzlich ist der Beschuldigte nicht abgeneigt, seine Phantasie durch mediale Vorlagen zu forcieren. Als Vorbilder für seine sexuell sadistische Präferenz könnten Berichte über Lifeauftritte der Gothic-Band ‚Umbra et Imago' Pate (...) gestanden sein. Hier wurde zum Beispiel ein Bandmitglied an einem Drehgestell fixiert und sado-masochistischen

---

710 Heshtot Sordul: Faszination des Vampirs, zit. aus: www.vampyrbibliothek.de, 02.08.2007

711 Oberbayerisches Volksblatt, 14.09.2005

712 Ingolf Christiansen: Phänomenologisches Sachverständigengutachten, 23.5.2005, S. 6

Praktiken unterzogen. Verschiedene Praktiken dieser Bühnenshow versuchte der Beschuldigte auch mit seiner Freundin. Ein Videomitschnitt
eines Liveauftritts bildete die Vorlage für sexuell motivierte ‚Schneideex-
zesse' am Körper seiner damaligen Freundin (...)."[713]

Neben den Videos der fetisch- und gewaltorientierten Vampirszene war
St. auch Eigentümer zahlreicher Horror- und Pornovideos. Auch wenn
die überwiegende Mehrzahl der Rezipienten brutaler Gewaltmedien die
Filmvorlagen sicherlich nicht 1:1 kopiert, belegen die Erkenntnisse aus
Psychologie und Hirnforschung dennoch eindeutige Zusammenhänge
zwischen medialer Gewalt und gewalttätigem Verhalten.[714]

---

713 Ingolf Christiansen: Phänomenologisches Sachverständigengutachten, 23.5.2005,
     S. 6
714 vgl. ZDF, „Frontal 21", 21.08.2007

4. Rechtsextremismus

4.1 Aufbruch im Osten

> „Die nationale Opposition in Deutschland ist aufgestanden und sie ist
> angetreten, ein niedergehendes System der Lüge und Heuchelei (...), der
> sozialen Ausbeutung, (...) den letzten Stoß zu geben!"[715]

Dies ist eine offene Kampfansage an das demokratische System. Der, der
die markigen Worte spricht, ist kein verwirrter ewiggestriger Sektierer.
Sie stammen von dem Neonazi Thomas Wulff, der dem NPD-Bundesvorstand angehört. Wulff ist einer der Hauptredner auf der Demonstration Januar 2005 in Magdeburg. Längst haben sich Neonazis und Nationaldemokraten verbrüdert. Ein zweiter Redner agitiert nicht minder
deutlich, Ralph Tegethoff, ebenfalls Mitglied der NPD:

> „Volk steh auf und Sturm brich los! Es lebe Deutschland, es lebe das freie
> deutsche Reich."[716]

Solche aggressiven Aussagen treffen den Nerv der Szene. Die Zeiten, als
rechtsextremistische Wahlparteien versucht haben, sich mit verfassungsfeindlichen Äußerungen zurückzuhalten, sind längst Vergangenheit. Und auch wenn die NPD in Interviews nicht müde wird, ihre Loy-
alität zum Grundgesetz kundzutun, ist die Frontstellung unübersehbar.
Ihre Kampfbegriffe gegen Demokraten wie „Systempolitiker"oder
„Systemparteien" erinnern beklemmend an die Agitation, die bereits
von der NSDAP zur Diffamierung der Weimarer Republik instrumenta-
lisiert wurden.[717] Und mithilfe interner Dokumente der NPD wird
längst an den Grundpfeilern der Verfassung gesägt. Vielsagend sind die
Ausführungen einer Schulungsbroschüre:

---

715 zit. aus: Verfassungsschutzbericht des Bundes 2005, S. 18
716 zit. aus: Verfassungsschutzbericht des Bundes 2005, S. 18
717 vgl. Verfassungsschutzbericht des Landes Bayern 2005, München 2006, S. 95

„Das Grundgesetz hat seine Fehler: Es (ist) ein Diktat der Westalliierten, es ist vom deutschen Volk nie in einer Volksabstimmung angenommen worden und die Grundrechtsbestimmungen triefen vor Menschenrechtstümelei und stellen Deutsche im eigenen Land defacto den Ausländern gleich."[718]

Rechtsextremisten verstecken sich mit ihrer Systemfeindschaft längst nicht mehr in Kneipenhinterzimmern. Die unversöhnliche Kritik am demokratischen Deutschland schreien sie im neuen Jahrtausend selbstbewusst hinaus. Signifikante Erfolge bei Landtagswahlen, ein Stammwählerreservoir und eine regelrechte Jugendkultur, die das politische Erwachen am Rechten Rand begleitet, machen ihnen Mut. In einigen Teilen Deutschlands gelang der Partei erfolgreich eine „Faschisierung der Provinz", wie der Publizist Toralf Staud schreibt.[719] In einigen Wahlbezirken wurde sie gerade in den neuen Bundesländern zur drittstärksten politischen Kraft, da sie zwischen 10 und 20 Prozent der Wählerstimmen für sich verbuchen konnte. Erstmalig nach dem Verbot der *Sozialistischen Reichspartei* im Jahr 1952 ist es der NPD 2004 gelungen, wieder als „Partei mit eindeutig neonazistischer Ausrichtung" Landtagsmandate zu erreichen.[720] Und im derzeitigen politischen Diskurs versprechen gerade die national-sozialistischen Konzepte der NPD, die mit rüden Attacken gegen die Demokratie gespickt sind, bei einem Teil der Bevölkerung den richtigen Nerv zu treffen. In einer Analyse schreibt der Berliner Soziologe Richard Stöss:

„Damit tragen die rechtsextremistischen Akteure der Tatsache Rechnung, dass ihre potenzielle Wählerschaft nicht nur mit den ökonomisch-sozialen und den politisch-kulturellen Verhältnissen, sondern auch mit der Idee der Demokratie höchst unzufrieden ist."[721]

---

718 NPD-Parteivorstand: Eine Handreichung für die öffentliche Auseinandersetzung. Argumente für Kandidaten und Funktionsträger, S. 24
719 Toralf Staud: Moderne Nazis, 2. Auflage, Köln 2006. S. 9
720 Richard Stöss: Rechtsextremismus im Wandel, Berlin 2005, S. 10
721 Richard Stöss: Rechtsextremismus im Wandel, Berlin 2005, S. 12

Es ist ein tiefgreifender Umbruch, der das Profil des modernen Rechts-extremismus seit Mitte der neunziger Jahre verändert hat. Die Ideolo-giearbeit der neurechten Denkzirkel hat ihre Spuren im völkischen Spektrum hinterlassen. Die bis zu diesem Zeitpunkt so wichtige natio-nale Frage tritt nun im Profil der rechtsextremen Parteien immer mehr in den Hintergrund. Stattdessen sind es die ökonomischen Belange, die jetzt stärker in den Vordergrund gerückt werden.[722] Dabei handelt es sich um ein internationales Phänomen: Viele der rechtspopulistischen Organisationen haben sich von der Mittelschicht zur Arbeiterschaft hinbewegt. Der *Front National* Frankreichs wurde beispielsweise in die-ser Zeit (1995) zur stärksten französischen Arbeiterpartei. Und auch die FPÖ Österreichs wandelte sich im Laufe der achtziger Jahre von einer Partei des Mittelstandes bis Ende der neunziger Jahre zu einer Arbeiter-partei, die der SPÖ in Wahlen als traditioneller Arbeitnehmervertrete-rin den Rang ablaufen konnte. Bei den Nationalratswahlen am 3. Okto-ber 1999 wurde sie von der Mehrheit der Arbeiter gewählt. In diesem Zusammenhang ist auch „von der Proletarisierung der rechten Par-teien"[723] die Rede.

Während in Deutschland die Republikaner noch immer ihr Profil als Partei des Mittelstandes pflegten, reagierte Udo Voigt seit seiner Wahl zum NPD-Vorsitzenden 1996 auf diese Entwicklung. So machte er die NPD zur erfolgreichsten rechtsextremen Partei Deutschlands: „Es war diese Wendung vom Antikommunismus zum Antikapitalismus sowie die Wendung von einer eher systemkonformen Partei hin zu einer nati-onalrevolutionären, also systemfeindlichen Partei".[724] Und während die Konkurrenzorganisationen DVU und die Republikaner seit jeher vehe-ment versuchten, sich vom Makel der Systemfeindlichkeit zu befreien, wurde es bei der NPD zu einer Art Adelsprädikat. Unter tosendem Ap-

---

722 Birgit Rommelspacher: Rechtsextremismus in Ost- und Westdeutschland im Ver-
      gleich, Hrsg. Von der Friedrich-Ebert-Stiftung, Berlin 2006, S. 11
723 Birgit Rommelspacher: Rechtsextremismus in Ost- und Westdeutschland im Ver-
      gleich, Hrsg. Von der Friedrich-Ebert-Stiftung, Berlin 2006, S. 11
724 Birgit Rommelspacher: Rechtsextremismus in Ost- und Westdeutschland im Ver-
      gleich, Hrsg. Von der Friedrich-Ebert-Stiftung, Berlin 2006, S. 11

plaus rief 1998 der damalige Vorsitzende der *Jungen Nationaldemokraten* (JN), Holger Apfel, seinen über 6000 Zuhörern beim NPD-Kongress
in der Passauer Nibelungenhalle entgegen:

> „Ja liebe Freunde, wir sind stolz darauf, dass wir alljährlich in den bun-
> desdeutschen Verfassungsschutzberichten stehen und als vermeintlich
> verfassungsfeindlich, gegenüber diesem System stehen. Jawohl, wir sind
> verfassungsfeindlich wenn es darum geht, dieses System zu bekämpfen."

Auf der selben Großveranstaltung proklamierte die NPD auch Ihren
Anspruch als Speerspitze der neuen NAPO – der *Nationalen Außer-
parlamentarischen Opposition*. Damit war es der NPD-Parteivorstand, der hochoffiziell die Tore der Partei für Neonazis und Militante des gesamten Spektrums öffnete. Das belegt auch die Rede Udo
Voigts:

> „Wir fragen dich nicht länger, was Du gestern gemacht hast, in welcher
> Organisation Du gewesen bist, sondern wir erwarten, daß Du bereit bist,
> Dich einzufühlen in unsere Organisation."

Die NPD-Strategie, sich gleichzeitig als Wahlpartei, Sammelbecken und
Weltanschauungsbewegung zu präsentieren, wird am deutlichsten, wenn
man sich die NPD-Eroberungsstrategie vergegenwärtigt, mit der die
Gesellschaft durchdrungen werden soll:

- Kampf um die Straße: Mit der Präsenz auf Kundgebungen und Demonstrationen soll die Aufmerksamkeit der Bürger geweckt werden,
  gleichzeitig bildet dieser Baustein auch das Fundament der NPD, um
  die militanten Kräfte für den Straßenkampf zu integrieren.
- Kampf um die Parlamente: Hier soll politischer Einfluss errungen
  werden.
- Kampf um die Köpfe: Mit dieser Strategie möchte man Intellektuelle
  an die Partei binden um sich im Prozess der gesellschaftlichen Mei-
  nungsbildung als Machtfaktor zu etablieren.

Die vierte und neu integrierte Säule ist der „Kampf um den organisierten Willen". Mit diesem Baustein zementiert die NPD ihren Anspruch

als *die* Sammlungsbewegung der deutschen Rechten, die gleichsam das Bündnis mit anderen Parteien (DP, DVU) sucht und ihre Wahllisten mit Neonazis aus den „Freien Kameradschaften" bestückt.

In der Konzeption ist durchaus ein Lernprozess des deutschen Rechtsextremismus erkennbar. Der Rechtsextremismus hat sich von den schillernden Volkstribunen emanzipiert, deren Beliebtheitsgrad jahrzehntelang über Erfolg oder Misserfolg rechter Wahlparteien bestimmte. Zu Recht schreiben Populismusforscher wie Prof. Dr. Frank Decker über die bisherige Beschaffenheit der europäischen Bewegungen:

> „Der europaweite Vergleich zeigt, dass sich Entstehung und Aufstieg der Newcomer fast ausnahmslos einzelnen Führungspersönlichkeiten verdanken – Le Pen, Berlusconi, Bossi, Haider, Fortuyn – deren charismatische Eigenschaften damit zu einem Schlüsselfaktor werden. Wo kein Führer in Sicht, kann eine populistische Partei oder Bewegung offenbar nicht gedeihen – wie günstig der soziale Nährboden und die politischen Begebenheiten auch immer sein mögen. Und umgekehrt: Kommt der Führer abhanden oder büßt er seinen Nimbus, seine organisatorische Machtbasis und seine Fähigkeiten als Agitator ein, so droht die Bewegung als ganze auseinanderzubrechen."[725]

Über die Frage nach der Ursache, warum der Rechtsextremismus im neuen Jahrtausend gerade auf dem Gebiet der früheren DDR seine Erfolge feiert, ist mittlerweile eine vehemente Diskussion in den Sozialwissenschaften entbrannt. Die vorherrschende Annahme, Grund dafür sei eine autoritäre Persönlichkeitsstruktur der ehemaligen DDR-Bürger, lässt sich empirisch nicht halten. So waren zum Erstaunen vieler Sozialwissenschaftler „die Ostjugendlichen keineswegs autoritärer eingestellt als die Westjugendlichen".[726] Präziser ist dagegen der Ansatz, die sozialen Strukturbedingungen als Grundlage für das Wahlverhalten heranzuziehen. Die Arbeitslosigkeit ist in Ostdeutschland rund doppelt so hoch wie in den alten Bundesländern. Dazu hätten die „anhaltend ungleichen Lebensbe-

---

725 Frank Decker: Neue Entwicklungen in der Rechtspopulismusforschung, www.dvpw. de/fileadmin/docs/2006xDecker.pdf
726 Birgit Rommelspacher: Rechtsextremismus in Ost- und Westdeutschland im Vergleich, Hrsg. Von der Friedrich-Ebert-Stiftung, Berlin 2006, S. 8

dingungen" bei vielen „ein Gefühl der Ungerechtigkeit zur Folge"[727]. Zwei
Drittel der Ostdeutschen meinen, die BRD hätte die DDR wie eine Kolo-
nie erobert und die meisten Menschen in den neuen Bundesländern,
nämlich 80 Prozent, fühlen sich heute als Bürger zweiter Klasse.[728]

Insgesamt lassen sich die gesellschaftlich-politischen Rahmenbedin-
gungen des Wahlerfolges der Rechtsextremen im Osten in vier Komple-
xe zusammenfassen:[729]

- Der gewünschte und bewusst herbeigeführte Systemwechsel vom Sozialismus zum Kapitalismus, vom Stalinismus zur Demokratie war
  mit seinen konkreten psychischen und sozialen Auswirkungen für das
  Individuum in dieser Form nicht verhersehbar.
- Die Entwicklung der inneren Einheit Deutschlands haben sich die
  meisten Ostdeutschen völlig anders vorgestellt. Stichwort: Ost-West-
  Gegensatz.
- Der soziale Wandel, die technologische Modernisierung und die wirt-
  schaftliche und politische Globalisierung, die alle westlichen Gesellschaften prägen, sind offenkundig zu einer Belastung für die Menschen in den neuen Bundesländern geworden.
- Die Fortwirkung psychischer Dispositionen und politisch-kultureller
  Faktoren (Sozialisationsverläufe, Lebenserfahrungen, Lernprozesse,
  Wertorientierungen, politische Einstellungen und Verhaltensweisen)
  in der Erfahrungswelt vieler Ostdeutscher sind mit den neuen politischen Verhältnissen des wiedervereinten Deutschlands nicht ver-
  einbar. Die Folge sind Abwehrreaktionen gegen eine Gesellschaft, die
  man in dieser Form nicht wollte.

Eine Auswertung der wichtigsten Wahlergebnisse von NPD und DVU in
2004 und 2006 gibt Auskunft über den signifikant hohen Wähleranteil von
Arbeitern und Erstwählern, insbesondere in den neuen Bundesländern:

---

727 Birgit Rommelspacher: Rechtsextremismus in Ost- und Westdeutschland im Ver-
     gleich, Hrsg. Von der Friedrich-Ebert-Stiftung, Berlin 2006, S. 9
728 vgl. Klaus Schroeder: Der Preis der Einheit. Eine Bilanz, München/Wien 2000, S. 9
729 Richard Stöss: Rechtsextremismus im vereinten Deutschland, hrsg.: Friedrich-Ebert-
     Stiftung, Berlin 2000, S. 68

2004	Gesamt	Erstwähler	Arbeiter
Brandenburg	6,1 % DVU	15 % DVU	10 % DVU
Sachsen	9,2 % NPD	18 % NPD	14 % NPD
Saarland	4,0 % NPD	10 % NPD	10 % NPD
Mecklenbg.-Vorpommern (2006)	7,3 % NPD	17 % NPD	11 % NPD

Rechtsextremismus ist im neuen Jahrtausend angekommen und hat endgültig in der Generation Fuß gefasst, die biographisch in keinem Zusammenhang mehr zum nationalsozialistischen Terrorstaat steht. Verbotsversuche und die Stigmatisierung neonationalsozialistischer Positionen durch die Mehrheitskultur sind gescheitert. Die Hoffnung, bei Denkmustern wie Rassismus, Deutschnationalismus und Antisemitismus handele sich um eine generationsspezifische, vorübergehende Angelegenheit, hat sich als trügerisch erwiesen.[730] Gerade die NPD nahm sich in Sachsen viel Zeit, um über Jahre hinweg eine engmaschige Struktur aufzubauen. Im Zentrum steht dabei der in Riesa ansässige *Deutsche Stimme Verlag*, der zu einem der größten rechtsextremistischen Verlagsunternehmen Deutschlands heranwuchs und in der Lage war, der NPD eigenständige Arbeitsplätze zu schaffen. Zur Bedeutung des Verlages schreibt der Verfassungsschutz:

> „Seit dem Umzug des Verlages von Sinning (Bayern) nach Riesa hat sich eine für die Partei bedeutende logistisch und propagandistisch wirkende Einrichtung in Sachsen etabliert. Mit dem Verlag übersiedelten auch führende Funktionäre der Bundespartei nach Sachsen, die den sächsischen Landesverband mit prägen."[731]

---

730 vgl. Hans-Gerd Jaschke: Rechtsextremismus und Fremdenfeindlichkeit, Opladen 1994, S. 8

731 Verfassungsschutzbericht des Landes Sachsen 2004, Dresden 2004, S. 37

Propagandistisch setzt die sächsische NPD auf zwei Schwerpunkte: Fremdenfeindliche Ressentiments und Sozialthemen. Insbesondere die Agitation gegen Hartz IV prägt den Landtagswahlkampf 2004. Die Spitzenkandidaten sind in erster Linie Mitarbeiter des *Deutsche Stimme Verlages* und Rechtsextreme aus der Region. Hierbei handelt es sich keineswegs um „Outlaws", sondern um Menschen, die aus der Mitte der Gesellschaft stammen. Passend schreibt Henrik Steglich in seiner Analyse zur sächsischen NPD:

> „Die Vertreter der NPD in der Sächsischen Schweiz müssen sich gar nicht um eine Annäherung an eine bürgerliche ‚Mitte der Gesellschaft' kümmern, sie stellen sie letztlich dar. Ein Arzt, ein Handwerksmeister, ein Fahrlehrer, ein Gastwirt, der Führer einer Klettergruppe usw. – diese Personen haben auch als NPD-Mitglieder ein ‚normales' Leben außerhalb rechtsextremistischer Zusammenhänge. Das soziale Umfeld nimmt sie darum in erster Linie auch als Arzt, Handwerksmeister etc. wahr."[732]

Mit dem bewussten Aufgreifen der sozialen Frage hat die NPD ein Thema gefunden, „mit dem die Ostdeutschen erstmals von einer rechtsextremen Partei wirklich angesprochen werden", wie Steglich treffend erkennt.[733] Schlagworte wie „Solidarität", „(Volks-) Gemeinschaft" und antikapitalistische Argumente treffen den Nerv vieler Bürger in den neuen Bundesländern, die sich von der wiedervereinten Gesellschaft entfremdet fühlen.

Mit einer regelrechten Materialschlacht bringt sich die NPD ins Gespräch. Nach eigenen Angaben bringen NPD-Wahlkämpfer alleine im Vorwahlkampf von Sachsen 35.000 Plakate an, von der Parteizeitung *Deutsche Stimme* werden nach Parteiangaben 2,5 Millionen Exemplare verteilt.[734] Darüber hinaus tragen öffentlichkeitswirksame Massenveranstaltungen und die dazugehörende Pressepräsenz zum Bekanntheitsgrad der NPD bei. Insofern kam das Wahlergebnis von 9,2 Prozent der Stimmen für die Nationaldemokraten bei der Landtagswahl in Sachsen

---

732 Henrik Steglich: Die NPD in Sachsen, Göttingen 2005, S. 117
733 Henrik Steglich: Die NPD in Sachsen, Göttingen 2005, S. 24 f.
734 Deutsche Stimme, 2/2005

nicht so überraschend zustande, wie viele angenommen haben. Die
NPD hatte ihre Saat bereits in den frühen neunziger Jahren ausgesät,
2004 ging sie auf. Präzise analysierte der Politologe Hans-Gerd Jaschke
in der ARD:

> „Die Hartz IV-Diskussion hat natürlich die NPD als Partei und ihre
> Wähler mobilisiert, keine Frage. Aber die Hartz-IV-Debatte ist nicht ur-
> sächlich. Aber man darf nicht vergessen, dass die NPD seit Monaten und
> Jahren versucht hat, die alltäglichen Bedürfnisse vor Ort aufzugreifen.
> Dafür hat sie gerade in Ostdeutschland jahrelang gearbeitet. Das fängt an
> mit dem Auswählen der Funktionäre, die nicht mehr aussehen wie SA-
> Leute sondern wie normale Menschen bis zur sozialen Arbeit vor Ort wie
> z.B. Hausaufgabenhilfe, Jugendarbeit – konkrete Angebote für die Men-
> schen. Insofern ist die NPD für Ostdeutschland ein Teil des Alltagslebens
> geworden."[735]

Wie keine andere rechtsextreme Partei zuvor nutzt die sächsische NPD
nun ihre Landtagsfraktion als Plattform, „um sich als Gravitationszent-
rum im Rechtsextremismus zu etablieren".[736]

4.1.1 Die NPD in Sachsen:
Dresdner Schule

Über die Fraktionsgrenzen der NPD im sächsischen Landtag hinaus ist
es der NPD erfolgreich gelungen, parteiunabhängige Rechtsintellektu-
elle für die Mitarbeit in der Fraktion zu gewinnen. Damit konnte die
NPD neben der Berliner Parteizentrale ein „zweites Machtzentrum"[737]
entwickeln.

Die frisch rekrutierten rechtsextremen Denker stellen den Grund-
stock der *Dresdner Schule*, mit der die NPD Gymnasiasten und Studenten an die Partei binden möchte. Damit wird in Dresden konsequent die
NPD-immanente Strategie des „Kampfes um die Köpfe" umgesetzt. In
der Selbstdarstellung wird die *Dresdner Schule* als ein „locker gefügtes

---

735 Interview mit dem Autoren; Auszüge in: „Fakt", 20.09.2004
736 Verfassungsschutzbericht des Landes Sachsen, Dresden 2005, S. 33
737 Verfassungsschutzbericht des Landes Sachsen, Dresden 2005, S. 33

Agglomerat theoriefähiger Köpfe unter Einschluss und im Umfeld der sächsischen NPD-Fraktion" beschrieben, die „eine geistige politische Gegenfront" aufbauen möchte.[738] Im Mittelpunkt der Zielsetzung steht die „Überwindung des liberalistischen Systems". Anstelle des liberalen Parteiensystems soll eine Volksherrschaft gesetzt werden.

Bereits im Namen liegt der wohl sehr ambitionierte Ansatz, einen ideologischen Gegenpol zur *Frankfurter Schule* zu setzen. Dem aufklärerisch-kritischen Gedankengut der Frankfurter Schule gegenüber präsentiert sich die rechtsextremistisch-geprägte Dresdner Schule als „organisierte Intelligenz einer selbstbewussten deutschen Nation".[739] In einer Erklärung zur *Dresdner Schule* schreibt der sächsische NPD-Abgeordnete Jürgen Gansel:

> „Die ‚Dresdner Schule' sagt den Multikulturalisten und Umvolkern den politischen Kampf an. Die durch die Frankfurter Schule injizierte Selbstverachtung ist der Dünger für eine bizarre Ausländertümelei und Fernstenliebe, welche die Fremden letztlich aber nicht ihrer selbst wegen schätzt, sondern nur in ihrer Eigenschaft als Zerstörer Deutschlands und Verdränger der Deutschen. Hier schließt sich der Kreis nationalen Selbsthasses als Resultat der psychologischen Kriegsführung, zuerst der alliierten Umerzieher und dann der Frankfurter Schule, gegen das deutsche Volk." (...)

> „Die radikale Durchliberalisierung Deutschlands ist der wohl größte Triumph der Frankfurter Schule. Mit ihren anarchoiden Freiheits- und Emanzipationslosungen tarnte sie ihre Zersetzungsarbeit an den Fundamenten des deutschen Gemeinschaftslebens nur notdürftig. Ordnung, Autorität und Bindung wurden als protofaschistisch denunziert, obwohl die Voraussetzung für eine Freiheit in Würde und nicht deren Fessel sind. Die Propagierung schrankenloser Pluralisierung und Selbstverwirklichung führte zur Zerrüttung des Staates, der Institutionen, der Familie und der Volksgemeinschaft."[740]

---

738 Auszug aus der Internetseite der sächsischen NPD-Landtagsfraktion, 20.4.2005 – zit. aus: Verfassungsschutzbericht des Landes Sachsen, Dresden 2005, S. 33

739 zit. aus: Internetseite des NPD-Landesverbandes Sachsen, 4.5.2005

740 „Wesen und Wollen der ‚Dresdner Schule', Erklärung des NPD-Landtagsabgeordneten Jürgen Gansel, 5.5.2005; Dok. ist im Besitz des Autoren.

Was hier von der NPD als „organisierte Intelligenz" verkauft wurde, ist
in erste Linie die neuverpackte Kritik des rechtsextremistischen Partei-
enspektrums an der Moderne. Alte nationalsozialistische Phrasen wie
„Du bist nichts, Dein Volk ist alles" werden hier ebenso umetikettiert
wie die Idee „Gemeinnutz geht vor Eigennutz". Es sind die Eckpfeiler
einer völkischen Diktatur und nicht eines modernen und selbstbewussten rechtsintellektuellen Think Tanks, die die ideologische Richtung
vorgeben. Wenn es bei Gansel beispielsweise heißt, „Politik, die zu mul-
tiethischen Zuständen führt, ist verbrecherisch, weil sie den Weg in den
Ethnosuizid ebnet", bedeutet das nichts anderes als wissenschaftlich ver-
quast: „Deutschland den Deutschen – Ausländer raus !"

Im ZDF-Magazin „Frontal 21" erklärt der stellvertretende NPD-
Bundesvorsitzende Peter Marx, der Name *Dresdner Schule* sei gewählt
worden, „um einen griffigen Begriff darzustellen gegen das, was die
Denkschule der multikulturellen Extremisten ist, die Frankfurter Schule, und dem wollen wir geistig etwas anderes entgegen setzen".[741]

Eine der treibenden Kräfte ist der Fraktionsreferent Karl Richter.
Der Historiker ist Mitglied der Burschenschaft Danubia und zählt heute
zu den wichtigsten rechtsextremen Ideologen im deutschsprachigen
Raum. In seiner Vergangenheit arbeitete Richter als Redakteur für
die national-konservative Wochenzeitung *Junge Freiheit*, später für das
Organ *Der Republikaner*. 1992 wird Richter Chefredakteur der rechtsextremistischen Theoriezeitschrift *Nation und Europa*, die kurz nach
Beendigung des Zweiten Weltkrieges unter anderem von SS-Männern
gegründet wurde. Seit 2004 arbeitet Richter als Referent der NPD-Landtagsfraktion Sachsen und schreibt Beiträge für das NPD-Organ *Deutsche Stimme*.

Ebenfalls Fraktionsreferent ist Andreas Molau, der zuvor als Lehrer
an einer Waldorfschule arbeitete. Der Germanist war Chef des Kultur-
ressorts der Jungen Freiheit. Dazu war Molau Herausgeber der rechtsextremen Publikation *Deutscher Almanach* und arbeitete als Chefredakteur des Organs *Deutsche Geschichte*. Darüber hinaus publiziert er seit

---

741 zit. aus: ZDF-Magazin „Frontal 21"

Jahren Beiträge in Schriften wie *Der Republikaner, Nation und Europa,*
Criticon oder *Europa vorn.* 2007 steigt der neurechte Theoretiker in
gänzlich in die verfassungsfeindliche Politik ein und wird Spitzenkandi-
dat der NPD im Landtagswahlkampf Niedersachen.

Eine Art „Trainer" der sächsischen Parlamentsgruppe ist der saarlän-
dische NPD-Landesvorsitzende Peter Marx. Seit Jahren organisiert er
internationale Kongresse im rechten Spektrum und gilt als der Stratege
im Hintergrund.

Ebenfalls für die NPD-Landtagsfraktion arbeitet Sascha Rossmüller,
heute im NPD-Bundesvorstand und früher Mitglied der inzwischen
verbotenen Neonazi-Organisation *Nationaler Block.* Ein weiteres wichtiges Bindeglied zwischen NPD und den Neonazis ist der „persönliche
Mitarbeiter" des NPD Landtagsabgeordneten Alexander Delle, Sascha
Wagner. Vor seinem Dienstantritt bei der NPD-Franktion war Wagner
Herausgeber der neonazistischen Skinhead-Rockzeitschrift *Neue Doit-
sche Welle.*

Die kurze Übersicht dokumentiert, dass die Rechtsextremisten aus
den Desastern der letzten Jahrzehnte gelernt haben, als unerfahrene
DVU-Abgeordnete in den Landtagen von Schleswig-Holstein und Bremen zum Gespött wurden. Intellektuell kaum messbar, rhetorisch blama-
bel, organisationsunerfahren und aus der Parteizentrale ferngesteuert –
die NPD möchte die Fehler von Gerhard Freys Deutscher Volksunion
nicht wiederholen.

4.1.2 Die NPD in Mecklenburg-Vorpommern:
Die braune Volksfront im Landtag

Die Landesliste der NPD Mecklenburg-Vorpommern hat es in sich. Sie
ist eine Mischung erfahrener westdeutscher Rechtsextremisten wie Udo
Pastörs (Listenplatz 1) und Michael Andrejewski (Listenplatz 3) sowie
ostdeutscher Neonazis. Beispielhaft hierfür sei die Nummer 2 auf der
Liste, Tino Müller, genannt. Der junge Maurer aus Uckermünde ist eine
Schlüsselperson in der Kameradschaftsszene und gilt als „Führungs-
mitglied" des *Sozialen und Nationalen Bündnisses Pommern* (SNBP)
und als „Chef" der *Nationalgermanischen Bruderschaft.* Gleichzeitig ist

Müller im *Heimatbund Pommern* aktiv.[742] Die völkisch-biologistische
Gruppe tritt als Bewahrerin regionaler Traditionen auf. Ebenfalls aus
dem neo-nationalsozialistischen Spektrum kommt Birger Lüssow, der
auf dem vierten Listenplatz der NPD den Einzug in den Landtag von
Mecklenburg-Vorpommern schaffte. Lüssow gilt als einer der führenden Köpfe der Kameradschaftenszene rund um Rostock und wird dem
Kameradschaftsbund Mecklenburg zugerechnet. [743] Gerade das Bündnis
mit den Neonazis hat der NPD in diesem Bundesland erst den Einzug in
den Landtag ermöglicht. Im Gegensatz zu den Nationaldemokraten, die
landesweit nur sehr unzureichend auf Strukturen zurückgreifen können, ist die Neonazi-Szene fast flächendeckend aktiv. Ihr Einfluss auf die
NPD ist enorm.[744] Bereits ein Jahr vor dem Einzug der Rechtsextremen
in den Landtag warnte der Verfassungsschutzbericht 2005:

> „Die Zahl der NPD-Mitglieder ist seit Jahresbeginn kontinuierlich ge-
> stiegen. (...) Die Masse der Neumitglieder kommt dabei offensichtlich
> aus dem Bereich der Neonazis, die allein durch ihre Anzahl zwischenzeit-
> lich mehrere Kreisverbände dominieren."[745]

Einig ist sich die heterogene NPD-Fraktion im Landtag Mecklenburg-
Vorpommerns heute in ihrer Frontstellung gegen die Demokratie. Gerade für die Zuzüge aus Westdeutschland erscheint das strukturschwa-
che Ostpommern mit 25 Prozent Arbeitslosigkeit der effektivste Ort, um
ihre Propaganda zu plazieren. Mit fast schon atemberaubender Offenheit erklärt Michael Andrejewski, der lange Zeit arbeitslose Jurist mit
Vergangenheit, in der Hamburger Liste *Ausländer-Stopp*, warum er ausgerechnet in Mecklenburg-Vorpommern aktiv ist:

---

742 Sebastian Huld, Zentrum Demokratische Kultur: Die NPD im Schweriner Landtag –
     Das Personal, o.O., o.J., S. 4
743 Sebastian Huld, Zentrum Demokratische Kultur: Die NPD im Schweriner Landtag –
     Das Personal, o.O., o.J., S. 7 f.
744 Der Spiegel, 21.9.2006
745 Verfassungsschutzbericht des Landes Mecklenburg-Vorpommern, Schwerin 2005,
     S. 53

„Weil ich das herrschende politische System ablehne und weil es krass
versagt hat und man soll einen Gegner da angreifen wo er besonders
krass versagt und schwach ist."[746]

Neben der Ablehnung der pluralen Demokratie einigt die Mitglieder
der NPD-Landesliste auch die Sympathie für Politiker des nationalsozialistischen Terrorregimes. Und was manch ein Neonazi nur hinter vor-
gehaltener Hand sagt, spricht Pastörs offen aus. Im ARD-Magazin „Fakt"
macht er Hitlers Stellvertreter Rudolf Heß zum Pazifisten:

„Rudolf Hess war ein absoluter Idealist. Er ist für mich vergleichbar nach
meiner Auffassung mit Gandhi."[747]

An anderer Stelle verkündet er, er bewundere Heß „genauso wie Alexander Solschenizyn". Am Wahlabend nach seinem Einzug in den Schweriner Landtag bestätigt er auf Reporter-Nachfragen seinen Ausspruch
überAdolf Hitler:

„Er ist ja ein Phänomen gewesen, dieser Mann, militärisch, sozial, öko-
nomisch – er hat ja wahnsinnige Pflöcke eingerammt auf fast allen
Gebieten."[748]

Neben der rechtsextremistischen Facette Pastörs gibt es auch eine bür-
gerliche. So engagiert sich der NPD-Funktionär in einer Bürgerinitiati-
ve gegen Braunkohleabbau und organisiert in seiner Gemeinde Lübthe-
en einen Unternehmerstammtisch für den heimischen Mittelstand.
Pastörs setzt nicht auf kurzfristige Wahlkämpfe, sondern auf den langfristigen Aufbau von Strukturen. Das beinhaltet die Schaffung von Ar-
beitsplätzen genauso wie Rechte Wohngemeinschaften und die Betreu-
ung von Kindern deutschnationaler Familien:

Das sieht so aus, dass wir bei uns in der Partei und im Landkreis Fach-
frauen haben, die sich um unsere Kinder bemühen und das auch sehr
liebevoll tun und das fruchtet und das werden wir ausbauen.[749]

---

746 ARD-Magazin „Fakt", 22.5.2006
747 ARD-Magazin „Fakt", 22.5.2006
748 NDR: Die sechs NPD-Abgeordneten im Profil, www.1.ndr.de
749 MDR, Exakt, 25.7.2006

4.2 Zwischen Führer und Feeling: Rechtsextremismus im neuen Jahrtausend

„Die nationale Oppositionsbewegung umfasst alle Bereiche des täglichen Lebens, wir haben nur noch keine eigene Automarke."[750] So bilanziert der Neonazi Thomas Wulff die rechtsextreme Kulturoffensive. Inzwischen ist Rechtsextremisten für viele Jugendliche ein *Way of Life*. Neonazis etablieren mittlerweile eine eigene Musiklandschaft inklusive Merchandising, instrumentalisieren Kunst und Kultur, liefern Accessoires für ihr Outfit und helfen bei der Bewältigung von Alltagsproblemen und der Freizeitgestaltung. Zum Programm der NPD-Jugendorganisation *Junge Nationaldemokraten* (JN) gehören längst Hausaufgabenbetreuung und die Gestaltung von Schülerzeitschriften. Der hessische JN-Funktionär Simon Zimmermann spricht inzwischen von einer „Schul-Offensive in Hessen" an Gymnasien und Berufsschulen. Selbstbewusst ergänzt er: „Wir brauchen für unsere Partei ziemlich intelligente Leute, wir brauchen die Mitte der Gesellschaft, wenn wir regieren wollen."[751]

Im thüringischen Ilmkreis organisieren Neonazis Fußballturniere, an denen hunderte Gleichgesinnte teilnehmen. Ein beliebter Austragungsort ist das thüringische Städtchen Pennewitz. Zu den Angeboten zählen aber auch Zeltlager, wie es Mai 2005 vom Bundesvorstand der Jungen Nationaldemokraten nahe der Grenzstadt Görlitz organisiert wurde. Auf dem Programm steht gegrillte Sau und nationalsozialistische Propaganda. Der rheinland-pfälzische JN-Referent Tobias Schulz dokumentiert in seinem Vortrag über „Entartete Kunst" einmal mehr die Nähe vieler Nationaldemokraten zur NSDAP-Diktatur und erklärt den Zuhörern, dass „Deutschland nie produktiver und schöpferischer" gewesen sei „als in den Jahren des Dritten Reiches". In der „angeblichen Kunst der Moderne" sieht Schulz die „Verherrlichung aller Laster und Abnormalitäten". In Abgrenzung dazu propagiert Schulz Versatzstücke des nationalsozialistischen Herrenmenschendenkens:

---

750 Interview mit dem Autoren.
751 ZDF Aspekte, 20.05.2005

„Wir Kameraden wollen an einem neuen Menschentyp arbeiten und aus
diesem Menschentyp soll Kraft und Schönheit strömen, ein neues Lebensgefühl, eine neue Lebensfreude. Missgestaltete Krüppel und Menschen, die nur Abscheu entwickeln und Tieren ähneln, entsprechen nicht
dieser neuen Lebensfreude."[752]

Intellektuell gefärbte Referate dieser Art richten sich vor allem an Gymnasiasten und Studenten, die immer öfter zu den Freizeitangeboten der
NPD reisen. Mit Spaziergängen, Zeltlagern und der Besichtigung von
Naturdenkmälern locken die Rechtsextremen Jugendliche, die sich an
der Wandervogelbewegung orientieren. Mit Feldschlachten, wie sie in
Sachsen von Sympathisanten der inzwischen verbotenen militanten
Skinheadvereinigung *Skinheads Sächsische Schweiz* organisiert werden,
will die Szene Anhänger erreichen, die eine Faszination für das Mittelalter teilen. Die Frauengruppen der NPD in Franken und Niedersachsen
finden sich gar zu Krabbelgruppen zusammen und organisieren gemeinsame Ausflüge zu Denkmälern und Kinderspielplätzen, die dann
gereinigt werden. Bei solchen Aktionen ist den Rechtsextremen der Ap-
plaus der Bevölkerung sicher. PR geht hier mit der Bindung von rechts-
extremistischem Nachwuchs Hand in Hand.

Musikalisch erstreckt sich die Bandbreite der Angebote von traditioneller Volksmusik, „Volksweisen" von Liedermachern, Skinhead-
rock, Heavy- oder Black Metal, Dark Wave, Gabba bis zum Hip Hop.
Die Zahl der Szenevertriebe, die in Deutschland von einer breit gefächerten Musikszenerie leben kann, wird in den letzten Jahren kontinu-
ierlich größer:[753]

Jahr	Zahl der Vertriebe
2004	60
2005	75
2006	91

---

752 Zit. aus: Aspekte, 20.05.2005
753 Zahlen und Fakten zum Rechtsextremismus in Deutschland: Rechtsextremistische
      Skinhead-Musik-Szene, zit. aus: www.verfassungsschutz.de, 09.07.2007

Und existierten 2005 noch 25 Plattenlabels für rechtsextremistische Tonträger, so waren es im Jahr 2006 schon 36. Die Industrie rund um die verfassungsfeindlichen Bands dokumentiert erschreckend, dass es Rechtsextremisten gelungen ist, mit ihren Angeboten breite gesellschaftliche Schichten und Altersgruppen zu erreichen. „Wir wollen mit unserer Musik Botschaften transportieren", erklärt Thorsten Heise, Mitglied des NPD-Bundesvorstandes, ein Neonazi mit Vergangenheit bei der verbotenen Neonazi-Gruppe *FAP*. Heute lebt Heise selbst von brauner Musik und Szeneliteratur mit seinem *W&B Versand* im thüringischen Fretterode. Beim Thema Kultur kommt Heise ins Schwärmen: „Wenn Sie einen jungen Mann oder eine junge Frau fragen, wie bist du zur nationalen Bewegung gekommen, ist die Antwort oft, ich habe ein Lied von Frank Rennicke gehört."[754] Der NPD-nahe Liedermacher Rennicke war Kader der verbotenen *Wiking Jugend* und gehört heute zu den Publikumsmagneten der NPD. Obwohl viele seiner Tonträger auf der Liste der Bundesprüfstelle für Jugendgefährdende Medien (BPjM) zu finden sind, produziert der „nationale Barde" immer neue Tonträger und verdient am expandierenden nationalen Markt. Dokument für das rasante Wachstum der Szene ist die Entwicklung der rechtsextremistischen Skinheadbands, deren Zahl sich in den letzten zwölf Jahren fast verfünffacht hat.

Konzerte	Bands
1993: 20	1993: 30
1994: 20	1994: 40
1995: 35	1995: 50
1996: 70	1996: 55
1997: 106	1997: 70
1998: 128	1998: 100
1999: 109	1999: 93
2002: 112	2002: 90

---

754 Interview mit dem Autor, 1. Mai 2005

Konzerte	Bands
2003: 119	2003: 95
2004: 137	2004: 106
2005: 193	2005: 142
2006: 163 Konzerte und 152 Bands[755]	

Thomas Wulff, dessen rechtsextreme Karriere von der FAP über den Vorsitz der 1995 verbotenen Nationalen Liste bis zum persönlichen Referenten des NPD-Vorsitzenden Udo Voigt reicht, kennt den rechtsextremen Kulturmarkt. Für ihn steht fest, dass die Szene längst keine „Nischenfunktion einer radikalen Jugendclique" mehr erfüllt. Heute freut sich Wulff über seine „so groß gewachsene Bewegung", in der „eine enorme Kaufkraft steckt".[756] Der Sozialwissenschaftler Thomas Pfeiffer schätzt auf einem Workshop des Berliner Verfassungsschutzes den jährlichen Umsatz des amerikanischen Marktführers *Resistance Records* jährlich auf „ca. 1,1 Millionen Euro pro Jahr bei einem Jahresverkauf von ca. 70.000 CDs"[757]. Den Jahresumsatz der deutschen Marktführer wie dem *V7-Versand* aus Grevesmühlen oder dem *Wikingerversand* in Geiselhörig schätzen Experten auf weit mehr als 500.000 Euro, wobei der Verkauf von rechten Kleidungsmarken, Band-T-Shirts sowie weiteren Merchandisingprodukten und Accessoires das Volumen des CD-Verkaufs bisweilen übersteigt.[758]

Der britische Neonazi und Begründer der Blood-Honour-Bewegung, Ian Stuart, fasste die Wirkung der Musik mit folgenden Worten zusammen:

---

755 Zahlen und Fakten zum Rechtsextremismus in Deutschland: Rechtsextremistische Skinhead-Musik-Szene, zit. aus: www.verfassungsschutz.de, 09.07.2007

756 Interview mit dem Autor, 2006

757 Senatsverwaltung für Inneres Berlin, Abteilung Verfassungsschutz: Rechtsextremistische Skinheads, Berlin 2003, S. 68

758 Christian Dornbusch / Jan Raabe: RechtsRock – Made in Thüringen, Erfurt 2006, S. 52

> „Musik ist das ideale Mittel, Jugendlichen den Nationalsozialismus näher zu bringen, besser als das in politischen Veranstaltungen gemacht werden kann, kann damit Ideologie transportiert werden."[759]

Ein weiterer Szenemusiker der US-Skinheadband *H8 Machine* unterstreicht in einem Szeneinterview die herausragende Bedeutung der Skinheadmusik für die rechtsextremistische Szene:

> „Musik ist die Bewegung!! Wenn es nicht die Musik wäre, gebe es keine Konzerte, ohne Konzerte gäbe es kein Zusammenkommen, ohne Zusammenkommen gebe es keine Bindung [...] Ohne Musik würde es die Szene nicht mehr geben."[760]

Ein Beitrag anlässlich des NPD-Pressefestes im rechtsextremistischen Hatecore-Forum unterstreicht die Aussagen der amerikanischen Band:

> „Nimm der Szene die Musik, und sie ist tot."[761]

Und es ist unübersehbar, dass rechtsextreme Musik heute weit mehr ist als verstaubte Marschmusik. Rechtsextreme Inhalte werden heute kulturell auf vielfältige Weise vermittelt und zeigen sich „im modernen und Jugendliche ansprechenden Gewande".[762] Szenemusik kann heute als *das* zentrale Kommunikationsmittel betrachtet werden und bildet nach Einschätzung des sächsischen Verfassungsschutzes „die gemeinsame Basis der subkulturell geprägten rechtsextremistischen Szene"[763]. Die Öffnung zu anderen Jugendkulturen, insbesondere zur Hardcore-Szene, die hier auch *Hatecore* genannt wird und zum Black Metal (BM) wird von den meisten Rechtsextremisten begrüßt. Der Sänger der rechtsextremen Band *Kraftschlag* sagt in einem Interview im sogenannten Hatecore-Forum zu seinen Musikvorlieben:

---

759 zit. aus: Rechtsextremistische Musik – Lockmittel und Szenekitt; Hrsg. LfV Sachsen 2005, S. 21

760 zit. aus: Rechtsextremistische Musik – Lockmittel und Szenekitt; Hrsg. LfV Sachsen 2005, S. 24

761 zit. aus: Verfassungsschutzbericht des Freistaates Sachsen, Dresden 2005, S. 16

762 www.ida-nrw.de/html/Hmusi.htm, 2.12.2006

763 Verfassungsschutzbericht des Freistaates Sachsen, Dresden 2005, S. 16

„Ich höre so ziemlich alles. [...] Ich denke mal es ist ein großer Schritt
vorwärts, die Allianz der Rechten Szene mit dem politischen Black Metal-
Untergrund und der Heidnischen Gothic Szene. Auch wenn viele mit
dem Aussehen der Leute Probleme haben, überwiegen doch meistens die
gleichen Ansichten. [...] reine Skinheads gibt es nicht mehr viele [...] eine
reine Glatzenszene auch nicht. Dafür hat sich das ganze zu sehr politisiert. Und das ist auch gut so."[764]

Die Thüringer Black-Metal-Band *Eugenik* geht noch einen Schritt weiter und sieht sich als Mittlerin unterschiedlicher Subkulturen:

„Wir versuchen einen kleinen Beitrag mit unserer Musik zur Öffnung der
‚Subkultur' gegenüber anderen ‚Subkulturen' zu schaffen und alle nationalen Strukturen in unseren Kampf einzubinden.

Klar werden jetzt viele denken, es gibt Grenzen, doch wir haben die
Grenze noch nicht gesichtet, in der sich einzelne ‚Individuen' oder ‚Subkulturen' bewegen. Das eingeschränkte ‚Subkulturdenken' sollte auf-
hören."[765]

Für die Organisation rechtsextremistischer Konzerte hat die Öffnung zu
anderen Jugendkulturen auch strukturelle Vorteile. So beobachtet der
Verfassungsschutz, dass Szeneangehörige „um den politischen Charakter der Konzerte zu verschleiern", teilweise „mit Vertretern anderer Subkulturen (Rocker-, Hooligan-, Gothic- und Black-Metal-Szene) zusammen auftreten"[766].

4.2.1 Die Skinheads

Angefangen hatte der Skinhead-Kult nicht als politische Kraft, sondern
als jugendlicher Protest. Die Geschichte der Skinhead-Bewegung reicht
zurück in die sechziger Jahre und wurde wie viele andere Jugendsubkulturen in England geboren. Im Mittelpunkt der Szene stand ein rüder
Working-Class-Kult: Dem konsumorientierten *Way of Live* vieler Gleich-

---

764 Verfassungsschutzbericht des Freistaates Sachsen, Dresden 2005, S. 16
765 Nordwind, 4/2006, S. 5
766 Verfassungsschutzbericht Brandenburg 2005, Potsdam 2006, S. 76

altriger und der von der Erwachsenengeneration häufig gepflegten An-
biederung an die Mittel- und Oberschicht setzten die Skinheadgangs einen zur Schau getragenen Arbeiterkult entgegen: Die Jugendlichen
veränderten ihr Aussehen, indem sie ihre Haare als Kontrast zu den lang-
haarigen Hippies kürzer schnitten und die sonst als Arbeitskleidung
dienenden Jeans und Stiefel auch in der Freizeit trugen.[767] Skinheads
patrouillierten als Straßengangs in bestimmten Gegenden, und immer
wieder kam es zu brutalen Revierkämpfen. Auffällig war ihr demonstrativ zur Schau getragener Chauvinismus. Als ihre Gegner sahen die Skinheads der ersten Stunde *Bosses*, *Officials*, *Hippies*, *Queers* (Schwule),
Juden und Pakistani. Der Soziologe Dieter Baacke schreibt zur Ideologie
der frühen Skinheads:

„Im Grunde waren sie damit fast die idealtypischen Vertreter des
konservativen England: sie waren ur‚british‘. Die Skins besaßen eine
law-and-order-Gesinnung; sie wünschten keine gesellschaftlichen Veränderungen, sondern ‚a better deal of it‘."[768]

Auch die Lebensziele vieler Anhänger der Skinheadbewegung waren
ideologisch konformistisch und bestanden in dem Wunsch zu heiraten,
einen Job und ein Häuschen zu haben. Zu einer rechtsextremistischen
Radikalisierung der Skinhead-Szene kam es erst in den siebziger Jahren.
Besonders die rassistische, gegen die farbigen Einwanderer aus dem
Commonwealth gerichtete Propaganda der Nationalistischen Front fiel
bei vielen Skinheads auf fruchtbaren Boden.

In Deutschland fasste die Skinhead-Szene Ende der siebziger Jahre
Fuß. Triebfeder war hier im Gegensatz zur Bewegung in Großbritannien
weniger die soziale Not als eine Protesthaltung gegen die Gesellschaft.
Die Hinwendung vieler Skinheads zum Rechtsextremismus hatte im
Wesentlichen zwei Gründe. Ein Argument war dabei die Auseinandersetzung mit der rivalisierenden Punk-Szene, die eindeutig dem linken
politischen Rand angehörte. Aus dieser Konkurrenzsituation entstand

---

767 vgl. Landesamt für Verfassungsschutz Berlin, Skinheads: Durchblicke, Nr. 9, 1998
768 vgl. Dieter Baacke: Jugend und Jugendkulturen, Weinheim und München 1993,
     S. 81 f.

die Selbstverortung vieler Skinheads im anderen Extrem. Daraus resultierend hielten dann Attribute rechtsextremer Provokation in der Skinheadbewegung Einzug:

> „Im Sinne einer ‚self-fulfilling prophecy' lockte die erste deutsche Skin-Generation durch das provokative Verwenden rechtsextremistischer Symbolik eine zweite an, deren Angehörige zuerst rechtsradikal oder -extremistisch waren und dann Skinheads wurden."[769]

Gerade in ostdeutschen Kleinstädten dominiert die rechtsorientierte Skinheadszene regionale Jugendstrukturen. Die Verfassungsschutzbehörden warnen: „Seit einigen Jahren hat das ‚Lebensgefühl' der Skinheadszene weitere Bereiche der Jugendsubkultur so sehr beeinflusst, dass die für sie typischen Attribute und Einstellungen auf zahlreiche andere Jugendkulturen abfärben."[770] Den Weg der Skinheadbewegung vom Randgruppendasein zu einer Mainstream-Szene beobachtete auch das Landesamt für Verfassungsschutz für Berlin:

> „Heute stellen sich die Skinheads als ein kaum noch greifbarer und einzuordnender Teil der Gesellschaft dar. Hierzu trägt besonders der Umstand bei, dass die bisher typisch für Skinheads anzusehenden Äußerlichkeiten (kurz bis kahl rasierte Köpfe, Springerstiefel und Bomberjacken) zunehmend Eingang in das alltägliche Erscheinungsbild von (unpolitischen) Jugendlichen gefunden haben."[771]

Eine weit größere Akzeptanz als die transportierte Ideologie finden bei vielen Jugendlichen die Bands der Szene. Über die Wirkung der Musik existieren recht unterschiedliche Meinungen. Das Berliner Landesamt für Verfassungsschutz vertritt die These, dass Musik „keine Einstiegsdroge" einer rechtsextremistischen Karriere sei. Das bloße Anhören

---

769 Senatsverwaltung für Inneres Berlin, Abteilung Verfassungsschutz: Rechtsextremistische Skinheads, Berlin 2003, S. 21

770 Verfassungsschutzbericht des Landes Brandenburg 1997, S. 15

771 vgl. Landesamt für Verfassungsschutz Berlin, Skinheads: Durchblicke, Nr. 9, 1998

rechtsextremistischer Musik-(texte) führe nicht unbedingt zu einer Übernahme der vertretenen Ideologie.[772]

Dagegen warnt das Bundesamt für Verfassungsschutz in einer Publikation:

> „Viele Jugendliche finden über die Skinhead-Musik den Einstieg in die rechtsextremistische Szene. Reizen zunächst nur der harte, aggressive Musikstil sowie das bei Konzerten vermittelte Gemeinschaftserlebnis, so dürften sie nach und nach auch die in den Liedtexten propagierten Feindbilder übernehmen. [...] Der Kampf gegen diese ‚Einstiegsdroge' des Rechtsextremismus hat dabei bei den Sicherheitsbehörden Priorität."[773]

An anderer Stelle schreibt das Bundesamt für Verfassungsschutz:

> „Ein zumindest zeitlicher Zusammenhang und eine aggressionsfördernde Wirkung konnte demgegenüber mehrfach zwischen dem Abspielen einschlägiger CDs durch Einzeltäter oder Kleingruppen und einer danach begangenen rechtsextremistischen Gewalttat festgestellt werden. So hatten beispielsweise die Täter schwerster rechtsextremistischer Straftaten bis unmittelbar vor den jeweiligen Taten ihre Stimmung durch rechtsextremistische Skinhead-Musik aufgeheizt. In einzelnen Fällen skandierten sie bei der Tat Textpassagen der einschlägigen Musik."[774]

Unbestritten dürfte die Theorie sein, dass die Qualität der Übernahme rechtsextremistischer Ideologie stark von der Umwelt und der Intensität der Auseinandersetzung mit der Musik abhängt. Wird die Musik beispielsweise „in einem eindeutigen Kontext konsumiert – z.B. auf rechtsextremistischen Konzerten – und findet ein direkter Kontakt zu Szenemitgliedern statt, ist die Wahrscheinlichkeit wesentlich höher".[775] Der

---

772 Senatsverwaltung für Inneres Berlin, Abteilung Verfassungsschutz: Rechtsextremistische Skinheads, Berlin 2003, S. 65

773 www.verfassungsschutz.de/publikationen/gesamt/page14.htm, 13.3.2002, zit. aus: Die berufsbildende Schule (BdSch) 55, 2003, S. 294

774 Bundesamt für Verfassungsschutz: Rechtsextremistische Skinheads – Musik und Konzerte, Köln 2004, S. 13

775 Senatsverwaltung für Inneres Berlin, Abteilung Verfassungsschutz: Rechtsextremistische Skinheads, Berlin 2003, S. 65; Rainer Dollase: Welche Wirkung hat Rock von Rechts, in: Dieter Baacke / Klaus Farin / Jürgen Lauffer: Rock von Rechts. Milieus, Hintergründe und Materialien, Bielefeld 1999, S. 106–117

Psychiater und Forensiker Andreas Marneros, der in zahlreichen Verfahren als Gerichtsgutachter tätig war, schätzt die Wirkung der Szenemusik als verheerend ein:

> „Die rechtsextremistische Musik wirkt auf die jungen, einfachen, eingeschränkten Gemüter wie eine Droge. Sie putscht auf, sie macht aggressiv, sie eröffnet neue Wege, die zum Abgrund führen."[776]

Aber auch wenn sich nicht jeder Hörer die Inhalte der Bands zu eigen macht, verdient ihr Auftreten große Beachtung. Nationalsozialismus, Faschismus und Ariosophie werden jugendgerecht transportiert. Es sind Bands der rechten Skinheadszene, die der verstaubten Ideologie des längst untergegangenen NS-Terrorstaates eine neue Verpackung verleihen. Beispielhaft hierfür steht die CD „Ave et Victoria" der Berliner Band *D.S.T.*[777]:

> *Jüdische Brigaden, die ihr noch lebt, hört mal zu.*
> *Die SS der Neuzeit ist da und bringt Euch um Euere Ruh.*
> *Jüdische Brigaden, Racheengel mit irrem Ziel.*
> *Hier kommt der Deutschen Rache.*
> *Euer Tod ist beschlossene Sache.*[778]

Im Titel „NS-Macht" hetzt die Band:

> *„Schlagt sie doch nieder, haut einfach drauf.*
> *Legt sie in Ketten und hängt sie auf.*
> *Erst wenn das Pack sein Blut vergießt.*
> *Weißt Du genau, die NS-Macht, die siegt."*[779]

---

776 zit. aus: Verfassungsschutzbericht des Landes Niedersachsen 2005, S. 32

777 D.S.T. ist die von der Skinheadband selbst gewählte Abkürzung und steht sowohl für „Deutsch-Stolz-Treu" wie auch für „Dr. Sommer Team".

778 zit. aus: Senatsverwaltung für Inneres Berlin, Abteilung Verfassungsschutz: Rechtsextremistische Skinheads, Berlin 2003, S. 61

779 zit. aus: Bundesamt für Verfassungsschutz: Rechtsextremistische Skinheads – Musik und Konzerte, Köln 2004, S. 9

Andere Bands gehen über die Glorifizierung des NS-Staates hinaus. Der Genozid an Juden wird verherrlicht, wie beispielsweise von der Skinhead-Band *Weiße Wölfe* aus Nordrhein-Westfalen, die hier nach Einschätzung des Verfassungsschutzes zu den bekanntesten Szenegruppen gehört.[780] Auszüge aus dem Lied „Unsere Antwort" der CD „Weiße Wut":

> *„Und dann haben wir die alleinige Führung.*
> *Dann weinen viele, doch nicht vor Rührung.*
> *Für unser Fest ist nichts zu teuer.*
> *10.000 Juden für ein Freudenfeuer.*
> *Ihr tut unserer Ehre weh.*
> *Unsere Antwort Zyklon B."*[781]

Rassistische Aggressivität liefern auch die Inhalte der sächsischen Skinheadgruppe *Asatru*, wie der im Liedtext „Rettet das Blut" dokumentiert:

> *„Einst geprägt, das Deutsche Volk, von nordisch, germanischen Rasse.*
> *Doch schau ich jetzt in viele Augen, verliert sich in der Masse.*
> *Fast ausgerottet und am Boden, seh ich diese Urgestalt.*
> *Unterwandert von fremden Kulturen, doch den Deutschen lässt das kalt."*[782]

Ein weiteres Beispiel ist das Lied „Nigger" auf der CD „Noten des Hasses", das im Jahr 2000 von dem Berliner Musikprojektes *WAR* produziert wurde. Auszüge:

> *„Nennt sie Nigger, dann das sind ihre Namen!*
> *Hängst die Nigger und habt kein Erbarmen!*
> *Wir hassen Nigger und ihr habt es erfahren!*
> *Oder ist Euch neu, dass wir Rassisten sind?"*[783]

---

780 Verfassungsschutzbericht des Landes Nordrhein Westfalen 2005. Düsseldorf 2006, S. 73

781 Liedabschrift im Besitz des Autoren

782 zit. aus: Verfassungsschutzbericht des Freistaates Sachsen 2005, S. 17

783 zit. aus: Senatsverwaltung für Inneres Berlin, Abteilung Verfassungsschutz: Rechtsextremistische Skinheads, Berlin 2003, S. 63

Überdeutlich wird die dumpfe Fremdenfeindlichkeit von Skinheadbands auch in dem Titel „Tritt einfach rein" der Band *Reichssturm*. Im-
Text werden die stereotypen Feindbilder der rechtsextremistischen Bewegung untermauert:

> *„Ich brauch keinen Griechen, um gut essen zu gehen.*
> *Keinen Nigger um beim Fußball Tore zu sehen.*
> *Ich will auch kein Arbeiter bei den Türken sein,*
> *ich will, dass wir uns vom Fremden Pack befreien.*
>
> *(Refrain)*
> *Tritt einfach rein in so'n dummes Schwein,*
> *hol noch mal aus mit Deinem Bein*
> *Tritt einfach rein in so'n dummes Schwein,*
> *bis er aufhört nach Mama zu schreien."*[784]

Ein letztes Beispiel für die menschenverachtende Ideologisierung der
rechtsextremen Jugendszene durch Skinheadbands ist der sogenannte
„Kanaken-Song" der Musikgruppe *Standarte*, die jahrelang unter dem
Namen *Endsieg* bekannt war.

> *„Sie fressen ständig Knoblauch und stinken wie 'ne Sau,*
> *sie kommen hier nach Deutschland und leben hier für lau.*
> *Sie bauen hier nur Scheiße und machen hier nur Dreck,*
> *man muss sie einfach töten, alles andre hat kein Zweck*
> *Refrain: Türke, Türke, was hast du getan*
> *Türke, Türke, warum machen du mich an,*
> *Türke, Türke, was hast du getan,*
> *Türke, Türke, warum machen du mich an [...]."*[785]

---

784   zit. aus: Die berufsbildende Schule (BdSch) 55, 2003, S. 295
785   zit. aus: Innenministerium des Landes Mecklenburg-Vorpommern: Rechtsextremi-
      stische Subkulturen, Rostock April 2006, S. 21

Neben der Skinheadszene wird gerade die Black-Metal-Bewegung zur Plattform für besonders aggressive Nazi-Propaganda. Internationale Zusammenschlüsse brauner Schwarz-Metaller heißen *NS Black Metal* (NSBM), *Allgermanische Heidnische Front* und *Paganfront*. Doch das Spektrum umfasst auch Musikstile wie Dark Wave, Hatecore, Techno und rechtsextremistische Partymusik, die Rassismus, Antisemitismus und Menschenverachtung in Rock- und Schunkelrythmen gut verständlich und zum Mitsingen präsentieren.

4.2.2 Kunst als Waffe für gewaltbereite Musikanten

Seit Jahren im Trend ist auch rechtsextreme „Partymusik".[786] Bekanntestes Beispiel ist die 1992 gegründete Band *Landser* aus Berlin. Die Liedtexte sind durchweg gut verständlich, was die Vermittlung menschenverachtender Inhalte erleichtert. Insgesamt besitzt die Gruppe in der Szene „Kultstatus". Die neonazistischen CDs der Gruppe wurden zum Teil in den Vereinigten Staaten produziert, um rechtlichen Schritten in Deutschland zu entgehen.[787] Tatsächlich finden sich zahlreiche Tonträger auf den Listen der Bundesprüfstelle für jugendgefährdende Medien oder sind gar richterlich beschlagnahmt:

- Das Reich kommt wieder (1993: indiziert, 30.11.1993)
- Republik der Strolche (1995: indiziert 28.09.1996)
- Berlin bleibt deutsch (indiziert, 27.03.1997)
- Deutsche Wut/Rock gegen oben (1998: indiziert 31.08.2004, B-Liste)
- Ran an den Feind (2000: indiziert 31.03.2001)
- Guess who's comming ... to Dinner (indiziert, 29.05.2002)
- Zigeunerfahrt (indiziert, 31.08.2002)
- Wer nichts zu verlieren hat, kann nur gewinnen (indiziert, 30.04.2004)
- Endlösung Final Solution/Demo (indiziert, 30.06.2005, B-Liste)
- Best of Landser (indiziert, 30.09.2005, B-Liste)
- Tribute to Lunikoff/Sampler (indiziert 31.03.2005)

---

786 Christian Dornbusch / Jan Raabe: RechtsRock – Made in Thüringen, Erfurt 2006, S. 36
787 Senatsverwaltung für Inneres Berlin, Abteilung Verfassungsschutz: Rechtsextremistische Skinheads, Berlin 2003, S. 62

- Live in Berlin 1992 (indiziert 30.11.2006)
- Unter dem Pseudonym „Tanzorchester Immervoll" erfolgt eine Zusammenstellung bereits veröffentlichter Lieder (2002)

Beispielhaft für die rassistische Ausrichtung der Band ist das Lied „Kreuzberg" von der CD „Deutsche Wut/Rock gegen oben":

> „Wenn's auf der Straße plötzlich nach Scheiße riecht,
> Bist Du in Kreuzberg, Kreuzberg.
> Wenn ein Punker vor Dir in der Kotze liegt,
> Bist Du in Kreuzberg, Kreuzberg.
> Gegenüber im Döner-Laden.
> Tummeln sich die Schaben und Maden,
> Und Du bist herzlich eingeladen in Kreuzberg. [...]
> Gibt's überhaupt noch eine Medizin für Kreuzberg?
> 1.000.000 Million Liter Strychnin für Kreuzberg.
> Haut das Zeug ins Leitungswasser rein,
> Darin geht die ganze Bande ein,
> Dann wäre unsere schöne Stadt befreit von Kreuzberg."[788]

Ein weiteres Beispiel für den Zynismus dieser Band ist das Lied „In den Bergen":

> „In den Bergen von Ruanda,
> Kämpfen Tutsie und Hutu.
> Ich sitz vor meinem Fernsehapparat
> Und schaue schmunzelnd zu.
> Tausende verdursten.
> Es gibt da nichts zu saufen.
> Ich dreh den Wasserhahn auf.
> Und lass kalt Wasser laufen.
> Ich weiß, es ist gemein.

---

[788] zit. aus: Senatsverwaltung für Inneres Berlin, Abteilung Verfassungsschutz: Rechtsextremistische Skinheads, Berlin 2003, S. 62

So was von abgrundtief schlecht.
Aber doch irgendwo geil.
Und irgendwo gerecht."[789]

Im Jahr 2000 erscheint die CD „Ran an den Feind". Die Mehrzahl der Lieder dürfte gegen das Strafgesetz verstoßen. Beleg für den Hass, der aus den Texten spricht ist der Titel „Niemals", der Menschen schwarzer Hautfarbe zum Freiwild macht:

„Bei der Revolution im alten Frankreich.
Erfand man diesen Blödsinn alle Menschen wären gleich.
Jetzt predigen sie schon die Mischung der Rassen.
Nigger ficken weiße Frauen, das könnte euch so passen.
Niemals, niemals, niemals sage ich.
Denn der KuKluxKlan besteht ewiglich.
Niemals, niemals, niemals sage ich.
Denn der KuKluxKlan besteht ewiglich. [...]
Irgendwer wollte den Niggern erzählen.
Sie hätten hier das freie Recht zu wählen.
Recht zu wählen ham sie ja auch.
Strick um den Hals oder Kugel in den Bauch!"[790]

Es dürfte gerade die Mischung aus melodiöser, gut zugänglicher Musik und enthemmten Gewaltinhalten in den Texten sein, die hier in bitter humoresker Form präsentiert wird, die der Band den großen Bekanntheitsgrad einbrachte. Die Liedtexte von *Landser* haben inhaltlich eine ganze Rechte Skinheadgeneration in den Neunzigern geprägt. Und wie bei kaum einer anderen Band lieferten die Liedtexte von *Landser* die Vorlage für rechtsextremistische Gewaltexzesse.

---

789 zit, aus: Christian Dornbusch / Jan Raabe: RechtsRock – Made in Thüringen, Erfurt 2006, S. 36; der Titel erschien ebenfalls auf der CD „Deutsche Wut/Rock gegen oben".
790 Liedabschrift im Besitz des Autoren.

In Eggesin (Mecklenburg-Vorpommern) schlagen am 21.8.1999 acht Skinheads zwei Vietnamesen zusammen und verletzen eines der beiden Opfer lebensgefährlich. Während der Tat grölt zumindest ein Teil der Angreifer den Refrain des Liedes „Xenophobia": „Fischi, Fidschi, gute Reise." Das Oberlandesgericht Rostock verurteilt die Haupttäter wegen versuchten Mordes zu Jugendstrafen zwischen vier und sechs Jahren.

Angeheizt durch den „Afrika Song" der Band greifen am Abend des 11.06.2000 Jugendliche im Dessauer Stadtpark den 35-jährigen Afrikaner Alberto Adriano an und verletzen den dreifachen Familienvater so schwer, dass er schließlich stirbt.[791] Das Oberlandesgericht Naumburg verurteilt den 24-jährigen Hauptangeklagten zu einer lebenslangen Freiheitsstrafe, die beiden 16-jährigen Mitangeklagten erhalten jeweils neun Jahre Jugendstrafe.[792]

Die Mordtat war Auslöser für die Gründung einer Sonderkommission in Berlin, die 15 Monate lang intensiv gegen die Bandmitglieder ermittelte. Am Ende stand die Verhaftung und die Verurteilung der Musiker nach §129 StGB als „Kriminelle Vereinigung". In der Urteilsbegründung hob das Gericht hervor, „dass sich die Mitglieder als Kämpfer verstanden und ihre Musik als Waffe begriffen hätten".[793] Nichts anderes transportierte die Band zuvor in dem Lied „Rock gegen ZOG". Hier heißt es: „Kunst ist eine Waffe für gewaltbereite Musikanten"– die Band stilisiert sich zur Vorhut einer gewaltbereiten Bürgerkriegstruppe:

„Nichts kann uns stoppen und nichts unsere Wut abkühlen
Noch bleibt es beim hören doch bald da werden sie fühlen
Dieses System ist korrupt und krank
Hier kommt die Rockmusik zu seinem Untergang
Terroristen mit E-Gitarren – Der Innenminister hat mal wieder gewarnt

---

791 Christian Dornbusch / Jan Raabe: RechtsRock – Made in Thüringen, Erfurt 2006, S. 38

792 Bundesamt für Verfassungsschutz: Rechtsextremistische Skinheads – Musik und Konzerte, Köln 2004, S. 14

793 Christian Dornbusch / Jan Raabe: RechtsRock – Made in Thüringen, Erfurt 2006, S. 38

Terroristen mit E-Gitarren – Neue Anschläge sind schon geplant
Terroristen mit E-Gitarren – Die Terrorband aus Terrortown
Terroristen mit E-Gitarren – Deutschland Multikulti
Wir bleiben braun."[794]

Der Bandleader von *Landser*, Michael Regener wird vom Verfassungsschutz als „die dominierende Figur des rechtsextremistischen Musiknetzwerkes in Berlin" eingeschätzt.[795]

Unter dem neuen Bandnamen *Die Lunikoff-Verschwörung* hält der Erfolg des Landser-Sängers auch nach der Verurteilung an. Nach seiner Verhaftung 2005 ist er in der Szene nach wie vor ein Idol. Aufkleber und T-Shirts mit dem Slogan „Freiheit für Lunikoff" zementieren die Position des Rechtsextremisten.

Andere rechtsextreme Musikprojekte die sich als „Spaßproduktionen" präsentieren, sind das 1997 veröffentlichte Projekt *Zillertaler Türkenjäger* oder die CD „Nationale Deutsche Welle", die 1999 erscheint. Derzeit treten die Neonazi-Bands *Kommando Freisler* und die sogenannten *Weißen Jäger* in die Fußstapfen der braunen Fun-Kultur. Bei den großen internationalen Nazi-Labels aus den USA gehören sie zu den beworbenen Hits. Eine Analyse der Texte dokumentiert eine beispiellose Menschenverachtung. Zu den Melodien bekannter Schlager und Weihnachtslieder wird der Völkermord an den Juden besungen.

So heißt es zur Melodie des Liedes „Vogelhochzeit" auf der CD „Kommando Freisler":

„*In Belsen, in Belsen, da hängen sie an den Hälsen.*
Fiederallala, fiederallala, fiederallallallala
In Buchenwald, in Buchenwald, da machen wir die Juden kalt.
Fiederallala, fiederallala, fiederallallallala
In Maidanek, in Maidanek, da machen wir aus den Juden Speck
Fiederallala, fiederallala, fiederallallallala

---

794 www.beepworld.de/members32/stress_007/songtexte.htm, 5.9.2007
795 Verfassungsschutzbericht des Landes Berlin 2004, Berlin 2005, S. 30

In Auschwitz weiß ein jedes Kind,
dass Juden nur zum Heizen sind

Fiederallala, fiederallala, fiederallallallala.“[796]

Die Melodie des Liedes Nippel von Mike Krüger muss zur Untermalung
des Revisionismus herhalten:

„*Ich war mal in der Schule, da fing der Ärger an,*
Ich lernte ne Geschichte, da glaubt' ich gar nicht dran
Von sechs Millionen Toten, das hat mich damals schon gestört,
Denn so'ne miese Scheiße hatte ich noch nie gehört.
Dann fing ich an zu forschen, dafür kam ich vor Gericht
Und später ins Gefängnis, doch das störte mich nicht.
Ich enttarnte, wie sie's machten diese Lügen zu kreieren.
Dafür musste ich nur die Lager inspizieren.

Refrain:
Man muss zuerst das Giftgas in die Kammer füllen, und dann um das
ganze ... und fertig ist der Holocaust".[797]

Auf der CD „Gaskammer“ der Gruppe *Weisse Jäger* werden vorzugswei-
se Rythmen bekannter Volkslieder genutzt. Beispielsweise wird das
Hasslied „Reichskristallnacht“ zur Melodie des Weihnachtsliedes von
„Leise rieselt der Schnee“ gesungen:

„*Bald ist Reichskristallnacht, des Juden Scheibe zerkracht – geflogen*
kam der Pflasterstein, ja so sollte es jede Nacht sein.“[798]

---

796   zit. aus: Verfassungsschutzbericht des Landes Niedersachsen 2004, S. 24
797   Liedabschrift im Besitz des Autoren.
798   Liedabschrift im Besitz des Autoren.

Zumindest der Band *Kommando Freisler* scheinen die Ermittler nach jahrelanger Kleinarbeit auf der Spur zu sein. Unvorsichtigerweise warb der dänische Neonazi-Vertrieb *Celtic Moon* für *Kommando Freisler* und stellt den Tonträger vollmundig als das „erstklassige Debüt von den Jungs aus Hessen" vor.[799] Und auch im Liedtext „SA-Sturm vom Fuldastrand" werden auf der CD die „Hitler-Jungs aus Kassel" erwähnt. Als im hessischen Wetterau 2004 auf einem neonazistischen Balladenabend eine Band ausfällt, freut sich ein Gleichgesinnter mit dem Pseudonym „Rachezuzug88" nach der Veranstaltung in einem neonazistischen Internetchat: „Oli von K.F. (Kommando Freisler – d. Autor) aus Kassel hatte sich bereiterklärt, herunter zu kommen. [...] Er sang viele bekannte Liederchen, was uns dann doch zum Feiern brachte."

Seitdem ist es um Hass-Musiker ruhig geworden. „Kamerad Oli" aus Nordhessen dürfte aufgrund der Geschwätzigkeit seiner Mitstreiter inzwischen schlaflose Nächte haben. Antisemitische Hetze erfüllt den Straftatbestand der Volksverhetzung, und das weiß die Szene genau.

4.2.3 Rechter Hardcore

Regensburg, August 2006 – Deutschland ist im Weltmeisterschafts-Fieber. „Die Welt zu Gast bei Freunden", jubelt der Deutsche Fußballbund. Es ist die Zeit der Straßenfeste – schwarz-rot-gold – wird zur Partydroge. Klinsi, Poldi und Schweini mutieren zu Superstars. Kamerateams aus aller Welt reisen durch Deutschland, um das WM-Flair in die Welt zu senden. Ein Team des brasilianischen Fernsehens verirrt sich nach Regensburg, wo ein Fahnenmeer eine der kleinen Donauinseln nahe der Altstadt schmückt. Dass die in diesem Sommer allgegenwärtige Großbildleinwand fehlt, muss den Journalisten aus Südamerika entgangen sein. Denn auf den ersten Blick ist es eine Großparty wie viele andere auch. Familienidyll in Bayern, Hüpfburgen, Bobbycars, Essensstände und eine Kleinbühne – und über 1000 gutgelaunte Besucher. Die vielen Kurzhaarfrisuren und Dirndltrachten sind nicht ungewöhnlich – lediglich die deutsch-nationalen Aufdrucke auf so manchem T-Shirt verra-

---

799 vgl. auch: http://forum.skadi.net/archive/topic/12597-1.html

ten, dass es sich hier um keine der vielen Fußballparties, sondern um
eine NPD-Veranstaltung handelt. Vermutlich waren es dann doch die
ersten Wortbeiträge, die das Kamerateam aus Übersee verschreckt haben. Da ist die Rede vom Widerstand gegen einen Staat, der Jugendlichen den Stolz aufs Vaterland nimmt. Der bayerische NPD-Vorsitzen-
de Ralph Ollert wettert gegen Moscheen, egal ob „in Regensburg, in
Berlin oder in sonstigen deutschen Landen".[800] Der Aufdruck auf dem
T-Shirt eines jungen Besuchers fasst die Stimmung auf der NPD-Veranstaltung recht treffend zusammen: „Weshalb ich braun bin – weil es mir
langsam zu bunt wird." Und musikalisch geht es an diesem Tag noch
härter, noch schneller zur Sache, als bei den üblichen Skinheadbands,
die oftmals den kulturellen Rahmen der NPD-Treffen markieren. Auf
der Regensburger Bühne steht *Burning Hate*, eine bayerische Hardcore-
Band. Auf dem Programm: Wikinger-Romantik, völkische Träumereien
und rechte Gewalt. Hierzu greifen die Musiker in die Mottenkiste der
Nazi-Skinhead-Bewegung, wärmen Kultlieder längst aufgelöster Glat-
zenbands wie *Störkraft* auf. Und so tanzen Mütter mit ihren Kleinkin-
dern auch zu folgendem Lied:

> „*Unsere Köpfe kahl, unsere Fäuste hart wie Stahl, unser Herz schlägt
> treu für unser Vaterland, was auch geschehen mag wir werden niemals
> untergehen, denn wir sind die Kraft, die Kraft, die Kraft für Deutsch-
> land.*"[801]

Bands wie „Burning Hate", zu deutsch: „brennender Hass", stehen für
eine Politisierung der Hardcore-Jugendbewegung. In Thüringen ist um
Combos wie *Moshpit* eine regelrechte neonazistische Szene entstanden.
Unterschiede zur martialischen Skinheadszene offenbaren sich unter
anderem in der Kleidung. Ihre bunten T-Shirts zeigen lodernde Flam-
menmuster, Billardkugeln und Graffiti-ähnliche Schriftzüge. Statt der
Springerstiefel tragen Hardcore-Fans modische Turnschuhe, statt der

---

800 Mitschrift der Rede ist im Besitz des Autoren.
801 Liedabschrift ist im Besitz des Autoren.

tristen Glatzen ist das Hardcore-Outfit von Spitzbärten und Piercings
geprägt. Dazu kommen trendige Jacken von Hardcore-Firmen wie *Hate-
Hate*.[802]

Einen regelrechten Schwerpunkt auf rechsextremistischen Hatecore
oder NS-Hatecore, der in der Szene inzwischen als „NSHC" abgekürzt
wird, setzt der Vertrieb *Until The End Records*. Inhaber der Internetdo-
main des Online-Versandhandels ist Matthias Dolge aus Magdeburg.
Auf der Homepage werden neben einer Vielzahl rechtsextremistischer
Tonträger, Textilien und Fan-Zines (u.a. „Volkswille" und „Nordwind"),
die zum Verkauf angeboten werden, auch Interviews mit Bands geführt.[803] Unter den Gesprächspartnern findet sich das „Who is who" der
NSHC-Bewegung, die sich hier ideologisch auslassen.

Hate for Breakfast (Italien), gegründet 2005, Aussage: „Ich bin wirklich
sehr glücklich darüber, dass es so viele neue NSHC-Bands bei uns gibt.
Wir arbeiten alle zusammen und holen uns zurück, was uns gehört."[804]

Tear down (USA), gegründet 2003, Aussage: „(...) wenn es zum Aufruhr
kommt, wird die Farbe der Haut die Uniform darstellen." An anderer
Stelle beschreibt der Musiker „den wahre(n) Feind" als „ZOG (Neonazi-
Chiffre für Zionist Occupied Government) und die J. ..."[805]

H8Machine (USA), Aussage: „Eure Regierung muss zerstört und komplett wieder aufgebaut werden. Ich kann nicht glauben, wie viel Macht
die J. ... haben in Euerem Land."[806]

---

802 vgl. Christian Dornbusch / Jan Raabe: RechtsRock – Made in Thüringen, Erfurt 2006,
     S. 44
803 www.untiltheend-records.com/Shop, 18.7.2007
804 www.sunsetmailorder.de/hfb.htm, 18.7.2007
805 www.sunsetmailorder.de/teardown.htm, 18.7.2007
806 www.sunsetmailorder.de/h8machine, 18.7.2007

Brainwash (Deutschland), gegründet 2001, Aussage: „Die NPD ist eine den geforderten Regeln untergeordnete Partei. (…) Wir unterstützen trotzdem aktiv ihren Kampf, wo wir es für sinnvoll halten."[807]

We play NS Hardcore

Ihre Ursprünge hatte die Hardcore-Bewegung im amerikanischen Punk der siebziger Jahre. Die Texte waren gesellschaftskritisch, emanzipatorisch, fordernd … Der Begriff „Hate" stand für die wütenden, verbalen Angriffe der Musiker auf die sozialen Missstände. Doch wo es um Hass geht, sind auch Rechtsextremisten nicht fern. Knapp 15 Jahre nach dem Entstehen der Hardcore-Bewegung sind es amerikanische Nazi-Musiker, die in der Musikrichtung eine Chance zur Übermittlung und Verbreitung ihrer Inhalte sehen. Bands wie *Blue Eyed Devils*, *Max Resist* und *Indimitation One* sind braune Trendsetter innerhalb der Hatecore-Bewegung. Ihre Gastauftritte in den Neunzigern sorgen auch hierzulande für eine Etablierung des Stils. Im thüringischen Altenburg entstehen regelrechte neonazistische Hatecore-Strukturen. Bands wie *Moshpit*, *Eternal Blending* und *Brainwash* stehen für Trendsetter des verfassungsfeindlichen Hardcore in Deutschland. Auf Rechten Webseiten werden die Thüringer Bands gemeinsam mit *Path of Resistance* als die „Creme de la Creme des deutschen NS-Hardcore" gefeiert.[808] Selbstbewusst bekennt dann auch *Moshpit* im Interview mit einem Fanzine: „We play NS-Hardcore."[809] Und worum es den meisten der NSHC-Musiker geht, bringt ein Musiker der deutschen NSHC-Band *Eternal Bleeding* auf den Punkt:

> „Die musikalische Entwicklung ist mehr als positiv zu betrachten, unsere Musik ist im Allgemeinen viel professioneller und vielschichtiger geworden, was auch verdammt wichtig für die weitere Entwicklung der Bewegung/Szene ist. Ein viel breiteres Spektrum kann so angesprochen werden! (…) Bei mir gibt es in der Musik sowieso keine Toleranzgrenze, von

---

807 www.sunsetmailorder.de/brainwash.htm, 18.7.2007
808 vgl. aryan88.com, 23.5.2006
809 zit. aus Morrigan Rising, Nr. 9, 2004, S. 16, zit. aus: Christian Dornbusch / Jan Raabe: RechtsRock – Made in Thüringen, Erfurt 2006, S. 41

mir aus kann gehört und gemacht werden was will! Auch gegen ‚nationalen Hip Hop', mit guten Texten vorausgesetzt, hätte ich nichts, ferner würde ich es doch eher befürworten, da es halt ein Jugendtrend ist! Musik ist Musik, nur der Inhalt und die Botschaft zählen, das ist meine Überzeugung!"[810]

Mit dem Hatecore erschließt sich dem Rechtsextremismus derzeit nicht nur eine neue Jugendbewegung, sondern auch eine äußerst attraktive Verpackung für die politisch gefährlichen Inhalte.

4.2.4 Tradition pur: Die Rechten Liedermacher

Während rechtsextreme Skinheadmusik oder gar NS-Black Metal und Hatecore vielen Rechtsextremisten zu „undeutsch" und „entartet" gilt, bietet der Musikmarkt auch etwas für Traditionalisten: Die Liedermacher. Namen wie Frank Rennicke, Jörg Hänel oder Anett Moeck sind unter Rechten Jugendlichen Stars. Ihre Auftritte zählen zu den Highlights von Veranstaltungen rechtsextremistischer Parteien und Vereine. Frank Rennicke gilt gar als einer der wenigen Profis, die von ihrer rechtsextremen Musik leben können.[811] Der Verfassungsschutz beschreibt Rennicke als „Zugpferd innerhalb der ‚nationalen' Liedermacherszene".[812] Wie tief Rennicke im Bewusstsein junger Rechtsextremisten verankert ist, dokumentiert Magitta Fahr.[813] Beleg für die tiefe Verwurzelung und Identitätsstiftung sind selbst Kontaktanzeigen, in denen Frank Rennicke zum Charakteristikum des völkischen Deutschen stilisiert wird:

> „Er such Sie – Hörtst Du auch lieber Frank Rennicke als Buschmusik? Nationaler Deutscher (23, 177 cm) sucht liebe Frau mit Sinn für Romantik, der auch der Kampf für ein besseres Deutschland nicht fremd ist."[814]

---

810   www.sunsetmailorder.de/eb.htm, 18.7.2007

811   Senatsverwaltung für Inneres Berlin, Abteilung Verfassungsschutz: Rechtsextremistische Skinheads, Berlin 2003, S. 64

812   Verfassungsschutzbericht des Landes Baden-Württemberg 2001, S. 38

813   Magitta Fahr: Frank Rennicke – Der ‚Nationale Barde', PopScriptum 5, Rechte Musik, 116–137.

814   zit. aus: Magitta Fahr: Frank Rennicke – Der ‚Nationale Barde', PopScriptum 5, Rechte Musik, 116–137.

Sein Image ist das des nationalen Barden, eines modernen Blutzeugen der
Bewegung, geschunden von Jugendschützern und Ermittlern. Tatsächlich
werden viele seiner Tonträger von der Bundesprüfstelle für jugendgefährdende Medien wegen ihrer Inhalte indiziert. Als jugendgefährdend werden von der BPjM folgende Kassetten und CDs eingestuft:

Datum der Indizierung	Tonträger
30.05.1994	Sehnsucht nach Deutschland
30.05.1994	An Deutschland!
31.05.1994	Unterm Schutt der Zeit
30.07.1994	Protestnoten für Deutschland
29.07.1995	Lieder gegen die Zensur-Schutt
31.07.1996	Auslese
27.03.1997	Ich bin nicht modern. Ich fühle deutsch.
30.08.1997	Die erlesene Auswahl: Das beste aus den ersten Jahren
24.12.2002	Wir singen Kampf- und Soldatenlieder

Rennickes Musiktexte sind meist schlicht. Braune Herzschmerz-Balla-
den vom untergegangenen Deutschen Reich, den verlorengegangenen
Ostgebieten und dem Mythos einer nordisch-arischen deutschen Nation. Beliebt bei den Rechtsextremisten ist seine Heß-Hymne:

„Mit Rudolf Hess ist uns ein Held geboren,
er ist uns Lehrer, Vorbild und Garant!
Die deutsche Jugend sollt' alles von ihm hören,
damit Wahrheit und Lüge leicht erkannt
Nicht mal das Grab des Helden darf man ehren,
weil es der Sieger Art und Wille ist –
doch wir wollen immer stolz sein Erbe lehren,
bis der Tag kommt, er allen Vorbild ist!"[815]

---

815 zit. aus: Magitta Fahr: Frank Rennicke – Der ‚Nationale Barde', PopScriptum 5,
      Rechte Musik.

In zahlreichen Stücken kultiviert Rennicke geradezu eine Anbetung des Deutschen Reiches, wie sein Lied „Wir geloben" dokumentiert.

> *„Wir bleiben treu dem Erbe uns'rer Ahnen!*
> *Wir bleiben treu dem deutschen Volk und Land!*
> *Wir halten hoch im Geist*
> *Die schwarz-weiß-roten Fahnen,*
> *weil unter diesen*
> *Deutschland neu entstand!"*[816]

Ein weiteres Paradebeispiel für seine reichsnostalgische Ideologie ist das Lied „Restdeutschland":

> *„Du wunderschönes deutsches Land,*
> *wie bist Du klein geworden!*
> *Zerstückelt und in Feindeshand,*
> *besetzt von fremden Horden,*
> *besetzt von fremden Horden!"*[817]

Auch in vielen anderen Liedern widmet sich Frank Rennicke einem Deutschland, das von Polen bis nach Österreich reicht. Zu einer Art Hymne auf Großveranstaltungen, wie beispielsweise den NPD-Treffen in Passau, wurde Rennickes Titel „Über Länder, Grenzen, Zonen" stilisiert:

> *„Über Länder, Grenzen, Zonen.*
> *Hallt ein Ruf, ein Wille nur,*
> *Überall wo Deutsche wohnen,*
> *zu den Sternen dringt der Schwur:*
> *Niemals werden wir uns beugen,*
> *nie Gewalt für Recht anseh'n.*
> *Deutschland, Deutschland über alles*

---

816 www.get-lyric.net/lyrics-946052/frank-rennicke-wir-geloben.html, 6.9.2007.
817 zit. aus: Rainer Fromm: Am rechten Rand, Marburg 1993, S. 209

Und das Reich wird neu ersteh'n. [...]
Deutsch ist Herz und Hirn und Hand und dennoch ist es gescheh'n,
dass Ostpreußen, Du deutsches Land, konntest in die Hand des
Feindes übergehen.
Seit über 40 Jahren geknechtet, verblutest Du jeden Tag ein wenig mehr,
Lumpen haben Dich entrechtet, doch wir geben Dich niemals her. [...]
Ob Breslau, Thorn und Danzig, ob Posen, Gleiwitz und Stettin.
Ob Chemnitz, Bromberg und Leipzig, ob Bozen, Königsberg und Wien.
Alles sind sie deutsche Städte und liegen in deutschem Land,
geraubt durch Verbrecherräte, geschändet jeder deutsche Stand."[818]

Die Reichsideologie der Stücke ist eng gekoppelt mit seiner eigenen politischen Biographie. Der Liedermacher war bis zum Verbot der *Wiking-
Jugend* (WJ) 1995 ein sogenannter „Gau-Führer" der Organisation, die
nicht nur optisch in die Fußstapfen der Hitler-Jugend treten wollte. Nach
dem WJ-Verbot engagierte sich Rennicke verstärkt für die NPD und tritt
bei Wahlkämpfen auf. Wie kaum ein anderer Szenemusiker wird er von
seinen Gesinnungsfreunden finanziell unterstützt. Seit der Indizierung
seines ersten Tonträgers vor über 10 Jahren wurde Rennicke nicht müde,
einen Mythos um seine Person zu bauen. Gerne stellt er sich als musikalisches Bollwerk gegen die angeblich verlogene Demokratie dar. In
rechtsextremen Publikationen wie dem NPD-Organ *Deutsche Stimme*
oder dem Skinhead-Magazin *Rock Nord* hat er wertvolle Verbündete. So
titelt *Rock Nord* eine Zwei-Seiten-Story mit der Headline „Vernichtung
eines Liedermachers"[819] und die NPD-Hauszeitschrift *Deutsche Stimme*
klagt auf der Titelseite über den „Existenzvernichtungsprozess gegen Liedermacher". Seinen Fans präsentiert sich Rennicke dann als Held:

„Ich bin bereit für die Zukunft meiner fünf Kinder zu kämpfen, auch gegen
ein System der Volks- und Lebensfeindlichkeit [...] Wir Volkstreuen, wir
Nationalen, wir kämpfen und singen um unser Kinder Lebensrecht!"[820]

---

818 www.lyricstime.com/frank-rennicke-ber-l-nder-grenzen-zonen-lyrics.html, 6.9.2007
819 Rock Nord, April 2001
820 Deutsche Stimme, April 2001

Doch so grausam, wie er es behauptet, behandeln ihn Kapitalismus und
Demokratie nicht. Während jugendliche Neonazis dem Musiker ihr Ta-
schengeld spenden, dokumentiert eine Homepage früherer Rennicke-
Vertrauter die Vermögensverhältnisse des Szenestars. Laut den im Internet veröffentlichten Unterlagen soll sich auf Rennickes Festgeldkonto
bereits 1999 eine Summe von über 1,2 Millionen DM, das heißt mehr
als 600.000 Euro befunden haben. Dazu investierte der in Geldangele-
genheiten nicht unbegabte Liedermacher sein Guthaben zeitweise in
internationalen Aktien-Investmentfonds, unter anderem bei DWS In-
vesta, Templeton Growth Fund, UBS Floor Fund Germany und Veri
Valeur. Für einen deutschnationalen Globalisierungsgegner ein bemer-
kenswerter Akt. Ehemalige politische Weggefährten werfen ihm aus diesem Grund vor, er habe Kameraden getäuscht und betrogen.[821] In der
szene-internen Kontroverse, die nun entbrannt ist, bezweifeln zahlreiche Diskutanten die Echtheit der Dokumente, die Rennicke belasten
und sprechen von „Spekulationen" und „Diffamierungen".[822] Frank
Rennicke sieht die Vorwürfe als übliche Nachrede. Unabhängig davon,
wieviel Geld Frank Rennicke mit seinen nicht ungeschickten Finanzge-
schäften verdienen konnte dokumentiert sein Beispiel eindringlich, dass
es sich in der Rechten Musikszene nicht schlecht leben lässt. Und die
Chancen der Verdienstmöglichkeiten wachsen mit der Zahl der Käuferschaft und der zunehmenden Auffächerung der Rechten Szene.

Viele junge Rechte lassen sich längst auf keinen jugendsubkulturellen
Stil mehr festlegen und variieren ihr Outfit. Ein Mix unterschiedlicher
Stilelemente aus den Genres Skinhead, Metal, Rocker, Hooligan, Hip-
Hop, Techno und Gothic ist heute auf Großveranstaltungen der Regelfall.
Dabei werden „Stile" sozialwissenschaftlich als Gesamtheit „der auf typi-
sche Weise genutzten oder involvierten Ausdrucksmittel" definiert; „Spra-
che, Mode, Körpersprache und Musik sind ihre wichtigsten Medien'."[823]

---

821 vgl. http://forum.thiazi.net/archive/index.php/t-13243.html, Beitrag vom
     10.06.2004; vgl. http://groups.yahoo.com/group/spendenbetrug
822 vgl. http://forum.thiazi.net/archive/index.php/t-13243.html Beitrag vom 10.06.2004
823 Bernhard Schäfers: Soziologie des Jugendalters, Opladen 1989, S. 144

Rechtsextreme Musik ist inzwischen ein fester Bestandteil von rechtsextremen Parteitagen, Rekrutierungsveranstaltungen und Anlässen wie etwa dem Pressefest des NPD-nahen *Deutsche Stimme*-Verlages im Sommer 2004 im sächsischen Mücka, das zu einer Art regionalem Volksfest mutierte und 6.000 bis 7.000 Besucher anzog. Der Leiter des Zentrums für Demokratische Kultur, Bernd Wagner, spricht anlässlich solcher Veranstaltungen von einer „neuen Qualität. Neu sei, dass sich rechtsextreme Gruppen in großer Zahl zusammenfinden und zeitgleich auch Menschen vor Ort, die keine ausgewiesenen Rechtsextremen sind, derlei Veranstaltungen besuchen und „die Ideen, die dort zelebriert werden gut finden".[824]

4.3 Rechtsradikale Markenbildung

An den Verkaufsständen in Mücka wurden neben einschlägiger Literatur und Tonträgern auch diverse Gebrauchsgegenstände mit Runenverzierung, germanische Jahrweiser, keltischer Schmuck und Kleidung feilgeboten. Beliebt sind in der Szene vor allem Bomberjacken von Londsdale oder Polohemden von Fred Perry. Beides sind Hersteller, die für das Interesse der rechtsextremen Käufer recht wenig können und sich zum Teil sogar öffentlich von diesem Klientel distanzieren.

Immer mehr aber drängen auch originär rechtsextreme Produzenten wie Walhalla, Masterrace oder Consdaple, eine Kollektion mit der sinnigen Buchstabenfolge NSDAP im Logo, ins Geschäft. „Es ist ein riesiger Markt da", sagt Thorsten Heise. „Thor Steinar beispielsweise, eine nationale Marke, wird getragen von HipHoppern, das ist hip. Das rückt in die Mitte der Gesellschaft. Bevor man es merkt, ist es längst Mode, und man sagt, ist mir doch egal. Das ist ja der Sinn der Sache, wir wollen ja indoktrinieren."[825] Derzeit tauchen immer mehr Kleidungsmarken auf, die sich an die rechtsextreme Jugendbewegung richten. Hier fallen im-

---

824 zit. aus: Martin Cordes / Rainer Fromm, Lockruf der NPD, ZDF,
825 Interview mit dem Autoren,

mer wieder Kleidungsmarken ins Auge, die auf Demonstrationen und Partys der Rechten Szene getragen werden. Und einige der Markeninhaber gehören selbst der rechtsextremen Szene an, andere der unten aufgeführten Marken profitieren wirtschaftlich von der Kaufkraft der völkischen Jugendbewegung.

Marke	Hintergrund
Consdaple	Consdaple wurde gegründet von dem Rechtsextremisten Franz Glasauer, langjähriger Funktionär der REP und NPD. Glasauer war Erfinder und Anmelder der Marke. In Landshut betreibt er den rechtsextremen Vertrieb *Patria Versand*. Den Begriff „Consdaple" aus dem Englischen herzuleiten fällt schwer. Immerhin wird der „Schutzmann" mit „t" und „b" geschrieben. Im Firmennamen „Consdaple" des Patria-Versandes hingegen steckt der Parteiname „nsdap", der gut sichtbar wird, wenn die Jacke nur richtig getragen wird. Das Consdaple-Logo ist der nach rechts blickende Legionsadler, der seit dem 7.3.1936 zum Hoheitszeichen des nationalsozialistischen Deutschlands gehörte.[826]
Doberman	Der in Nieste bei Kassel wohnhafte Geschäftsmann Werner Kahl ließ die Marke „Doberman Deutschland" 1998 auf seinen Namen anmelden. Zu den Markenaufzeichnungen gehören „100 % White". Kahl wurde u.a. wegen Sprengstoffanschlägen auf Autos von Ausländern verurteilt, die er im Namen einer *Rassistischen Liga* detonieren ließ.
Gangland	Der Inhaber der Marke „Gangland" ist ebenfalls Werner Kahl.
Hatecrime	Im Jahr 2002 reichte der aus Neustadt stammende Stefan Müller den Kleidungsname „Hatecrime" beim deutschen Patentamt zur Anmeldung ein.

---

826 Margitta-Sybille Fahr: Spirit of 88: Rechtsextreme Zeichen und Symbole, Erfurt 2005, S. 22 f.

Marke	Hintergrund
Hatewear / H8wear	Markenrechtlicher Anmelder ist er Hamburger Neonazi Lars Georgi.
Masterrace	Die Wort- und Bildmarke „Masterrace/Europe" ist eingetragen auf Siegfried Birl aus Bayern, der sich in der NPD-Jugendorganisation *Junge Nationaldemokraten* engagierte. Dieser ist zugleich Betreiber des *Wikingerversandes* in Geiselhöring (Niederbayern). Der Versand bietet neben Gothic-Kleidung im Vampir-Stil neonazistische Agitation bis zur Unterwäsche. So gehören zum Repertoire „Girlie Unterwäsche mit Tribal und 88", was in der Szene für „Heil Hitler" steht. Neben klassischen Neonazi-Logos setzt der Versand auch auf Rechte Esoterik und liefert Schwarze-Sonne-Buttons oder Mädchen-Polo-Hemden mit Thors Hammer. Einen Schwerpunkt liefert natürlich die eigene Marke, was sich in eigenwillig anmutenden Angeboten wie „Spaghetti-Top, Masterrace" oder „Masterrace Langarmgirlie" im Katalog niederschlägt.[827]
Patriot	Diese Marke ist seit 1998 auf den aus Annaberg-Buchholz stammenden Falk Belger angemeldet, der gleichzeitig auch den *Patriot-Versand* betreibt.
ProViolence	Der Magdeburger Hooligan Christoph Herpich wollte das Label „ProViolence" markenrechtlich schützen lassen, was das deutsche Patentamt verwehrte. Dazu sollen die Macher von „ProViolence" auch mit ihren Kleidungsstücken „oftmals Ordnerdienste von Neonaziaufmärschen und -Konzerten" sponsern, wie es in einer Analyse des Willy-Brandt-Hauses heißt.[828]
Thor Steinar	Markeninhaber und Betreiber von „Thor Steinar" ist die Firma *Mediatex GmbH* aus Zeesen. Geschäftsführer der Firma *Mediatex* ist Uwe Meusel.[829]

827　wikingerversand.de, 26.11.2006

828　Agentur für soziale Perspektiven (asp e.V.) für den SPD-Landesvorstand: Versteckspiel: Lifestyle, Symbole und Codes von neonazistischen und extrem rechten Gruppen, o.O. März 2005, S. 23

829　www.thorsteinar.de/shop_content.php/coID/4, 6.9.2007

Marke	Hintergrund
Walhall	Markeninhaber ist Ingo Grönwald, der sich in der rechtsradikalen Szene Weimars bewegt. Grönwald war gleichzeitig Inhaber des *Phoenix-US-Shop* in Weimar, der 2004 schloß. Gleichzeitig ist Grönwald im Umfeld der Berliner Neonazi-Band *Landser* aktiv. Im November 2005 wurde der Rechtsextremist wegen Volksverhetzung und der Unterstützung einer kriminellen Vereinigung verurteilt.[830]
Rizist	Die Marke richtet sich mit ihren Schriftzügen und Logos im Graffiti-Style primär an Hip-Hopper und Skater. Vertrieben wird die Marke immer wieder über Neonazi-Läden- und Versände und ist vor allem in ostdeutschen Großstädten überaus beliebt.[831]

Es greift zu kurz, diese Marken ausschließlich im rechtsextremen Lager zu vermuten. Rund um Hooligan-Vertriebe, Hardcore-Anbieter, Militaria-Geschäfte und unpolitische Skinheadversände ist eine breite Abnehmerschaft entstanden. Die Marke Thor Steinar bringt es sogar in die Schaufenster biederer Kleidungsgeschäfte. Ein Grund hierfür liegt sicherlich auch in der soliden Verarbeitung der Produkte. In Anbetracht der gesellschaftlichen Akzeptanz und Verbreitung ihrer Hosen, Pullover und Jacken erstaunt es kaum, dass die Inhaber von „Thor Steinar" sich auch juristisch gegen den Vorwurf der Rechtslastigkeit zur Wehr setzen. Dabei verkörpert die Marke „Thor Steinar" mit ihren „dezente(n) Runen für Salonnazis"[832] seit Jahren den neuen Chic der finanzstarken rechtsradikalen Mittel- und Oberschicht. Der kommerzielle Siegeszug ist jedoch begleitet von Rückschlägen durch Strafanzeigen, mit der auf-

---

830 vgl. Christian Dornbusch / Jan Raabe: RechtsRock – Made in Thüringen, Erfurt 2006, S. 50

831 Agentur für soziale Perspektiven (asp e.V.) für den SPD-Landesvorstand: Versteckspiel: Lifestyle, Symbole und Codes von neonazistischen und extrem rechten Gruppen, o.O. März 2005, S. 23

832 vgl. Internetportal mut-gegen-rechte-gewalt.de, 8.11.2004

merksame Ermittler gegen die Firma vorgehen. Zu sehr ähneln die Markenlogos den Symbolen der Nazis. Und fast zwangsläufig kommt es am 29.10.2004 in Henningsdorf zu einem spektakulären Polizeieinsatz. Die Staatsanwaltschaft Neuruppin lässt Thor-Steinar-Artikel aus einem rechten Szeneladen beschlagnahmen. Es folgt eine Strafanzeige gegen den Besitzer wegen des Verdachts der Verwendung von Kennzeichen verfassungswidriger Organisationen. Im Zuge der Ermittlungen erlässt das Amtsgericht Königs Wusterhausen einen weitreichenden Beschluss zur Beschlagnahme der Runen-Logos. Das Gericht übernimmt die Auffassung der Staatsanwaltschaft, wonach das Kennzeichen von Thor-Steinar-Symbolen des NS-Regimes zum Verwechseln ähnlich sieht.[833] Und auch das Amtsgericht Prenzlau stellt das Tragen von Thor-Steinar-Produkten unter Strafe. Das Tragen eines Thor-Steinar-Pullovers kostet eine junge Frau 30 Tagessätze zu zehn Euro. Für das Amtsgericht Prenzlau steht fest, dass das Logo von Thor Steinar den „Zeichen nationalsozialistischer Organisationen zum Verwechseln ähnlich sieht".[834]

Ob es sich bei den Symbolen aber um verbotene Kennzeichen handelt, wird in den Bundesländern unterschiedlich diskutiert. Die historische Vorbelastung der Runen lässt sich nicht leugnen. Zu verfänglich ist die Kombination aus Ty(h)r-Rune (Todesrune) und Wolfsangel (Gibor-Rune), die bis 2004 Thor Steinar als Logo dient. Die Wolfsangel beispielsweise wird auch vom verfassungsfeindlichen *Thule-Seminar* als Symbol und Erkennungszeichen genutzt. Die Tyr-Rune steht in der nordischen Mythologie für Kampf und Aktion, die Wolfsangel symbolisierte in der NS-Zeit den völkischen Widerstand. Dazu war sie das Abzeichen von Waffen-SS-Divisionen wie der 2. SS Panzerdivision *Das Reich* sowie der 34. SS-Freiwilligen-Grenadierdivision *Landstorm Nederland*. Die Tyr-Rune wurde hingegen als Ärmelzeichen für Absolventen der SA-Reichsführerschulen verwendet.

In Sachsen-Anhalt ist die Runenkombination von „Thor Steinar" bis heute verboten. Das Magdeburger Innenministerium informierte im

---

833 Der Tagesspiegel, 11.11.2004
834 Märkische Allgemeine, 09.10.2004

März 2005 die Presse, dass das vom Landgericht Neuruppin (AZ: 12 Qs 34/04) indizierte Zeichen nicht mehr öffentlich getragen werden darf. Dazu ein Sprecher des Innenministeriums: „Darüber haben unsere Kommissariate bereits alle Händler der Marke informiert."[835] In einem Redebeitrag vom 9.9.2005 erklärte der damalige Innenminister Sachsen-Anhalts, Klaus Jeziorsky, in der Landtagssitzung zur landesweiten Entwicklung des Rechtsextremismus: „Allein 88 Strafanzeigen sind im Zusammenhang mit dem Tragen von Bekleidung mit dem verbotenen Logo Thor Steinar erstattet worden."[836]

Gerichte hatte in diesem Zusammenhang festgestellt, dass der in „nordischer Schrift" gehaltene Schriftzug von „Thor Steinar" oder „Division Thor Steinar" eine Anlehnung an den SS-General Felix Steiner und damit an den Nationalsozialismus darstellt.

Wegen des Verbots des Markenlogos durch Gerichte ersetzt die Firma Mediatex im Jahr 2005 die Runenkombination durch ein Kreuz mit zwei Punkten, das dem Andreaskreuz an Bahnübergängen ähnelt. Doch unverfänglich ist auch das neue Logo nicht. Es zeigt vielmehr die Gifu-Rune, die für Zusammenschluss und (Ver-)Mehrung steht.[837] In der Literatur der dreißiger Jahre wird das Symbol als „die stellvertretende Rune des Fyrfos, des Hakenkreuzes"[838] definiert. Und auch Guido von List, der als einer der Urväter der rassistischen Esoterik bezeichnet werden kann, sieht im Gifu-Zeichen das „Ersatzkennzeichen" des Hakenkreuzes und schreibt: „Auch sei daran erinnert, dass sie die Geheimglyphe des ‚Fyrfos' in geminderter Form im profanen Leben stellvertretend ersetzte."[839]

---

835 Märkische Zeitung, 15.3.2005

836 Ministerium des Innern, Pressemitteilung, 121/05

837 Margitta-Sybille Fahr: Spirit of 88: Rechtsextreme Zeichen und Symbole, Erfurt 2005, S. 26 f.

838 Margitta-Sybille Fahr: Spirit of 88: Rechtsextreme Zeichen und Symbole, Erfurt 2005, S. 27

839 Guido von List: Die Bilderschrift der Ario-Germanen, Leipzig 1919, S. 91, zit. aus: http://equal-pakt.de/downloads/fremdenfeindlichkeitend.pdf

Im Bezug auf das alte Firmenlogo ist die Rechtssprechung uneinheit-
lich. Am 12. September 2005 entscheidet der 1. Strafsenat des Branden-
burgischen Oberlandesgerichtes, dass das Logo kein verbotenes, verfas-
sungswidriges Kennzeichen sei. Trotzdem schreibt auch das OLG, „dass
die Textilien der Marke durch ihre farbliche Gestaltung und verwendeten Aufschriften gerade Personen der rechtsextremen Szene ansprechen
und dies mutmaßlich vom Hersteller auch so beabsichtigt ist"[840]. Im
Gegensatz dazu ist in Berlin das Tragen von „Thor Steinar" zeitweise
strafbar. Das Amtsgericht Tiergarten verurteilte im März 2006 einen 24-
Jährigen zu sieben Monaten Haft auf Bewährung. Die Amtsrichterin
argumentierte, die Gesamtgestaltung der Kleidung mit den altdeutschen
Schriftzügen erinnere an Symbole aus der Hitlerzeit. Der Hersteller habe
das Logo zwar vom Markt genommen, es sei aber nach wie vor ein ver-
bindendes Symbol für Personen entsprechender Gesinnung.[841]

Unabhängig von der juristischen Würdigung gibt es über die politische
Verortung der Marke Thor Steinar im politologischen und medialen Diskurs kaum Dissens. Und es ist gerade die rechtsextreme Szene, in der die
Thor-Steinar-Produkte reißenden Absatz finden. Der Spiegel beschreibt
„Thor Steinar" als ein „Lieblingslabel von Rechtsextremen"[842]. Und die taz
schreibt in diesem Zusammenhang von „rechten Markenklamotten"[843].
Dieser Gesamteindruck bestätigt sich nicht nur durch die völkischen Ru-
nenlogos. In seiner Kollektion vertreibt das Label eine Kapuzenjacke mit
dem Titel „No Inquisition". Das Rückenmotiv dieser Kapuzenjacke ist mit
einem Bild versehen, auf dem ein Adler mit seinen Klauen das Symbol des
Christentums, einen Fisch, greift. Dieses Motiv nutzt auch die rechtsextremistische Vereinigung *Die Artgemeinschaft*. So verwundert es kaum, dass
auch der Brandenburger Verfassungsschutz ein Auge auf die Firma *Mediatex* wirft. Im Zeitungsinterview äußert ein Verfassungsschützer, dass es
Rechtsextremisten gebe, „die der Firma angehören"[844].

---

840   vgl. OLG-Urteil, 1.Ss 58/05, 12.9.2005, S. 8
841   Der Tagesspiegel, 01.03.2006
842   www.spiegel.de, 7.8.2006
843   taz, 4.7.2005
844   Märkische Allgemeine, 5.10.2004

Mit dem Wandel der Rechten Jugendbewegung zu einer millionen-
schweren Käuferschicht mit einem unübersehbaren Markenbewusstsein
bewegt sich der Rechtsextremismus nicht nur definitorisch auf die Mitte der Gesellschaft zu. Nach soziologischer Lehrmeinung manifestiert
sich der Unterschied zwischen Subkulturen und „radikalen Subkulturen" im Kommerzbewusstsein. In Bernhard Schäfers Standardwerk
heißt es: „Radikale Subkulturen versuchen, diesen Vereinnahmungen
durch das System, durch Kommerz- und Konsumbetrieb, zu entgehen
und ihren eigenen Stil zu entwickeln."[845] Doch im Zuge der Ausbreitung
einer regelrechten Industrie rechtsexradikaler Markenbildung wird die
Szene selbst zum „System".

„Thorshammer, handgeschnitzt aus Eichenholz"
Und nicht wenige Rechtsextremisten machen ihre politische Arbeit zu
Geld. Ein Beleg für einen wichtigen Anbieter im Genre ist Meinolf
Schönborn, der bis zum Organisationsverbot 1992 Vorsitzender des Neo-
nazivereins *Nationalistische Front* war. Heute betreibt er den sogenannten *Z-Versand* in Herzebrock-Clarholz. Das umfangreiche Sortiment
enthält Runenschmuck, Runengeschirr, Trinkhörner – aber auch Gürtelschnallen, Softairs, Sicherheitsbedarf und Kleidung, wie beispielsweise
Pullover und Polohemden mit der Aufschrift der Neonaziband *Landser*.
Den schwarz-braunen Lifestyle dokumentieren Girlie-Angebote im Go-
thic-Look mit Aufschriften wie „Vampire Queen Tank Top", „Night Cap
Tank Top" oder „Lilith Tank Top". Auf den „T-Hemden" für Männer, wie
im Neonazideutsch T-Shirts genannt werden finden sich Hagalrunen.
Ein Verkäufer von T-Hemden demonstriert in dieser Wortschöpfung seinen Widerstand gegen den Anglizismus. Im Katalog des *Z-Versandes*
treibt dies ziemlich eigenwillige Stilblüten, wie der Verkauf eines „Teuto-
nic-Warrior-Sonne-T-Hemdes.[846] Marken in Schönborns Sortiment
heißen *Doberman* oder *Commando Industries*. Die superdeutsche Marke
Gangland empfiehlt sich im Katalog des Rechtsaußen Schönborn mit

---

845 Bernhard Schäfers: Soziologie des Jugendalters, Opladen 1989, S. 144
846 vgl. www.z-versand.de, 26.11.2006

Aufschriften wie „Hellcome to Germany" oder für noch primitivere Ge-
müter „Welcome to Germany – Motherfucker".
Noch bedeutsamer ist der *Deutsche Stimme Versand* in Mücka. Das Unternehmen wird von Verfassungsschutzbehörden als „Wirtschaftsorganisati-
on"[847] der NPD eingeordnet. An der Wand prangt ein Schild „Achtung, Sie
verlassen die Bundesrepublik und betreten Deutsches Reichsgebiet". Die
Provokation der Demokratie ist hier Programm. Auf einem T-Shirt prangt
die Losung „Mit unseren Fahnen ist der Sieg!". Im Angebot „volkstreue
Produkte" – wie die NPD ihr Sortiment nennt. Dahinter verbergen sich
auch reichlich Nazi-Verherrlichung und verfassungsfeindliche CDs, durch
deren Verkauf die NPD-Zeitung Deutsche Stimme finanziell unterstützt
wird. Auf einer CD werden die Mitglieder der Waffen-SS als „beste Soldaten der Welt" glorifiziert. Der Farb-Prospekt des Verlages erreicht inzwischen den Umfang von Versandhauskatalogen: Fast 120 Seiten völkischer
Krimskrams, deutsch-nationale Devotionalien: Irminsulkissen, Julleuch-
ter, oder „Thorshammer, handgeschnitzt aus Eichenholz" werden hier
aufwendig angeboten. Völkische Ware – egal ob als Eau de Cologne „„Wal-
küre': Der blumige Duft für die nationale Frau von heute" oder das Keltische Kreuz, als „traditioneller Wandschmuck aus Heu und Stroh". Und für
die rauere Käuferschaft gibt es die „Wikinger Doppelaxt", hinter der Serie
„nordisches Design" verbergen sich Schmuckaufkleber mit Loki, Wotan,
Thor oder den drei Nornen. An Gürtelschnallen für das Modedesign der
Rechtsradikalen von morgen prangen Keltenkreuze, Wikinger oder Val-
halla. Mit Spielen wie „Weltenwandler – Die germanische Mythologie
spielend kennen lernen!" sollen auch Kinder ideologisiert werden.[848] Der
Weihnachtskatalog 2006 präsentierte folgende „Empfehlungen zum Fest":
Neben dem „Taschenkalender des nationalen Widerstandes 2007", der
„Weihnachtsansprache" von Rudolf Heß an die Deutschen im Ausland
aus dem Jahr 1936 sollen Reichskriegsflaggen und der Bierkrug „Es lebe
das Deutsche Reich" das Fest versüßen. Großmachtsträumereien, völ-

---

847   Verfassungsschutzbericht des Freistaat Sachsen 2002, S. 30
848   vgl. Deutsche Stimme Verlag, Katalog 2002, S. 95–126.

kische Esoterik und Wehrmachtskult. Die NPD präsentiert sich im Wa-
renkatalog als recht verstaubt und ewiggestrig.

Ein anderer Anbieter ist der *Patria-Versand* mit Sitz in Kirchberg. Im
„Free Your Mind Forum" gibt es reichlich Lob für das Unternehmen:

„Ich persönlich habe mit dem pro-arischen und kontrasemitischen
Laden Patria-Versand gute Erfahrungen gemacht. Deutsche Pünktlich-
keit, arischer Preis. Alles so wie es sein muss" schreibt ein zufriedener
Kunde mit dem Pseudonym „Großdeutschland 1939"[849].

Ob derlei wohlwollende Worte der Geschäftsführung gefallen, darf
bezweifelt werden. Unstrittig allerdings ist, dass sich der *Patria-Versand*
auf die rechtsextremistische Kundschaft spezialisiert hat. Bestickte
Bomberjacken mit dem Neonazi-Emblem „88" gehören ebenso zum
Sortiment wie Shirts und Jacken mit rechten Sprüchen wie „Ehre dem
deutschen Soldaten". Andere Angebote widmen sich modernen Szene-
Idolen wie der kriminellen Band *Landser* aus Berlin. Auf seinem schwarzen Kapuzenpullover prangt das Logo „Landser – Eine deutsche Legende", auf einem weißen Shirt „Landser Deutschland."

Zu den großen Anbietern gehört der *V7/TTV-Versand und Label* mit
Sitz in Grevesmühlen.[850] Das Musikangebot umfasst das gesamte Rechte
Skinheadgenre von Bands wie *Kraftschlag*, *Hauptkampflinie* und *Sturm-
wehr*, aber auch neonazistische Hatecore-Bands wie *Blue Eyed Devils*,
Chaos 88 und *Sedition*. Eine dominante Rolle im Kleidungsangebot
spielt „Thor Steinar", deren Geschäftsführer sich so intensiv bemühen,
alle Kontakte ins rechtsextreme Spektrum zu bestreiten.[851]

Dieses Merchandising bringt nicht nur Geld in die Kasse. Mit einem
Vertrieb entwickelt sich zugleich die Logistik. Die Szenegeschäfte in
ganz Deutschland, von denen allein in Berlin fünf angesiedelt sind, werden zu Treffpunkten der lokalen Szene. Hier gehen nicht nur CDs und
Kleidungsstücke über den Ladentisch, sondern auch Einladungen zu

---

849 www.freeyourmindproductions.com, 26.11.2006.
850 TTV steht für „Tonträger-Vertrieb", V7 ist die Abkürzung eines von den Nationalso-
     zialisten angeblich entwickelten hochmodernen Flugzeugs, das auch Anlass zu zahl-
     reichen UFO-Verschwörungstheorien gegeben hat.
851 www.v7versand.com/shop/de/dept_94.html, 26.11.2006

Szenekonzerten und rechtsextremen Parteitagen. Für Sympathisanten, die den direkten Kontakt in die Szeneläden scheuen, hat die Szene inzwischen eine Fülle moderner Kommunikationsmittel installiert, mit denen ihre Mitglieder sich auch dezent zuhause versorgen können. Per Sammelmail informiert der „Netzmeister" des Nordwelt-Versandes potentielle Kunden, z.B. über „unser beliebtes T-Hemd ‚Odin statt Jesus' mit Rückendruck ‚wer leben will, der kämpfe'"[852].

Darüber hinaus haben die virtuellen Vertriebsdienste neben der kommerziellen und strukturellen auch eine erhebliche ideologiebildende Bedeutung. Beispielhaft hierfür stehen Einträge wie Dezember 2005 im rechtsextremistischen *Hatecore Forum*. In einem Beitrag wird eine CD des Labels „Nord X" besprochen, das dem Internetvertriebsdienst *H8-Store*[853] aus Wismar zuzurechnen ist. Hier heißt es:

> „Neu bei North X – Totgesagte leben länger!!! Hass braucht keinen Namen. Hass benötigt ein Ventil. Und dieses Ventil ist zweifelsohne die Musik. Die Stücke auf dieser brandneuen Scheibe sind genau das richtige Mittel, um den Weihnachtsmann rückwärts den Kamin hinauf zu jagen! – Texte und Musik sind wie ein Schlag in die Fresse des Systems. Eine geballte Ladung Hass, um Euch und Euren Lieben das Julfest zu versüßen."[854]

Ähnlich werden im virtuellen *Hatestore* des Wismarer Neonazi-Vertriebes auch andere CDs angepriesen. Typisch ist die aggressive Beschreibung eines neuen Tonträgers der Band *Stahlgewitter*:

> „10 neue Hymnen gegen das System und für das Deutsche Reich!"[855]

---

852 Dokument ist im Besitz des Autoren.

853 „H" ist der achte Buchstabe im Alphabet. Für Insider ist schnell ersichtlich, dass „H8" mit der Zahlenkombination „88" spielt, was die Szene-Chiffre für „Heil Hitler" ist.

854 zit. aus: Verfassungsschutzbericht des Landes Mecklenburg-Vorpommern, Schwerin 2005, S. 48

855 www.hatestore.de/shop2/index.html, Stand 17.3.2007

4.4 „Wie Du das Intenet als Propagandawaffe nutzen kannst"

Der Cyberspace ist in den Händen der Rechtsextremisten heute zu einem der effektivsten und vielseitigsten Medien avanciert und gilt Neonazis längst als „Propagandawaffe", wie es der amerikanische Neonazi Gerhard Lauck, Chef der Nationalsozialistischen Deutschen Arbeiterpartei/Aufbau- und Auslandsorganisation (NSDAP/AO), formuliert.

Gab es 1996 laut Verfassungsschutz lediglich 32 rechtsextreme deutsche Seiten, so 1997 bereits knapp 100, ein Jahr später 200 und 1999 schon 330. Im Jahr 2001 stieg die Zahl auf 1300. Eine weitere Expansion konnte jedoch durch das Einleiten zahlreicher Strafverfahren gegen Homepagebetreiber und die vielen Sperrungen neonazistischer Webseiten durch kommerzielle Provider vorerst gebremst werden. Inzwischen scheint sich die Zahl der von deutschen Rechtsextremisten betriebenen Homepages um die 1000 in den Jahren 2005 und 2006 zu stabilisieren.

Das Internet bietet den Extremisten eine ganze Reihe elementarer Vorteile gegenüber herkömmlichen Medien und lässt sich mit der Formel „Leichter Einstieg – Große Wirkung" zusammenfassen.[856] Das hat mehrere Gründe:

- Die einfache technische Handhabung, die es erlaubt, selbst mit geringsten technischen Mitteln eine Webseite zu erstellen.
- Der geringe Kostenaufwand einer Webseite.
- Die potentiell hohe Breitenwirkung.
- Das geringe Risiko der Strafverfolgung, da es die internationale Struktur des Internets erlaubt, nach deutschem Recht strafbare Inhalte anonym über Internet-Dienstleister (Provider) im Ausland einzustellen.

Gerade die Neonazi-Szene, die nach den zahlreichen Organisationsverboten der neunziger Jahre nach autonomeren Formen der politischen Arbeit suchte, konnte die kommunikativen Strukturen (Termine, Demonstrationen, Treffpunkte etc. ...) weitgehend in die Virtualität trans-

---

856 vgl. Verfassungsschutzbericht des Landes Nordrhein-Westfalen 2002, Düsseldorf 2003, S. 135 f.

portieren. Zu diesem Zweck wurden im neonazistischen Spektrum spezialisierte Internetplattformen eingerichtet, wie etwa die Webseite des „Aktionsbüros – Koordinierungsstelle für den Widerstand in Thüringen", die vor allem Gruppen und Einzelpersonen aus dem Spektrum der „Freien Nationalisten" vernetzt.[857]

> „Das Internet hat mehr zu unserer Vereinigung beigetragen als irgendein Pamphlet, das jemals gedruckt worden ist. Deine Waffenbrüder sind lediglich einen (Maus-)Klick entfernt! Obwohl der ZOG (Zionist Occupied Government, d. Verf.) verzweifelt versucht, des unsichtbaren Imperiums des Nazi-Netzwerkes Herr zu werden, gibt es nur wenig, was sie tun können, um es zu stoppen",

so die Einschätzung der NS-Skinbewegung Blood & Honour über die Wirksamkeit ihrer virtuellen Agitation. Politikwissenschaftler wie Prof. Dr. Hans Gerd Jaschke sehen in den Webangeboten einen wesentlichen Grund für die Breitenwirkung rechtsextremistischer Angebote unter Jugendlichen, „weil sie zum Teil mit modernen Mitteln und einer aktuellen Ästhetik agiere"[858]. So beobachtet auch der Verfassungsschutz, dass vermehrt „moderne Gestaltungselemente" Verwendung innerhalb der rechtsextremen Seiten finden. So heißt es im nordrhein-westfälischen Jahresbericht 2006:

> „Der Einsatz multimedialer Elemente sorgt einerseits für eine allgemeine Attraktivitätssteigerung der Seiten, andererseits dient insbesondere auch das Medium Musik verstärkt auch der Werbung von Szenenachwuchs."[859]

Besonders bedenklich stimmt in diesem Zusammenhang die beträchtliche Zahl rechtsextremistischer Computerspiele, die im Internet zum Gratis-Download angeboten werden und die ungezügelte Hassbotschaften transportieren. Eines der übelsten Spiele auf dem Markt ist das

---

857   vgl. Verfassungsschutzbericht des Freistaates Thüringen 2006, Erfurt 2007, S. 32
858   Landesamt für Verfassungsschutz Nordrhein-Westfalen: Menschenverachtung mit Unterhaltungswert, Düsseldorf 2005, S. 22
859   Verfassungsschutzbericht des Landes Nordrhein-Westfalen 2006, Düsseldorf 2007, S. 90 f.

Gratis-Erweiterungspack der NSDAP-Aufbau-Organisation (NSDAP-AO) mit dem Titel „Nazi-Doom". Der Inhalt: Das hemmungslose Abschlachten von Menschen mit schwarzer Hautfarbe und Juden. Mit der Zusatz-Software wird ein grausames Computer-Gewaltspiel ideologisch aufgeladen und überfrachtet, das aufgrund seiner Hemmungslosigkeit bereits in seiner Ursprungsform in Deutschland indiziert war. Ein „wesentlicher Inhalt" des Spieles, so heißt es im Indizierungsbeschluss der Bundesprüfstelle für jugendgefährdende Medien sei „die bedenkenlose, realistisch inszenierte Tötung unter anderem von Gegnern in Menschengestalt".[860]

In der Indizierungsentscheidung heißt es weiter:

> „Die sozialethische Desorientierung rührt aus der Einübung gezielten Tötens. Die programm-immanente Logik bindet den Spieler an ein automatisiertes Befehls- und Gehorsamsverhältnis, dessen wesentlicher Kern das reaktionsschnelle, bedenkenlose Töten menschen- bzw. tierähnlicher Gegenüber ausmacht. Möglichkeiten des Ausweichens oder ähnlicher non-aggressiver Konfliktlösungen existieren nicht. (...) Ein erfolgreiches Durchspielen des Programms ist einzig durch die Liquidation zahlloser Gegner gewährleistet, wobei die Akte der Liquidation auf manigfaltige Art und Weise positiv verstärkt werden. So z.B. durch die aufwendige Darstellung blutig zerfetzter gegnerischer Körper."[861]

Durch die rassistische Erweiterung der NSDAP-AO bekommen die in der Doom-Grundversion anonym gehaltenen Gegner eine reale Entsprechung. Und damit wächst auch die Transfereignung der Spielehandlung in die reale Welt – das Spiel wird realistischer. Der Vizepräsident des Landesamtes für Verfassungsschutz Baden-Württemberg warnte beim Aufkommen von „Nazi-Doom" vor fließenden Übergängen zwischen Virtualität und Realität:

> „Wenn man jetzt bedenkt, dass man bei einem Tötungsakt drei Dinge benötigt, eine Waffe, das Können und den Willen, und man bedenkt darüber hinaus, dass gewalttätige Videospiele zwei davon dem Spieler lie-

---

860 Entscheidung Nr. 4637 (V), vom 25.5.1994, S. 6
861 Entscheidung Nr. 4637 (V), vom 25.5.1994, S. 6

fern, nämlich das Können und den Willen, und wenn darüber hinaus
dann dem Spieler eine Waffe und ein ganz reales Szenario vorgegeben
wird, dann werden solche gewalttätigen Videospiele zu Mordsimulatoren."[862]

„Nazi-Doom" ist nur ein Spiel im menschenverachtenden Angebot der
NSDAP-AO. Andere Spiele heißen „KZ-Rattenjagd" oder „Die Säuberung". Neben der NSDAP-Aufbau-Organisation stellt der auch rassistische Musik-Vertrieb *Resistance Records* einen rechtsextremistischen
Ego-Shooter ins Netz. Eigentümer des Handels ist die Gruppe „National
Alliance", die derzeit als die „größte und aktivste Neonazi-Organisation
in den Vereinigten Staaten" gilt.[863] Das 2002 erschienene Computerspiel
hat den Namen „Ethnic Cleansing" (ethnische Säuberung). In der Rolle
eines Skinheads oder eines Ku-Klux-Klan-Mannes gilt es einen virtuellen Rassekrieg zu führen. Die Handlung beginnt in einer virtuellen
Stadt, die von „predatory subhumans" („räuberischen Untermenschen") und ihren jüdischen Herren beherrscht wird. Hinter den „predatory subhumans" verbergen sich dann in der Spielhandlung Schwarze
oder Poncho-tragende Latinos, die es allgegenwärtig zu töten gilt.[864] Am
Ende des Spieles steht eine Art Endschlacht im „Jüdischen Kontrollzentrum" gegen den Premierminister von Israel, Ariel Sharon.

Die ebenfalls amerikanische Organisation „White Arian Resistance"
hat eine eigene Rubrik „Rassist Games" zum downloaden im Netz.[865] In
„Border Patrol" beispielsweise muss der Spieler die Grenze gegen mexikanische Einwanderer freikämpfen, in anderen Games geht es um das
reaktionsschnelle Erschießen von Schwarzen. Weitere Spiele heißen
„Nigger Doom", „SA Mann", „Rattenjagd – Kill the Jew Rats" oder „Nigger Hunt". Hierzu heißt es: „Safari in Afrika – töte alle Nigger, die Du
töten kannst".[866]

---

862 zit. aus: ZDF, Kennzeichen-D, 25.5.2000
863 www.adl.org/videogames/videogames_print.asp, 9.7.2007
864 www.adl.org/videogames/default.asp, 9.7.2007
865 www.restist.com/, 10.7.2007
866 www.restist.com/racistgames/index.htm, 18.8.2007

Zeitgemäßer kann die Übermittlung von Feindbildern kaum erfolgen. Die Internet-Sektionen der Nazis entsprechen dem „Stürmer" des 21. Jahrhunderts. Die Propagandisten eines neuen Genozids sind genau einen Mausklick weit von den Kinder- und Jugendzimmern entfernt.

Die hervorragende Eignung des Internets zur Vermittlung ihrer Hass-Botschaften ist den Rechtsextremisten bewusst. Nicht umsonst bietet die NSDAP-Aufbau-Organisation auf ihrer Webseite NS-Handylogos und Klingeltöne an – Nazi-Propaganda, ganz dicht an der Lebenswelt ihrer jugendlichen Besucher. Auf dieser Website präsentiert die braune Organisation eine Art Schnellkurs zur Nutzung des Internets für illegale NS-Agitation. In der Rubrik „Wie Du das Internet als Propagandawaffe nutzen kannst"[867] fordert die NSDAP-AO:

> „– Verbreite Links ! Besuche andere nationale Netzseiten und bringe die Anbieter dazu, Links mit der NSDAP/AO auszutauschen" oder:
> – Werbe für NS-Computerspiele! Besuche Chaträume und Foren über Computerspiele und sende folgende Nachricht: Neues Computerspiel – GRATIS zum Herunterladen bei (....)."[868]

Neben zahlreichen volksverhetzenden Angeboten, die von den Rechtsextremisten gratis ins Netz gestellt werden, dient das Internet auch als Verdienstquelle. Von den über 90 rechtsextremistischen Vertrieben in Deutschland bieten ebenfalls die meisten ihre Produkte im Internet an. Der Verkauf über das World Wide Web bietet für Käufer und Verkäufer zahlreiche Vorzüge:[869]

■ Ein Onlineshop kann ohne großen Aufwand eingerichtet und verwaltet werden;

■ Miete und Personalkosten sind bei einem Internetvertrieb kaum vorhanden;

■ der Verkauf ist nicht an Ladenöffnungszeiten gebunden;

---

867 www.nazi-lauck-nsdapao.com/gerip.htm, 9.7.2007
868 www.nazi-lauck-nsdapao.com/gerip.htm, 9.7.2007
869 vgl. Verfassungsschutzbericht des Landes Nordrhein-Westfalen 2006, Düsseldorf 2007, S. 93

- beim Onlineverkauf kommt es nicht zur Konfrontation mit dem politischen Gegner;
- die anonyme Abwicklung des Verkaufs ist auch für Interessenten attraktiv, die zwar in der Ideologie des Rechtsextremismus verhaftet sind, jedoch persönliche Kontakte zu Händlern einschlägiger Ware vermeiden wollen.

Dazu lässt sich seit Jahren eine länderübergreifende Arbeitsteilung beobachten. Während die harmloseren Bands in Deutschland produziert und verkauft werden, sind besonders amerikanische Firmen zum Teil auf den deutschen Markt ausgerichtet und „besitzen für Produktion und Vertrieb massiv volksverhetzender, antisemitischer und den Nationalsozialismus verherrlichender CDs deutscher Musikgruppen große Bedeutung"[870]. Hier spielt der internationale Internethandel als Plattform deutscher Neonazis, um indizierte und sogar richterlich beschlagnahmte Produkte zu ersteigern, eine zentrale Rolle. Beispielhaft stehen Vertriebe wie *Micetrap Distribution, Resistance Records, NS 88 Videos* oder *MSR Productions*. So finden sich bei *NS 88 Videos*, das damit wirbt, die „weltweit größte Auswahl von Skinhead-Videos zu verkaufen"[871], die indizierten Filme der Reihe „Kriegsberichter" oder die ebenfalls indizierte CD „Kommando Freisler", deren einzige Botschaft menschenverachtender Antisemitismus ist, wie der folgende Auszug aus dem Song „Im Wagen vor mir" dokumentiert:

> *„Wir werden keinen dieser Brut vergessen,*
> *Ein jeder kriegt ganz einfach, was er braucht,*
> *Erschießen und erhängen und dann allesamt verbrennen,*
> *Und nicht nur hier, in anderen Ländern auch.*
> *Und gibt es auf der Welt dann keinen Juden mehr*
> *Wird unser Deutschland endlich wieder frei.*

---

870 Rechtsextremistische Musik, Hrsg.: Bundesamt für Verfassungsschutz, Köln 2007, S. 23
871 vgl. www.ns88.org/, 24.08.2007

Dann holen wir uns Polen, was sie uns einst gestohlen
Und die SS ist wieder mit dabei."

Andere Titel bei „NS 88" wie die CD-„B.Z.L.T.B." der Band *Hassgesang*, werben mit einem KZ-Lagerbild auf dem Booklet. Auch dieser Titel ist indiziert, die Bundesprüfstelle für jugendgefährdende Medien (BPjM) schätzt ihn nicht nur als jugendgefährdend, sondern auch als strafbar ein.[872] Inhalt der CD ist neben derben antisemitischen Ausfällen auch eine Glorifizierung Adolf Hitlers, der im achten Lied der CD mit dem Titel „18"[873] als „leuchtende Figur" angepriesen wird:

„Adolf Hitler – Im Kampf für unser Land
Adolf Hitler – sein Werk verteufelt und verkannt
Adolf Hitler – du machst es uns vor
Adolf Hitler – Sieg Heil tönt zu dir empor."[874]

Da Rechtsextremisten wissen, dass die USA in Sachen Jugendschutz ein Entwicklungsland sind, ist davon auszugehen, dass derlei Tonträger ganz gezielt im Ausland produziert und vertrieben werden, um dann über die Online-Präsenz wieder zurück auf den deutschen Markt zu gelangen. Auf internationalen Kontaktlisten der Szene finden sich die Musicklieferanten für jugendgefährdendes Material ganz oben.[875] Um den prominenten Großhändler *Panzerfaust Records* aus Minneapolis wurde es 2005 ziemlich ruhig. Ausgerechnet der Inhaber des White-Power-Labels kam mit Enthüllungen an die Öffentlichkeit, die selbst einem der Drahtzieher der Szene den Garaus gemacht haben. Während eines Thailand-Urlaubes hatte Anthony Pierpont angeblich mehrfach Sex mit „nicht-arischen" Prostituierten, wie der Sprecher des Unternehmens und Co-Manager

---

872 BAnz. Nr. 41, 28.02.2004 ; vgl. BPjM Aktuell 3/2006, S. 64

873 „18" ist in der Neonazi-Szene eine Kurzbezeichnung für Adolf Hiter; „18" steht für „AH", den ersten und achten Buchstaben im Alphabet.

874 zit. aus: Entscheidung Nr. 6571 (V) vom 11.2.2004, S. 7; vgl. zur Begründung der Indizierung auch S. 16 f.

875 vgl. www.ns88.org, 24.08.2007

Byron Calvert erklärte.[876] Für ein Unternehmen, das allgegenwärtig den
arischen Rassenkampf propagiert, herrschte gravierender Erklärungs-
notstand. Sicherlich genauso problematisch für die Reputation unter
Kameraden war die Tatsache, dass die Polizei bei Hausdurchsuchungen
im November 2004 neben Nazi-Devotionalien auch Kokain und Mari-
huana fand. Der Jahresumsatz des Unternehmens von Calvert und Pierpont lag zu Hochzeiten bei rund einer Million Dollar. Das Motto des
Unternehmens war vielsagend: „We don't just entertain racist kids, we
create them!" (Wir wollen rassistische Kinder nicht nur unterhalten,
sondern auch hervorbringen). Ein Motto, das sich viele neonazistische
Bands wohl zu eigen gemacht haben. Auf ihren Webseiten werden heute
zahllose rassistische und kriegsverherrlichende Stücke zum Gratisdown-
load angeboten. Und auch hier sind es wieder die amerikanischen Webseiten, die mit besonders drastischen Liedern versuchen, weltweit den
Boden für einen neuen Genozid an Juden zu bereiten. So heißt es im Lied
„Judensau" der Band *Weiße Jäger*, das aufgrund seiner Indizierung[877] in
Deutschland ebenfalls vornehmlich von amerikanischen Internetvertrie-
ben wie „Micetrap Distribution" aus New Jersey zu beziehen ist:

> *„In Auschwitz ist noch ein Plätzchen frei ... Dort wirst Du hungern, dort
> wirst Du frieren und wirst elendig krepieren."*[878]

Eine besondere Bedeutung kommt in diesem Zusammenhang auch
dem Internet-Auktionshaus *Ebay* zu. In großer Stückzahl werden hier
seit Jahren rechtsextremistische Tonträger und andere Devotionalien
(T-Shirts, Aufnäher etc.) aller Art angeboten. In den letzten Jahren ist
jedoch ein signifikanter Produktwechsel zu beobachten. Mit einer riesigen Versteigerungspalette neonazistischer und indizierter Tonträger

---

876 www.heise.de/tp/r4/artikel/19/19646/1.html, 19.03.2005
877 BAnz, Nr. 117, 28.06.2003
878 zit. aus: Verfassungsschutzbericht des Landes Niedersachsen 2003, Hannover o.J.,
     S. 30

von Bands wie *No Remorse*[879], *Bound for Glory*[880], *Odils Law*[881] oder *Die Härte*[882] geriet Ebay 2002 in das Visier von Verfassungs- und Jugendschutzbehörden. Im ZDF-Magazin „Frontal 21" warnte der damalige Vizepräsident des Landesamtes für Verfassungsschutz Baden-Württemberg, man könne „über Ebay nahezu alle Segmente rechtsextremistischer Artikel finden"[883]. Inzwischen sind bekannte verfassungsfeindliche Skinhead-Titel wie „Radikahl", „Frontalkraft" oder „Rheinwacht" seltener geworden. Stattdessen finden sich heute hunderte von Tonträgern rechtsradikaler Dark-Wave- und Black-Metal-Bands in den Versteigerungen. Allgegenwärtig sind auch die Tonträger von NS Black-Metal-Bands wie *Burzum, Graveland, Totenburg, Magog, Veles, Absurd* oder der ultrarechten Dark-Wave-Band *Von Thronstahl*.[884] In einer Stichprobe Januar 2006 fanden sich aber auch aus der Tagespresse hinlänglich bekannte Szenebands wie *Kraftschlag, Skrewdriver* oder von dem Liedermacher Frank Rennicke.

Neben Ebay hat sich auch ein eigenständiges rechtsextremes Auktionshaus mit dem Namen „unser Auktionshaus" mit Sitz in Stuttgart etabliert. Insgesamt wird die Verkaufsplattform nach eigenen Angaben von 2885 freigeschalteten und 489 geprüften Mitgliedern genutzt.[885] Auf dem virtuellen Marktplatz sollen auch „strafbare Tonträger, Videos, Textilien und Devotionalien den Besitzer wechseln", wie der Verfassungsschutz beobachtet.[886] „Unser Auktionshaus" dokumentiert eindrücklich die Vielseitigkeit rechtsextremistischer Propaganda.

Im Hinblick auf den virtuellen Rechtsextremismus verdienen mehr denn je die Internetforen der Szene Beachtung, deren Besucherzahlen

---

879   vgl. http://cgi.ebay.de/aw-cgi/eBayISPAI.dll?ViewItem&item=1490616699, 13.01.2002
880   vgl. http://cgi.ebay.de/aw-cgi/eBayISPAI.dll?ViewItem&item=1404248895, 13.01.2002
881   vgl. http://cgi.ebay.de/aw-cgi/eBayISPAI.dll?ViewItem&item=1404252118, 13.01.2002
882   vgl. http://cgi.ebay.de/aw-cgi/eBayISPAI.dll?ViewItem&item=1501577911, 13.01.2002
883   ZDF-Pressemitteilung, 15.1.2002
884   vgl. u.a. Stichprobe 09.07.2007
885   www.unserauktionshaus.de/cgi-bin/main.pl, 23.08.2007
886   Verfassungsschutzbericht des Landes Brandenburg 2003, Potsdam 2004, S. 81

beharrlich ansteigen. Vereinzelt zählen Verfassungsschutzbehörden hier
weit über 1000 Personen in deutschsprachigen Foren.[887] Das mehrspra-
chige *Skadi-Forum* kommt gar auf über 7000 aktive Nutzer. Weitere bedeutsame Kommunikationsorte sind das *Wikinger-Forum*, das *Nationale Forum* und das *Hatecore-Forum*, das nach eigenen Angaben über 950
Mitglieder verfügt, die bereits mit über 22.800 Beiträgen präsent sind.[888]
Die ca. 830 Mitglieder „des für die Szene meinungsbildenden Wikinger
Forums" [889] haben sich zu über 1.200 Themen mit rund 30.000 Beiträgen geäußert, was die Attraktivität der szeneeigenen Kommunikation
unterstreicht. So findet der Besucher der Kontaktbörse, der Umgang „zu
anderen Skinheads/Renees/Nationalen/Gleichgesinnten sucht", über
7800 Einträge. Knapp 7500 User besuchten bereits die Rubrik „Demonstrationen", die über Schulungs- und Veranstaltungstermine informiert
und die die immense Bedeutung des Internets für die rechtsextremistische Logistik plakativ verdeutlicht.[890] Als „größte germanische Online-
Gemeinschaft" präsentiert sich mit „mehr als 20.000 Mitgliedern aus
allen Teilen der Welt" das sogenannte *Thiazi-Forum*. In über 600 Dis-
kussionsforen warten nach den Aussagen der Betreiber über 650.000
Beiträge darauf, gelesen zu werden. Zu den ständigen Themenschwer-
punkten gehört die Berichterstattung über rechtsextremistische Events
wie beispielsweise der NPD-Sachsentag 2007.[891]
    Da sich in den Diskussionsräumen nur angemeldete Teilnehmer aus-
tauschen können, gelingt es den Rechtsextremen seit Jahren und unter
weitgehender Abschottung gegenüber den Sicherheitsbehörden, „Or-
ganisationsverbote zu unterlaufen und internationale Kontakte zu
knüpfen", wie das Landesamt für Verfassungsschutz Niedersachsen
beobachtet.[892]

---

887 Verfassunggschutzbericht des Landes Nordrhein-Westfalen 2006, Düsseldorf 2007,
     S. 91
888 vgl. http://hatecore-forum.com, 18.08.2007
889 Verfassungsschutzbericht des Landes Niedersachsen 2005, Hannover o.J., S. 40
890 http://forum.wikingerversand.de/forum.php, 18.8.2007
891 http://forum.thiazi.net/showthread.php?p=900226, 18.8.2007
892 Verfassungsschutzbericht des Landes Niedersachsen 2005, Hannover o.J., S. 39

Insgesamt fällt die Analyse ambivalent aus: Zwar ist es den Rechtsextremisten nicht gelungen, mit der tatsächlichen Verbreitung des World Wide Web mitzuhalten, was die vergleichsweise kleine Zahl deutscher Webseiten belegt. Auf der anderen Seite sind es die propagandistischen und kommerziellen Perspektiven des internationalen Mediums, die das Internet heute zur wichtigsten Plattform für Neonazis machen sowie die vielfältigen Möglichkeiten, Hitlers menschenverachtende Terrorideologie zeitgemäß per Mausklick mit bunten und actionreichen Angeboten in die Kinder- und Jugendzimmer zu bringen.

4.5 Anpassung ist Feigheit – Das Projekt Schulhof

Im Jahr 2004 stießen Neonazis aus unterschiedlichen Bundesländern im Zusammenhang mit dem Vertrieb von Szenemusik in ganz neue Dimensionen vor, um rechtsextremistische Propaganda zu verbreiten. Der zugängliche Name der Werbekampagne war „Projekt Schulhof". Unter dem CD-Titel „Anpassung ist Feigheit – Lieder aus dem Untergrund" ließen sie 50.000 Exemplare produzieren, die bundesweit gratis an Jugendliche verteilt werden sollten.[893] Die auf dem Cover befindliche Unterstützerliste liest sich wie ein „Who is who" der rechtsextremen Musikszene. Darunter finden sich Namen wie

- PC Records, Hendrik Lasch, Chemnitz
- V7 Versand, Ingo Knauf, Grevesmühlen
- Nordic Hammer Versand, Sascha Keller, Stapelfeld
- H8-Store, Philip Schlaffer, Wismar
- Moloko Plus Versand, Patrick Prosasky, Graevenwisbach
- Endzeit Versand, Samuel Sonnentanz, Aue
- The Voice Records, Michael Diener, Erlenbach
- WB Versand, Thorsten Heise, Frettenrode
- Wikinger Versand, Siegfried Birl, Geiselhöring
- Ragnarök Records, Hartwin Kalmus, Karlsruhe

893 Verfassungsschutzbericht des Landes Bayern 2005, S. 139

Unübersehbar sind auf der CD aber auch Plakate des NPD-Landesverbandes Niedersachen.

Im Gegensatz zu vielen Tonträgern des Rechtsextremismus, die mit
brachialen Rhythmen Deutschland ausländer- und judenfrei singen
wollen, setzt die Schulhof-CD in der Lebenswirklichkeit vieler junger
Menschen an. Ängste vor Gangs in Schulen werden genauso aufgegrif-
fen wie die Sorge um eine Zukunft in Arbeitslosigkeit.

In einem Intro, das am Anfang der CD steht, heißt es in Auszügen:

„Wir grüssen Euch. Es ist schön, dass ihr Euch Zeit nehmt, um diese CD
anzuhören. [...]

Jeder, der sich heutzutage in unseren Städten umschaut, jeder der die all-
täglichen Nachrichten verfolgt, kann nicht anders als von einer verkom-
menen und feindseligen Zeit reden. Korruption und Kriminalität, Drogen
und Gewalt und eine ins schier endlose steigende Arbeitslosigkeit sind die
traurigen Zeugen dafür, es herrscht blanker Egoismus, jeder will an das
große Geld, da bleibt keine Zeit mehr für richtige Gefühle, Vertrauen und
Werte bleiben auf der Strecke, wer schwach wird, der wir rücksichtslos
gestoßen. Gerade Ihr könnt dies Tag für Tag am eigenen Leib erfahren.

Unsere heutigen Schulen sind schon längst ein Sammelbecken für junge
Schwerkriminelle geworden, meist ausländische Banden haben hier das
Sagen, dagegen können und wollen die überforderten Lehrkräfte gar
nichts unternehmen. [...]

In unserem Land stehen wir gegen Multi-Kulti, das nicht funktionieren
kann und nur weitere Gefahren und Probleme in sich birgt. Wir stehen
gegen die antideutsche Geschichtsschreibung, die an allen Schulen ge-
lehrt wird und nur Deutsche als Täter sieht. Weil wir uns gegen dieses
korrupte System wenden, werden wir verteufelt, man will den Bürgern,
aber auch Euch glauben machen, dass wir Baseballschläger schwingende
Monster sind. [...]"[894]

SS- und SA-Kult sucht man auf der CD vergeblich. Stattdessen wird in
musikalischen Stilrichtungen wie Hardcore, Metal, Rock und Balladen

---

894 Abschrift ist im Besitz des Autoren; vgl. Landesamt für Verfassungsschutzes Baden-
     Württemberg: ‚Projekt Schulhof' bewegt Rechts- und Linksextremisten, Stuttgart 2005

Stimmung gegen das demokratische System geschürt. Beispielhaft hierfür stehen zwei Liedtexte aus der Schulhof-CD.

Lied 3: „Im Krieg gegen ein Scheiß-System", Interpret: *Stahlgewitter*

> *„Das Reiche Deutschland liegt am Boden und zerschunden.*
> *Unser aller Heimatland blutet aus Tausend Wunden.*
> *Eine stets devote Kleinprovinz auch BRD genannt*
> *Aufrecht geht hier nur noch der Nationale Widerstand.*
> *Wir sind im Krieg*
> *Wir sind im Krieg*
> *Wir sind im Krieg*
> *Gegen ein Scheiß-System (mehrfach) [...]*
> *Der Verwesungsgeruch des Scheiß-Systems liegt*
> *uns schon ätzend in der Nase*
> *Sozialabbau und Überfremdung, Massenarbeitslosigkeit*
> *Ihr Pseudodemokraten seid dem Untergang geweiht ...".*[895]

Lied 15: „Rebell", Interpret: *Hauptkampflinie*

> *„Ich war ein Wehrwolf dem Schatten gleich,*
> *in den letzten Tagen vom großdeutschen Reich.*
> *Ihr mit den weißen Fahnen seid auf der Hut.*
> *Hier kommt ein Rebell ...*
> *Ich war am 17. Juni dabei*
> *Gegen Sowjetpanzer und Volkspolizei*
> *Der Molotowcocktail der brannte so gut*
> *Ich war ein Rebell für die Freiheit floss mein Blut*
> *Ich bin ein Rebell und ich werde es bleiben*
> *Ich lass mich aus meinem Land nicht vertreiben*
> *Zur Hölle mit der Verräterbrut*
> *Ich bin ein Rebell, für die Freiheit fliesst mein Blut ..."*[896]

---

895 http://forum.thiazi.net/showthread.php?t=58525, 6.9.2007
896 Abschrift ist im Besitz des Autoren.

Mit dieser Form der Propaganda wird eine Art rechtsradikale Protest-
kultur etabliert. Gerade die im Intro der CD an der Lebenswirklichkeit
von Jugendlichen orientierte Argumentation ist in Bezug auf die Fragestellung einer möglichen Jugendgefährdung erheblich brisanter als
eine plakativ neo-nationalsozialistische Propaganda, die ohne Gegen-
wartsbezug und damit ohne Identifikationsmomente für Minderjährige
agiert. Nicht umsonst wurde die Schulhof-CD auch am 8. Juli 2004 auf
Anregung des Landeskriminalamtes Sachsen von der Bundesprüfstelle
für jugendgefährdende Medien (BPjM) indiziert.

Die Agitation verläuft in drei Phasen, wie sich aus einer Betrachtung
des Intros unschwer ergibt.

1.   Diffamierung des gegenwärtigen politischen und sozialen Systems
     (im Intro)

     1.1. Die Kinder und Jugendlichen würden in einer „verkommenen
           und feindseligen Zeit" leben, die geprägt von Korruption und
           Kriminalität, Drogen und Gewalt und steigender Arbeitslosig-
           keit sei. Dazu herrsche blanker Egoismus; „Vertrauen und
           Werte" blieben auf der Strecke.

     1.2. Dazu versucht die CD, auch die Schulwirklichkeit von Min-
           derjährigen aufzugreifen, indem sie Schulen als Sammelbecken
           für junge Schwerkriminelle überzeichnet, in denen „meist aus-
           ländische Banden" das Sagen hätten.

     1.3. Weder Lehrkräfte im Mikrokosmos Schule noch demo-
           kratische Parteien haben nach Aussage der Schulhof-CD ge-
           eignete Antworten auf gesellschaftliche Herausforderun-
           gen. So seien „unsere hochbezahlten Herren Politiker unfähig"
           und würden „unser Land dem vollkommenen Ruin" näher-
           bringen.

2.   Reproduktion bekannter rechtsextremistischer Feindbilder und
     anti-demokratischer Vorurteile

     2.1. Im Mittelpunkt steht dabei die Diffamierung demokratischen
           Willensträger. Die demokratischen Parteien SPD oder CDU,
           Grüne oder FDP werden als unfähig dargestellt. Sie alle, „kön-

nen und wollen keine Besserungen herbeiführen", wie es im Intro heißt.

2.2. Fremdenfeindlichkeit: „Wir stehen gegen Multi-Kulti, das nicht funktionieren kann und nur weitere Gefahren und Probleme mit sich bringt". Hier werden ausländische Mitbürger als Problem- und Gefahrenquelle herabgewürdigt.

2.3. Revisionismus: „Wir stehen gegen antideutsche Geschichtsschreibung." Derlei Aussagen unterstellen, dass eine kritische Reflektion der Vergangenheit Deutschland den Bürgern heute schadet. Diese Position ist ein argumentatives Wesenmerkmal von rechtsextremistischen Parteien.

2.4. Die Diffamierung des demokratischen Deutschlands. Im Intro des Tonträgers schlicht als korruptes System gekennzeichnet.

2.5. Volksgemeinschaftsdenken: „Wir sind keine Ausländerfeinde, wir lieben das Fremde in der Fremde." Dazu gehe es darum, die völkische Einzigartigkeit zu erhalten.

3. Die Retter in angeblich unheilvoller Zeit: Den Verfassungsschutzbehörden bekannte Rechtsextremisten

Hier wird kräftig an einer Mythenbildung gearbeitet. Im Intro heißt es:

> „Politik und Medien kommen gegen unsere Argumente nicht an, da helfen nur Lug und Trug, doch die Wahrheit ist auf unserer Seite. [...] Weshalb versucht man, uns so schlecht wie möglich darzustellen? Nur weil wir unser Land lieben. Wir wollen, dass die Menschen in gesundem Einklang mit ihrer Natur, ihrem Land, ihrem Volk leben. Wir wollen keine kapitalistische Machtgeilheit, die das Geld über den Menschen stellt. [...] Wir wollen eine glückliche und starke Gemeinschaft schaffen."[897]

Die angeblichen Retter finden sich dann bei den Anlaufadressen, die der CD beiliegen: Bekannte verfassungsfeindliche Verlage und Einzelpersonen und Gruppen, von denen sich nicht wenige in den Verfassungs-

---

897 Abschrift ist im Besitz des Autoren.

schutzberichten der Länder wiederfinden. Dazu kommt eine unverhole-
ne Positionierung zugunsten der ebenfalls verfassungsfeindlichen NPD.

Wie subtil die Liedtexte eine Demokratiefeindschaft schüren, dokumentiert ein näherer Blick auf das oben zitierte Lied „Krieg gegen ein
Scheiß-System“. Hier heißt es:

> *„Wir sind im Krieg, wir sind im Krieg, wir sind im Krieg*
> *gegen ein Scheiß System*
> *Staatsverschuldung, Multi-Kulti und die Freiheit eine Phrase*
> *der Verwesungsgeruch des Scheiß-Systems liegt uns schon*
> *ätzend in der Nase*
> *Sozialabbau und Überfremdung, Massenarbeitslosigkeit*
> *Ihr Pseudodemokraten seid dem Untergang geweiht“.*[898]

An anderer Stelle wird Deutschland als „devote Kleinprovinz“ dargestellt, die aus „tausend Wunden“ blute. Instrumente der wehrhaften Demokratie werden in dem Song als „Staatsschutzbüttel“ diffamiert, die
Verfassungsschutzbehörden würden dazu die Verfassung „wohl nur zum
Scheine“ schützen, denn Deutschland hätte „ja nicht mal eine“.

Allein die Auswertung dieses Liedes dokumentiert die Kernmerkmale
verfassungsfeindlicher rechter Propaganda, wie sie in der politologischen und soziologischen Fachliteratur nach herrschender Meinung
definiert wird.[899]

- Der demokratische Rechtsstaat ist zu bekämpfen und sei am Unter-
  gehen
- Die Diffamierung demokratischer Willensträger und Instrumente der
  wehrhaften Demokratie
- Deutschland sei nicht souverän, was dem verschwörungstheoretischen
  Denken der rechtsextremistischen Szene entspricht.

---

898 Abschrift ist im Besitz des Autoren.
899 vgl.: Uwe Backes / Eckhard Jesse: Politischer Extremismus in der Bundesrepublik
     Deutschland, 4. Auflage Bonn 1996, S. 45

- Deutschland sei größer als die „devote Kleinprovinz", die heute existiere.
- Überfremdung und „Multi-Kulti" wird mit Massenarbeitslosigkeit und Sozialabbau gleichgesetzt, was eine erhebliche Diffamierung der ausländischen Mitbürgerinnen und Mitbürger darstellt.

Damit enthält allein das Lied „Krieg gegen ein Scheiß-System" zentrale Merkmale der gängigen Extremismus-Definition, ohne dass nationalsozialistisches Herrenmenschendenken oder biologistischer Rassismus zum Vorschein kommen. Während traditionell-rechtsextreme Tonträger aus der Skinhead-Szene der achtziger und neunziger Jahre mit äußerster Aggressivität gegen Ausländer – oftmals als „Kanaken" diffamiert – hetzten, unverblümt Hass gegen Juden propagierten und von offenen Sympathien für den nationalsozialistischen Terrorstaat gekennzeichnet waren, ist der rechtsextreme Tonträger „Schulhof-CD" in der Gegenwart angekommen.

1. Statt primitiver Hetze gegen Nichtdeutsche erfolgt eine latente Diffamierung ausländischer Mitbürger, die für Massenarbeitslosigkeit und andere gesellschaftliche Gegenwartsprobleme verantwortlich gemacht werden.
2. Statt einer Glorifizierung des NS-Staates präsentiert die CD Anlaufstellen des Rechtsextremismus als bessere Alternativen zu einer gescheiterten Demokratie. Das demokratische Deutschland wird als „Scheindemokratie", „Büßerrepublik", „korruptes System" etc. diffamiert. Der Jugendliche ist also angehalten selbst zu erkennen, dass der Rechtsextremismus die bessere Alternative ist.
3. Während auf traditionellen rechtsextremen Tonträgern immer wieder das arische Herrenmenschendenken des NS-Staates und die „White Power" besungen werden, kommt derlei Gedankengut in den Liedern der Schulhof-CD im Gewand einer germanophilen Nordlandschwärmerei daher. Im 14. Song, „Im Schatten der Esche", wird gefragt: „Germanenmensch, wann kommt Deine Zeit." Dazu ist von der „nordischen Bestie" die Rede, die wieder erwacht. Diese Bestie jedoch steht als Symbol für rechtsextremes Rassedenken.

Insgesamt markiert das Projekt eine neue Qualität rechtsextremer Propaganda und entspricht hiermit auch der Einschätzung des bayerischen Verfassungsschutzes:

> „Mit dieser Initiative versuchten Rechtsextremisten erstmals, offensiv und in großer Zahl außerhalb der Szene stehende Jugendliche anzusprechen, um bei diesen Interesse an rechtsextremistischer Musik und darüber hinaus auch an der entsprechenden Ideologie zu wecken.“[900]

Seit 2005 wird die CD immer wieder verteilt. Beispielhaft hierfür steht eine Aktion am 6. August 2005 in Lohr am Main oder am 9. August des selben Jahres in einem Getränkemarkt in Marktheidenfeld.

Inspiriert durch die öffentliche Aufmerksamkeit, die das erste Schulhof-Projekt auf sich ziehen konnte, nutzte 2006 auch die NPD eine „Schulhof-CD" im Landtagswahlkampf von Mecklenburg-Vorpommern. Der Tonträger bekam den provokanten Namen „Hier kommt der Schrecken aller linken Spießer und Pauker". Im Rahmen einer sogenannten „Jugendkampagne" veranstaltete die NPD am 5. September 2006 einen Aktionstag, „an dem cirka 15.000 CDs vor allen an Gymnasiasten und Berufsschüler verteilt wurden"[901]. Bedenkt man, dass die NPD bei den Wahlen unter den 18- bis 24-Jährigen insgesamt 17 Prozent der Wählerstimmen erreichen konnte, kann die gezielte Ansprache Jugendlicher durch CDs durchaus als erfolgreiches Instrument rechtsextremisticher Agitation bewertet werden. Bereits im Jahr 2005 verteilte die NPD den selben Tonträger an diversen sächsischen Schulen, während des „Tages der Sachsen" in Döbeln und zur Wahlkampfabschlussveranstaltung zur Bundestagswahl in Mehltheuer.[902]

Eine weitere Schulhof-CD mit dem Titel „Rock gegen Oben" brachte im Jahr 2006 der bayerische Landesverband der „Jungen Nationaldemokraten". Inzwischen gehören Schulhof-CDs wohl zu den wichtigsten Andockstellen der Rechtsextremisten bei Schülern.

---

900 Verfassungsschutzbericht des Landes Bayern 2005, S. 139
901 Verfassungsschutzbericht des Landes Hamburg 2006. Hamburg Juni 2007, S. 218
902 Verfassungsschutzbericht des Freistaates Sachsen 2005, S. 35

4.6. Rechtsextremisten – und wie man sie erkennt

Symbole und Codes

Im Zusammenhang mit den vielfältigen Verboten von Symbolen, die an die nationalsozialistische Terrordiktatur und illegale Neonazivereine erinnern, ist eine ganze Palette von Zeichen entstanden, mit denen sich Rechtsextremisten zu erkennen geben und aus denen sie ihre Identifikation ziehen können. Neben Buchstaben-abkürzungen werden immer häufiger auch Zahlenkombinationen benutzt, um Gemeinschaftlichkeit auszudrücken.

18 – Die Zahlenkombination steht für den ersten (=A) und den achten (=H) Buchstaben im Alphabet und bedeutet Adolf Hitler.

88 – Die Zahlenkombination steht für zweimal den achten Buchstaben im Alphabet und wird in der rechtsextremen Szene als Synonym für „Heil Hitler" verwendet. Das Symbol taucht immer wieder auch auf T-Shirts und Aufklebern auf.

14 Words – Die Losung steht für die Worte des amerikanischen Rechtsterroristen David Lane: „We must secure the existence of our race and a future for white children." Das Logo taucht nicht nur auf Aufklebern rechtsextremistischer Parteien auf, sondern wird auch subkulturell vielfach verwendet. Beispielhaft hierfür steht das Lied „Fourteen Words" der Skinhead-Band *Centurion*[903] oder der Titel „14" der Gruppe *Halgadom*.

1347 – Die Zahlenkombination steht für „Mit deutschem Gruß".

192 – Die Zahl bedeutet „Adolf is back".

28 – Hinter der Zahl verbirgt sich der Code der in Deutschland verbotenen neonazistischen Skinhead-Organisation *Blood and Honour*. Die Zahl taucht immer wieder in Szenegeschäften auf T-Shirts und CDs auf. Beispielhaft hierfür sind Angebote des Szenevertriebs *V7 Versand*, der T-Shirts mit der Zahlenkombination im Repertoire hatte.

---

903 Innenministerium des Landes Mecklenburg-Vorpommern: Rechtsextremistische Subkulturen, Rostock April 2006, S. 64

C 18 – Steht für die rechte Terrororganisation *Combat 18* = „Kampf Adolf Hitler", die in Deutschland verboten ist. Die aus England stammende Gruppierung wurde 1992 als militanter Zweig der *British National Party* gegründet und spaltete sich 1993 ab. International wird die Gruppe für diverse Gewaltaktionen wie das Versenden von Briefbomben verantwortlich gemacht und hat in der Szene Vorbildcharakter. Nach Erkenntnissen des Verfassungsschutzes genießt sie „insbesondere unter gewaltbereiten Rechtsextremisten in der Bundesrepublik Deutschland [...] hohe Anerkennung".[904] Politisch strebt die Gruppe einen Staat an, in dem „weiße Arier" frei von multikulturellen Einflüssen leben können.

ZOG – Die Buchstabenkombination manifestiert die rechtsextreme Verschwörungstheorie einer unsichtbaren jüdischen Geheimregierung, die im Dunklen die Macht in den Händen hält und steht für „Zionistic Occupied Government".

Rahowa – Die Abkürzung steht für „Racial Holy War" (Rassistischer Heiliger Krieg) und wird primär von amerikanischen Rechtsextremisten genutzt. Geprägt wurde der Ausruf „Racial Holy War" von dem Amerikaner Ben Klassen und steht für dessen Konzept des heiligen Rassenkrieges. Soziale Veränderungen sind nach Ansicht Klassens nur durch den bewaffneten Kampf gegen die sogenannten „nichtarische Rassen" und deren Vernichtung zu erreichen.

JdF – Findet sich häufig auf Briefen und wird analog zur Zeitrechnung „nach Christi Geburt" ab dem Geburtsjahr von Adolf Hitler 1889 gerechnet. Präzise steht JdF für „Jahr des Führers".

AYAK – Ist eine Buchstabenkombination die vom KuKluxKlan als Erkennungszeichen genutzt wird. Steht für die Fragestellung: „Are you a Klansman?"

AKIA – Die szeneintern korrekte Antwort auf „AYAK" ist „AKIA", was für „A Klansman I am" steht.

---

904   Verfassungsschutzbericht des Landes Sachsen-Anhalt, Magdeburg 2003, S. 9

Darüber hinaus existieren wichtige Symbole, die ebenfalls fast allgegenwärtig in der Szene präsent sind:

Schwarze Sonne

Dieses Zeichen gehört zu den wichtigsten Symbolen der esoterisch geprägten rechtsextremen Szene. Es taucht u.a. auf Anstecknadeln, Arm-
banduhren, CD-Covern oder Internetseiten auf und steht im NS-Kon-
text für die SS des Heinrich Himmler. Besonderer Beliebtheit erfreut
sich die Schwarze Sonne auch im rechtsextremistischen Teil der Dark-
Wave-Szene. Entgegen zahlreicher Beteuerungen, die „Schwarze Sonne"
sei ein historisches Symbol aus dem Germanentum oder der Ariso-
phie, ist das Logo eindeutig als „Kunstprodukt der SS" aufzufassen.[905]

Eisernes Kreuz

Das Eiserne Kreuz ist ein als Kriegsauszeichnung verliehener Orden in
Form eines silberumrandeten schwarzen Kreuzes. Obwohl dieses Symbol nicht auf eine rein rechtsextreme Bedeutung reduziert werden darf,
ist es auf Kleidungsstücken und Fahnen der Szene sehr gebräuchlich.

---

905 Agentur für soziale Perspektiven (asp e.V.) für den SPD-Landesvorstand: Versteck-
    spiel: Lifestyle, Symbole und Codes von neonazistischen und extrem rechten Grup-
    pen, o.O. März 2005, S. 7

Reichsadler

Der Reichsadler befand sich im Wappen des Deutschen Reiches und war das Hoheitszeichen des NS-Staates. Da die Verwendung des Reichsadlers als Zeichen nicht strafbar ist, wird dieser gerne von Rechtsextremisten in vielen Varianten verwendet und soll in der Regel eine nationalistische Gesinnung anzeigen. Dagegen ist es in der Rechtsprechung umstritten, ob und inwieweit das Verwenden eines mit Hakenkreuz versehenen Reichsadlers strafbar sei. Zahlreiche der NSDAP angeschlossenen Verbände wie der *NS-Rechtswahrerbund*, der *Reichsbund der Deutschen Beamten*, der *NS Reichsbund für Leibesübungen* oder der *Reichsbund Deutsche Familie* enthielten ebenfalls den Reichsadler in ihren Emblemen enthalten.

In die Mitte der Gesellschaft
Insgesamt lassen sich vier Schwerpunkte beobachten, die Rechtsextreme als Hilfsmittel zur Unterwanderung der Gesellschaft benutzen und wodurch insbesondere Jugendliche und junge Erwachsene geködert werden sollen:

1. Rekrutierungsformen in Zusammenarbeit mit Sozialarbeit: Hier ist es inbesondere die NPD, die mit Hausaufgabenhilfe oder mit kostenlosen Rechtstipps für Hartz-IV-Betroffene wirbt.[906]
2. Freizeitorientierte Formen der Rekrutierung: Kameradschaften und auch die NPD organisieren regelmäßig Fußballturniere, Zehnkämpfe, Ritterfeste und Wanderungen.[907]

---

906 Rainer Fromm / Barbara Kernbach Moderne Nazis, Filmproduktion im Auftrag des „FWU – das Medieninstitut der Länder", Grünwald 2007; ARD-Magazin „Fakt", 1.8.2006
907 vgl. ARD-Magazin „Fakt", 1.8.2006

3. Völkische Inhalte und Lebensentwürfe verankern sich bei Jugendlichen umso mehr, je mehr diese nicht nur politisch, sondern auch emotional transportiert werden. Aus diesem Grund sind Musikveranstaltungen heute von elementarer Bedeutung für die Rekrutierungspraxis rechtsextremistischer Gruppen.
4. Familienorientierte Formen der Rekrutierung: Familienfeste, Hüpfburgen, Krabbelgruppen. Mit diesen Angeboten zeigen Rechtsextremisten ihre inhaltliche Absicht nur sehr niederschwellig. Im Vordergrund steht die Etablierung rechter Politiker vor Ort und damit eine sehr langfristige Strategie der Akzeptanzgewinnung.[908]

Seit einigen Jahren ist besonders auf Freizeitveranstaltungen der NPD zu beobachten, dass immer mehr Bürger, die sich selbst auch als demokratisch einstufen, derlei Angebote nutzen. Und mit dem Verblassen des Schattens Hitlers schwinden auch die Tabus, die lange Zeit für braune Strukturen gegolten haben. Die rechtsextremen Ränder, die sich heute in fast allen Jugendsubkulturen bilden, sind weitaus gefährlicher als kurzfristige Wahlerfolge von NPD und DVU. Rechtsextremismus als Erlebniswelt und Moment der Identitätsstiftung ist eine Saat, die in der gesellschaftlichen Mitte aufgeht.

908   ZDF – Lockruf der NPD: Martin Cordes / Rainer Fromm, 9.8.2006

5. Gastkapitel:

5.1 Manuela Ruda:
„Dead End – Die Leidenschaft der Dunkelheit"

„Aber irgendwann, in einer stärkeren Zeit, als diese morsche, selbstzweiflerische Gegenwart ist, muss er uns doch kommen, der erlösende Mensch der großen Liebe und Verachtung, der schöpferische Geist, den seine drängende Kraft aus allem Abseits und Jenseits immer wieder wegtreibt, dessen Einsamkeit vom Volke missverstanden wird, wie als ob sie eine Flucht vor der Wirklichkeit sei – während sie nur Versenkung, Vergrabung, Vertiefung in die Wirklichkeit ist, damit er einst aus ihr, wenn er wieder ans Licht kommt, die Erlösung dieser Wirklichkeit heimbringe: Ihre Erlösung von dem Fluche, den das bisherige Ideal auf sie gelegt hat. Dieser Mensch der Zukunft, der uns ebenso vom bisherigen Ideal erlösen wird als von dem, was aus ihm wachsen musste. Vom großen Ekel, vom Willen zum Nichts, vom Nihilismus, dieser Glockenschlag des Mittags und der großen Entscheidung, der den Willen wieder freimacht, der der Erde ihr Ziel und dem Menschen seine Hoffnung zurückgibt, dieser Antichrist und Antinihilist, dieser Besieger Gottes und des Nichts – er muss einst kommen."

Friedrich Nietzsche:
„Zur Genealogie der Moral. Eine Streitschrift"

I   Die Darkwave- und Gothic-Szene
II   Satanismus und subkultureller Satanismus
III   Gibt es Überschneidungen zwischen den beiden Szenen?
IV   Rollenspiele und die virtuelle Realität – Realitätsverlust im Cyberspace (unter besonderer Berücksichtigung der Vampirkultur)
V   Fankulte – Anhänger und Sympathisanten von Serienkillern und „Kult"-Straftaten
VI   Straftaten im Gothic-Bereich und Nachahmungstaten
VII   Ein Kommentar aus autobiographischer Sicht

I. Die Darkwave- und Gothic-Szene

Die Gothic-/Darkwave-Kultur ist in den frühen achtziger Jahren aus den Wurzeln des Punk entstanden. Zu den ersten Bands gehörten u.a. Rosetta Stone, Bauhaus, Alien Sex Fiend oder Dead Can Dance.

Analog zu dem Lebensgefühl der Punkbewegung charakterisierte sich der Gothic-Stil vornehmlich durch eine Rebellion gegen Bourgeoisie und gesellschaftskonforme Anpassung. Darüber hinaus leb(t)en die Fans und Anhänger des Gothic eine individuelle Form von Kreativität, Ästhetik und personaler Unabhängigkeit.

Das schwarze Schönheitsideal ist geprägt von barocken Gewändern, Samt, Farben wie schwarz, lila, gold, Kerzenscheinromantik, dem Reiz verfallener Bauwerke und alter Kirchen, dunklen Wäldern, Mystik, tiefer Sehnsucht und Theatralik. Die weitverbreitete Vorliebe für Friedhöfe mag mit dem Gefühl für Vergänglichkeit oder auch mit dem Sinn für Dramaturgie und Tragik zusammenhängen.

Inhaltlich geht es aus meiner Sicht in der Szene zu weiten Teilen um Mystik und Mysterien, Hintergründigkeiten und die Subtilität des Daseins, Philosophie im weitesten Sinne, die Dualität von Leben und Tod, Spiritualität, Melancholie, Phantasie, Dunkelheit (m.E. auch als Metapher für Einsamkeit), aber auch die komplexen Facetten und Gefühle eines jeden Menschen jenseits von Freude und Hoffnung; das Negative, die Schattenseiten und Abgründe der menschlichen Existenz. Der Vergänglichkeit des Seins.

Auf der anderen Seite stehen Individualität, kreative Erfahrungen und das Ausleben eigener Lebensart, Abgrenzung, die Lust am Ausgefallenen bis hin zum Extremen, ferner eine Rebellion gegen die zur Schau getragene Pseudomoral der Gesellschaft.

Letztendlich treffen zwei an sich gegensätzliche Themen aufeinander, nämlich Leben und Ableben, wobei ein großer Teil der Szene doch eher lebensbejahend ist, wenn auch auf ihre eigene Art und Weise.

Heute ist die schwarze Szene in viele Teilbereiche gesplittet, für Außenstehende kaum noch zu unterscheiden. Angefangen bei dem ursprünglichen Gothic über den eher minimalistischen EBM-/Elektrostil, bei dem elektronische Klänge und – anders als beim Darkwave – eine eher sterile Atmosphäre, Stahl und Beton im Ambiente dominieren. Der S/M- und Fetisch-Bereich fließt ebenfalls in einigen Gebieten mit ein, sei es durch die Präsenz von Lack-/Leder-/Gummibekleidung und Ketten-Schmuck oder durch Partybesucher, aber auch durch einige Szenebands, die in Texten und Performances klare S/M-Neigungen nach außen tragen. Auch gibt es spezielle „Fetischpartys", wo die Besucher diese Neigungen ausleben. Hierbei vereint sich eine dunkle Atmosphäre mit dem Bizarren, Abgründigen. Es sei allerdings dahingestellt, inwieweit diese Inhalte nun tatsächlich von den Künstlern in der Realität gelebt werden oder ob sie lediglich der reinen Inszenierung und der Imagepflege dienen.

Musikalisch gibt es ferner Überschneidungen mit Metal, stilistisch nennt sich das Ganze „Doom Metal", „Goth Metal" oder auch „Wave Metal". Auch zum Rockabilly/Psychobilly haben sich mittlerweile Korrelationen ergeben, so dass es in dieser Hinsicht schwer geworden ist zu differenzieren, das Spektrum ist relativ breit.

II. Satanismus und subkultureller Satanismus

Satanismus beinhaltet eine Vielzahl von Auslegungen und sicherlich auch persönlichen Interpretationen. Bekannte Namen, die in diesem Kontext immer wieder fallen, sind u.a. Anton Szandor LaVey[909] sowie Charles Manson in Verbindung mit dem Terminus „Antichrist", wobei letzterer wohl nicht als Satanist im eigentlichen Sinne zu bezeichnen ist.

Der Satanismus in sich lehrt, dass es keinen Gott außer dem Menschen selbst gibt. Somit geht es also nicht darum, einen „Anti-Gott" zu verehren oder einer höheren Autorität zu folgen, sondern die Macht in seinem eigenen Inneren zu entdecken und diese als Gesetz und Regelwerk anzuerkennen. Wahre innere Freiheit zu erlangen und sich selbst zu verwirklichen. In der von LaVey propagierten und praktizierten Form des Satanismus (welche relativ weit verbreitet ist) geht es vor allem darum, sich in Kontemplation zu üben; der Mensch muss lernen, sich selbst zu verehren. Offenkundig geht es hier zwar nicht um direkte, physische Gewalt. Doch der hier erwähnte Satanismus ernährt sich unter anderem von Macht. Macht

---

909 Autor der „Satanischen Bibel" und Gründer der amerikanischen „Church of Satan"

kann in diesem Kontext eine gewaltige Waffe zur Manipulation von Menschen sein; somit handelt es sich hier um eine Art nicht-physische Gewalt, die stellenweise in einer deutlichen Misanthropie zum Ausdruck kommt. Menschen, die diese Macht gegen andere einsetzen, sind in der Lage, hierarchisch sich selbst zu erheben und andere zu unterwerfen.

„Es gibt keinen Gott außer dem Menschen" heißt es in der Schwarzen Bibel, und „Tue was Du willst soll sein das ganze Gesetz".

Der „wahre" Satanismus fordert keine Tier- oder Menschenopfer, so sagt es auch die *Satanische Bibel*. Allerdings propagiert er schon eine eindeutige Rücksichtslosigkeit und Anarchie insofern, als dass nach diesen Lehren jeder legitimiert ist, sein eigenes Gesetz zu kreieren, was ein Miteinander faktisch unmöglich macht. Darüber hinaus gibt es freilich noch eine Reihe anderer Interpretationen des Satanismus, die deutlich mehr aktive Gewaltbereitschaft an den Tag legen.

In diesem Sinne müsste der Satanismus *jede* Handlung eines Menschen rechtfertigen, ist diese doch aus dem freien Willen entstanden und somit rechtmäßig.

Das Christentum und dessen Symbolik wird negiert, indem z.B. christliche Sinnbilder ins Gegenteil verkehrt oder zerstört werden, siehe gestürztes Kreuz allegorisch für den Satanismus. Wie weit diese Pervertierung von Symbolen geht, hängt wohl von jedem „Gläubigen" und dessen Definition des Satanismus ab. Der eine trägt ein Pentagramm zur Schau und äußert sich auf diesem Wege indirekt, der andere zündet als aktives Glaubensbekenntnis die nächstgelegene Kirche an.

In einigen Bereichen des Black Metal spielt der Satanismus eine mächtige Rolle. In Lyrics und Schriften einiger Bands wird in militanter Form dazu aufgefordert, das Christentum und die damit verbundenen (judäo-)christlichen Wurzeln der Gesellschaft systematisch auszumerzen, den „Sieg des Stärkeren" zu erringen.

Diese selbsternannten Satanisten definieren sich über die Agitation von Hass und Gewalt und ein paar von ihnen sind bereit, all das zu vernichten, was nicht ihrem Weltbild und Werteverständnis entspricht, sei es verbal oder in der Tat. Oftmals finden sie Anhänger, die ihrem Vorbild folgen und in ihrem Sinne, oder übergeordnet – im „Namen Satans" –

unbeschreibliche Delikte begehen. Dazu muss gerechterweise gesagt werden, dass eine Band oder ein Songtext allein noch keinen Straftäter hervorbringt; für labile, beeinflussbare Menschen kann der Konsum von solch grenzwertigem Material allerdings fatale Folgen haben.

Satanismus kann ebenso Überzeugungstäter hervorbringen wie auch eine Alibi-Funktion darstellen für ausagierte Gewalt gegen andere, gegen Gegenstände oder auch gegen den Betroffenen selbst.

Es hat in der Vergangenheit eine Vielzahl von „satanistisch" motivierten Straftaten gegeben, von Brandstiftungen und Vandalismus bis hin zu, teils schweren, Körperverletzungen und sogar Tötungsdelikten. Hierbei handelte es sich teilweise um extreme, militante Gruppierungen, teilweise um Einzeltäter. Die jeweiligen Ermittlungen ergaben, dass in vielen Fällen die eigene Auslegung des Satanismus eine bedeutende Rolle spielte. Diese wiederum ist geprägt worden durch subjektive Interpretation des Themas und eine Überidentifikation.

Bei den Tätern handelt es sich entweder um sehr labile Persönlichkeiten oder aber um Menschen, die eine ausgeprägte Aggressivität und kriminelle Energie in sich tragen, die sich auf dem Gebiet des Dunklen, „Bösen" kanalisiert.

> „Nach meiner Überzeugung (…) ist die Apokalypse in erster Linie ein inneres, ein spirituelles Ereignis, und nicht so sehr eine Katastrophe, die sich in der Außenwelt vollzieht."
>
> *Donald Tyson: „The Enochian Apocalypse"*

Viele Jugendliche, die sich mit Pentagrammen und umgedrehten Kreuzen schmücken, mögen sich wahrscheinlich primär des Schockeffektes bedienen, den ein solches Symbol mit sich bringt. Der eigentliche Grundsatz bzw. die Bedeutung dahinter ist oft zweitrangig: was zählt, ist die plakative Wirkung auf die Umwelt, ein Ausdruck von Rebellion und Auflehnung, des „Anders-Seins". Viele der Jugendlichen, die sich selbst als „Satanisten" bezeichnen, bringen auf diese Weise eine gewisse Orientierungslosigkeit zum Ausdruck. Gerade in der Phase der Adoleszenz kann die Suche nach dem eigenen Ich und der Selbst-Definition, der Prozess der Ablösung so in Erscheinung treten.

Bei vielen entpuppt sich diese Haltung als vorübergehendes Phänomen, das sich spätestens im Laufe einer Entwicklung von neuen Werten
und Zielen wieder verflüchtigt und somit als Phase angesehen werden
kann. Andere jedoch finden diese Abgrenzung nicht und es kommt zu
einer tieferen Identifikation mit der Thematik.

III. Gibt es Überschneidungen zwischen den beiden Szenen?

Ernstzunehmender Satanismus hat in den meisten Fällen nichts mit der
Gothic-Szene zu tun, wo in vielen Bereichen der Aspekt der Pose oder des
Images im Vordergrund steht. Ein „wahrer" Satanist definiert sich für gewöhnlich nicht durch schwarze Gewandung oder demonstrative Kreuze,
sondern agiert eher im vor der breiten Öffentlichkeit Verborgenen.

Sicherlich ist es nicht von der Hand zu weisen, dass es durchaus einige Parallelen gibt zwischen dem einen und dem anderen. So werden in
der Gothic-Szene oft Symbole verwendet, die analog auch im satanistischen Kontext in Erscheinung treten. Das Magische, Mystische spielt
nun ebenfalls eine Rolle in der Gothic-Bewegung, so wie auch die Faszination für das Dunkle, Abgründige. Wenngleich auch der Großteil der
„harmlosen" Gothics auf keinen Fall mit Satanismus in Verbindung gebracht werden will, so ist der Grat zwischen ungefährlicher subkultureller Aktivität und einem Abgleiten in ernstzunehmendere Dimensionen
doch recht schmal.

Mir liegt es fern, alle vorgenannten Erscheinungsformen in einen
Topf zu werfen. Es geht nicht darum, ungerechtfertigt diejenigen zu
stigmatisieren, die für sich eine individuelle Lebensweise gefunden haben und damit glücklich werden, ohne jemals sich selbst oder einen anderen auf irgendeine Art und Weise zu schädigen. Leider gibt es genügend Fälle, wo die Grenzen eingebrochen sind und eine Überschneidung
stattgefunden hat, von unbedenklichem Gothictum hin zu wirklich ma-
lignem Satanismus.

Ein Paradoxon in sich ist die Behauptung, dass die komplette Gothic-
Szene sich strikt distanziert von jeglicher Form des Satanismus. Es gibt
genügend Belege, dass dem nicht so ist. Angefangen bei dem Kokettieren
mit diversen Darstellungen oder Wortkreationen, die in der Interaktion

mit dem Okkulten geläufig sind oder dem Gebrauch bestimmter Zeichen und Bilder. Ein synonymer Vergleich hierzu wäre die Entwicklungsgeschichte des Swastika. In seiner ursprünglichen Bedeutung galt es als etwas Positives, als Symbol für Leben. Seit der Verwendung durch die Vertreter des Nationalsozialismus hat sich aber eine andere Bedeutung in das öffentliche Bewusstsein geprägt – das Swastika wurde zu dem Symbol Hitlers und seiner Gefolgschaften: dem *Hakenkreuz*. Diese Bedeutung nimmt den Großteil der kollektiven Betrachtung ein. Wenn sich nun jemand, der sich an den Ursprüngen orientiert, mit einem Swastika schmückt, sollte er sich bewusst sein, dass es gegenläufig Menschen gibt, die dasselbe Symbol tragen, aber einer ganz anderen Ideologie folgen. Ferner, dass er Gefahr läuft, dem Vorurteil „Nazi" ausgesetzt zu sein.

So kann man diese These auch auf okkulte Symboliken projizieren – es mag durchaus sein, dass das Gros der Gothic-Fans beispielsweise das Pentagramm trägt mit den Ansinnen einer vergleichsweise „harmlosen" Bedeutung; jedoch sollte analog im Bewusstsein bleiben, dass es bei aller Distanz Menschen gibt, die die Symbolik andersartig verwenden. Es ist doch wirklich verwirrend, wenn jemand behauptet, ein totaler Gegner eines Phänomens zu sein und gleichzeitig aber dessen Symbolik verwendet, wenn auch in eigener Interpretation, ungeachtet des bipolaren Formats. Entweder handelt es sich hier bei um einen Akt totaler Selbstverleugnung oder aber um eine Bagatellisierung des Themas unter unzureichender Berücksichtigung vorhandener Fakten.[910]

Es wäre zumindest ehrlich, einzugestehen, dass es Bereiche gibt, in denen sich eben doch die beiden Bereiche ein Stück weit überschneiden. Überdies, dass es (vorwiegend junge, noch nicht vollständig ausgereifte) Menschen gibt, die die Grenzen eben nicht klar erkennen und somit Gefahr laufen, sich in eine falsche Richtung zu entwickeln – unter der Inspiration des Dunklen, als Synonym für „das Böse", hier zu verstehen als Vollzug zweifelhafter Riten und vollzogener Gewalt bzw. Autoaggression.

---

910 In dem Fall mangelnde Beachtung vorhandenen Gefährdungspotentials bzw. einer Gefahr der negativen Inspiration durch das gewählte Thema.

In dem Kontext sollte erwähnt werden, dass es in der Vergangenheit eine Reihe von Straftaten gegeben hat, die nachweislich von Zugehörigen der Gothic-Szene verübt worden sind.[911]

IV. *Rollenspiele und die virtuelle Realität – Realitätsverlust im Cyberspace (unter besonderer Berücksichtigung der Vampirkultur)*

„Wer mit Ungeheuern kämpft, mag zusehen, dass er nicht dabei zum Ungeheuer wird. Und wenn du lange genug in den Abgrund blickst, blickt auch der Abgrund in dich hinein."

Friedrich Nietzsche

Eine weitere, recht verbreitete Erscheinungsform in der Dark-Szene ist das Rollenspiel. Hierbei unterscheiden sich Live-Rollenspiele und virtuelle Rollenspiele (teils allein, über den PC vernetzt mit anderen Spielern oder als Spielergemeinschaft im Rahmen von sog. LAN-Partys).

Live-Rollenspiel-Events finden oftmals an außergewöhnlichen Schauplätzen, wie alten Schlössern oder Ruinen, statt. Die Spiele finden nicht virtuell statt, sondern werden live organisiert, um die Atmosphäre real nachzuempfinden.

Die wenigsten Live-Gamer ordnen allerdings ihr normales Leben dem Spiel unter. Im virtuellen Bereich gibt es zahlreiche Rollenspiele, die in der Szene gängig sind. Eines der bekanntesten ist wohl „Vampire – The Masquerade". Es hat seit vielen Jahren Kultcharakter. Zu diesem Spiel gibt es diverse Chatrooms und Foren, in denen sich die Spieler kennenlernen und austauschen. Zudem haben sie dort die Möglichkeit, neue virtuelle Koterien, d.h. Spielergemeinschaften zu formieren.

Gerade Mitglieder der „Vampir-Koterie" gehören nicht selten auch der Gothic-Szene an. Ich möchte an dieser Stelle explizit auf „Vampire" und die Verbindung der Szene mit der Vampirthematik eingehen, denn hier gibt es die meisten Verknüpfungen zwischen Fakt und Fiktion, mehr als bei anderen Fantasy-Spielen.

---

911 s. auch „Straftaten im Gothic-Bereich und Nachahmungstaten"

Jeder definiert im Grunde seinen Vampirismus für sich selbst. Es kann sich um einfache Fans der Vampirliteratur- oder -Filmwelt handeln, um Gothics, bei denen die ohnehin vorhandene Vorliebe für dunkle Romantik und barocke Gewänder mit dem Vampirbegriff zusammentrifft – oder um richtiggehend Vampirgläubige mit der Überzeugung, Vampire seinen real existent.

In diesem Grenzbereich wird es gefährlich, wenn dieser Glaube bei entsprechend disponierten Menschen derart ausgeprägt ist, dass es zu einer realen Identifikation mit der Figur des Vampirs kommt. Bei einer solchen Person wird das häufige Spielen eines solchen Rollenspiels den Glauben noch verstärken bzw. den Realitätsverlust noch begünstigen. Das eigentliche Spiel wird zu einer Parallelwelt, der angenommene Charakter im schlimmsten Fall in das wirkliche Leben transferiert.

Viele „Vampyre"[912] erscheinen autonom, doch gerade in den letzten Jahren sind vermehrt Zirkel, Gruppierungen und „Coven" entstanden, wo sich Personen, vielfach auch zugleich Mitglieder der Gothic-Szene, zusammengeschlossen haben, die den vampiristischen Lebensstil für sich etabliert haben. Dies beinhaltet aber in vielen Fällen nicht nur ein reines Beisammensein in barocker Kleidung, sondern auch das kollektive Trinken von (menschlichem) Blut sowie die Ausübung anderer, bedenklicher Praktiken. Innerhalb einer solchen Community herrscht eine bestimmte Hierarchie (d.h. „Älteste" haben für gewöhnlich die jungen „Vampire" einzuweisen, wodurch sie gegenüber den Neuankömmlingen Macht ausüben können). Darüber hinaus besteht die Gefahr einer langfristigen, totalen Polarisierung – Menschen stehen den Vampyren diametral gegenüber. Entweder entwickeln sie sich aus dem Blickwinkel des Vampyrs zu einer fremden Rasse, mit der man wenig gemein hat, oder aber sie entarten in eine reine Opferrolle. Zwar existiert, sowohl in Schriften als auch in den einschlägigen Internet-Foren, der Grundsatz, dass der Konsum von Menschenblut prinzipiell nur in *gegenseitigem*

---

912 Anmerkung: Durch die abgeänderte Schreibweise („Vampyr" statt „Vampir") wollen sich die „echten" Vampire von den „normalen" Menschen abgrenzen. Dadurch geben sie sich in Foren und Chatrooms zu erkennen. Wer den Unterschied kennt, weiß, dass es sich bei dieser Formulierung um einen „echten" Vampir handelt.

Einvernehmen vonstatten gehen darf/soll; auf der anderen Seite ist fast
ebenso oft von den „Jägern der Nacht" die Rede, vom „Jagen" und von
manipulativem Verhalten, das die „Gebenden" praktisch auf subtile,
teils auch sexuelle geprägte Weise dazu überredet, sich Blut entnehmen
zu lassen. Unter diesem Aspekt ist es mit der Freiwilligkeit wohl nicht
allzu weit her. Weiter erscheinen die Grenzen zwischen der Realität, der
Auslebung des Trinkens und Verletzens und der Fiktion sehr dünn.

Die (Blut-)Gebenden werden gemeinhin „Donors" oder „Sources"
genannt; somit entsteht ein objektiviertes Menschenbild; der Mensch
taugt allein als Quelle und nicht mehr als Individuum, was ihn, gerade
in den Augen eines nicht gefestigten Interessierten, schnell als ein deper-
sonifiziertes Etwas erscheinen lässt.

Gerade im vampiristischen Bereich bzw. in der Welt der „realen"
Vampyre kam es in der Vergangenheit häufig zu schweren Delikten. Als
in dem Kontext bekannt gewordene Straftäter wären u.a. Richard
Trenton Chase[913], Nicolas Claux[914] oder Peter Kürten[915] zu erwähnen.
Sie alle nahmen das Blut ihrer Opfer zu sich und behaupteten, vampiri-
scher Art zu sein. Einer dieser drei hielt bzw. hält sich in der Gothic-
Szene auf.

Die Affinität von Gothic hin zum Vampirismus (in der realen Welt)
ist ebenfalls nicht zu leugnen. Die Gestalt des Vampirs erscheint hier als
eine Art Sinnbild für dunkle Romantik, philosophischem Tiefgang und
Erotik, aber auch als ein Symbol für Tragik, Zerrissenheit und Melancholie. Die Sehnsucht hiernach spiegelt sich in vielen Kontaktanzeigen
in den dunklen Szenemagazinen wider, deren Verfasser sich vielfach
vampirischer Lyrik bedienen. Teilweise werden auf diesem Wege auch
vampirische Pendants gesucht; offen bleibt allerdings, inwieweit diese
Phantasien nun ausgelebt werden wollen. Oft verlässt die Faszination
auch hier die Ebene der Fiktion. Gerade für junge, unerfahrene Menschen ist es schwierig zu unterscheiden, ob sie es mit einem friedlichen

---

913 USA; sogenannter „Vampire of Sacramento"
914 Frankreich; sogenannter „Vampire of Paris"
915 Deutschland; sogenannter „Vampire of Düsseldorf"

Vampirfan zu tun haben, der lediglich das extravagante Flair liebt, oder ob sie sich möglicherweise auf eine Situation einlassen, die sie nicht mehr zu kontrollieren in der Lage sind.

Ferner kann der Vampirismus einen idealen Deckmantel darstellen für Personen, die auf diese Art, unter der Vorgabe, ein Vampyr zu sein, eine vorhandene Hämatodipsie[916] oder aber ihre Machtphantasien mit mehr oder weniger willigen Opfern ausleben wollen.

In diesem Bereich gibt es viele Unterkategorien, unübersichtlich vielfältige Subkulturen und Facetten innerhalb der Subkultur, so dass es schwierig ist, den Überblick zu behalten und zu differenzieren. So liegt zum einen die Gefahr nahe, dass instabilere Personen irgendwann bei intensiver Beschäftigung mit der Materie einem totalen Realitätsverlust anheim fallen und nicht mehr in der Lage sind, die Situation zu steuern; zum anderen kann es gerade für Jugendliche in problembelasteten Lebenssituationen gefährlich werden, in einen „Kreis" zu geraten, aus dem sie sich selbst nicht mehr abgrenzen können.

Ein weiteres, bedenkliches Feld in der virtuellen Kultur sind die sogenannten „Selbstmordforen", die im Internet starken Zulauf finden. Aus meiner Sicht ist es für (junge) Menschen, die depressive Züge oder sogar ausgeprägte suizidale Tendenzen aufweisen, absolut fatal, eine solche Seite zu besuchen und dort in ihrer Todessehnsucht noch bestärkt zu werden von anderen, ähnlich Veranlagten. Sie haben dort die Möglichkeit, über verschiedene Arten des Freitodes zu diskutieren, über deren Anwendung und Effektivität, sie lernen Gleichgesinnte kennen und können auf diesem Wege ihre Tristesse und Lebensunlust noch kultivieren. Sogar regelrechte Verabredungen zum Sterben sind auf diesen Seiten bereits getroffen worden. Die User tragen Namen wie „Trauerkind", „Doom", „EngelDerNacht", „Dr. Death", aber auch „GothWing" sowie Namen von Gothic-Bands; diese Nicks[917] lassen zumindest eine periphere Zugehörigkeit zur Gothic-Szene vermuten.

---

916 d. h. Blutfetisch; bei den Betroffenen zeigt sich sexuelle Erregung ausschließlich bei der Präsenz von Blut

917 engl. „nickname" = Spitzname/Pseudonym

V. Fankulte – Anhänger und Sympathisanten von Serienkillern und „Kult"-Straftaten

Die Vergangenheit hat bereits mehrfach eindrucksvoll gezeigt, dass es diverse Serienmörder gibt, die sich einer enorm großen „Fangemeinde" erfreuen. Diese Täter sind durch ihre extrem gewalttätigen und dadurch auch medienwirksamen Taten zu Berühmtheiten geworden, die vor allem viele Jugendliche mit ihrer Präsenz in den Bann ziehen. Zu den bekanntesten gehören Richard Ramirez, John Wayne Gacy, Jeffrey Dahmer, Charles Manson, Ted Bundy, sowie die oben genannten, Nicolas Claux, Richard Trenton Chase und auch der Deutsche Peter Kürten.

Diese Täter besitzen allesamt eine große Anziehungskraft auf labilere Menschen. Dieser Fankult hat in der Vergangenheit zum Teil seltsame Blüten getrieben. Einige der Delinquenten haben/hatten richtiggehende „Autogrammadressen"; Briefe von ihnen aus den Gefängnissen werden teilweise hoch gehandelt oder als Trophäen gesammelt; von ihnen gemalte Bilder werden nach wie vor zu horrenden Preisen im Internet versteigert. In den USA gibt es ganze Reihen von Sammelbildchen mit den Photos und Steckbriefen von Serienkillern. Es werden also teilweise Straftäter, die extrem schwere Verbrechen begangen haben, wie Helden gefeiert und um sie herum hat sich ein Kultstatus aufgebaut, der seinesgleichen sucht.

Gerade die Täter, die den Charakter des Dämonischen, auch Vampirischen zur Schau tragen, finden bei einigen Fragmenten der Gothic-Szenen auffallenden Anklang.

Was mag jedoch in einem Menschen vorgehen, der z. B. einen Charles Manson als sein persönliches Vorbild betrachtet?

Infantil-retardierte Persönlichkeiten mögen in einem solchen Täter eine Art „Übermenschen" sehen, eine Autorität mit einer Macht, die sich sogar über das Leben an sich erstreckt. Er verkörpert in ausgesprochenem Maße den Typus des „Starken", Dominanten, und der Kontakt mit ihm kompensiert zunächst in hohem Maße die eigenen Schwächen. Er stellt ferner eine Person dar, die aus dem gesellschaftskonformen Rahmen ausgebrochen ist, die entgegen der an sie gerichteten Erwartungen gehandelt und darüber hinaus ihr eigenes Gesetz vertreten hat. Dem gegenüber steht nun der Charakter, der genau das als begehrenswert betrachtet. Die vermeintliche „Freiheit", die Schrankenlosigkeit imponiert ihm. In gewisser Weise kommt es zu einer Identifikation mit dem Täter, der, vielleicht „stellvertretend" für ihn seine eigenen verbotenen Triebe ausgelebt hat, denn er ist exhibitionistisch, kränkend, beleidigend, begeht Regelbruch und verletzt, und nimmt somit eine „negative Vorbildfunktion" für die eigenen latenten Triebe bzw. Triebwünsche ein.

Oftmals handelt es sich bei den „Fans" um Persönlichkeiten ohne feste, innere, autonome Wertungsinstanzen und die geprägt sind von minderwertigem Selbstbewusstsein, oder aber um sehr junge, ungefestigte Menschen. Menschen, die die Publizität des betreffenden Delinquenten unreflektiert beeindruckt. Der Täter wird idealisiert, die eigentliche begangene Anlasstat desjenigen wird entweder total ausgeblendet oder aber als Bestätigung besonderer Stärke uminterpretiert. Ein gewisses Niveau von Aufregung und Spannung, die in diesem Falle die Beschäftigung mit dieser mysteriösen Person mit sich bringt, soll aufrechterhalten werden, vermutlich als Gegenpol zu der eigenen inneren Leere und Hilflosigkeit. Eigene Aggressionen, Ängste oder Unzulänglichkeiten werden auf das Bild des einsitzenden Täters projiziert. Kommt ein beidseitiger Austausch zustande, kann es bei der Person, die den Kontakt zu ihm sucht, zu einer Übernahme von falschen Idealen kommen, so sie dessen Wertvorstellungen internalisiert; dies mag unter Umständen auch Auswirkungen auf das eigene Lebensumfeld und die soziale Interaktion der Person haben, die sich mit dem Straftäter und dessen Weltanschauung identifiziert.

Gerade wenn von praktiziertem Satanismus die Rede ist, finden unweigerlich auch Straftaten mit (vermeintlich) satanistischem Hintergrund Erwähnung. Spezifisch geht es hierbei um („Ritual"-)Mord, Körperverletzung (z.B. Mutilationen,[918] rituelle Cuttings[919] oder Inzisionen zum Zwecke der Blutgewinnung), Vergewaltigung (oftmals in sexualmagischem Kontext genannt) oder Brandstiftung (Kirchen o.ä.). Auch Kannibalismus wird in diesem Zusammenhang in letzter Zeit öfters angeführt.

---

918 Körperverstümmelungen unterschiedlichster Art
919 Das Zufügen von Schnittwunden bei sich selbst oder anderen zu unterschiedlichen
       Zwecken (engl. = to cut)

Die Boulevardmedien tun ihr übriges, diesen „dunklen" Themenbereich zu mystifizieren und machen die an sich grausamen Fakten gerade für Jugendliche zu einem spannenden Terrain. Im Internet zeigen sich auf zahlreichen „schwarzen" Seiten, die sich u. a. mit Gothic und Black Metal beschäftigen, Links zu äußerst zweifelhaften Tötungs- bzw. Suizidforen. Auch wenn die breite Masse der Gothics bzw. der Black Metaller sich davon offenkundig distanziert, es lässt sich nicht abstreiten, dass es bei vielen Menschen in diesem Bereich Verknüpfungen gibt zu eindeutig menschenverachtendem Material sowie eine Akzeptanz von militanter Gewalt.

Wenngleich auch niemand pauschal zu behaupten vermag, alle Angehörigen der schwarzen Szene seien Sympathisanten von Gewalt und Satanismus, so liegt doch zumindest die Hypothese nahe, dass sich im Umkehrschluss jene in diesen Gefilden einfinden und auch heimisch fühlen, die Gewalt und das Thema Tod als Lebensinhalt favorisieren, da sie ihre eigenen Assoziationen und Phantasien dort interpretiert finden.

„Amoklauf in Coburger Schule: F.K.[920] *interessierte sich für Satanskult..."* – ein Beitrag auf der Webseite www.satanshimmel.de. Neun Einträge später kann der geneigte Leser die Anwendung des „Rituals zur schädigenden Hexerei" erlernen. Darüber hinaus Flüche, Schadenszauber und Dämonenbeschwörung, „Die Schwarze Messe", als krönender Abschluss dann eine „Friedhofs-Totenbeschwörung". Zitat der Startseite: „Diese Seite wurde erstellt für jene, die sich ernsthaft der Schwarzen Magie widmen wollen. Vorurteilsbehaftete und Kleingeistige sollten an dieser Stelle die Seite verlassen: Sie werden nur in Finsternis tappen und entrüstet sein. Man beachte unbedingt, dass die beschriebenen Rituale nicht gefahrlos sind und somit ungeeignet für diejenigen, die nicht auf fester Grundlage unerschrockenen Geistes stehen. Wer nicht alles genau beachtet, wird bald feststellen, wie leicht etwas zu seinem Nachteil ausschlagen kann (...)"

An anderer Stelle heißt es dann relativierend: „Die dargestellten Rituale dienen lediglich der Information (...) An keiner Stelle wird dazu aufgerufen, diese durchzuführen. Für Schäden, die aus der Nutzung solcherart dargebotener Informationen entstehen, wird keine Haftung

---

920 Name des Täters gekürzt

übernommen." Welcher Art diese „Schäden" sein mögen, sei einmal dahingestellt. Ein solcher Hinweis ist, gerade im Hinblick auf die Präsen-
tation, nämlich mit gleichzeitiger Erwähnung von schweren Straftaten
durch von Satanismus und okkulten Themen beeinflussten Menschen,
eine absolute Farce; der warnende Hinweis stellt ganz offensichtlich
nichts weiter dar als eine Alibifunktion zur Absicherung der Seitenbe-
treiber. Davon einmal abgesehen wird die Anmoderation auf der Startseite bei vielen Jugendlichen eher das Gegenteil bewirken, nämlich ein
garantierter Klick auf den Eingang. Mit einer solchen „Warnung" wird
die Neugier geweckt und der Reiz des Verbotenen, Geheimnisvollen ent-
facht, was wiederum eher interessant als abschreckend wirkt. Ferner
werden Jugendliche, wenn sie sich in einer Gruppenkonstellation befinden, wohl kaum vor den anderen Beteiligten zugeben wollen, dass sie
nicht zu denjenigen gehören, die den unerschrockenen Geist besitzen,
sich der Sache zu stellen. Somit wirkt die Botschaft eher verleitend.

Diese Seite ist nur ein Beispiel von vielen, die Aufmachung wie viele
andere zu dem Themenbereich. Grenzwertiges wird verharmlost dargestellt, Menschen als Gegenstände von Ritualpraktiken und als „Feindbilder", die zu vernichten man legitimiert ist. Ihre Unschädlichmachung
durch entsprechende rituelle Praktiken hat einen objektivierenden Charakter, ferner verschwimmt die Grenze zwischen legitimer Belegung mit
Flüchen, die das Ziel hat, den Feind zu vernichten, und realer aktiver
Gewalteinwirkung, soll doch der Betroffene „nicht auszuhaltende Qual
erleiden"[921].

Ein anderes Ritual verleiht dem Exekutiven imaginär die Macht über
Leben und Tod seines Opfers.

> „ ... Dann mache man einen Spieß aus Eichenholz, steche ihn voller Wut
> durch das Abbild und wende es über dem Feuer herum wie einen Braten
> (...) Solange dieses bei dem Feuer ist, hat der Mensch, auf den es gemacht
> ist, große Angst, und wenn man es zu lange macht, muss dieser bald
> sterben."[922]

---

921 entnommen aus: „Schwarze Magie – Ein Fluch", www.satanshimmel.de
922 www.satanshimmel.de – „Ein Ritual der Bildzauberei"

Der Mensch wird metaphorisch zum „Braten" degradiert; nach gelun-
gener Vollendung seines Rituals kann man dann noch eine „satanische
Grußkarte" via E-Mail verschicken. Auf diese Weise wird ein ernstes
Thema derart verniedlicht, dass sich einem die Frage aufdrängt, wo an
dieser Stelle das Verantwortungsgefühl verbleibt.

Auch die auf dieser Seite angebotene Literatur vermittelt den Interessierten einen hohen Realitätscharakter. Es fehlt eine klare Abgrenzung
zwischen idealer Beschäftigung und realer Anwendung. Vornehmlich
geht es hier um die Beeinflussung von anderen Menschen (und somit
um Machtausübung), z. B. durch Hypnose oder Beschwörungsformeln.
Die Absichten sind oft negativer Art, „um Liebensbeziehungen zu zerstören", zur „Beeinflussung von Mitmenschen" oder, wie schon erwähnt,
zum Zwecke des „Schadenszaubers".

Die absolute Spitze stellt schließlich die Frage dar: „Kann ein Verbrechen suggeriert werden?" (durch Hypnose). Im Folgenden wird noch
die „Eignung zur Begehung von Verbrechen" diskutiert.[923]

Ein ebenfalls beträchtlicher Raum ist historischen Massenmördern
wie Gilles De Rais, Vlad Tepes oder Elisabeth Bathory gewidmet.[924] Ihre
hochgradig brutalen, sadistischen Verbrechen werden zwar offenkundig
als „verachtenswert" und krankhaft, jedoch auch erschreckend detailliert und eingängig auf vielen Webseiten geschildert. Durch die konti-
nuierliche Erwähnung und Beschreibung derartiger Gewalttaten wird
zumindest ein Integrationsprozess erzeugt.

Solange die Grenzen, gerade auch in den gängigen, frei zugänglichen
Foren, zwischen Mystik, Spiel und realer Gewalt derart verschwimmen,
Gewalttaten auf der einen Seite verdammt, auf der anderen jedoch gera-
dewegs hochstilisiert werden, so lange muss man damit rechnen, dass es
immer wieder Menschen geben wird, die sich mit dieser Gewalt identifizieren und im schlimmsten Falle ihrerseits praktizieren.

---

923 „Satanshimmel Teil 2 – Hypnoselehrgang, Hexenrituale. Anleitung zur Geister- und
      Dämonenbeschwörung"
924 vornehmlich im vampiristischen Kontext. Vlad Tepes gilt als reales Vorbild für die
      spätere Figur des Dracula; De Rais und Bathory werden im Zusammenhang mit
      ihren Taten ebenfalls als „historische Vampire" klassifiziert.

VI. Straftaten im Gothic-Bereich und Nachahmungstaten

Es ist in der Vergangenheit oft zu strafbaren Handlungen gekommen, ausgeführt von Menschen, die sich im Bereich der Gothic-Szene, auch im Kreis des Black Metal aufhielten. Hierbei mag es sich zwar jeweils um Einzelfälle gehandelt haben, jedoch weisen alle Taten im Kollektiv darauf hin, dass es unter dem Strich eine beträchtliche Anzahl von Vorfällen in den letzten Jahren gegeben hat.

In München ereignete sich vor einiger Zeit ein tragischer Vorfall. Zwei 19 und 20 Jahre alte Mitglieder der Gothic-Szene hatten versucht, einer Bekannten auf den eigenen Wunsch hin mit einem Brotmesser die Kehle zu durchtrennen. In Berichten über die Täter und deren Umfeld war u. a. von „Schwarzen Messen" die Rede. Dies ist nur ein Beispiel von vielen. Natürlich ist es für die Boulevardpresse nicht uninteressant, gerade diesen vermeintlich mystisch-okkulten Kontext besonders herauszuarbeiten und so in einem gewissen Maße die Vorgänge im Dienste der Quote zu mystifizieren, jedoch ist es definitiv Fakt, dass eine erhebliche Anzahl von Straftaten dokumentiert ist, wo Täter wie auch Opfer eine Affinität zur Schwarzen Szene aufwiesen.

Mein eigenes Delikt hatte ebenfalls in mehreren Fällen Einfluss auf andere Menschen, die sich der Schwarzen bzw. der satanistischen Szene zugehörig fühlten.

Ein Beispiel aus jüngerer Zeit: In Hamburg wurde der 20-jährige Kim B., seines Zeichens Mitglied der Gothic-Szene, von Bekannten ermordet. Die drei 19–21 Jahre alten Täter sahen sich als Satanisten; der Haupttäter bezeichnete sich gar als „Sohn Luzifers".[925] Sie verfolgten meine Gerichtsverhandlung, in den Medien bekannt geworden als „Satanisten-Prozess". Die Täter waren ganz offensichtlich fasziniert und fühlten sich inspiriert, was auch die Erkenntnisse der ermittelnden Beamten bestätigten; es wurden Videoaufzeichnungen meiner Verhandlung sowie Bildmaterial gefunden. Im Vorfeld gab es bereits Äußerungen des Haupttäters, er wolle selbst einen Menschen umbringen; man nahm seine Worte allerdings nicht ernst. Ferner behauptete er, man gelte nur

---

925 aus dem Urteil des Landgerichts Kiel

als wahrer Satanist, wenn man sich selbst oder aber einen anderen Menschen töte. Letztendlich kam es zur Tötung von Kim, der von den Tätern gefasste Plan wurde grausame Realität.

In Neubrandenburg kam es im Jahre 2002 zu einer weiteren Nachahmungstat. Ein junges Pärchen (19 und 21 Jahre) hatte einen älteren Mann zu später Stunde überfallen und mit zahlreichen Messerstichen schwer verletzt. Bei der Vernehmung gaben die beiden ebenfalls an, in satanistischem Kontext gehandelt zu haben; Satan hat die Tat befohlen. Auch in der Wohnung dieser Täter wurden an den Wänden Bilder und Zeitungsausschnitte meiner eigenen Gerichtsverhandlung gefunden.

Inwieweit nun alle diese Täter tatsächlich aus einer tiefen (satanistischen) Überzeugung handelten, sei dahingestellt. Auf alle Fälle haben sie sich in ihrer eigenen subjektiven Art mit der Aura des Dunkeln identifiziert und anderen Menschen wie auch sich selbst massiv geschadet. Möglicherweise hatte in manchen Fällen die Destruktivität, das „Böse" eine kompensatorische Funktion, einen Faktor der Aufwertung des eigenen Egos. Welche Gründe es auch immer für eine solche Entwicklung geben mag, es steht außer Frage, dass dieser dunkle, subkulturelle Teilbereich für Menschen mit labiler Persönlichkeitsstruktur eine erhebliche Gefahr darstellen kann, ferner gerade diese Personen im Umkehrschluss auch stark anzieht.

VII. Ein Kommentar aus autobiographischer Sicht

Ich denke, an vielen Stellen des vorangegangenen Referates wird meine persönliche Meinung relativ deutlich erkennbar.

Gerade für mich in meiner Position als straffällig Gewordene und ehemalige Anhängerin der Gothic- und Vampirkultur ist es stellenweise schwierig, den objektiven Blick zu behalten, ohne die eigenen Erfahrungen alleiniges Maß werden zu lassen für alle hier erwähnten subkulturellen Bereiche. Dennoch, aus einer Distanz betrachtet kann ich mir erlauben, gewisse Rückschlüsse zu ziehen, auch wenn sicher nicht jeder diesen Standpunkt mit mir teilen wird.

Ich habe mich über mehrere Jahre der Gothic-Szene angehörig gefühlt und hatte ebenso vornehmlich Interesse an der Vampir-/Vampyrkultur. Auf Umwegen führte es mich zunächst in die virtuelle Welt der Vampirfans, dann zu den „realen" Vampyren. Ich fing an, diversen Chats beizuwohnen, knüpfte einige Kontakte zu Vampyren, hauptsächlich aus dem amerikanischen Raum, und hatte einen kurzen E-Briefwechsel mit der Autorin des Buches, in dem ich die Links und Webadressen der entsprechenden Vampirseiten fand.[926]

Vampire übten eine große Faszination auf mich aus. Das Bild des Vampirs ist ein mystisches, geheimnisvolles und edles Bild. Hierbei dachte ich nicht unbedingt nur an den übersinnlichen Aspekt, sondern eher an die klassische Darstellungsweise des aristokratischen, dunkelromantischen Vampirs, wie man ihn aus den Erzählungen von Rice oder Stoker kennt. In der realen Welt damit verbunden jemand, der eben diese geheimnisvolle, mysteriöse Aura hat, den Habitus eines Vampirs und eine Leidenschaft für diese dunkle, tragische Romantik.

Der Vampir ist eine dramatische Gestalt. Er ist schön, doch nur zum Schein. Er ist tot, aber dennoch lebendig. Er befindet sich scheinbar endlos auf der Suche. Auf der Suche nach seinem inneren Frieden, im Kampf gegen die Zerrissenheit, die sein Halbleben mit sich bringt. Gegen die Melancholie und den Schmerz seiner Existenz, aber auch gegen die Verdammnis und die nie enden wollende Vereinsamung. Er ist zum Existieren verdammt, und diese Ewigkeit ist verbunden mit tiefer Einsamkeit und der Sehnsucht nach Liebe.

Er repräsentiert Dekadenz, Sehnsucht, Phantasie und Illusion, Romantik – und zugleich Verfall, Leid und Niedergang in einer Person. Im Grunde genommen steht hinter dem glänzenden Antlitz eine Seele, die Nacht für Nacht unvorstellbare Qualen erleidet. Aus damaliger Sicht stand allerdings eher die Identifikation mit der romantisch-theatralischen Seite im Vordergrund. Die anderen damit verbundenen Facetten waren mir nur sehr unreflektiert bewusst, ferner deren Bedeutung in Bezug auf meine eigene Person.

---

926 Literaturhinweis: Katherine Ramsland, „Vampire unter uns"

Ich fing an, mich mit sämtlichen Seiten, Foren bis hin zu reellen Stu-
dien zu dem Thema[927] auseinanderzusetzen. Ich lernte u. a. die Unterschiede zwischen psychischen und sanguinen[928] Vampiren sowie deren
Erscheinungsformen. Ich hatte zwar aus kognitiver Sicht ein paar Schwie-
rigkeiten, mir vorzustellen, dass es neben dem Menschen eine real exis-
tierende Rasse von „Lebewesen" geben soll, aber diese faktisch-kritischen
Überlegungen konnten der Sache ihren Reiz dennoch nicht nehmen.

Die „Verwandlung" von dem vormaligen Dasein hin zu dem vampirischen hatte etwas von dem Vorgang der Metamorphose. Meine Zweifel
in Bezug auf die tatsächliche Existenz von realen Vampiren hatte ich in
gewisser Weise zu den Akten gelegt, ganz nach dem Prinzip „Was nicht
passt, wird passend gemacht", d. h. die Phantasievorstellung und das
Rollenspiel war über den reellen Zweifel erhaben. Ich wusste natürlich,
dass ich weder unsterblich war noch flugtauglich, doch das Flair, die
Atmosphäre des Vampirdaseins besaß für mich nichtsdestotrotz eine
starke Anziehungskraft.

Durch meine intensive Anbindung an die Internetpräsenz der Vampire und die starke Identifikation mit der Rollengestalt, die ich reprä-
sentierte, begannen im Laufe der Zeit einige vormals klare Grenzen zu
verschwimmen. Die Realität begann, hinter einer Traumwelt zu verblassen. Der Kontakt zu den anderen Vampirgläubigen tat sein übriges, diese Traumwelt zu bestärken.

Blut hatte anfangs lediglich in künstlicher Form eine Bedeutung.
Zwar verfolgte ich die Diskussionen über den „Austausch", wie das Trinken mitunter genannt wird, aber ich verspürte keinen Drang, es unbedingt probieren zu wollen.

Viele der angeblichen Vampyre praktizieren den Blutaustausch, wie
bereits erwähnt, mit anderen oder mit freiwilligen „Gebenden". Der
Großteil sagt, dieser Vorgang sei zwar nicht lebensnotwendig, jedoch ein
wertvolles Geschenk, eine erhabene Geste und die intensivste Form der
Vereinigung, die es geben kann. Einige wenige sind allerdings der An-

---

927   s. Dr. Stephen Kaplan, „The Vampire Research Institute", USA
928   Blut trinkend

sicht, die Zufuhr von Blut zu brauchen. Es existiert eine relativ verbreitete, mehr oder weniger anerkannte Behauptung in den entsprechenden Kreisen, die besagt, dass der Organismus eines Vampyrs anders funktioniert als der eines normalen Menschen; Blut enthalte bestimmte Ingredienzien/Nährstoffe, die zum (Über-)leben notwendig sein.

Zu einem späteren Zeitpunkt praktizierte ich ebenfalls den Austausch mit Gleichgesinnten, allerdings einen Austausch minimaler Mengen aus sehr kleinen Inzisionen. Es ging sicherlich zum einen darum, die eigene Grenze auszutesten, zum anderen darum, das Erleben des „echten" Vampyrismus in der Praxis ausüben.

Ich kann mich gut erinnern, einmal ziemlich in Bedrängnis geraten zu sein, als ich einen halbvollen Kelch Blut unbekannter Herkunft gereicht bekam. Ich hatte ihn in der Situation auf keinen Fall ablehnen können, trinken wollte ich ihn jedoch auch nicht, und so forderte der Moment größte Kreativität, nämlich den Kelch unauffällig irgendwo zu leeren und gleichzeitig alle anderen meinen zu lassen, ich hätte ihn ausgetrunken. Daher kann ich mit Sicherheit sagen, nie ein Trinker aus wahrhaftiger Passion gewesen zu sein. Aus heutiger Sicht kommt nichts dergleichen in Frage, damals war auch dies Teil der konstruierten Welt.

Der Satanismus spielte zunächst eine eher untergeordnete Rolle. Er stand zunächst nicht im Kontext mit dem Vampirismus, denn normalerweise hat dieser nichts mit Konfession oder Religiosität zu tun. Das Tragen von Pentagrammen und gestürzten Kreuzen hatte jenseits des Glaubens primär die Funktion der Imagepflege. Auch viele Phrasen und Ideologien innerhalb dieser Szene waren mir zwar geläufig, aber eine lange Zeit habe ich diese nicht wirklich mit einem Realitätsgehalt in Verbindung gebracht. Auch nicht die, die ein menschenverachtendes Wertesystem in sich bargen. Aus heutiger Sicht ziemlich naiv und verantwortungslos, damals Teil einer absoluten Scheinwelt. So habe ich mir z. B. nie in direktem Kontext mit militanten, gewaltsamen Phrasen oder einer Ritualbeschreibung mit Anleitung zur Körperverletzung eine reelle Gewalthandlung vorgestellt. Besonders konkretes Wissen über das Thema Satanismus hatte ich ebenfalls zum damaligen Zeitpunkt nicht. Mir waren zwar Namen wie LaVey bekannt, doch darüber hinaus scheiterte es mit der Kenntnis. Die ersten

Schriften und Beiträge zum Thema fand ich schließlich im Internet. Das erste Buch, das rituelle Anleitungen beinhaltete, bekam ich von einem Freund ausgeliehen. Ich muss sagen, dass ich am meisten beeindruckt war von den Warnhinweisen, die noch vor dem ersten Kapitel abgedruckt standen; diese machten das Ganze noch interessanter, da es einen Charakter des Geheimnisvollen, Verbotenen schaffte.

Die Beschäftigung mit diesen Dingen intensivierte sich erst längere Zeit später, als ich Menschen kennenlernte, die diesem Glaubenssystem große Bedeutung schenkten. Meine eigenen praktischen Erfahrungen mit Ritualen waren recht experimentell, es handelte sich um Liebeszauber sowie ein Schutzschild-Ritual zum Beistand einer mir damals nahe stehenden Person in einer Krise.

Mit der Zeit und mit intensiverer Beschäftigung vertiefte sich eine gewisse Grundhaltung. Eine negative Wertung, auch gegenüber anderen Menschen, begann sich zu manifestieren. Ich denke, die zum damaligen Zeitpunkt vorherrschende Grundstimmung meiner selbst und meiner Umgebung hat sich in der Idee des Satanismus kanalisiert und so einen Ausdruck gefunden. Hinzu kam eine Wechselwirkung mit anderen Personen, die hauptsächlich der NSBM[929]-Szene zugehörig und mit deren Ideologien identifiziert waren.

Zu der Zeit, als es zu meinem Delikt kam, hatte ich den Blick für die reale Welt und für den Respekt meinen Mitmenschen gegenüber schon längst verloren. Ich hatte mich derart mit dieser parallelen Welt identifiziert, dass sie mein Handeln und Denken im realen Leben massiv beeinflusst hat. Ich hatte weder die konkrete Situation noch mein Leben als solches noch unter Kontrolle. Die ganze Entwicklung dorthin ist an dieser Stelle sehr knapp und verkürzt dargestellt; mir geht es neben meiner eigenen Geschichte und den persönlichen Dispositionen hierbei darum, die Gefahr zu verdeutlichen, die mitunter auch für andere bestehen kann. Nämlich die Gefahr, einem falschen Vorbild nahe zu kommen, die Grenzen zu überschreiten zwischen Schein und tatsächlichem Sein und einer Überidentifikation mit Rollen, die im wirklichen Leben

---

929 National Socialist Black Metal

nichts verloren haben. Ich habe in dieser Phase meines Lebens einem
unbeteiligten Menschen sein Leben genommen. Das ist die Schuld und
die Verantwortung, die ich zu tragen habe, und zwar für den Rest meines Lebens. Diese schlimme Erfahrung erinnert mich immer wieder daran, dass es leichtfertig und respektlos ist, unbedacht oder geringschät-
zig mit Leben, Tod und dem Begriff der Gewalt umzugehen. Eine solche
Erfahrung lässt es nicht zu, mit solchen ernsten Themen weiterhin zu
spielen.

Meine Ansichten und Einstellungen haben sich durch das Delikt
stark verändert. Früher hat mir oft der Blick für Wirkungen und Konse-
quenzen von Handlungen und Umgehensweisen gefehlt. Ich war gerau-
me Zeit der (trügerischen) Meinung, ich hätte alles im Griff. Die Realität hat mich auf ziemlich brutale Weise eingeholt und einem Menschen
darüber hinaus das Leben gekostet.

Diese Tat kann ich nicht rückgängig machen. So sehr ich sie zum
jetzigen Zeitpunkt auch bereue, ich kann dem Tatopfer nicht mehr helfen. Es fühlt sich unerträglich an, mit dieser Gewissheit zu leben.

Erst im Nachhinein habe ich erfahren müssen, welchen Einfluss die
begangene Tat auch auf andere Menschen genommen hat. Im Internet
hat es einen regelrechten „Fanclub" gegeben. Menschen haben Einträge
in Gästebücher gepostet, in denen sie Akzeptanz bis hin zu regelrechter
Bewunderung für meine Person und die Tat als solche äußerten. Auto-
gramm- und Kontaktwünsche, positive Bekundungen und Bilder hat es
ebenso gegeben wie Leute, die kunstvolle Porträts von mir anfertigten.
Ferner ist mir durch den persönlichen Kontakt zu einer Mitarbeiterin
einer Jugendberatungsstelle seit einiger Zeit bekannt, dass es sehr viele
junge Menschen gegeben hat und nach wie vor gibt, die sich in bedenk-
lichem Maße mit meiner Person bzw. mit dem Bild, wie sie es aus der
öffentlichen Berichterstattung kennen, identifizieren. Hinzu kommen
die oben erwähnten tragischen Nachahmungstaten zu denen es in der
Zeit nach dem Prozess gekommen ist. Die Tatsache, dass sich Menschen
mein eigenes Versagen derart zum Vorbild nehmen, dass es ihrerseits zu
Delikten kommt, stellt mich nochmals vor die Verantwortung meines
eigenen Handelns. Ich möchte diese Verantwortung übernehmen, um

aus der Perspektive einer direkt Betroffenen einen Position zu beziehen und ein Zeichen zu setzen, das meiner jetzigen Sicht der Dinge entspricht. Ein Signal vor allem auch für Menschen, die Gefahr laufen, einen falschen Weg einzuschlagen bzw. ihn bereits eingeschlagen haben. Die Tatsache, dass es bereits zu weiteren Tötungen gekommen ist, zeigt mir die Bedeutung wie auch die Dringlichkeit, auf diesem Gebiet meinerseits tätig zu werden, um eventuell einen kleinen Beitrag zu leisten zur Prävention von weiteren Unglücken. Daher habe ich mit entschlossen, einen Beitrag zu diesem Buch zu leisten. Auch wenn große Teile der (Gothic-)Szene in Nachahmungstaten bzw. -tätern „nur" eine Minorität sehen – allein zwei Übergriffe auf andere Menschen zeigen meiner Meinung nach einen Handlungsbedarf.

Lippstadt, den 8. Mai 2006
Manuela Ruda

5.2 Gabriel Landgraf:
Ein Lebensabschnitt im Rechtsextremismus

Einleitung

> „ … Wut, Stolz in jedem Mann, Blut und Ehre für dein Vaterland. … Wir
> werden die Tränen unsrer Ahnen rächen und werden vereint die letzte
> Flut entbrechen. Überall seh ich Ausländermassen. Das kann nicht
> Deutschland sein …"

Ein solcher Text der Gruppe *Störkraft* schallte aus den Kopfhörern meines Walkmans, als ich mit 13 Jahren aus dem Bus stieg und den Weg zur Waldorfschule einschlug, die ich acht Jahre lang besuchte.

Die Schule wurde zu dieser Zeit nebensächlich. Ich war bis dahin eher ein Einzelgänger, der nur eine handvoll Freunde hatte, aber seine Freizeit auch gerne allein gestaltete. Doch diese Zeit verging, ich suchte etwas um mich selbst darzustellen, um jemand zu sein, der sich heraushebt. Das 14. Lebensjahr war der Wendepunkt und ich begann mich in der Schule zu positionieren, um anders zu sein.

Kindheit

Geboren bin ich 1977 im niedersächsischen Dannenberg (Elbe), das sich in den Medien eher einen Namen durch die Atommülltransporte machte.

Meine Mutter lebte dort in einer ökologisch-alternativen Lebensgemeinschaft, in die ich quasi hineingeboren wurde. Mein Erzeuger ist mir nicht bekannt.

An die Zeit in Dannenberg kann ich mich nicht erinnern, meine Großeltern holten mich mit sechs Monaten nach Berlin, da für sie die Lebensumstände auf dem Bauernhof nicht kleinkindgerecht waren und meine Mutter sich noch weiter selbst verwirklichen wollte.

Die ersten anderthalb Jahre wuchs ich allein bei meinen Großeltern in einem Einfamilienhaus in Berlin-Rudow auf. Meine Mutter hielt zwar Kontakt zu mir und meinen Großeltern, kam aber erst später nach Berlin um eine Ausbildung zur Eurythmistin[930] zu absolvieren. Als Einzelkind genoss ich den Wohlstand bei meinen Großeltern. Es war schön, als Kind in einem Haus mit Garten zu spielen, es war schön, viele Unternehmungen und Reisen zu machen und mein Großvater übernahm immer mehr die Rolle eines „großen Papas", wie er es selbst nannte. Er brachte mir das Schwimmen, das Fahrradfahren und alle Dinge bei, die sonst ein Vater übernimmt.

Ich wurde verwöhnt und verhätschelt. Nach der Zeit im Miniclub wurde ich in einem Waldorfkindergarten angemeldet. Dort lernte ich, wie meine Erzieherin mir erklärte, viel über „das Tun" und die Einheit von seelischer und motorischer Entwicklung. Konkret kann ich mich daran erinnern, dass ich viel gemalt, gebastelt und andere handwerkliche Dinge getan habe. Es machte mir Spaß und ich verfiel oft in spielerische Phantasiewelten.

---

930 Die Eurythmie (auch Eurhythmie, gr. Gleichmaß von Bewegung oder schöne Bewegung) ist eine expressive Bühnentanzkunst. Eurythmie wird als eigenständige Darstellende Kunst, aber auch als Komponente von Bühneninszenierungen betrieben. An Waldorfschulen ist Eurythmie ein reguläres Pflichtfach.

Schulzeit

Die Empfehlung, den Weg weiter in die Waldorfschule zu gehen, war gegeben und so wurde ich in die erste Klasse der Emil-Molt-Schule in Berlin-Zehlendorf eingeschult.

Die Lernprinzipien orientieren sich bis heute am „rhythmischen Geschehen", „Lernen durch Tun". Es wird viel über die Hände, über Bewegung und Tätigkeit erfahren und gelernt. Der Unterricht ist in Epochen aufgeteilt, rhythmisches Wiederholen und Erweitern des gelernten Unterrichtsstoffes ist hier ein Muster. Dem Schüler wird ohne Leistungsprinzipien, ohne Zensuren, ohne den Druck des Sitzenbleibens das Wissen beigebracht, welches auf Monatsfeiern präsentiert wird. Lehrbücher sind in den unteren Klassen traditionell nicht vorgesehen, doch wird das Führen eines Epochenheftes verlangt. Große Klassen und langes Zusammenbleiben einer Klassengemeinschaft mit gleichem Lehrer werden gefördert. Gerade in den ersten acht Jahren wird ein bildhafter Unterricht durchgeführt, damit sich keine einseitige intellektuelle Urteilskraft entwickelt. Der Lehrer dient als Autorität für die unteren Klassen und später als Vorbild, es darf aber Kritik an der Lehrkraft geübt werden.

Anfangs nahm ich den Unterricht an und probierte mich gerade in den handwerklichen Fächern zu profilieren. Doch ich bekam auch andere Seiten der Schule mit: Meine damalige Klassenlehrerin wurde wegen Handgreiflichkeiten von der Schule verwiesen. Da ich Coca-Cola im Unterricht getrunken hatte, wurde ich am Wochenende zu Strafarbeiten im Garten eines Lehrers verurteilt. Die Erklärung des Lehrers bestand darin, dass zuckerhaltige Getränke und Süßigkeiten nicht erwünscht seien und eine biologisch ausgewogene Ernährung das Beste für ein Kind ist. Diese Verbotspädagogik verstand ich nicht.

Das „Schöpferische Tun" wurde gefördert durch Eurythmie, Theater und Orchester. Die tänzerische Ausdrucksform war etwas, womit ich mich durchgehend schwer tat. Ich verstand nicht, warum ich in Turnschlappen und einheitlichen Gewändern das Alphabet darstellen musste. Die Teilnahme am Unterricht war Pflicht und so kam es öfters zu Unstimmigkeiten mit der Lehrkraft. Nur das Theater und die Musik riefen in mir ein Interesse hervor. Früh lernte ich das Flötenspiel und steigerte mich bis zur Querflöte. Meine Großeltern und meine Mutter waren stolz, wenn sie mich auf der Bühne sahen oder ich zu Weihnachten musizierte. Doch mit dem Alter verflog das Interesse am täglichen Proben und die Musikstunden am Nachmittag wurden zur Last.

In der Woche lebte ich bei meiner Mutter, die Wochenenden und die Ferien verbrachte ich bei meinen Großeltern.

Gerade mein Großvater hatte sich ja schon früh für mich zu einem Vaterersatz und großem Vorbild entwickelt. So unterstützte er die Waldorfschule durch Elternabendbesuche und durch handwerkliches Geschick. Sein zeichnerisches Können als Ingenieur beeindruckte mich und führte oft zu Prahlerei auf dem Schulhof.

Prägend wurde für mich aber auch seine geschichtliche Vergangenheit. Er, der über das Jungvolk zur Hitlerjugend und später zur Wehrmacht kam, erzählte mir viel über seine Jugendzeit. Er berichtete von den Zeltlagern, den Ausflügen und der Gemeinschaft, was mich immer mehr faszinierte. Schon als kleiner Junge bekam ich Lieder und Kriegsgeschichten erzählt und sah auch in dieser Zeit meinen Großvater als Helden an. Eine kritische Auseinandersetzung mit dem Nationalsozialismus wurde mir nicht vermittelt, ich hätte sie vermutlich auch nicht zugelassen oder verstanden.

Meine Großmutter versuchte diese Erzählungen oder bestimmte Gesänge zu unterbinden, was aber an der Autorität meines Großvaters scheiterte. Es gab auch Gespräche zwischen meiner Mutter und ihm, dass er solche Dinge zu unterlassen habe, aber ich bestand darauf, seine Geschichten zu hören.

Mit Beginn der Pubertät, mit 13 Jahren, änderte sich einiges: Ich nahm nicht mehr alle Dinge hin, die empfundenen Ungerechtigkeiten seitens der Waldorfschule in Form von Vorschriften und die damit verbundenen Strafarbeiten.

In der siebten Klasse bildeten sich erste Grüppchen, die sich voneinander unterschieden. Es waren einerseits die Punks und andererseits später auch die Skinheads, die ich interessant fand. Diese Zuordnungen waren gerade beim Musikgeschmack wichtig, doch vermischten sich die beiden Cliquen zunächst noch. So wurden erste Kassetten untereinan-

der überspielt, die mit den Bands *Slime, Störkraft, Goldene Zitronen,*
Endstufe und *Böhse Onkelz* eine kuriose Mischung abgaben. Ich merkte
aber schnell, dass ich mich mit den rechtsextremistischen Bands eher
anfreunden konnte.

Es war für mich die Musik, die am meisten für Aufsehen sorgte, die
Musik, die in der Klasse und in der Gesellschaft am meisten provozierte.
Meine Großeltern registrierten das schon früh, regten sich aber mehr
über den Krach, als über die Texte auf. Meine Mutter hörte die brachialen Gesänge, nahm es aber als pubertäre Phase wahr, die vorbeigehen
würde. Eine ernsthafte Auseinandersetzung mit dem Inhalt der Texte
gab es von Seiten meiner Großeltern, meiner Mutter, aber auch von
meinen Lehrern nicht.

Ich genoss immer mehr dieses „Anderssein", das Hässliche und han-
tierte erstmals mit den Parolen aus den Texten der rechten Bands. Ich
identifizierte mich mit dem Skinhead, mit der deutschen Arbeiterklasse,
aber vor allem mit rassistischen und ausländerfeindlichen Aussagen.
Auch die Glorifizierung des Dritten Reiches und seiner Soldaten waren
feste Bestandteile in meinem damaligen Weltbild. Dies eignete ich mir
über Erzählungen meines Großvaters und über Textpassagen diverser
rechter Bands an.

Eine ungewöhnliche Freundschaft
1990 lernte ich meinen besten Freund Robert kennen. Wir sahen uns das
erste Mal auf der Massantebrücke, die zwischen dem Westberliner Stadtteil Rudow und dem Ostberliner Stadtteil Treptow verläuft. Er fuhr mir
mit dem Fahrrad entgegen und hatte ein „Tote-Hosen-T-Shirt" an und
einen Edelweißpiraten[931]-Button auf seinem Rucksack. Ich trug ein Londsdale T-Shirt und Doc-Martens-Stiefel. Da er sich äußerlich für mich als
Linker definierte, pöbelte ich ihn an, was er denn für ein T-Shirt trug.
Robert zeigte mir den Mittelfinger und fuhr davon. Wir trafen uns von
da an öfters an den Wochenende auf der Brücke und wurden Freunde. Er

---

931 Als Edelweißpiraten werden informelle Gruppen deutscher Jugendlicher mit unan-
       gepasstem, teilweise oppositionellem Verhalten im Dritten Reich bezeichnet.

stellte mich seiner Clique vor und wir unternahmen viel gemeinsam. Ich war in dieser Clique der Paradiesvogel und Robert distanzierte sich stets von meinem politischen Geschwätz oder machte sich darüber lustig. Ich hielt die ganzen Jahre Kontakt zu ihm. Als ich später jedoch in der organisierten Szene war, wurden unsere Treffen spärlicher und wir hatten uns kaum noch etwas zu sagen.

Fußball und Randale
Anfang der neunziger Jahre besuchte ich die achte Klasse und ging erstmals zu einem Fußballspiel des derzeitigen Aufsteigers Hertha BSC Berlin. Dieser Entschluss, zum Fußball zu gehen, zum unbeliebten „Massensport" war für mich ein weiterer Schritt in der Provokation gegenüber der Waldorfschule. Fußball wurde im Sportunterricht nicht praktiziert, eine wirkliche Erklärung ist mir bis heute nicht bekannt. Es hieß nur, ein Ball darf nicht mit dem Fuß getreten werden.

Das Spiel gegen den Mitaufsteiger St. Pauli aus Hamburg war für mich wie eine Offenbarung. Die Anhängerschaft der Hanseaten war links und bestand größtenteils aus Antifas und Punkrockern, was im scharfen Kontrast zur rechtsextremen Anhängerschaft des Berliner Clubs stand. Auf den Rängen der Berliner Fangemeinschaft tummelten sich gerade nach der Wiedervereinigung organisierte Neonazis, rassistische Hooligans, Rocker und Antisemiten, die lautstark kundtaten, was sie von den Hamburgern hielten.

Immer wieder schallte es „Nazis raus" aus dem Gästefanblock, was mit einem lauten „Rotfront verrecke" beantwortet wurde.

Dieses Erlebnis wirkte auf mich wie ein Signal: zwischen Euphorie, Adrenalin und Selbstfindung. Ich begeisterte mich immer mehr dafür, ich wollte immer mehr dazugehören und genoss den vermeintlichen Zusammenhalt und die Kameradschaft bei den Spielen. Die politische Gesinnung wurde damals sehr offen kundgetan. So wurden über Jahre hinweg, gerade nach dem Abstieg des Vereins, Sprechchöre mit einer „Sieg-Heil"-Endung skandiert und der rechte Arm zum Hitlergruß erhoben. Auch das Wort „Jude" wurde als Schimpfwort benutzt. Neonazi-Kader und Parteien warben offen für sich und verteilten ihre Propaganda.

Als Symbol für meine politische Zugehörigkeit überredete ich meine Mutter mir eine schwarzen Bomberjacke zu kaufen, an der ich mir eine Plakette meines Vereins nähte. Meine Mutter war skeptisch und nicht erfreut, betonte immer wieder, dass sie keine rassistischen oder versteckten Parolen des Nationalsozialismus zulasse.

Zwei Jahre später war dies der Fall, als ich bei einem Auswärtsspiel in Wolfsburg erstmals festgenommen wurde, weil auf meiner Fankutte die Losung „Hertha BSC Berlin – Unsere Ehre heißt Treue" stand.

Meine Entwicklung, verbunden mit dem Fußball und der Kleidung, sorgte immer mehr für Unstimmigkeiten bei der Lehrerschaft und erste Gespräche über einen Schulwechsel, auch durch Lernabfall im Unterricht, kamen auf.

Mein Stand bei den Mitschülern war zu jener Zeit sehr gut: Ich stellte was dar und ich trug was Neues in die Klasse. Einige Klassenkameraden wollten mit zu den Spielen und so begleiteten mich Mitschüler und Freunde in die Stadien, was gerade bei den anthroposophisch eingestellten Eltern für Unmut sorgte.

Vom Mitläufer zum Neonazi

Ich präsentierte durch die Jacke und durch den Kauf eines *Londsdale*-T-Shirts immer mehr meine politische Richtung, die ich anstrebte. Erste Kontakte beim Fußball zu Skinheads und Angehörigen rechter Parteien wurden geschmiedet und an den Wochenenden traf ich mich mit Skinheads aus Rudow. Ich nahm in dieser Zeit eine klassische Mitläuferrolle ein, in die ich mich aber mehr und mehr hineinsteigerte. Der Austausch der neuesten Musik ging voran und es gab erste Kontakte zur organisierten Szene an den Wochenenden auch außerhalb des Fußballplatzes. In der Umgebung vom Haus meiner Großeltern trafen sich Skinheads und Neonazis auf einem Spielplatz oder auf dem „Todesstreifen" der ehemaligen DDR-Grenze. So bekam ich die ersten Aufkleber und Flugblätter der damaligen Parteien und Organisationen wie NF und FAP.[932]

---

932 Die Nationalistische Front (NF) wurde 1985 in Bielefeld gegründet und hatte zahlreiche Verbindungen im In- und Ausland. Sie stand für eine Wiedereinführung des

Die Musik, das Umfeld faszinierten mich und ich sah mich immer im Recht, allein auch wegen der Geschichten meines Großvaters.

Ich war siebzehn und schon einige Zeit auf einer Realschule in Berlin, als ich begann, mich intensiver mit der Ideologie des Nationalsozialismus zu beschäftigen. Ich wollte verstehen, was sich dahinter verbirgt, ich wollte begreifen, warum dieser Weg für mich der richtige sein könnte. Die ersten Bücher nahm ich aus dem Bücherschrank meines Großvaters. Es waren Bücher wie Joseph Goebbels' „Kampf um Berlin", Alfred Rosenbergs „Der Mythos" und Adolf Hitlers „Mein Kampf". Gerade mit letzterem probierte ich mich zu identifizieren und steigert mich immer mehr in die Ideologie und den damit verbundenen Rassenwahn hinein.

Auf der Realschule hatte ich anfangs einen schweren Stand, viele Migranten und alternative Mitschüler akzeptierten mein Auftreten nicht und es kam immer wieder zu kleineren Auseinandersetzungen. Ich zog es vor, mich etwas anzupassen und mit meinen Ansichten eher zurückzuhalten. Ich lebte dort eine Art Doppelleben. In der Woche hielt ich mich zurück und bedeckt, am Wochenende lebte ich das Leben des Neonazis.

In der zehnten Klasse kam es dann zu den ersten „Entgleisungen" im Geschichtsunterricht, indem ich provokante Fragen stellte und des Öfteren Ärger bekam. Ich fühlte mich jedoch immer mehr bestärkt, bewegte mich in einer Art „Opferrolle", fragte mich immer wieder, warum ich auf Fragen keine Antworten bekam und zweifelte an dem Bild des Nationalsozialismus, das der Geschichtsunterricht zeichnete.

Als ich nach der Schule meine Lehre zum Metallbauer begann, las ich immer mehr Bücher und Material, das ich von Bekannten aus der Szene bekam. Ich bewegte mich schon lange aus dem Mitläuferfeld hinaus, hielt jedoch immer noch Abstand zur organisierten politischen Szene. Während meiner Lehre und im Zivildienst war meine Freizeitbeschäftigung immer noch der Fußball, der meist die Wochenenden gänzlich einnahm. Ich pilgerte zwischen Heim- und Auswärtsspielen und nahm

---

Nationalsozialismus und richtete ihre Arbeit gerade auf die Rekrutierung von Jugendlichen aus. 1992 wurde diese Partei verboten. Die Freiheitliche Arbeiterpartei (FAP) war ebenfalls eine rechtsextreme Kaderpartei, die 1995 verboten wurde.

dort das erste Mal an gewaltsamen Auseinandersetzungen teil. Auch die männliche Kultur auf den Rängen mit Trinkgelagen und Sexismus bestimmten mein Leben.

1999 war für mich ein Punkt gekommen, an dem ich mehr wollte. Ich wollte meine politischen Ansichten als „Nationalsozialist" nach außen tragen und mich aktiv im „Kampf um Volk, Nation, Rasse" und vermeintliche soziale Gerechtigkeiten beteiligen.

Ich nahm gezielt bundesweit Kontakte zu rechtsextremen Personenkreisen auf und fing an, meine Ansichten über das Internet in diversen Foren zu verbreiten.

Viele neue Bekanntschaften im gesamten Bundesgebiet und bis nach Österreich entstanden, und auf Treffen, Konzerten oder von mir veranstalteten Feiern wurden diese gepflegt. Es kristallisierte sich ein Kern von Berlinern Kameraden heraus, mit dem ich immer mehr politisch agierte. Gemeinsame Teilnahme an Demonstrationen, Unterstützung von Kampagnen, Feste, „Brauchtum" und Freizeit bestimmten nun mein Leben. Unternehmungen und Kontakte wurden auch gerade zu anderen Kameradschaften und Organisationen gepflegt und erweitert.

Zu dieser Zeit schmiss ich meine Arbeit hin und wollte mich nur noch dem politischen Aktivismus widmen.

Gerade im Berliner Bezirk Treptow-Köpenick fand mein engeres Umfeld Zulauf und auch Zuspruch. Die Gruppe meiner damaligen Kameraden bestand aus ca. 15 bis 20 Personen, teilweise rechtsextreme Schülern, aber auch organisierten Neonazis. Aus vergangenen Jahren ist bekannt, dass gerade Treptow schon immer ein beliebtes Gebiet von Neonazis war. Wir konzentrierten uns gezielt auf einen Bezirk, um die politische Arbeit zu intensivieren und so einen bestimmten Bereich abdecken zu können.

Nach einem Jahr mit starken Aktivitäten und einem Aufleben in der Berliner Kameradschaftsszene, die bis dato nur durch einzelne, kleinere Gruppen dominiert wurde, beschloss ein kleiner Kern, der sich aus erfahrenen Führungspersonen, jüngeren Kameraden und mir zusammensetzte, der politischen Arbeit und deren Aktivisten einen Namen zu geben. Wir wollten uns gezielt bedeckt halten und uns einen neutralen

Namen geben, um so in der Öffentlichkeit weniger Angriffsfläche zu bieten. Aus einer zunächst losen Gruppe wuchs so eine feste Struktur zusammen. Das war der Beginn der Berliner Alternativen Süd-Ost (BASO). Ziel der BASO war zunächst die feste Zusammenarbeit Berliner Kameradschaften – mit Kontakten nach Brandenburg, gegenseitige Unterstützung und Aufbau von politischen Kampagnen und Aktionsformen. Als Schwerpunkt galt die Arbeit und Rekrutierung von Jugendlichen sowie die offene Konfrontation mit Politikern und Andersdenkenden. Es passierte schnell, dass die BASO so ihr wahres Gesicht preisgab und sich deutlich dem Nationalsozialismus zugehörig zeigte. Politische Veranstaltungen wurden aufgesucht, gestört und zum Teil ihr Abbruch erzwungen. Ein regelrechter Angstraum wurde in Teilen des Bezirkes erzeugt, was auch mit Gewalt verbunden war. Die Gewalt, ob körperlich oder verbal war für uns ein Mittel zur Umsetzung politischer Ziele und ich selbst war oft an diesen von uns genannten „Aktionen" beteiligt.

Die Jugendarbeit setzte sich anfangs recht konzeptlos zusammen; Freunde brachten Freunde mit; unsere Treffpunkte sprachen sich schnell herum. So gab es einen festen Freitag, an dem sich Vertreter der BASO in einem Treptower Lokal aufhielten und so eine Anlaufstelle geschaffen wurde. Es war erstaunlich, wie viele Jugendliche sich mit der Zeit dort aufhielten und keine Berührungsängste mit uns hatten. Wir probierten uns immer mehr in eine Sozialarbeiterrolle zu manövrieren. Es wurden Ausflüge gemacht, gemeinsame Feiern organisiert, Fußball gespielt und Hilfestellungen im Alltag und der Schule angeboten. Es standen aber auch politische Aktivitäten im Vordergrund wie Demonstrationsteilnahmen, Plakatieraktionen und das Verteilen von Propagandamaterial. Die Gruppe und das Umfeld wuchs immer mehr und wurde durch ausgewählte Personen erweitert. Regelmäßige Treffen standen wöchentlich in Gaststätten oder Privatwohnungen an, dort wurden Ziele, Aktionen und Neuigkeiten ausgetauscht und geplant. Für Ausgaben und kleineren Investitionen stand eine Kasse zur Verfügung in die die zwölf Mitglieder, darunter eine Frau, monatliche Beiträge einzahlten. Gerade in den ersten ein bis zwei Jahren machte sich die Berliner Alternative Süd-Ost immer mehr einen Namen, auch in der Öffentlichkeit. Störaktionen auf Veran-

staltungen demokratischer Parteien und politischen Gegnern fanden
manchmal wöchentlich statt. Auch fielen immer wieder Mitglieder aus
dem Umfeld der BASO durch Gewalttaten oder Propagandadelikte auf.
Die erste Demonstration (2003), die von Berlin-Rudow nach Treptow
führte, sorgte für mehr Interesse. Die Demonstration, zu der bundesweit
auf der eigenen Homepage aufgerufen wurde, stellte die Forderung nach
einem „nationalen Jugendzentrum", in dem sich national gesinnte Jugendliche ungestört zurückziehen können, um so einen Raum für Freizeit und Politik zu haben. So wurden immer wieder Aktionsformen gewählt, wie sporadische Hausbesetzungen, die sich mit dem Thema
beschäftigten, um den Leerstand im Bezirk aufzuzeigen.

Für die Öffentlichkeitsarbeit stellte sich ein ehemaliges Mitglied der
NPD zur Verfügung, der solche Aufgaben schon verrichtet hatte. Dieser
wurde von den anderen Aktivisten der BASO gewählt, damit Namen
von Mitgliedern möglichst unbekannt blieben. Gerade die große Medi-
enpräsenz und die funktionierende Zusammenarbeit von Berliner Kameradschaften, die sich zweiwöchig an verschiedensten Orten zu Ko-
operationsgesprächen trafen, sorgten für interne Machtspiele. So kam
es zu Streitigkeiten um den Führungsanspruch innerhalb der Gruppe
und in der Stadt.

Meine Freizeit und mein Alltag bestanden nur noch aus dem politischen Umfeld und dessen Aktivitäten. Dazu gehörten auch einige Personen aus dem rechtsextremen Musikspektrum. Mit diesen besuchte ich
verschiedene Konzerte, gemeinsame Treffen, betrieb aber auch kleinere
Geschäfte wie den Handel und Verkauf von rechtsextremer Musik.

Ich isolierte mich immer mehr von der Gesellschaft, in die wir als
politische Kämpfer eigentlich immer mehr hinein wollten. Einer Arbeit
ging ich seit langer Zeit nicht mehr nach, auch bezog sich mein Leben
immer mehr nur auf das Geschehen innerhalb der „Bewegung".

Zu diesem Zeitpunkt hatte ich kaum mehr Kontakte zu anderen Personen. Bei meinem Freund Robert meldete ich mich nicht mehr und
fuhr stattdessen lieber jedes Wochenende auf eine Demonstration.

Finanziell wurde ich von meinem Großvater unterstützt, ohne ihn
wäre ich zu diesem Zeitpunkt längst durch Gewalttaten und wegen an-

derer politischer Delikte im Gefängnis gelandet. Mein Großvater wusste über meinen politischen und beruflichen Werdegang nicht Bescheid. Ich präsentierte ihm zwar die von mir verfassten Texte und Zeitungen, doch er zeigte für diese Politik und mein Umfeld Unverständnis. Meiner Mutter entzog ich schon früh den Einblick in mein Privatleben und der Kontakt wurde spärlich.

Gerade die Zusammenarbeit mit dem Märkischen Heimatschutz (MHS) in Brandenburg wurde immer intensiver. Diese Organisation war mit ca. 50 Personen nicht nur größer, sondern verfügte auch über andere logistische und finanzielle Mittel als die BASO.

Zu dem Vorsitzenden und einigen anderen Personen hatte ich ein freundschaftliches Verhältnis aufgebaut. Eine Kampagne, die sich gegen die Agenda 2010 richtete und zu Propagandazwecken genutzt wurde, um den „Nationalen Sozialismus" als Alternative zum heutigen „System" zu sehen, schweißte die Aktivitäten der Berliner und Brandenburger zusammen. Solche Kampagnen wurden unter anderem bei sogenannten Aktionsbüros wie z.B. das Nationale und Soziale Aktionsbündnis Mitteldeutschland (NSAM) geplant. An den Sitzungen des NSAM nahmen Vertreter aus verschieden Bundesländern an einem Wochenende teil.

Um den Zusammenhalt zwischen den Berliner und Brandenburger Strukturen zu untermauern, zu festigen und meine Mitgliedschaft in der MHS zu ebnen, plante ich 2004 die Gründung eines Ablegers des Märkischen Heimatschutzes in Berlin. Dies sollte eine Festigung und eine bessere Koordinierung mit sich bringen. Eine wichtige Vernetzung war hierbei die von mir betriebene Internetseite „Berliner Infoportal" und ein länderübergreifender SMS-Verteiler zur besseren und schnellen Mobilisierung der Kameraden.

Der Vorsitzende des MHS Brandenburg und ich sprachen gezielt Personen an, die uns für eine politische Arbeit in Berlin geeignet erschienen. So entstand eine Mischung aus erfahrenen Neonazis und jüngeren Personen, die aber alle freundschaftlich miteinander verbunden waren. Dass mindestens zwei von ihnen nach meiner heutigen Kenntnis beim Verfassungsschutz Aussagen machten, wusste ich zu dieser Zeit nicht.

Die Sektion wuchs schnell auf 14 Mitglieder an, wobei es sich dort
nur um männliche Personen handelte. Frauen wollten wir nicht aufnehmen, da es sonst zu persönlichen Streitigkeiten kommen konnte. Die
Arbeit in der BASO versuchte ich parallel laufen zu lassen, was aber
auch durch ständige Unstimmigkeiten getrübt war.

2005 wurden die beiden führenden Kameradschaften in Berlin durch
den Innensenator verboten: Betroffen waren die Berliner Alternative
Süd-Ost und die Kameradschaft Tor, die sich laut Senat gegen die ver-
fassungsmäßige Ordnung richteten.

Nach der Repression herrschte in Berlin kurze Verunsicherung und
es kam direkt nach den Verboten und den damit verbundenen Hausdurchsuchungen zu einem Treffen mit Vertretern der Betroffenen und
Mitgliedern der NPD. Die NPD bot sich gerade zum Schluss immer
wieder an und bat außerdem um Zusammenarbeit.

Um die Akteure der verbotenen Gruppierungen nicht der politischen
Passivität preiszugeben, mussten schnell neue Lösungen her, um die organisierte Arbeit nicht gänzlich zu schwächen. Es entstand ein Sammel-
begriff „Freie Kräfte Berlin", der sich in stets neue Namen ändern sollte.
Auf den Namen „Freie Kräfte Berlin" bezogen sich schnell die Protagonisten der Kameradschaft Tor, die unter diesem Pseudonym weiter
agierten. Einige Akteure der BASO ließen zusammen mit anderen jungen Berlinern die Jugendorganisation der NPD, die JN aufleben. Unter
dem Deckmantel der Partei konnte so die politische Arbeit fortgesetzt
werden.

Die Zeit war soweit

Bis zum Sommer 2005 herrschte in Berlin und Potsdam eine regelrechte
Welle der Gewalt. Immer wieder kam es zu Übergriffen durch Personen
aus meinem Umfeld auf alternative Jugendliche oder Antifaschisten.
Gerade die Protagonisten der Kameradschaft Tor, aber auch einzelne
Mitglieder anderer Gruppen und der BASO betrieben „Aufklärung"
und „Erspähung" der politische Gegner, um sie einzuschüchtern oder
anzugreifen. Auch ich war in den vergangenen Jahren in diverse Übergriffe und „Auskundschaftungen" involviert.

Im Frühjahr wurde in Potsdam ein Prozess gegen einen meiner früheren Kameraden geführt. Er hatte zusammen mit drei anderen versucht, die Konzertbühne einer antifaschistischen Musikveranstaltung mit Molotowcocktails anzugreifen. Nur durch Zufall trafen die drei mit Brennstoff gefüllten Flaschen nicht direkt die Bühne oder konnten schnell gelöscht werden. Der Tod von Menschen wurde hierbei in Kauf genommen. Wie auch bei dieser Aktion sah ich zunächst nicht die Opfer des Angriffs, sondern die absolute Legitimation, den politischen Gegner zu schädigen. Die Täter wurden zu „Opfern", die politisch verfolgt wurden.

Ich begleitete einen der Haupttäter zum ersten Prozesstag im Potsdamer Landgericht. Viele der Nebenkläger und Zuschauer stammten aus der uns verhassten Antifa-Szene. Wir versuchten uns möglichst martialisch zu geben. Vor dem Gerichtssaal standen Dutzende Kameraden von mir, auf der anderen Seite ungefähr gleich viele Antifaschisten. Eine junge Frau aus der verhassten Gruppe kam auf mich zu und fragte mich, warum ich überhaupt heute zum Gericht gekommen war und welche politischen Forderungen ich erheben würde. Mich erstaunte ihr Auftreten. Sie hatte weder Angst vor mir, noch vor meinen Kameraden und behandelte mich, trotz ihrer offensichtlich anderen politischen Meinung, respektvoll. Mir fiel zu ihren Fragen spontan nichts ein und ich zog es vor zu lachen.

In den folgenden Tagen überlegte ich immer wieder, warum ich eigentlich zu diesem Gerichtsprozess gegangen bin. War es wirklich die Solidarität mit meinem Kameraden, der fast Menschen umgebracht hatte, weil sie anders dachten oder aussahen? War auch ich fähig, dies zu tun? Zu diesem Zeitpunkt kamen die ersten Zweifel in mir auf.

Ich erkundigte mich bei den Anti-Antifa[933]-Personen, die eigens eine Kartei über politische Gegner erstellen, über die Frau vom Prozess. Es stellte sich heraus, dass Claudia bei einer Organisation arbeitete, die Opfer von rechtsextremer Gewalt betreut und viel über Rechtsextremis-

---

933 Als Anti-Antifa bezeichnen sich seit den 1980er Jahren organisationsunabhängige Gruppierungen innerhalb des rechtsradikalen Umfelds in Deutschland, die Informationen über Antifaschisten sammeln.

mus publiziert hatte. Ich suchte damals einen Gesprächspartner, um über die ersten Zweifel zu reden bzw. zu schreiben.

Sie stellte für mich zu diesem Zeitpunkt den einzigen Menschen dar, der außerhalb der Nazi-Szene mit mir eine kritische Diskussion aufnahm. Nach dem Prozess versuchte ich über E-Mail mit ihr in Kontakt zu treten. Es dauerte einige Zeit, bis ich eine Antwort erhielt, diese war freundlich, ein wenig ironisch, aber doch interessiert. So fand über Wochen ein Austausch statt, der nur durch ein Ereignis fast zum Abbruch gekommen wäre:

Im Juli 2005 kam es in Potsdam zu einem brutalen Angriff auf zwei alternative Studenten. Die Täter, meine damaligen Kameraden aus Berlin und Brandenburg, schlugen einen der beiden Männer mit einer Bierflasche zu Boden und traten auf den Kopf und Oberkörper des Opfers ein. Als sein Freund ihm helfen wollte, wurde ihm ein abgebrochener Falschenhals in den Hals gerammt und das Gesicht zerschnitten.

Sofort, als ich von dem Angriff hörte, meldete ich mich bei Claudia und versicherte ihr, dass ich nichts damit zu tun hätte und diese Tat verabscheuen würde. Sie reagierte unterkühlt, schrieb mir, dass sie die Opfer im Krankenhaus besuchte hätte, konfrontierte mich damit, dass ich ein geistiger Brandstifter wäre, da ich über meine Homepage diese menschenfeindliche Einstellung transportieren würde. Sie forderte von mir, dass ich den Ausstieg offensiv angehen sollte.

Einen Tag später rief mich ein Polizeibeamter aus Potsdam an und übermittelte die Bitte des Kameraden, ich möge ihm doch Kleidung, Zahnbürste u.a. vorbeibringen. Ich hatte ihn als Jugendlichen politisiert und eine freundschaftliche Beziehung zu ihm aufgebaut. Ich fuhr daraufhin zu seiner Mutter, die mir schon an der Haustür zu verstehen gab, dass sie mit mir nicht in einem Auto sitzen möchte und es vorzöge, mir hinterher zu fahren. Im Potsdamer Polizeipräsidium brach sie dann in Tränen aus und fragte mich in einen verzweifelten, hilflosen und doch direkten Ton, ob wir dies wollten: dass ihr Sohn nun im Gefängnis sitzt. Sie ließ daraufhin nicht locker und konfrontierte mich mit der Aussage, dass ich mit verantwortlich sei, ihrem Sohn seine Zukunft verbaut zu haben.

Das war innerhalb von wenigen Wochen/Tagen die zweite Konfrontation bezüglich meiner eigenen Schuld und Verantwortung.

Diese Worte gingen mir die nächsten Tage und Wochen immer wieder durch den Kopf und ich begann das erste Mal wirklich nachzudenken, wer ich bin, was ich darstelle und wie bisher mein Leben verlief. Aber vor allem dachte ich darüber nach, welche Stellung und welche Ideologie ich in den vielen Jahren vertrat. Ich war nicht nur selbst eine Person, die Gewalttaten, Rassismus und Antisemitismus gelebt hatte, sondern ich war auch jemand, der eine geistige Verantwortung für politisch motivierte Taten unter der rechten Ideologie trug.

Ich selbst fühlte mich immer schlechter, ich befand mich immer mehr in einem Zwiespalt gegenüber meinem sozialen Umfeld und der damit verbundenen neonazistischen Gesinnung. Ich begann mich das erste Mal zu schämen. Zu schämen für Dinge, die ich propagierte. Phrasen, die eine selbsternannte Bewegung mit sich bringen und die damit verbundenen Widersprüche. Vor allem empfand ich aber Mitgefühl mit den Opfern. Dieses Mitgefühl steigerte sich immer mehr in Scham und Hilflosigkeit. Die Verdrängung, die ich viele Jahre mit mir trug, konnte nicht mehr standhalten. Erneut meldete ich mich bei Claudia, sie stellte mir ihr politisches und soziales Umfeld vor und ich fand außerhalb der Bewegung Menschen, mit denen ich offen über diese Dinge sprach. Ich erzählte ihnen immer mehr von mir, was ich getan und gedacht habe. Ich öffnete mich zum ersten Mal ungehemmt und ohne eine Blockierung. Es waren genau jene linksorientierten Menschen, mit denen ich mich früher niemals an einen Tisch gesetzt hätte.

Das war der Moment, wo es für mich kein Zurück mehr gab. Ich wollte mir selbst nichts mehr vormachen, ich konnte nicht mehr dahinter stehen. Für mich stand der Entschluss fest, dass ich mich von diesem bisherigen Leben und dieser Ideologie lösen musste.

Ich fasste nach einem kurzen Auslandsaufenthalt den Entschluss, mir professionelle Hilfe für Beratung und Schutz einzuholen und meldete mich im Sommer 2005 bei dem bekannten Aussteigerprojekt Exit-Deutschland. Exit und deren Gründer Bernd Wagner waren mir durch meine damaligen Aktivitäten als politischer Gegner bekannt und auch er wusste über meine Person Bescheid. Für mich war es wichtig, dass ich eine Beratung fernab von Staatsschutz und Verfassungsschutz annahm, da mir Erlebnisse mit V-Männern und deren Aufbauhilfe für rechte Parteien und Organisationen schon zu diesem Zeitpunkt bekannt waren.

Bei vielen Treffen mit Bernd Wagner mimte ich den Alleinunterhalter, ich empfand einen enormen Redebedarf und berichtete über Geschehnisse und Erlebtes. Da Exit die Sicherheitslage bei mir als gefährdet ansah, entschied ich mich zunächst, keinen Konfrontationskurs zu gehen.

Ich begann mich von Freunden und Kameraden loszusagen, trat von meinen politischen Ämtern zurück und schaltete die Verteiler- sowie jegliche Internetpräsenz ab. Es war nur eine Frage der Zeit, bis sich einzelne Personen bei mir meldeten und nachfragten, was mit mir sei. Ich erwähnte immer wieder, dass ich mich aus privaten Gründen und aufgrund polizeilicher Repressionen vorerst zurückziehen wollte. Dies wurde soweit angenommen, doch wurde immer wieder erfragt, inwiefern ich noch weltanschaulich dabei sei. Ich ignorierte diese Anfragen und versuchte, mir ein neues Leben aufzubauen. Die Diskussionen mit Exit kreisten oft um geschichtliche Fragen. Zeitgleich traf ich mich aber auch immer mehr mit Personen, die mich menschlich und freundschaftlich unterstützten. Immer wieder führten wir Gesprächsrunden und Interviews, die wir intern besprachen.

Als die ersten offensiveren Misstrauensäußerungen aus der rechten Szene kamen und ich auf einem Weihnachtsmarkt eine Konfrontation mit ehemaligen KameradInnen hatte und ich mich dort verbal gegen sie stellte, war es für mich klar, dass die alten Freunde und Kameraden nun zu Gegnern wurden. Beschimpfungen und versteckte Drohungen gingen bei mir ein und mir wurde bewusst, dass die persönliche Sicherheit Vorrang hatte. Die ehemaligen Kameraden reagierten, indem sie bundesweit einen diffamierenden Artikel über meine Person verschickten und mich als Verräter beschimpften.

Aus finanziellen Gründen konnte ich keinen Umzug vollziehen. Auch Exit bietet ausschließlich Hilfe und Beratung an und keine finanzielle Unterstützung. Ich lebte in diesem halben Jahr ziemlich isoliert, hatte Angst, die Wohnung zu verlassen und fühlte mich stets beobachtet. Diese Zeit war sehr schwer für mich. Während ich früher den ganzen Tag beschäftigt war, indem ich für „die Bewegung" arbeitete, war ich nun auf mich allein gestellt. Auch mein neues soziales Umfeld arbeitete oder besuchte die Universität und war nicht immer ansprechbar für mich. Mir war klar, dass ich die letzten zehn Jahre meines Lebens verloren hatte, beruflich, sozial und politisch verschenkt. Ich musste mir wieder eine neue Perspektive im Leben aufbauen. Als Metallbauer wollte ich nicht mehr arbeiten und hätte nach so langer Arbeitslosigkeit auch kaum Chancen gehabt. Da mir die Diskussionen mit meinem neuen Umfeld viel Spaß machten und ich merkte, dass ich noch viele Dinge lernen wollte, entschloss ich mich mein Abitur nachzuholen.

Im Frühjahr 2006 konnte ich auch endlich meinen Wohnort wechseln. Nun war für mich auch der Zeitpunkt gekommen, mich einer öffentlichen Diskussion zu stellen. Ich gab mein erstes Interview bewusst einer kleinen linken Wochenzeitung und wollte mich nicht einreihen in das Geschäft der rechten Aussteiger. Nach der Veröffentlichung klingelte mein Handy jedoch unentwegt und ich musste lernen, dass nicht jede Pressearbeit sinnvoll ist. Ich habe jedoch eine Verantwortung und eine Chance. Da ich als Neonazi eine Person in der Öffentlichkeit war, möchte ich auch heute als Mensch, der sich von dieser menschenverachtenden Ideologie abgewendet hat, darüber in den Medien berichten. Auch dient dieser Schritt vor allem als eine Art Entschuldigung und Wiedergutmachung. Ich möchte anhand meiner Erfahrungen aufzeigen, wie die neonazistische Bewegung denkt und handelt. Ich möchte die Chance bekommen, jemand zu sein, der sich ändert und aus vielen Fehlern lernt.

Resümee

Es ist nicht leicht, über sich selbst zu schreiben, über sein Leben auf einer bestimmten Anzahl von Seiten detailliert zu berichten. Ich habe versucht, alle Facetten mit hineinzubringen und sicherlich gibt es noch verschiedene Punkte und Projekte, die ich näher hätte beleuchten können.

Für mich ist es wichtig, einen kleinen Überblick über das Wie und Warum zu schaffen.

Die Abkehr von der rechten Ideologie und der damit verbundene Ausstieg sind für mich eine wirkliche Befreiung. Zu viele Zwänge fesselten mich und meine persönliche Entwicklung, wie ich jetzt offen zugeben kann. Ich hatte es satt nach rassistischen Formen zu leben, ich hatte die Nase voll davon, mich in Verschwörungstheorien über einen „jüdischen Weltfeind und Finanzkapital" zu verstricken und so eine vermeintliche Kapitalismuskritik über Antisemitismus zu propagieren. Die vielen Widersprüche: auf einer Seite staatsfeindlich und sozialkritisch, aber auf der anderen Seite finanzielle Unterstützung beanspruchend. Auch sind es Werte wie Ehre, Treue, Fleiß und Kameradschaft, die vermittelt werden, an denen es aber gerade bei bestimmten Führungspersonen mangelt. So werden Frauen herablassend behandelt, so werden Freundinnen betrogen und Bordelle in Osteuropa besucht, so wurde die Erziehung von Kindern nicht übernommen oder die Vaterschaft komplett geleugnet. Auch das vermeintliche Kameradschaftsgefüge wird immer wieder durch interne Machtkämpfe, Hetzerei und Kleinkriege, gerade in der hart umkämpften Musikszene, gespalten. Die Bewegung probiert nach außen hin in die Mitte der Gesellschaft vorzudringen, doch zieht sie sich immer mehr aus dieser zurück, indem sie Personen einbindet, einschließt und immer mehr isoliert. Diese Abhängigkeit ist vergleichbar mit einem Alkoholiker, der selbst erkennt, dass er sich schädigt, es aber nicht schafft ohne eine tägliche Dosis auszukommen und die Flasche als Freund sieht.

Ein wesentlicher Punkt war aber auch die geschichtsrevisionistische Haltung, die immer wieder an ihre Grenzen stößt und sich immer mehr in Lügen und Verdrehung verstrickt. Tatsachen in der Geschichte werden entweder geleugnet, umgedeutet oder einfach weggedacht. So entsteht eine „heile deutsch-völkische Welt", die ein Opfer der alliierten Besatzer ist und „Trug und Schand" ausgesetzt wird. Multikultur wird in seiner Engstirnigkeit als „Bedrohung seiner Wurzel" gesehen und als fremdländische Zersetzung der Deutschen propagiert. Ziele und Ansichten verschwinden immer mehr in einer Plattheit und hinter dem „heutigen Nationalen Sozialismus" steht nur ein wackliges Gerüst, das sich aus einzelnen Bausteinen zeitgemäß und jugendorientiert politisch zu formen probiert.

Für mich persönlich stellt sich ein Ausstieg nicht als Weggang dar. Es ist wichtig zu betrachten, welche Rolle und Position damals eingenommen wurde. Es gibt nicht den „Aussteiger" oder „den richtigen Weg eines Ausstiegs", sondern es gibt nur die Erkenntnis und Einsicht, sich von einer falschen Ideologie zu lösen. Für mich war dieser Weg ein Weg der Wahrheit, die ich vielen politischen Personen mitteilte und auch weiterhin mitteilen werde. Ein antifaschistisches Muster oder eine antifaschistische Regel gibt es nicht.

Viele Dinge konnte ich durch meine Aufarbeitung nach einer langen Zeit verstehen und ich bin immer noch jeden Tag in einem Lernprozess. Auch kommen Erkenntnisse dazu, die mich schmunzeln lassen über viele, dumme Aktivitäten, aber auch private Erinnerungen aus meinem Umfeld, wo Freunde und Kameraden mit dem Verfassungsschutz kooperierten und gezielt angesetzt wurden.

Meinen Dank haben die Menschen, die, für mich unerwartet, auf mich zukamen. Menschen, die mir die Hand reichten und heute gute Freunde sind. Herausheben möchte ich Claudia Luzar, die über zwei Jahre den schwierigsten und anstrengendsten Part übernahm und mit vielen Problemen konfrontiert wurde.

Mein Dank geht auch an Exit und Bernd Wagner, der eine wichtige Unterstützung für mich und andere Aussteiger ist.

Erwähnen möchte ich besonders Alexandra Klei, Friederike Johannsen, Rainer Fromm und Jörg Fischer, die von Anfang an mit Rat und Tat an meiner Seite standen und auch noch heute stehen. Natürlich geht dies auch an die Menschen, die namentlich nicht erwähnt wurden. In ewiger Dankbarkeit bin ich meinem besten Freund Robert verbunden, mit dem ich nun seit fast zwei Jahrzehnten eine Freundschaft führe und der trotz Höhen und Tiefen stets an meiner Seite steht.

Berlin, im Sommer 2007
Gabriel Landgraf

Kontaktadressen für Hilfesuchende

Versatzstücke der klassischen Jugendreligionen finden sich heute in der rechtsextrem geprägten Jugendszene wieder. Der aggressive Fanatismus und die soziale Isolation innerhalb der Kameradschaftsstrukturen belegen, dass Neonazis ähnlich den verblendeten Okkultisten nicht selten ihre wesentlichen Lebensentscheidungen den Anforderungen der Gruppe und deren Führern unterstellen.

Nicht umsonst schreibt der bis heute in Deutschland bekannteste Neonaziführer Michael Kühnen in seinem „Politischen Lexikon der Neuen Front" zum Lebensentwurf des „Soldaten" in seiner sogenannten Bewegung:

> „Als Soldat dient er der Volksgemeinschaft mit seiner kämpferischen Lebenshaltung, die Einsatz und Opfer des eigenen Lebens selbstverständlich mit einschließt. Eingebunden in Disziplin, Befehl und Gehorsam ist der Soldat der Schwertarm der nationalsozialistischen Revolution."[934]

Der Lebenslauf vieler Neonazis dokumentiert, wie schnell diese Phraseologie zum Lebensinhalt eines jungen Menschen werden kann. Passend dazu resümiert der inzwischen ausgestiegene Neonazi Stefan Michael Bar im Interview mit dem ZDF nach seinem Ausstieg:

> „Ein Stück kommt es mir so vor, als ob ich ins Feuer geschickt wurde und ich bin wirklich gehobenen Armes – wollte ich und bin ich – ins Feuer gelaufen."[935]

In seinem Buch „Fluchtpunkt Neonazi" beschreibt er einfühlsam, wie er von der „braunen Welt völlig vereinnahmt" wurde. „Die einfachsten Dinge, selbst menschliches Miteinander, wurden ihr unterworfen. Ein ‚Hallo' oder ‚Guten Tag' gab es fortan nicht mehr, untereinander wurde mit einem strammen ‚Sieg Heil' gegrüßt." Weiter erklärt Bar:

---

934 Michael Kühnen: Politisches Lexikon der Neuen Front, Butzbach 1987, S. 250
935 zit. aus: ZDF-Magazin „Frontal 21", 15.5.2001

„Der Nationalsozialismus war meine Religion, Adolf Hitler mein Gott. Alles drehte sich nur noch hierum, wie eine Spinne hatte mich die ‚Bewegung‘ gepackt und mich in ihr Netz gezogen, nicht im Geringsten hatte ich mich dagegen gewehrt. Es schien, als habe ich mein Seelenheil gefunden.“[936]

Die Biographie Bars und die vieler anderer Aussteiger aus okkulten und extremistischen Strukturen zeigt aber auch, dass viele Karrieren nicht frei von Brüchen sind. Und immer wieder hindert die Angst vor sozialer Isolation, Verfolgung der ehemaligen Gleichgesinnten oder materiellen Nachteilen Szeneangehörige am entscheidenden ersten Schritt heraus. Inzwischen existieren bundesweit Kontaktadressen, an die sich aussteigewillige Szeneangehörige wenden können. So half beispielsweise das Bundesamt für Verfassungsschutz Aussteigern beim Umzug oder nahm im Rahmen individueller Hilfestellungen auch Kontakt zu Arbeits-, Sozial- und Jugendämtern auf.[937] Und auch die nichtstaatliche Organisation „Exit“ hilft Aussteigern auf dem Weg zurück in die gesellschaftliche Normalität.

Für aussteigewillige Extremisten existieren bundesweit Hotlines:
Bundesamt für Verfassungsschutz: 0221/79262
LKA Baden-Württemberg: 0711/54012641
Verfassungsschutz Bayern: 01802/000786
Polizei Hamburg: 040/428679900
LKA Hessen, Projekt Ikarus: 0611/835757
Landesamt für Soziales, Jugend und
Versorgung Rheinland-Pfalz: 0800/4546000
Landesregierung Nordrhein-Westfalen: 01803/100130
Verfassungsschutz Sachsen: 0351/655655655
Justizministerium Niedersachsen: 0178/7474720
Verfassungsschutz Thüringen: 0361/4406110
Exit: 0171/7136452

---

936 Stefan Michael Bar: Fluchtpunkt Neonazi – Ein Jugend zwischen Rebellion, Hakenkreuz und Knast, Berlin 2003, S. 7
937 vgl. www.verfassungsschutz.de, 6.9.2007

Für aussteigewillige Menschen aus dem Okkultismus/Satanismus:
Beauftragter für Sekten- und Weltanschauungsfragen
im Bistum Dresden-Meißen: 03528/442229
Eltern- und Betroffenen-Initiative Sachsen e.V. (EBI): ... 0341/6891590
Evangelische Zentralstelle
für Weltanschauungsfragen (EZW): 030/28395160
Landeskirchlicher Beauftragter für apostolische
Fragen der Landeskirche Berlin-Brandenburg:........ 030/84509640
Landeskirchlicher Beauftragter für apologetische
Fragen der Ev. Luth. Landeskirche Pommern: 038372/70251
Landesstelle Kinder- und Jugendschutz
Sachsen-Anhalt e.V.: 0345/2900235
Behörde für Inneres, Arbeitsgruppe Scientology:...... 040/42886444
Arbeitsstelle für Sekten- und
Weltanschauungsfragen: 040/306201270
Sektenberatung Bremen e.V.: 04205/1609
Arbeitsstelle Weltanschauungsfragen
der Ev. Kirche Hannover: 0511/1241140
Beauftragter für Sekten- und Weltanschauungsfragen
der Ev. Kirche Kurhessen-Waldeck: 0561/9378243
Beauftragter für Weltanschauungsfragen,
Kirchenkreis Göttingen: 0551/59765
Referat für Sekten- und Weltanschauungsfragen
der Landeskirche Rheinland: 0211/3610252
Sekteninfo Nordrhein-Westfalen e.V.: 0201/234646
Bischöfliches Generalvikariat Münster,
AL Sekten- und Weltanschauungsfragen: 0251/9795858
Bischöfliches Generalvikariat Trier,
Referat für Weltanschauungsfragen: 0651/7105526
Aktion für Geistige und Psychische Freiheit (AGPF): .. 02644/981130
SINUS, Kath. Pfarrzentrum St. Michael: 06003/3535
Diözese Limburg, Referat Weltanschauungsfragen: .. 069/8008718310
Heiko Ehrhardt, 35625 Hüttenberg: 06403/928918
Arbeitsstelle für Weltanschauungsfragen Stuttgart: 0711/2068237

Eltern- und Betroffeneninitiative e.V.: 07022/42411
Erzbischöfliches Seelsorgeamt, Freiburg: 0761/5144136
Interministerielle Arbeitsgruppe zur Beobachtung
von sog. Jugendsekten und Psychogruppen: 0711/2792872
Erzdiözese München, Fachbereich Sekten-
und Weltanschauungsfragen: 089/5458130
Polizeipräsidium München, Kommissariat 314,
Verhaltensorientierte Prävention und Opferschutz: 089/62164444
Sektenbeauftragter der Diözese Würzburg: 0931/38663731

Österreich:
Bundesstelle für Sektenfragen: 0043/1/5130460
Bundespolizeidirektion Wien,
Abteilung I, Sektenreferat: 0043/1/313 232307
Gesellschaft gegen Sekten und Kultgefahren: 0043/2243/28021
Netzwerk-Verein gegen destruktive Kulte: 0043/663/9633253
Beauftragter für Sekten- und
Weltanschauungsfragen Österreich: 0043/4242/2413122

Schweiz:
Evangelische Informationsstelle
Kirche Sekten Religionen: 0041/55/2603080
Kath. Arbeitsstelle Neue Religiöse Bewegungen: 0041/71/7223317
InfoSekta – Fachstelle für Sektenfragen: 0041/44/4481162

Literatur

Asmodo Joe: Das Pentagramm-Ritual, Lübeck 1999

Assheuer, Thomas / Sarkowicz, Hans: Rechtsradikale in Deutschland: Die alte und neue Rechte, München 1990

Baacke, Dieter: Jugend und Jugendkulturen, Weinheim und München 1993

Backes, Uwe / Jesse, Eckhard: Politischer Extremismus in der Bundesrepublik Deutschland, Bonn 1993

Dies.: Politischer Extremismus in der Bundesrepublik Deutschland, Bonn [4]1996

Bar, Stefan Michael: Fluchtpunkt Neonazi – Ein Jugend zwischen Rebellion, Hakenkreuz und Knast, Berlin 2003

Behörde für Inneres Hamburg: Okkultismus und Satanismus, Dezember 2001

Benecke, Mark: Vampire unter uns: Jugendliche Vampir-Subkulturen; in: Bertschik, Julia / Tuczey, Christa A.: Poetische Wiedergänger, Tübingen 2004

Billerbeck, Liane von / Nordhausen, Frank: Satanskinder, Berlin [3]2001

Borrmann, Norbert: Vampirismus, München 1999

Bundesamt für Verfassungsschutz: Rechtsextremistische Skinheads – Musik und Konzerte, Köln 2004

Bundesamt für Verfassungsschutz: Rechtsextremistische Musik, Köln 2007

Cavendish, Richard: Die schwarze Magie, Berlin 1980

Copper, Basil: Der Vampir in Legende, Kunst und Wirklichkeit, Leipzig 2005

Christiansen, Ingolf: Die Faszination des Bösen, Gütersloh 2000

Ders.: Satanismus; zit. aus: Brennpunkt Esoterik, Hrsg.: Behörde für Inneres – Landesjugendbehörde Hamburg, [2]2006

Crowley, Aleister: Liber Al vel Legis, Bergen-Dumme 1993

Ders.: Magick, Band 1, Bergen/Dumme 1993

Crowley, Aleister / Eschner, Michael Dietmar: Liber Al vel Legis mit Kommentaren, Bergen-Dumme 1993

Delomelanicon: Das schwarze Buch der Schatten, Bürstadt 2003

Dollase, Rainer: Welche Wirkung hat Rock von Rechts, in: Baacke, Dieter / Farin, Klaus / Lauffer, Jürgen: Rock von Rechts. Milieus, Hintergründe und Materialien, Bielefeld 1999

Dornbusch, Christian / Killguss, Hans Peter: Unheilige Allianzen: Black Metal zwischen Satanismus, Heidentum und Neosatanismus, Münster 2005

Dornbusch, Christian / Raabe, Jan: RechtsRock – Made in Thüringen, Erfurt 2006

Dies.: Ästhetische Mobilmachung, Journal der Jugendsubkulturen, Nr. 7, November 2002

Dudek, Peter / Jaschke, Hans-Gerd: Entstehung und Entwicklung des Rechtsextremismus in der Bundesrepublik, Opladen 1984

Eschner, Michael Dietmar: Die geheimen sexualmagischen Unterweisungen des Tieres 666, o.O. 1993

Ders.: Die geheimen Unterweisungen und Rituale des Hermetischen Ordens der Goldenen Dämmerung, Band 1, Bergen-Dumme 1993

Ertel, Henner: Erotika und Pornographie, München 1990

Ewald, Thomas: Esoterik – eine historische Betrachtung, in: Esoterik und New Age; Hrsg.:
   Ewald, Thomas / Jaschke, Hans-Gerd / Zinser, Hartmut, Wiesbaden 1996

Farin, Klaus / Weidenkaff, Ingo: Jugendkulturen in Thüringen, Erfurt 1999

Fehn, Oliver: Die Schule des Teufels, Leipzig 2003

Frater Cornelis: Blutmessen und Satanismus, Bersenbrück 1987

Frater Mordor: Das Buch Noctemeron, Leipzig 2003

Frater Piarus: Vampire und Blutrituale, Leipzig 2003

Fromm, Rainer: Am rechten Rand, Marburg 1993

Ders.: Rechtsradikalismus in der Esoterik; zit. aus: Brennpunkt Esoterik, Hrsg.: Behörde
   für Inneres – Landesjugendbehörde Hamburg, [2]2006

Ders.: Satanismus in Deutschland, München 2003

Graves, Barry / Schmidt-Joos, Siegfried / Halbscheffel, Bernward: Rock-Lexikon, Reinbek
   bei Hamburg, Neuausgabe 1998

Gregorius, Gregor A.:, Magische Briefe, Berlin 1980

Ders.: Schwarze Magie, Budapest 1983

Grimm, Gunter E.: Dracula und seine Erben, Duisburg o.J.

Haack, Friedrich Wilhelm: Anmerkungen zum Satanismus, München 1991

Herpertz, Sabine C. / Saß, Henning: Persönlichkeitsstörungen, Stuttgart/New York 2003

Herter, Andreas: Sex ist doch kein Leistungssport, Hannover 2003

Hopf, Werner: Wirkungen von Mediengewalt, in: GEW-Bayern, München 2000

Huber, Michaela: Multiple Persönlichkeiten, Frankfurt am Main 1995

Huettl, Andreas / König, Peter-R: SATAN – Jünger, Jäger und Justiz, Augsburg 2006

Huld, Sebastian: Zentrum Demokratische Kultur: Die NPD im Schweriner Landtag – Das
   Personal, o.O., o.J.

Innenministerium des Landes Mecklenburg-Vorpommern: Rechtsextremistische Subkulturen, Rostock April 2006

Innenministerium des Landes Nordrhein-Westfalen: Musik-Mode-Markenzeichen, Düsseldorf [1]2003

Innenministerium des Landes Nordrhein-Westfalen: Die Kultur als Machtfrage, Düsseldorf o.J.

Introvigne, Massimo / Türk, Eckhard: Satanismus, Freiburg im Breisgau 1995

Jaschke, Hans-Gerd: Die Republikaner: Profile einer Rechtsaußen-Partei, Bonn 1990

Ders.: Rechtsextremismus und Fremdenfeindlichkeit, Opladen 1994

Kailitz, Steffen: Politischer Extremismus in der Bundesrepublik Deutschland, Wiesbaden
   2004

Klär, Karl-Heinz / Ristau, Malte / Schoppe, Bernd / Stadelmaier, Martin: Das Mandat –
   Die neue Rechte: Die Männerpartien II, Bonn 1989

Dies.: Das Mandat – Die Wähler der extremen Rechten III, Bonn 1989

Klingsor, Dr.: Experimental-Magie, Berlin 1976

König, Peter-R.: In Nomine Demiurgi Nosferati, Hiram-Edition 27, 1999 o.O.

Krause, Kurt: Teuflisches Treiben: Bettlektüre für Hexen und Zauberer im C.O.S., Bürstadt o.J.

Kühnen, Michael: Politisches Lexikon der Neuen Front, Butzbach 1987

La Vey, Anton Szandor: Die Satanische Bibel, Berlin [2]1999

Landesamt für Verfassungsschutzes Baden-Württemberg: „Projekt Schulhof" bewegt Rechts- und Linksextremisten, Stuttgart 2005

Landesamt für Verfassungsschutz Berlin: Skinheads: Durchblicke, Nr. 9, 1998

Landesamt für Verfassungsschutz Nordrhein-Westfalen: Menschenverachtung mit Unterhaltungswert, Düsseldorf 2005

Landesamt für Verfassungsschutz Sachsen: Rechtsextremistische Musik – Lockmittel und Szenekitt; Dresden 2005

Landeskriminalamt Brandenburg: Polizeilicher Jugendschutz, Themenheft 1 Okkultismus/Satanismus, Basdorf 2000

List, Guido von: Die Bilderschrift der Ario-Germanen, Leipzig 1919

Lohmann, Johannes: Are the kids all right?, Journal der Jugendkulturen, Berlin November 2002

Mandau, Luise: Satanismus, Düsseldorf 1997

Marc-Roberts-Team: Lexikon des Satanismus und des Hexenwesens, Graz 2004

Marneros, Andreas: Sexualmörder, Bonn [2]2000

Matzke, Peter / Seliger, Tobias: Das Gothic- und Dark Wave-Lexikon, Berlin 2003

Moynhihan, Michael / Søderlind, Didrik: Lords of Chaos, Zeltingen-Rachtig [3]2002

Morson, Det: Praxis der weißen und schwarzen Magie, Bürstadt 2001

Müller, Thomas: Bestie Mensch, Salzburg 2004

Nola, Alfonso di: Der Teufel: Wesen/Wirkung/Geschichte, München 2004

Paul, Gerhard: Hitlers Schatten verblaßt, Bonn 1989

Raabe, Jan / Speit, Andreas: L'art du mal – Vom antibürgerlichen Gestus zur faschistischen Ästhetik, in: Speit, Andreas: Ästhetische Mobilmachung, Unrast 2002

Radkowsky, Britta: Moderne Vampyre: Mythos als Ausdruck einer Persönlichkeit, Neusäß 2005

Ramsland, Katherine: Vampire unter uns, Köln 1999

Redstar, Chris: Greetings from Hell, Norderstedt 2004

Roccor, Bettina: Heavy Metal: Kunst, Kommerz, Ketzerei, Berlin 1998

Rommelspacher, Birgit: Rechtsextremismus in Ost- und Westdeutschland im Vergleich, hrsg. von der Friedrich-Ebert-Stiftung, Berlin 2006

Schäfers, Bernhard: Soziologie des Jugendalters, Opladen 1989

Schönekäs, Klaus: Wo kommen die Rechten her?, in: Fromm, Rainer: Wiesbadener Friedenshefte, Nummer 6, Wiesbaden 1990

Schroeder, Klaus: Der Preis der Einheit. Eine Bilanz, München/Wien 2000

Senatsverwaltung für Inneres Berlin, Abteilung Verfassungsschutz: Rechtsextremistische Skinheads, Berlin 2003

Staud, Toralf: Moderne Nazis, Köln [2]2006

Steglich, Henrik: Die NPD in Sachsen, Göttingen 2005

Stöss, Richard: Rechtsextremismus im Wandel, Berlin 2005

Ders.: Rechtsextremismus im vereinten Deutschland, hrsg. von der Friedrich-Ebert-Stiftung, Berlin 2000

Tillmann, Klaus-Jürgen / Holler-Nowitzki, Birgit / Holtappels, Heinz G. / Meier, Ulrich / Popp, Ulrike: Schülergewalt als Schulproblem, München 1999

Verfassungsschutzbericht des Bundes 1999, Pressefassung, o.O., o.J.

Verfassungsschutzbericht des Bundes 2005, Berlin 2006

Verfassungsschutzbericht des Landes Baden-Württemberg 2001, Stuttgart 2002

Verfassungsschutzbericht des Landes Bayern 2005, München 2006

Verfassungsschutzbericht des Landes Berlin 2004, Berlin 2005

Verfassungsschutzbericht des Landes Brandenburg 2003, Potsdam 2004

Verfassungsschutzbericht des Landes Brandenburg 2005, Potsdam 2006

Verfassungsschutzbericht des Freistaates Sachsen 2005, Dresden 2005

Verfassungsschutzbericht des Landes Hamburg 2006, Hamburg 2007

Verfassungsschutzbericht des Landes Mecklenburg-Vorpommern, Schwerin 2005

Verfassungsschutzbericht des Landes Niedersachsen 2005, Hannover 2006

Verfassungsschutzbericht des Landes Nordrhein-Westfalen 2002, Düsseldorf 2003

Verfassungsschutzbericht des Landes Nordrhein-Westfalen 2006, Düsseldorf 2007

Verfassungsschutz des Landes Nordrhein-Westfalen: Party, Pogo, Propaganda, Düsseldorf 2005

Verfassungsschutzbericht des Landes Sachsen 2004, Dresden 2004

Verfassungsschutzbericht des Landes Sachsen 2005, Dresden 2005

Verfassungsschutzbericht des Landes Sachsen-Anhalt, Magdeburg 2003

Verfassungsschutzbericht des Landes Sachsen-Anhalt 2005, Magdeburg o.J.

Verfassungsschutzbericht des Landes Thüringen 2002, Erfurt 2003

Verfassungsschutzbericht des Landes Thüringen 2006, Erfurt 2007

Wanders, Hans: The wonderful and frightening World of ..., in: Speit, Andreas: Ästhetische Mobilmachung, Unrast 2002

Weidenkaff, Ingo: „Die Szene der Schwarzen", in: Farin, Klaus / Weidenkaff, Ingo: Jugendkulturen in Thüringen, Berlin 1999

Weiß, Rudolf: Gewalt, Medien und Aggressivität bei Schülern, Göttingen 2000

Hintergrundaufsätze

Agentur für soziale Perspektiven (asp e.V.) für den SPD-Landesvorstand: Versteckspiel: Lifestyle, Symbole und Codes von neonazistischen und extrem rechten Gruppen, o.O. 2005

Bezirksregierung Lüneburg: Thelema Orden/Netzwerk Thelema, 407, 25.9.1986

Bundesamt für Verfassungsschutz: Zahlen und Fakten zum Rechtsextremismus in Deutschland: Rechtsextremistische Skinhead-Musik-Szene, zit. aus: www.verfassungsschutz.de

Fahr, Magitta: Frank Rennicke – Der „Nationale Barde", PopScriptum 5, Rechte Musik

Fromm, Rainer: Genese der Black Metal-Subkultur und des Neonazismus in der Rockmu-
sik, BPjM Aktuell 4/2003
Gansel, Jürgen: Wesen und Wollen der „Dresdner Schule", Erklärung des NPD-Landtags-
abgeordneten, 5.5.2005
Jefferson County Sheriff's Office (Hrsg.): Columbine Documents. JC-001-025923 through
JC-001-026859, in: http://home.arcor.de/hbredel/Buch/Columbine/columbine.html
(Juli 2006)
Informationsdienst Jugendsekten 1/1995
Jaschke, Hans-Gerd: Verschlungene Traditionen: Zur Geschichte des Rechtsextremismus in
der Bundesrepublik, in: Gewerkschaftliche Monatshefte 9/1989
Rötzer, Florian: Medien und Gewalt bei Schülern, telepolis, 24.4.1999, in: www.heise.de/
tp/r4/artikel/2/2776/1.html
Schmid-Knittel, Ina: Satanismus als Neomythos; Vortrag auf dem 24. Workshop-Kongress
Politische Psychologie in Rethymno/Kreta, Mai 2005
Sordul, Heshtot: Faszination des Vampirs, zit. aus: www.vampyrbibliothek.de

Urteile:
Amtsgericht Rödeln/Müritz: Urteil vom 01.11.2001, Az.: 14 Ls (129/00) 725 Js 13176/99
Bezirksgericht Unterrheintal, Bezirksgericht 2. Abteilung: Entscheid vom 18. Mai 2001,
St.2000.105-U2S, STUR.1998.2543
Jugendschöffengericht bei dem Amtsgericht München: Geschäftszeichen 1021 Ls 128 Js
12178/03 jug.; Urteil des Jugendschöffengerichtes beim Amtsgericht München,
18.02.2005
Landgericht Bochum: Urteil vom 31.1.2002, 7 Ks 30 Js 154/01
Landgericht Kiel: Urteil vom 12.12.2002, Az. II KLs (37/02) 569 Js 20698/02
Landgericht Lüneburg: Js 20445/87, 3.7.1992
Landgericht Neubrandenburg: Urteil vom 17.12.2002, Az.: 8 KLS (29/92) 731 Js 1265/02
Verwaltungsgericht Berlin: Az: VG6A84,85